DAS ZENTRUM DER STADT IM 15. JAHRHUNDERT

(nach T. Magnuson)

46 Ponte Sisto
47 Päpstl. Palast bei S. Maria in Trastevere
48 Häuser der Anguillara
49 Häuser der Mattei
50 S. Giovanni dei Genovesi mit Kreuzgang
51 S. Cecilia
52 Haus der Ponziani (S. Francesca Romana)
53 Villa des Kard. Raffaele Riario an der Lungara
54 Ospedale di S. Spirito
55 Engelsburg

Arnold Esch

ROM

Arnold Esch

ROM

VOM MITTELALTER ZUR RENAISSANCE

1378–1484

C.H.Beck

Mit 65 Abbildungen und 1 Karte

Satz: Fotosatz Amann, Memmingen
Druck und Bindung: CPI – Ebner & Spiegel, Ulm
Umschlagabbildung: Ausschnitt aus dem Fresko *S. Agostino parte da Roma* von Benozzo Gozzoli, 1464/65, San Gimignano, S. Agostino.
© akg-images/De Agostini Picture Lib./G. Dagli Orti
Umschlaggestaltung: Rothfos & Gabler, Hamburg
Gedruckt auf säurefreiem, alterungsbeständigem Papier
(hergestellt aus chlorfrei gebleichtem Zellstoff)
Printed in Germany
ISBN 978 3 406 69884 2

www.chbeck.de

agli amici romani
den römischen Freunden

INHALTSVERZEICHNIS

EINFÜHRUNG

Der Ausschnitt aus der Geschichte Roms, der hier dargestellt wird, umfaßt die hundert Jahre vom Beginn der großen Kirchenspaltung 1378, die noch ganz Mittelalter ist, bis zum Ende des Pontifikats Sixtus' IV. 1484, das schon ganz Renaissance ist. Hundert Jahre scheinen nicht viel im Leben einer Ewigen Stadt. Aber in diesem 15. Jahrhundert setzt sich, nach langem Spätmittelalter, vieles in Bewegung. Dabei wird, auch wenn aufs engste miteinander verbunden, das Rom der Päpste und das Rom der Römer stellenweise gesondert zu betrachten sein: eine Unterscheidung, die in der neueren Rom-Forschung stärker beachtet wird, um dem Rom der Römer gerechter zu werden und die Asymmetrien in der Überlieferung des päpstlichen und des kommunalen Rom ein wenig auszukorrigieren. Wir werden also den Hof und die Stadt, das Rom der Päpste und das Rom der Römer, zeitweilig auseinanderhalten und dann gleich wieder zusammenführen. Darüber hinaus ist noch Weiteres, Großes in den Horizont der Darstellung einzubeziehen. Denn der Stadtherr Roms war Herrscher nicht nur über die Menschen eines Territoriums, sondern über die Seelen der Christenheit. Das gibt Rom eine zusätzliche Dimension, einen Weltbezug wie keiner anderen Stadt. Eine Geschichte Roms ist Stadtgeschichte als Weltgeschichte.

Diese eigentümliche Zusammensetzung wird, und gerade im römischen Quattrocento, in jeder Darstellung zutage treten. Die Rom-Forschung der letzten Jahrzehnte hat stadtrömische Quellen erschlossen, die mancher früheren Forschung, im Vergleich zu den vatikanischen, als zu gering erschienen wie Gerichtsakten, Zollregister und vor allem Notarsurkunden, die bei aller Unscheinbarkeit der Geschäfte tiefen Einblick in das Leben der Stadt geben. Rom-Historiker erkennen einander daran, daß sie auch auf solche unansehnlichen Details begierig sind: Richard Krautheimers Rom-Buch handelt keineswegs nur von Kirchenfassaden und Apsismosaiken, sondern auch von Mietverträgen, Apfelbäumen, Trümmerpfaden.

Schon das Wort ‹stadtrömisch› scheint erfunden, um darauf aufmerksam zu machen, daß es auch noch Rom selber gebe, das hinter Größerem zu verschwinden drohe: hinter den universalen Mächten, dem Papsttum und dem Kaisertum, für die oft einfach synonym ‹Rom› gesetzt wird und denen nicht das reale, sondern das Ewige Rom Legitimation verlieh: dem Kaiser gegen den Papst, dem Papst gegen den Kaiser, dem Kaiser gegen die Kommune, der Kommune gegen beide. Zu verschwinden drohe hinter der Rom-Idee (eine Trennung zwischen Idee und Wirklichkeit undenkbar bei anderen Städten), die ja tatsächlich nicht nur erhabener, sondern auch wirkungsmächtiger ist als die jeweilige historische Gegenwart Roms, die zu ihrem Unglück auch noch an der Rom-Idee gemessen wird.

Dabei ist auch das Rom-Bild einzubeziehen, das nicht aus gelehrter Ausarbeitung herrührt, sondern als Vorstellung in gewöhnlichen Menschen nistet: nicht Rom-Idee aus dem Hirn, sondern Rom-Erwartung aus dem Gemüt. Denn vor jeder Anschauung, vor jedem Wissen evoziert der bloße Name Rom bereits Vorstellungen. Was für ein Rom-Bild mag etwa ein Pilger vor Augen gehabt haben, wenn er im fernen Norden oder Osten nach Rom aufbrach? Ja man kann davon ausgehen, daß die Rom-Bilder auch an diesen fernen Rändern viel Übereinstimmendes hatten: das schafft nur Rom.

Die ungleiche, fragmentarische Quellenlage erfordert, neben der glättenden Darstellung der Ergebnisse hin und wieder auf deren Zustandekommen einzugehen, also methodische Probleme kurz zur Sprache zu bringen: die unterschiedliche Wirkung von Überlieferungs-Chance und Überlieferungs-Zufall gerade im römischen Quellenbestand; die neue Mischung von (lange Zeit dominierenden) erzählenden und literarischen Quellen mit dokumentarischen; die Anwendung der prosopographischen Methode auf die Rekonstruktion der römischen Führungsschicht, und anderes. Daß die Darstellung auf zahlreiche, neue Quellen erschließende Einzelstudien zurückgreift und dabei auch eigenen Veröffentlichungen folgt, geht aus den Anmerkungen hervor, die im übrigen, knapp gehalten, vor allem Belege und nicht umfassende Literaturangaben bieten wollen.

Es ist immer das Problem historischer Darstellung, sich ihren Gegenstand im richtigen Abstand vors Auge zu halten und dabei heranzuholen, was man für wesentlich hält. Das muß jeder Autor selbst entscheiden. Hier wird der Grundsatz befolgt, daß man hinter den Institutionen und Ereignissen, hinter den beschriebenen sozialen Umschichtungen und historischen Prozessen noch die Menschen sehen, die Gesichter von Menschen erkennen sollte, die – anders als wir Historiker aus dem bequemen Blickpunkt des Nachhinein – noch nicht wußten, wie es weitergehen werde, und entsprechend handelten.

Das ist nicht Alltagsgeschichte, sondern der Versuch, in historischer Darstellung nicht nur der vom Historiker gedachten Kategorie ‹Zeitalter› Raum zu geben, sondern auch dem vom damaligen Menschen gelebten, empfundenen ‹Menschenalter›, das von ‹Mittelalter› und ‹Renaissance› nichts wußte. Denn das Leben wird vorwärts gelebt und rückwärts verstanden (Kierkegaard). Zugleich sollte immer wieder einmal die Gleichzeitigkeit sichtbar gemacht werden, in der die Lebenden die Fülle der Erscheinungen – die vom Historiker in thematische Stränge zerlegt und getrennt behandelt werden – in ihrer Gegenwart erleben.

Daß auch die neueste Rom-Forschung früheren Historikern mehr verdankt, als sie manchmal zu erkennen gibt, sei ausdrücklich hervorgehoben. Das gilt für die frühe Forschungsleistung aller Nationen, von denen viele in Rom eigene Institute zur Nutzung des Vatikanischen Archivs und zum Studium der Monumente gründeten. Um unter den deutschsprachigen Gelehrten zwei mehr zitierte als genutzte Historiker zu nennen: Ferdinand Gregorovius, der dem Rom der Römer bereits so viel Beachtung schenkte. Wenn ihm die nächste, vom Positivismus geprägte Historikergeneration mangelnde Wissenschaftlichkeit und phantasievolle Ausmalung vorwarf, so lag das auch daran, daß sie die Quellen zu wenig kannte, aus denen er schöpfte (nicht ungenügende Quellenkenntnis und -interpretation stand seinem Urteil im Wege, sondern allzu große moralische Emphase). Oder Ludwig von Pastor, dessen große Papstgeschichte nicht einfach die konfessionelle, apologetische Geschichtsschreibung ist, als die sie oft hingestellt wird, und die eine bis dahin nicht gekannte Quellenfülle erschloß.

Das Leben mit Rom und die Forschungsarbeit vieler Jahre sind nicht zu denken ohne freundschaftliche Begleitung und fachlichen Austausch. Ich danke den römischen Freunden, mit denen ich in alltäglichem Umgang Forschungsprobleme und Quellenfunde besprechen konnte, und von denen einige in der Associazione *Roma nel Rinascimento* Publikationen und Arbeitsinstrumente geschaffen haben, die für die Rom-Forschung unentbehrlich geworden sind. Ich danke den Direktoren und Mitarbeitern der zahlreichen nationalen Forschungsinstitute in Rom, unter denen man für spezielle Fragen immer die entsprechende Kompetenz findet – darunter die deutschen Institute für Geschichte, Kunstgeschichte und Archäologie, aus deren Kreis ich viele Hinweise und Anregungen erhalten habe. Ich danke den Direktoren und Mitarbeitern der römischen und außerrömischen Archive, die ich im Laufe der Jahre aufgesucht habe, vor allem dem Präfekten des Vatikanischen Archivs, S. E. Mons. Sergio Pagano. Detlef Felken gab die entscheidende Anregung, die Einzelstudien vieler Jahre zu einem Gesamtbild auszuarbeiten. Meine Frau leistete wertvolle Hilfe beim Herstellen des Manuskripts und beim Entziffern schwieriger Archivalien.

Und mein Dank gilt Rom selbst. Denn wenn man bei manchen Arbeiten anerkennend sagt, der Historiker habe etwas aus seinem Gegenstand gemacht, so ist das bei Rom anders: Nicht der Historiker macht etwas aus Rom, sondern Rom macht etwas aus dem Historiker.

Rom, im Frühling 2016 Arnold Esch

I.

GRUNDLAGEN. SPÄTMITTELALTERLICHES ROM. VON DER ANTIKEN ZUR MITTELALTERLICHEN STADT. DAS STADTBILD UM 1400

VOM MITTELALTER ZUR RENAISSANCE. Das Quattrocento änderte in Rom alles. Für einen besseren Einblick in die Ausgangslage und in die besonderen römischen Verhältnisse hat diese Übergangszeit zudem den Vorteil, daß in ihrer unmittelbaren Vorgeschichte, im 14. Jahrhundert, Papstgeschichte und Stadtgeschichte zeitweilig auseinandertreten. Das Papsttum, nach seinem Triumph über das staufische Kaisertum schon bald von den erstarkten weltlichen Mächten brüsk von der Höhe seiner – mit Bonifaz VIII. noch gesteigerten – Ansprüche herabgeholt, übersiedelt 1309 von Rom nach Avignon unter den Schutz und Einfluß des französischen Königs. Fortan verlaufen, bis zur Rückkehr des Papsttums 1377 nach Rom, beider Geschichten für sieben Jahrzehnte getrennt voneinander, so daß sie auch getrennt beobachtet werden können und die spezifisch römischen Züge deutlicher zutage treten. Oder wie man in einem treffenden Bild gesagt hat: Als sich der Strom der Papstgeschichte zeitweilig aus seinem römischen Bett in ein anderes wälzte, wurden am Grunde des leeren Flußbettes die Wasserläufe sichtbar, die, sonst unerkannt, aus genuin römischem Untergrund dem großen Strom zuflossen.[1]

Was da an eigenem Beitrag zutage trat, verkörpert sich in der Gestalt des – damals wie heute umstrittenen – römischen Notars Cola di Rienzo (1313–1354). Die Abwesenheit der Päpste ließ Raum für Rückbesinnung auf eigene Bedeutung unabhängig vom (und gegebenenfalls auch gegen das) Papsttum. Cola di Rienzo verstand es, daraus eine bizarre Rom-Ideologie zu formen: ein aus antiken Reminiszenzen und mystischen

Vorstellungen seltsam gemischtes, schwärmerisch übersteigertes Programm, das sich grell abhob von der düsteren römischen Wirklichkeit, die auf manche wirkte, als sei Rom «einst Haupt, jetzt Schwanz der Welt» (Boccaccio, Decamerone V 3). Tatsächlich fällt es manchmal schwer, diesen Mann ernstzunehmen. Aber Anhänger und Gegner nahmen ihn ernst, denn er wußte auch zu handeln. Als selbsternannter «Tribun» ergriff er in zwei Anläufen, 1347 und 1354, in Rom die Macht. In lauten Manifesten rief er «das ganze heilige Italien» zur Einigung unter der Führung Roms auf. Immerhin gelang ihm, was den Zeitgenossen fast ebenso unerreichbar schien: den großen Adel, Colonna und Orsini, zeitweilig aus der Stadt zu drängen, obwohl deren Klientelen fast die ganze städtische Gesellschaft erfaßten. Solche revolutionär anmutenden Züge und das dramatische Ende auf dem Kapitol regten den jungen Friedrich Engels zu einem Dramen-Entwurf, den jungen Richard Wagner zu seiner frühen Oper «Rienzi, der letzte der Tribunen» an, deren flammende, wie in einem Feuerball endende Reden bekanntlich den jungen Hitler hinrissen.

Die frühere Forschung, an der deutschsprachige Gelehrte in besonderer Weise beteiligt waren, stellte die Gestalt des Tribunen in den Mittelpunkt und kam dabei, von Jacob Burckhardt («von Anfang an ein armer verlorener Tor», eine «wunderliche Komödie») bis Konrad Burdach (der «überkühne Führer, der in das Zukunftsland der Sehnsucht den Weg bahnen wollte»), zu ganz unterschiedlichen Urteilen. Die neuere Forschung hingegen interessierte sich mehr für seine Wirkung: weniger für seine Person als für seinen gestaltenden und polarisierenden Einfluß auf Gesellschaft und Institutionen, weniger für den Mythos als für den Realitätsgehalt eines politischen Traums, der nur in Rom geträumt werden konnte. Für unseren vom Trecento ins Quattrocento gerichteten Blick muß diese Frage nach der Wirkung der Ansatzpunkt sein.[2]

Dazu muß man tiefer als früher in das römische Geflecht sozialer Gruppen, regionaler Klientelen, politischer Parteiungen eindringen und zu richtigen Zuordnungen kommen, die mit schematischen Vorstellungen von mittelalterlicher Ständegliederung nicht zu erreichen sind, sondern aus der lokalen Überlieferung erarbeitet werden müssen. Innerhalb des Adels – und darauf ist in Rom unbedingt zu achten – ist zu unterscheiden zwischen dem klar umrissenen Baronaladel von nur etwa einem Dutzend Familien wie Colonna, Orsini, Savelli mit ausgedehntem Territorialbesitz in der weiteren Umgebung Roms, der ihrer Stellung in der Stadt Nachdruck verlieh (*nobiles maiores, magnates*), und dem in der Stadt sitzenden Adel aus zahlreichen, in ihren Stadtvierteln einflußreichen Familien (*nobiles, milites, cavallerotti*): rund 100 Familien mehr oder weniger alten Ursprungs, teilweise bis ins 12. Jahrhundert zurückreichend, nach oben gegen die *barones* deutlich abgegrenzt, aber nicht nach unten abgeschlossen, so daß neue Familien in diese Schicht aufsteigen konnten. Daß in Italien Adel auch in der Stadt saß und sich nach unten öffnete, kommentierten Beobachter aus dem Norden mit Befremden. Das «Volk», der *popolo*, von dem Cola di Rienzo anfangs getragen wird und dem er den Weg bahnt, ist – und schon das erklärt seinen Erfolg – eine aufsteigende Mittelschicht aus Grundbesitzern, Agrarunternehmern, Kaufleuten, Juristen und Notaren, qualifizierten Handwerkern, kurz: was man im damaligen Italien den *popolo grasso* nannte, und nicht der politisch rechtlose *popolo minuto*.[3]

Dieser differenzierte Aufriß der römischen Gesellschaft läßt bereits ahnen, daß hier dynamische Prozesse im Spiel sind, die über Standesgrenzen hinweggehen. Darin erweist sich die Klientel als der wichtigste Faktor, Klientelismus als das brauchbarste Gliederungsprinzip: Personen und Familien auch unterschiedlichen Standes, Stadtadel wie *popolo*, Klerus wie Laien, verbindet («querlaufend», *trasversale* nennt der Italiener heute ähnliche politische Gruppierungen) die Orientierung auf einen handelnden Protagonisten, auf eine führende Adelsfamilie. In Rom sind das Colonna und Orsini. Ihnen gab ihre Klientel alles, von ihnen erwartete sie alles: Schutz vor Feind und Gericht, Protektion im sozialen Aufstieg, Pfründe oder kirchliche Ämter an römischen Kirchen durch Intervention eines Colonna- oder Orsini-Kardinals. Auf rund 80 namhafte Familien schätzt man die Klientel der Colonna, darunter auch Familien der Popolari, obwohl diese grundsätzlich mehr den Orsini zuneigten.

Um diese sozialen, politischen, wirtschaftlichen Zugehörigkeiten festzustellen, ist die prosopographische Methode das beste Instrument. Unter ‹Prosopographie› versteht man, im Unterschied zur Biographie von Einzelpersonen, die kollektive Biographie von ganzen Gruppen, etwa: die Familien der römischen Führungsschicht in der zweiten Hälfte des 14. Jahrhunderts; das Gefolge der römischen Kardinäle; die Klientel der Colonna usw. Da werden sozusagen mehrere Einzelleben übereinanderkopiert zum Gesamtbild einer Gruppe. Daß es dann Individuen gibt, die auf mehreren prosopographischen Gruppenphotos erscheinen, differenziert das Bild und spricht nicht gegen die prosopographische Methode. Diese Methode ist von Mediävisten in den letzten Jahren vielfach mit Erfolg angewendet worden. Sie erfordert freilich eine immense Vorarbeit: Aus den unterschiedlichsten lokalen Quellen müssen zu allen erreichbaren Namen vereinzelte Informationen gesammelt und in Zusammenhänge gebracht werden (den einzelnen Namen gemeinsame Nachbarn, Zeugen, Prokuratoren, Patrone usw.). So werden aus Namen Personen, und daraus kann dann das Netz gewoben werden, das die prosopographische Forschung so sinnvoll macht.

Auf das Rom Colas di Rienzo angewendet, ergeben sich aus solcher Forschung zwei große Verbände, deren einer, die Orsini-Klientel und ihre Patrone, der Agitation des Tribunen weit zugänglicher war als die andere. Dem wird der Tribun realistischerweise Rechnung tragen und damit aus seiner intendierten Rolle *supra partes* in römische Parteiung zurückfallen. Beide Klientelen werden auch weiterhin Bedeutung haben, ihre Zusammensetzung wird darum noch näher zu bestimmen sein.[4]

Die Anziehungskraft Colas di Rienzo scheint zeitweilig tatsächlich die erstrebte einigende, die klientelären Bindungen lockernde, emanzipatorische Wirkung gehabt zu haben. Und obwohl der Tribun – vom Adel angefeindet, vom päpstlichen Legaten beargwöhnt, vom Volk nicht mehr ertragen – nach kurzer Rückkehr 1354 blutig endete, hinterließ sein fulminantes Auftreten doch eine lebendige Erinnerung, ein Erbe, das die römische Kommune noch eine Zeitlang weitertrug. Das Volksregime, das sich vier Jahre nach seinem Tode mit der vom päpstlichen Legaten Albornoz veranlaßten Reform konstituierte und dessen Exekutive von 7 Reformatoren (dann: 3 Konservatoren) sich auf eine gegen den Baronaladel geschaffene städtische Miliz stützte, trug durchaus noch Elemente von Colas Geist in sich, wie ein Vergleich der programmatischen *ordinamenti dello buono stato* von 1347 und weiteren Verordnungen des Tribunen mit der neuen Stadtverfassung von 1360/63 zeigt: Ausschluß des baronalen Adels aus der Regierung der Stadt (ihr praktisches Hineinwirken ließ sich allerdings nicht wirklich verhindern, zumal ihre

Klientelen ja weiterhin in der Stadt saßen), städtische Ämter nur aus städtischen Wahlen, und andere Kontinuitäten, ohne daß Textstellen wörtlich übernommen oder sein Name je genannt würde. Denn man sah sich gegen die Machtergreifung eines Einzelnen nun besser vor.

Da der Kaiser schwach und der Papst fern war, schien diese Verfassung sogar nahe an der Wirklichkeit einer unabhängigen Kommune. Daß es so nicht bleiben wird, ist eine der Grundlinien der folgenden Darstellung.

RÜCKKEHR DES PAPSTTUMS AUS AVIGNON UND AUSBRUCH DES GROSSEN SCHISMAS. Endlich kehrte das Papsttum, immer dringender nach Italien zurückgefordert, um die Jahreswende 1377/78 von Avignon nach Rom zurück. Erstes Problem war nun seine Wiederverwurzelung in Italien, und das war ohne die Re-Italianisierung von Kurie und Kardinalskolleg nicht zu denken. Die aber erwies sich, nach 70 französischen Jahren, als äußerst schwierig. Der letzte avignonesische Papst, Gregor XI. (1371–1378), starb bereits im Jahr nach seiner Ankunft in Rom. Die Wahl des Nachfolgers im April 1378 verlief tumultuarisch: «Wir wollen einen Römer oder wenigstens einen Italiener!», schrie das Volk während des Konklaves. Diesen ungehörigen Druck sowie das selbstherrliche Wesen des neuen Pontifex Urban VI. (1378–1389), des Neapolitaners Bartolomeo Prignano, nahm ein großer, weit überwiegend französischer Teil der Kardinäle zum willkommenen Anlaß, wenige Monate später außerhalb Roms einen Gegenpapst zu wählen, Clemens VII. (1378–1394), der mit seinen Wählern nach Avignon zurückkehrte.[5]

Damit begann die große Kirchenspaltung, das Große Abendländische Schisma, das die Christenheit vier Jahrzehnte lang in Atem halten wird. Fortan gab es zwei, zuletzt sogar drei Päpste, die sich in die Gewissen und in die Abgaben der Christenheit zu teilen hatten. Die Verdoppelung der Päpste halbierte ihre Autorität und ihre Ressourcen. Diese Verluste wurden erfindungsreich kompensiert mit Methoden, die das Papsttum freilich aufs ärgste diskreditierten: Verkauf von Pfründen, Ämtern, Vorzugsklauseln, Ablässen, übermäßige Anwendung von Kirchenstrafen gegen politische Gegner, unwürdige Konzessionen beim Umwerben von Anhängern der gegnerischen Obödienz.

Schon jener Urban VI. – anfangs prinzipienfest auftretend, bald von allen verlassen – hatte zu diesen Mitteln greifen müssen. Denn seine Lage war bald verzweifelt. Von seinen 16 Wählern hat Urban VI. keinen wiedergesehen. Er mußte sich in Rom sofort ein Kardinalskolleg, eine Kurie schaffen. Aber wo sollte er sie hernehmen? Da kam auch der Grundsatztreue nicht mehr umhin, auf seine Verwandten und Landsleute zurückzugreifen, wie im Zusammenhang der drei Neapolitaner Schisma-Pontifikate noch dargestellt werden wird. Denn so prekär wie die Verfügbarkeit des Personals und der finanziellen Ressourcen war ja auch die politische Lage des Augenblicks. Der ihm anhangende Teil der Christenheit, die sogenannte römische Obödienz, war nur ein reduziertes Europa, sogar die Königin von Neapel trat zur avignonesischen Seite über. Hinter dieser Obödienz aber stand das mächtige französische Königtum, das bald Anstalten machte, die Schisma-Frage durch die *via facti*, also auf militärischem Wege zu lösen, während auf römischer Seite der deutsche König, Wenzel, ganz ohne Gewicht war. Das nahe Neapel, das Urbans VI. stärkste Stütze hatte sein sollen, war fortan zwischen französischem und römischem Thronprätendenten umkämpft, das nördliche wie das südliche Latium in der Hand von Parteigängern des Gegenpapstes.

Urban hielt sich die meiste Zeit außerhalb Roms auf: Begleitet von einer Handvoll Kardinälen, von denen er, in tiefem Mißtrauen um sich schlagend, einige hinrichten ließ, irrte er durch Italien, von Neapel nach Nocera nach Genua, Lucca, Perugia, und kehrte erst nach vier Jahren, im September 1388, in das ungeliebte Rom zurück. Die Römer hatten sich den im Konklave so heiß gewünschten italienischen Papst anders vorgestellt und nutzten nun seine erkennbare Schwäche, ihren aus avignonesischer Zeit gewohnten Spielraum demonstrativ beizubehalten. Sie belästigten die Kurialen wo sie nur konnten, der Papst protestierte Mal um Mal und konnte erst ganz am Ende sein Recht durchsetzen, einen Senator als Exekutive zu ernennen.[6]

So aussichtslos schien die Lage, die sein Nachfolger vorfand. Bonifaz IX. (1389–1404), gleichfalls ein Neapolitaner, war in der Wahl unorthodoxer Mittel noch weniger zögerlich. Von Anfang an ohne jede Reformabsicht, wußte er sich zum Erfolg verdammt und handelte entsprechend. Aber es gelang ihm wenigstens. Der junge Pierino Tomacelli hatte, anders als noch sein Vorgänger, nie eine funktionierende päpstliche

Verwaltung wie die avignonesische erlebt. Ganz weltlicher Herrscher ohne erkennbaren Sinn für die eigentlichen Aufgaben seines hohen Amtes, steuerte er, in ständigem Improvisieren, die Kirche (oder was ihm davon geblieben war) auf Sicht durch die Stürme des Schismas. Kompromißlos nur in seinem Anspruch, der allein rechtmäßige Inhaber des Stuhles Petri zu sein und darum unnachgiebig in allen damaligen Versuchen zur Beilegung der Kirchenspaltung, wußte er Mögliches und Unmögliches sonst sehr wohl zu unterscheiden, von Mal zu Mal die Erfordernisse des Augenblicks kalkulierend ohne Rücksicht auf die Folgen in einer weiteren Zukunft. Tatsächlich gelang es ihm, so und nur so den von Eroberung und Auflösung bedrohten Kirchenstaat notdürftig zusammenzuhalten und sich und seine Obödienz, seinen Gehorsamsbereich, zu behaupten. Aber der dafür gezahlte Preis war hoch. Und so wird Bonifaz IX., bei aller Anerkennung seines Einsatzes und seiner Erfolge, schon den Zeitgenossen damals wie der Forschung heute zur Symbolfigur einer reformbedürftigen Kirche werden.[7]

Auf unserem Weg vom Mittelalter zur Renaissance ist Bonifaz IX. noch ganz Mittelalter. Und doch wird er für Rom von großer, ja epochaler Bedeutung sein. Darum sei sein langer Pontifikat (1389–1404) hier näher betrachtet, um uns, auf vier Feldern, an die Schwelle einer neuen Zeit zu führen: 1. Die Stadt in ihrer Entwicklung seit der Spätantike, und das Stadtbild, wie es sich um 1400 darbot, bevor das neue Jahrhundert dieses Stadtbild völlig umgestaltete. 2. Die Kommune Rom und ihre Führungsschicht in ihrem letzten Kampf mit dem Papsttum, bevor ihre seit zweieinhalb Jahrhunderten, seit der kommunalen Erhebung von 1143, beschworene Unabhängigkeit für immer dahin ist. 3. Die Gesellschaft des päpstlichen Hofes am Beispiel des Clans neapolitanischer Nepoten-Familien, der das römische Papsttum über mehrere Jahrzehnte, bis ins Quattrocento hinein, zugleich stabilisierte und ausbeutete, bis seine Macht endlich durch das Reformkonzil von Konstanz gebrochen wurde. Und als weitere handelnde Personengruppe 4. die Florentiner, die zumal als Kaufleute und Bankiers während dieses Pontifikats massiv in Rom einstiegen und bald die Hoffinanz und das römische Importgeschäft beherrschen, ja die Kultur der römischen Renaissance aufs nachhaltigste beeinflussen werden.

DIE STADT. VON DER ANTIKEN ZUR MITTELALTERLICHEN STADT. Um eine konkrete Vorstellung des historischen Raumes zu geben, in dem diese Geschichte spielt, zunächst ein kurzer Blick auf die Stadt in ihrer Entwicklung von der Spätantike zum Mittelalter, und daraus folgend ein Bild der Stadt am Anfang des 15. Jahrhunderts, um die tiefgreifenden Veränderungen bis zum Ende des Jahrhunderts auch mit den Augen begreifen zu können. Das antike Siedlungsgewebe hatte sich früh aufgelöst. Das lag nicht allein an der drastisch verminderten Bevölkerung, die sich nun in den weiten Mauern der antiken Millionenstadt verlor. Das lag auch an den neuen kultischen Zentren. Die Umwandlung des heidnischen in das christliche Rom hatte urbanistisch eine zentrifugale Tendenz, denn die neuen religiösen Schwerpunkte, die nun Siedlung anzogen, lagen an diametral entgegengesetzten Punkten der Stadt: die Gräber der beiden Apostelfürsten im äußersten Nordwesten bzw. im Süden außerhalb der Stadtmauern; ganz dezentral im Südwesten auch die Lateranskirche als Kathedrale der Stadt und Sitz des Bischofs; vielbesuchte Basiliken über weiteren Märtyrergräbern lagen (da Tote nicht innerhalb der Mauern Roms hatten bestattet werden dürfen) gleichfalls weit außerhalb des antiken Stadtkerns (Abb. 1).

So verschoben sich die Schwerpunkte von Siedlung und öffentlichem Leben. Man muß dieses auseinandergezerrte Siedlungsbild vor Augen haben, denn es wird ja auch das Rom des Quattrocento prägen. Und während sich in der Antike die Wohnbevölkerung in der *Subura* beim Forum Romanum und den benachbarten Hügeln konzentriert hatte, rückte das Siedlungszentrum nun zunehmend auf die andere Seite des Kapitols in den Tiberbogen gegen Peterskirche und Vatikan. Dieser Tiberbogen war zwar schon in der Antike bebaut, jedoch nur mit Tempeln, Theatern, Portiken und anderen öffentlichen Gebäuden («Marsfeld»), in deren monumentalen Ruinen sich nun die Wohnbevölkerung notdürftig einrichtete. Dabei mag, neben der Anziehungskraft der Petrus-Reliquien, nach dem Verfall von Infrastruktur und Aquädukten auch die Nähe zum Fluß eine Rolle gespielt haben. Von den sieben Tiberübergängen im Stadtbereich blieben im Mittelalter nur drei: die Engelsbrücke, die beiden Tiberinsel-Brücken *Fabricius* und *Cestius*, und gleich flußabwärts der *Pons Aemilius*, im Mittelalter erneuert als *Pons S. Marie* oder *Senatorius* (heute Ponte Rotto).[8]

Abb. 1. Das mittelalterliche Rom innerhalb der antiken Stadtmauern mit dem *Abitato* im Tiberbogen zwischen St. Peter (A) und Kapitol (B) und den Siedlungsinseln um S. Maria Maggiore (C) und S. Giovanni in Laterano (D) (nach Krautheimer).

Aus dieser Umverteilung der Siedlungskerne hat das Kapitol, das durch die Bildung der politischen Kommune im 12. Jahrhundert wieder an Bedeutung gewann, die Konsequenzen gezogen und sich mit allen seinen Fassaden um 180° gedreht: statt (wie Jupiter Capitolinus- und Juno Moneta-Tempel und noch die Kirche S. Maria in Aracoeli in ihrer frühmittelalterlichen Orientierung) auf das nun vereinsamende Forum Romanum blickte das Kapitol fortan in die Gegenrichtung, auf die neue Siedlungskonzentration im Tiberbogen.

In diesen eigentlichen Wohngebieten, geschrumpft und verdichtet, war alles anders geworden. Da man den Schutt eingestürzter Gebäude, den täglichen Abfall, den Schlamm der regelmäßigen Tiberüberschwemmungen und das von den vielen Hügelhängen mangels instandgehaltener

Böschungsmauern nun dauernd heruntergeschwemmte Erdreich nicht systematisch forträumte, wuchs das Bodenniveau erheblich an, verschwanden die geraden antiken Straßenachsen (bis auf wenige Ausnahmen wie Via del Corso und Via dei Coronari). Dazwischen ragten über die mittelalterliche Häusermasse die Ruinen monumentaler Bauten: Sie verfielen oder wurden durch Steinraub abgetragen, soweit sie nicht umgenutzt wurden. Die Grabungen an der *Crypta Balbi*, bei denen endlich einmal die mittelalterlichen Schichten nicht einfach fortgeräumt, sondern ausgewertet wurden, haben es möglich gemacht, am Beispiel des Straßenzugs der Via delle Botteghe Oscure den fortschreitenden Grad der Umwandlung antiker Monumente in gewöhnliche Wohnbauten auf kontinuierlich anwachsendem Boden zu demonstrieren (Abb. 2). Wo das antike Straßenniveau ausgegraben wurde, liegt der mittelalterliche Berührungshorizont, erkennbar an abgegriffenen Wänden und Säulen (Abb. 3), nun hoch über dem Boden.

Die Umnutzung der Monumente in nachantiker Zeit bestätigt wieder einmal die Einsicht, daß unausweichlich zugrunde geht, was spätere Zeiten sich nicht aneignen. Solche Nutzungsmöglichkeiten boten vor allem Thermen (wegen ihrer Raumvielfalt mehr als die Tempel), aber auch die Theater: Man konnte sich gut in ihnen einrichten, von außen unter den Sitzreihen, von innen auf den Sitzreihen, und wenn dann im Laufe der Jahrhunderte die Sitzstufen verschwanden und die Häuser senkrecht zusammenwuchsen, blieben nur noch die Konturen des antiken Baus sichtbar (Abb. 4), verschwanden die Gewölbe des Erdgeschosses, genutzt als Werkstatt, Wohnung, Magazin, immer tiefer im Erdboden.[9] (Abb. 5). Im übrigen waren Theater durch bloße Vermauerung ihrer Außenarkaden leicht in eine Stadtfestung zu verwandeln, fest und doch ansehnlich, idealer Stützpunkt für die großen römischen Adelsgeschlechter an strategischen Stellen innerhalb der Stadt: so das Marcellustheater an den wichtigen Tiberinsel-Brücken für die Savelli, das Pompeiustheater an der Hauptachse zwischen Kapitol und Vatikan für die Orsini. Andere Geschlechter errichteten sich hohe Wohntürme, aufgeschichtet aus antiken Quadern, etwa im Bereich der alten Kaiserforen, deren mittelalterliche Besiedlung erst durch die neuen Grabungen erkennbar wurde.[10] (Abb. 6).

Hier also die Torre dei Conti am *Forum Pacis*, unweit davon die Torre delle Milizie der Annibaldi auf den Ruinen des Trajansmarktes, den

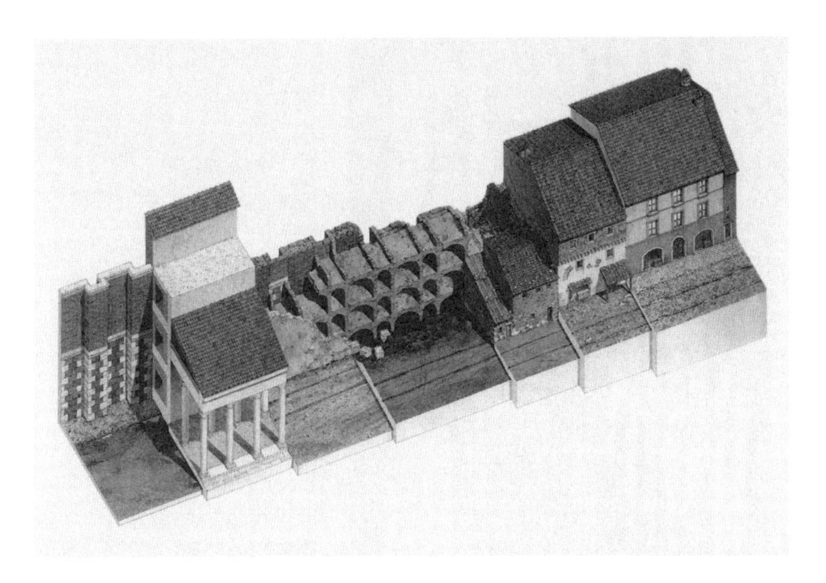

Abb. 2. Die schrittweise Umwandlung öffentlicher Bauten im Tiberbogen sichtbar gemacht am Beispiel der Crypta Balbi und der Via delle Botteghe Oscure (von links: Stufe 3 Spätantike, 4–5 Hochmittelalter, 6–7: 14. u. 16. Jh.) (nach Manacorda).

Esquilin hinauf weitere Geschlechtertürme: Das ist die Turmwelt, aus der die Päpste des 13. Jahrhunderts kommen. Der Horizont noch des spätmittelalterlichen Rom wird nicht, wie dann seit dem 16. Jahrhundert, von Kuppeln bestimmt, die einander harmonisch antworten, sondern von Türmen, die einander feindselig anstarren. Denn in dieser Stadt kämpfte man nicht gegen außen, sondern gegen innen.

Neben der Umfunktionierung ganzer Bauwerke war in Rom – und der Umgang mit der Antike muß in dieser Stadt, und bei unserem Thema, besonders beachtet werden – die Wiederverwendung einzelner Architekturstücke naheliegend. Dabei ist zu unterscheiden, ob diese Einzelstücke, sogenannte Spolien, als bloßes Steinmaterial recycelt, oder in bewußter, erkennbarer Absicht versetzt worden sind. Der historische Blick auf die Spolie ist ein anderer als der archäologische. Der Archäologe fragt nach Herkunft und ursprünglicher Funktion der Spolie, der Historiker nach Weg und Zweck der neuen Verwendung. Insgesamt wird man sagen können: auf eine regellose, für Kanon und Proportionen

Abb. 3.
Der Horizont alltäglicher Berührung (abgegriffene Wände und Säulen), nun hoch über dem ausgegrabenen antiken Straßenniveau, zeigt den im Mittelalter stark angewachsenen Boden. Septimius Severus-Bogen.

oft unempfindliche Wiederverwendung im Frühmittelalter folgt im 12. und 13. Jahrhundert ein überlegter, wählerischer Gebrauch: stattliche Kapitelle, zusammenpassende Säulen, gleichartige Gebälke mit wohlerhaltenen Zierstäben, kostbare Marmore (wie der Porphyr als einst dem Kaiser vorbehaltenes Material) und schöne – meist unverstandene – Inschriften wollen Ansehnlichkeit vorweisen, Alter demonstrieren, darüber hinaus aber auch, vor allem in Rom, programmatisch eine politische Botschaft verkünden. Denn da Rom *caput mundi* ist, können Kaiser und Papst mit solchem Antikenbezug ihre imperialen Ansprüche legitimieren, kann die Kommune ihren Eigenwert reklamieren: Sie mußte ihre Antike nur etwas anders akzentuieren, weniger imperial, mehr republikanisch. Der Vorrat an Antikenbezügen war so unerschöpflich, daß er jedem jedes gab.[11]

Nicht nur im römischen Kirchenbau des 12. und 13. Jahrhunderts, auch im gewöhnlichen Straßenbild traf man überall auf Antike: auffallend entlang der Straßen die Portiken aus Spoliensäulen (oft mit – an-

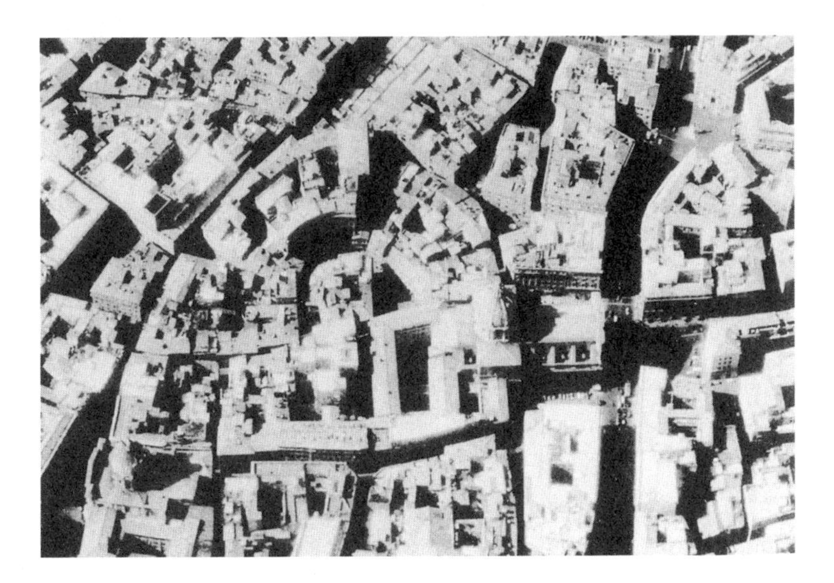

Abb. 4. Das Pompeiustheater hebt sich im Luftbild als Halbrund im heutigen Siedlungsgewebe ab. Mitte oben der Campo dei Fiori.

dernorts in Italien verschmähten – ionischen Kapitellen, echten oder nachgearbeiteten), bei Fassadenrestaurierungen findet man deren immer mehr. Es blieb genug, um Spolien in ganzen Schiffsladungen zu exportieren. Eine qualifizierte Form des Exports boten römische Künstlerfamilien des 12. und 13. Jahrhunderts, die sogenannten Cosmaten: Sie verarbeiteten die farbigen Marmore, die sich in solcher Menge nur in den Ruinen Roms fanden, als Elemente ihrer charakteristischen Ornamentik (z. B. Porphyrsäulen wie eine Wurst in Scheiben geschnitten), meißelten gegebenenfalls auch fehlende Stücke gleicher Art neu *all'antica* und exportierten ihre Produkte – Kirchenausstattung und Fassadenschmuck – auch nach außerhalb. Antikisierend in Stil und Ikonographie, bedienten die Cosmaten sich der Antike als Vorbild und als Rohmaterial zugleich. Im 14. Jahrhundert ließ die Antikenverwendung spürbar nach, am gotischen Bau findet die Spolie keinen Platz.[12]

MITTELALTERLICHE WAHRNEHMUNG DES ANTIKEN ROM. Wie in dieser mittelalterlichen Gegenwart das antike Rom nicht nur beseitigt oder wiederverwendet, sondern in seiner Größe

Abb. 5.
Unterirdisches Rom. Die Erdgeschoßgewölbe antiker Bauten wie hier des Pompeiustheaters, genutzt als Werkstätten und Magazine, gerieten im Laufe der Jahrhunderte tief unter die Erde. (Photo Carlo Pavia).

wahrgenommen wurde, geht aus einer Textgattung hervor, die unter dem Titel *Mirabilia Urbis Romae* bekannt ist und die Monumente in drei Teilen bot: nach Sachgruppen (z. B. Tore, Theater); daneben die zugehörigen Legenden (z. B. Was geschah in den Gewölben unter dem Kapitol? Was hat es mit den Rossebändigern auf sich?); und als Gang durch die Stadt in grob topographischer Ordnung (z. B. auf Esquilin, Aventin). Kirchen werden, im Unterschied zu den späteren Pilgerführern, auffallend wenig genannt. Die *Mirabilia* entstanden wahrscheinlich um 1140 und sind ein sprechender Beleg für das damals erwachende Antiken-Interesse, das der 1143 gegen die päpstliche Stadtherrschaft auftretenden kommunalen Bewegung zur politischen Legitimation diente. Ein Antiken-Interesse, das gerade auch in den gebildeten Kreisen der Kurie erwachte – und nun verschieden instrumentalisiert werden konnte: vom Papsttum über das beanspruchte kaiserliche Erbe, von den Römern durch direkte Bezugnahme (Wir, wir Römer, sind die eigentlichen Erben dieser monumentalen Welt).[13] In den gleichen Kontext der jungen römischen Kommune und ihrer «politischen Archäologie» (P. E. Schramm) dürfte die *Graphia aureae urbis Romae* gehören (Gründung Roms, die Monumente in überarbeiteter Mirabilien-Fassung, das kaiserliche Hofzeremoniell).

Nicht daß die *Mirabilia*, wie man leicht annehmen könnte, Antiken-

Abb. 6. Das Forum Nervae (oder *transitorium*, weil «Durchgang» vom Forum Romanum zur dichtbevölkerten *Subura*) im frühen Mittelalter. Rekonstruktion nach neuestem Grabungsbefund (Meneghini/Santangeli Valenzani).

wahrnehmung aus der Tiefe der Volksseele gewesen wären: Auch sie hatten ihren gelehrten (nicht sicher zu bestimmenden) Autor. Und sie wußten alles. Das Problem der Mirabilien-Literatur ist nicht, daß sie zu wenig, sondern daß sie zu viel weiß (wie manchmal noch heute bei dilettierender Wissenschaft), daß sie das antike Monument nicht auf historischen Abstand bringt und für alles eine Erklärung hat. Damit entsprachen die Mirabilien dem allgemeinen Verlangen, die antiken Monumente, mit denen man alltäglich zusammenlebte, in ihrer unvertrauten Gestalt und rätselhaften Bestimmung erklärt zu bekommen. Denn beides erregte den Verdacht innewohnender magischer Kräfte – die antiken Monumente konnten unmöglich nur sich selbst bedeuten. Insofern ist Antiken-Wahrnehmung nach Art der Mirabilien nicht nur eine zeitlich eingrenzbare Phase, sondern eine Sehweise, der man bei römischen Touristenführern noch heute begegnen kann.

Man ersieht das schon aus der Benennung der antiken Monumente. Nicht nur in der absichtsvollen Ausdeutung der *Mirabilia* trugen die Ruinen Roms seltsam umdeutende Namen. Auch in der alltäglichen

Begegnung, im nüchternen Bezug auf antike Monumente als Grenzmarken in Grundstücksurkunden innerhalb und außerhalb der Stadt gibt es «das Bad des Kaisers», «das Bad der Venus» (*balneum imperatoris, balneum Veneris, balneum Pelagi*), die wahrscheinlich alle keine Thermen waren; wird aus Circus Maximus *Circulus maximus*, aus Arcus Nervae *Archa Noe*, also die Arche Noah, aus dem vatikanischen Obelisken das Grab Caesars.[14] Solche Aneignung der Antike ist eine andere als die eines archäologischen Oberseminars heute, gewiß. Aber Aneignung ist auch das.

Die Mirabilien hatten breite Wirkung. Eine ganz andere Bearbeitung wurde später gern mit Ablaßverzeichnissen (*Indulgentiae*) kombiniert, womit sie dem Rompilger alles Nötige boten. Welche Leistung es war, die alles verkleisternde Sehweise der Mirabilien zu überwinden, wird noch zu zeigen sein.

Auch die – zum Antikenverständnis im Rom des mittleren Trecento gern herangezogene – *Polistoria de virtutibus et dotibus Romanorum* des Giovanni Cavallini, päpstlichen Skriptors und Kanonikers von S. Maria Rotonda (Pantheon) aus der römischen Familie der Cerroni, führt nicht in die Weite, wenngleich die Kenntnis antiker Autoren bemerkenswert ist. Rührend im aufrechten, der eigenen Grenzen bewußten Bemühen, die gleichgültigen Zeitgenossen für die Tugenden der alten Römer zu begeistern, ist diese Papst Clemens VI. gewidmete Schrift doch nur eine Kompilation, die mit antiken Autoren, biblischen Texten, seltsamen Etymologien, Sagenhaftes mit ebenso Sagenhaftem kritisierend, in eigentümlicher, moralisierender Auswahl römische Geschichte und Heilsgeschichte darstellt und, der *Graphia* folgend, auch in der Beschreibung der Stadt selbst (die Stadttore, die Sieben Hügel, die 13 Regionen) nichts Wesentliches bietet: alles gedacht und nichts geschaut.[15]

Petrarca, der Rom von mehreren kürzeren Besuchen kannte, tadelte die Römer hart wegen ihres Unverständnisses («nirgends kennt man Rom weniger als in Rom»). In einem Brief an den Dominikaner Giovanni Colonna erinnert er an einen gemeinsamen Gang durch Rom. Aber seine Rom-Schilderung ist eine bloße Reihung historischer Plätze (*hic Evandri regia, hic Carmentis aedes ..., hic descendit Curtius armatus ..., hic Pompeii arcus* usw.) und bleibt trotz des rahmenden Spaziergangs ohne archäologische Identifizierung und ohne topographische Zuordnung, die er gewiß auch gar nicht geben wollte. Die literarische Wiederaneignung der Antike ging der archäologischen entschieden voraus.

Antike Inschriften beachtete damals, um die Mitte des Trecento, schon Cola di Rienzo, der in seiner Antiken-Kenntnis auch sonst stellenweise über die Mirabilien hinausgefunden haben mag. «Es gab niemanden, der wie er die antiken Inschriften lesen konnte» (*non era aitri che esso che sapesse lejere li antichi pataffi* [epitaphi]), rühmt sein zeitgenössischer Biograph, und schon das war eine Leistung. Doch nutzte er sie mehr politisch als antiquarisch, wenn er etwa die damals aufgefundene *Lex de imperio Vespasiani*, in der der Senat dem neuen Kaiser zusätzliche Vollmachten in möglichst republikanischer Form übertrug, in öffentlicher Rede als Beweis anführte, welche Rechte dem römischen Volk gegenwärtig vorenthalten würden (*tanta era la maiestate dello puopolo de Roma ..., ora l'avemo perduta*).

Beachtlich die römischen Notizen des Paduaner Arztes und Astronomen Giovanni Dondi, eines Freundes von Petrarca, der bei einem Besuch der Stadt um 1375 einige Aufzeichnungen machte. Er begeht Kirchen wie St. Peter und St. Paul, antike Monumente wie Pantheon, Trajanssäule, Triumphbögen, vatikanischer Obelisk usw. (eine bemerkenswert nüchterne Beschreibung des Kolosseums); er zählt ihre Stufen und Säulen, nimmt grob ihre Maße (aber, statt nur dem eigenen Auge zu trauen, sind bei ihm selbst die Maße manchmal noch von Autoritäten überlagert: Was sagt Eutropius, was Martinus Polonus über die Maße?) und notiert ihre Inschriften. Aber das ist, abgesehen von Lese-, Messungs- und Identifizierungsfehlern, bloße Erfassung, nicht Weiterführung des Beobachteten, wie wir es bald kennenlernen werden.

Die gegen die Römer gerichteten Vorwürfe hätten, nach Auffassung der Humanisten, diese besonders treffen müssen, weil doch am ehesten die Römer den Wert dieses Schatzes kennen mußten. Aber die Menge verfügbarer Antike ist nicht ausschlaggebend. Noch in der heutigen Spolienforschung hat man argumentieren wollen, die zahlreichen Antikenfunde, die bei den – in der Folge der rapiden Bevölkerungsvermehrung des 12. und 13. Jahrhunderts notwendigen – Neubauten und Stadterweiterungen zwangsläufig zutage traten (etwa bei der Niederlegung der spolienreichen spätantiken Stadtmauern) hätten zu intensiverer Beschäftigung mit der Antike und somit zur auffallenden Antikennähe dieser Zeit geführt.[16] Diese Argumentation ist allzu kurz geschlossen, und sie kann auch gar nicht stimmen. Die vor Ort verfügbare Antike allein tut es nicht, man muß sie sich erst aneignen. Denn wäre Verfügbarkeit von Antike schon ein hinreichender Impuls, dann hätte die Renaissance am ehesten in Rom beginnen müssen. Sie begann aber gerade dort, wo wenig Antike zur Hand war, in Florenz. Nein: Antike muß man nicht nur *haben*, man muß sie auch *wollen*!

Antikennähe hat nicht mit Fakten zu tun, sondern mit Empfänglichkeit. Ob man in Rom eine Statue im Jahre 1180, 1380 oder 1480 findet, macht eben einen großen Unterschied. Darum sind Antikenfunde in den Schriftquellen oft gar nicht dokumentiert. Im Rom des Trecento hätten 100 Statuen gefunden werden können, ohne daß wir auch nur von einem einzigen Fund schriftliche Nachricht hätten. Das wird erst anders, wenn nun im frühen 15. Jahrhundert Poggio Bracciolini, Lorenzo Ghiberti, Ciriaco d'Ancona Rom betreten. Da reicht es nun, daß bei Kanalisierungsarbeiten im Florentinerviertel eine Statue als Abdeckplatte gefunden wird: erregt notiert es Ghiberti.

Wie arglos die Römer in ihrem Alltag mit den antiken Monumenten lebten, empörte die frühen Humanisten zutiefst. Daß ausgerechnet römische Bürger – «wenn man jemanden, der so etwas tut, einen Bürger, ja überhaupt einen Menschen nennen darf» – so mit der Antike umgingen, erboste sie aufs äußerste, geradezu erpicht auf schlimme Beispiele demütigender Antiken-Verwertung, ja sie weideten sich geradezu am Unverständnis dieser dämlichen Römer. Die schoben Antike auch einfach in den Kalkofen: Mit einer nackten Venus konnte man schließlich nicht viel anfangen, aus Marmor zu Kalk gebrannt aber ergab sie den schönsten Mörtel – in solcher Transsubstantiation konnte aus jeder Antike Mittelalter werden. Statuen also (wie man sie angeschmaucht in aufgegebenen Kalköfen gefunden hat) oder ganze Bauwerke: Martin V. überließ zu solcher Verwertung einem Kalkbrennerkonsortium 1426 die Basilica Iulia auf dem Forum, Johannes XXIII. hatte die Travertinquadern dieses oder eines benachbarten Monuments bereits an Paolo Orsini (den wir noch kennenlernen werden) gegeben, sozusagen seinen Condottiere mit antiken Spolien bezahlt. Und schon unter Martin V. läßt sich aus den Kammerrechnungen ersehen, daß man aus antikem Stein sogar Kanonenkugeln fertigte: *pro dehumatione certi marmoris pro faciendo lapides pro bombardis*. Dagegen halfen keine Denkmalschutzgesetze, wie sie schon die frühe Kommune, Cola di Rienzo, dann die Renaissance-Päpste erließen: Gerade sie werden mehr Antike beseitigen als alle mittelalterlichen Päpste zusammen. Das Empfinden, das bewunderte antike Stück in seinem Zusammenhang bewahren zu müssen, sozusagen museal zu konservieren, dieses Empfinden war noch ganz fremd.[17]

Unter den kritischen Beobachtern ist auch ein großer Byzantiner, Manuel Chrysoloras (ca. 1350–1415), als Gesandter des Kaisers lange in Italien und hier in humanistischen Kreisen das Griechische lehrend. Seit 1411 in Rom, vergleicht er in seiner *Synkrisis* das alte und sein neues Rom. Das Rom, das er sieht, hält bei aller Ehrwürdigkeit den Vergleich mit Konstantinopel nicht aus, das nicht nur ein zweites, sondern ein gesteigertes Rom ist, die schönere Tochter einer schönen Mutter. Und dann bittere Worte über dieses gegenwärtige Rom, das sich durch die Spoliierung, die Wiederverwendung des antiken Materials, gewissermaßen selbst ernähre und sich selbst verzehre. Die antiken Steine hier, wenn sie Glück hätten, würden Trittsteine fürs Pferdebesteigen oder Eselskrippen.

Zurück zum nachantiken Siedlungsbild. Neben Tiberbogen und vatikanischem Borgo blieb nur Trastevere dicht besiedelt. Andere Regionen innerhalb der viel zu weit gewordenen Aurelianischen Mauern verödeten. Dort halten sich nur Siedlungsinseln um Hauptkirchen wie S. Maria Maggiore und S. Giovanni in Laterano, wo der Papst als Bischof von Rom mit seinen Behörden residierte: Der Vatikan wird päpstliche Residenz definitiv erst seit 1378. So werden weite Flächen innerhalb der antiken Stadtmauern zum *Disabitato*, zur unbewohnten Zone. Die römische Campagna drang in die Stadt ein bis aufs Forum Romanum, das zur Viehweide geworden war und zum Parkplatz für die von Süden kommenden Transportgespanne, und machte erst an den Hängen des Kapitols Halt. In dieser weiten Zone vermengte sich das aus der Campagna eingebrochene Grün mit der aus den antiken Luxusgärten ausgebrochenen exotischen Flora. Auf den Hügeln und an ihren Hängen zahllose Weinberge, in Pacht- und Lieferverträgen immer wieder genannt; die Niederungen stellenweise versumpft wie im Bereich der von der *Cloaca maxima* nicht mehr entwässerten, zu *Pantani* gewordenen Kaiserforen.[18]

DAS STADTBILD UM 1400. Soweit in großen Zügen die Entwicklung von Siedlung und Stadtbild seit dem Ende der Antike. Ein düsteres Bild, das sich im 12. und 13. Jahrhundert aufgehellt hatte, aber jetzt, im Rom der Schismazeit, seine dunkelste Tönung annahm. Darum sei, mit den Quellen nur dieser Jahre (soweit sie Zustände beschreiben und sich nicht in der üblichen Rom-Kritik ergehen), das Bild schließlich auf den Zustand um 1400 fixiert, um den Rahmen von Wirklichkeit zu bieten, in dem die folgende Geschichte zunächst spielt, und um ein Kontrastbild zum Rom der Renaissance am anderen Ende der Darstellung vor Augen zu haben.

Rom war, mit vielleicht 25 000 Einwohnern nur noch einen Bruchteil der antiken Bevölkerung zählend, damals eine Stadt kleiner als Florenz, Neapel oder gar Venedig. Pilger, die sich eine Stadt wie das himmlische Jerusalem erwarteten, mochten, über vieles hinwegsehend, in den Heiltümern und Ablässen finden, was sie suchten. Nüchterne Betrachter aber schwankten zwischen Staunen, Mitleid und Hohn. Denn was sich ihren Augen damals, im Rom der Schismazeit, bot, war nicht dazu angetan, ihrer Rom-Erwartung zu genügen: eine kleine Stadt inmitten eines gewaltigen Mauerrings, der nicht mehr eine Kapitale, sondern eine Landschaft umschloß, durch die man auf unbefestigten Straßen lange wandern konnte, bevor man eine geschlossene Siedlung erreichte. Sogar die Straßenachse, die unter dem vielversprechenden Namen *via maior* vom Kapitol zum Lateran führte, war dermaßen heruntergekommen, daß Bonifaz IX. ihre Instandsetzung für dringend notwendig erklärte, «weil diese Straße sonst noch gefährlicher wird und letztlich ganz verschwindet» (*quasi dissolveretur in totum*), und wenig später noch nannte man sie «eine Wüste, ja besser: eine Räuberhöhle wegen der zahllosen Untaten, die dort begangen wurden» (*non via sed solitarius locus et quasi desertus, imo latronum spelunca*). Das war die Straße zwischen Rathaus und Kathedrale –, man denke sich das in anderen Städten dieser Zeit! Und ringsum eine unerhörte Welt monumentaler Ruinen tot unter dem üppigen Pflanzenwuchs eines vollen Jahrtausends.

Diese Straße führte am Kolosseum vorbei, das sich die Römer auf ihre Weise angeeignet hatten (Abb. 7). Als Werkstatt, Magazin, Adelssitz besaß oder bewohnte, pachtete oder verschenkte man den gewaltigen Bau in Segmenten: «Ein Viertel des ganzen Kolosseums», *quartam partem*

Abb. 7. Das Kolosseum im römischen Alltag. Codex Escurialensis fol. 24v (Ende 15. Jh.), Ausschnitt.

totius Collisei verschenkte damals ein Colonna an die Bruderschaft von S. Salvatore *ad Sancta Sanctorum*. Das Innere, die *cavea*, war zu einem riesigen grünen Krater geworden (Abb. 8). Noch um die Mitte des 19. Jahrhunderts zählte der englische Botaniker Deakin im heute so kahlen Kolosseum 420 in Rom teilweise nur hier vorkommende Pflanzenarten: unten Gräser und wilde Nelken, oben auf den billigen Plätzen wucherte der Asphodelos.[19]

Führte die *via maior* zum Lateran, so auf der anderen Seite des Kapitols die *via papalis* zum Tiberübergang in Richtung Peterskirche. Sie war, eine Folge schmaler Straßenstücke inmitten des dichtbesiedelten Tiberbogens, die weitaus wichtigste Verkehrsader, dann auch Prozessionsweg der Päpste, wenn sie nach ihrer Krönung in St. Peter von ihrer Kathe-

Abb. 8. Das Innere des Kolosseums vor den Ausgrabungen (um 1780). Jean-Antoine Constantin, Aix-en-Provence, Musée Granet.

drale, dem Lateran, Besitz ergriffen. Längs dieser via papalis, in den rioni Ponte, Parione, Arenula bis nach S. Eustachio, versuchten vor allem die Orsini, im Pompeiustheater und zumal auf ihrem Monte Giordano an der Engelsbrücke, Kontrolle auszuüben. Während die Zone ihrer Gegner, der Colonna, entlang der Via Lata lag, in den rioni Monti, Trevi, Colonna, ihre eigenen Wohnsitze konzentriert um das Augustusmausoleum, um Montecitorio und, vor allem seit Martin V., bei SS. Apostoli.[20]

Auf der anderen Seite des Tiber, an dessen unbefestigten Ufern die Häuser mit den Füßen im Wasser standen und keinerlei Abwehr gegen die regelmäßigen Überschwemmungen boten, erhob sich die Engelsburg, das monumentale Mausoleum Kaiser Hadrians, das nun zur päpstlichen Festung ausgebaut wurde, um den einzigen direkten Zugang von der Stadt zum Vatikan, die Engelsbrücke, zuverlässig zu bewachen: Erst jetzt, von Bonifaz IX., wurde der Ausbau wirklich in Angriff genommen, vorher kletterten Ziegen in dem gewaltigen Schuttkegel. So mochte man sich im Palast bei St. Peter, der erst jetzt, nach der Rückkehr aus Avignon, zum dauernden Sitz der Päpste wurde und, eben erst bezogen, noch keinen würdigen Anblick bot, ein wenig sicherer fühlen.

Auch in den Straßenzug, der von der Engelsburg zur Peterskirche führte und auf dem sich, im Strom der Pilger, Devotionalienhändler, Feigenverkäufer, Zahnzieher, Wechsler drängten bis in das Atrium der Kirche, griff der Papst rücksichtslos ein, um Platz zu schaffen, ohne daß schon Neues errichtet worden wäre. Gewiß kein anziehender Anblick damals, Pachtverträge sprechen von «ziemlich zerstörten Häusern», und im Zinsregister des dadurch geschädigten Kapitels findet sich der sarkastische Eintrag: «Die Häuser haben alle keine Türen mehr und sind größtenteils verfallen; das liegt an der Nachlässigkeit Papst Bonifaz' IX. seligen Angedenkens, dem bei Tage und bei Nacht stets die Peterskirche am Herzen lag.»[21]

Auch das Innere der Stadt war wenig einladend. Die hygienischen Vorschriften der damals geltenden Statuten lassen Schlimmes ahnen, so wenn sie vorschreiben (II 194), die Metzger sollten Tierkadaver nicht einfach auf die Straße werfen, sondern in den Tiber (der schwemmte den ganzen Unrat dann bei seinen regelmäßigen *piene* zurück in die Gassen). Daß die Pest hier einen günstigen Nährboden fand, zumal wenn Pilgermassen in die Stadt drängten, spiegelt sich auch in den päpstlichen Maßnahmen etwa des Heiligen Jahres 1390, die vorgeschriebene Aufenthaltsdauer der Pilger unter Hinweis auf die Pestgefahr zu verkürzen. Was sich der Rom-Besucher wohl nicht erwartete, waren die Wölfe, die aus Campagna und *Disabitato* nachts in die Stadt eindrangen: Die Kommune setzte unterschiedliche Prämien aus, je nachdem ob Wölfe außerhalb oder innerhalb der Stadtmauer erschlagen wurden.

Auch die Kirchen waren in einem trostlosen Zustand. Als das Heilige Jahr von 1400 nahte, zu dem zahlreiche Pilger auch der avignonesischen Obödienz erwartet wurden (für die römische Seite war ein solches Jahr gar nicht verkündet, nur das vorige Jahr nach altem Rhythmus, 1390, stillschweigend bis 1400 verlängert worden), besann man sich auf die dringlichsten Reparaturen wichtiger Kirchen in der naheliegenden Befürchtung, der Anblick könne sonst «die Pilger verstören». Tatsächlich ergibt sich ein erschreckendes Gesamtbild, wenn man die stichwortartigen Zustandsbeschreibungen aus den verstreuten Reparaturanordnungen einmal zusammensieht. SS. Apostoli drohe «völlig zu zerfallen und zur Ruine zu werden (*totum devastari et in ruinam deduci*), wie aus dem Bericht einiger Bauexperten und schon aus dem Anblick hervorgehe», S. Anastasia sei «verfallen und zusammengebrochen», S. Pietro in Vincoli «bedürfe einer vollständigen Restaurierung».[22] Nach 70 Jahren avignonesischer Abwesenheit und weiteren 20 Jahren Schisma wird man es nicht anders erwarten.

Schlimm sah es sogar in den vornehmsten Basiliken aus, etwa draußen in S. Paolo fuori-le-mura: In der Kirche standen zeitweilig die Pferde der Condottieri, suchten die Herden der Campagna Schutz vor dem Unwetter, fand das zusammentretende Kapitel keinen würdigen Raum mehr. Bonifaz IX. berief für die Restaurierung im April 1400 einen eigenen Bauausschuß, beließ die dem Papst reservierten Opfergelder und veranlaßte den Antransport von Balken für die Reparatur des Dachstuhls: vor allem aus dem Apennin (von dort, aus der *Massa Trabaria* über dem oberen Tibertal, waren die meisten Balken, *trabes*, für die römischen Basiliken gekommen und hatten jener Waldregion den Namen gegeben), dann sogar, «weil man so lange Hölzer, *lignamina ita longa,* dort nicht finde», von der Küste Dalmatiens, wie ein päpstlicher Passier-Antrag an Venedig zeigt, das die Langhölzer für seinen Schiffsbau ja gleichfalls von dort bezog. Die alten Balken im Dachstuhl konstantinischer Basiliken zu ersetzen war eine kolossale Arbeit, die vom Anonimo Romano, dem Biographen Colas di Rienzo, anläßlich einer Reparatur in St. Peter von 1340 aufs lebhafteste beschrieben wird:

> «Da fand man einen riesigen Balken von erstaunlichem Umfang. Ich habe ihn gesehen, 10 Fuß dick war er. Er war ganz mit Seilen umwickelt wegen seines großen Alters. Wegen seiner Dicke hatte dieser Balken so lange gehalten. Aus Tanne war er, wie die andern. Und man fand darauf die Buchstaben CON eingegraben, als wenn er sagen wollte: ‹Das ist einer von den Balken, die der gute Konstantin in dieses Dach getan hat›. Er war alt wie das Halleluja, *era antiquo quanto che l'aleluia*. Dieser Balken wurde heruntergeholt, und drinnen fand man Löcher und Höhlungen, die teils durchs Alter entstanden, teils von Tieren reingenagt waren, um sich darin Wohnungen zu machen. Da fand man riesige Mäuse in ihren Nestern, und Marder fand man und sogar Füchse mitsamt ihren Nestern. Wer das sah, konnte es nicht glauben. Dieser ehrwürdige Balken wurde zerteilt und daraus die für den Umbau nötigen Bretter gemacht. Und viele römische Edelleute hatten daraus [geschnittene] Eßtische, *ne àbbero tavole da manicare*»[23] – in einer Ewigen Stadt lebt man eben auch im Alltag mit Jahrhunderten.

Bonifaz IX. hat auch in anderen Fällen die Ausbesserung von Kirchenbauten gefördert. Aber was wollte das schon heißen, wenn er auf der anderen Seite, dem Klerus fortwährend Kriegssteuern auferlegend, die Kirchen und Klöster Roms vollends in den Ruin trieb. Einige konnten nicht einmal mehr die alltäglichsten Ausgaben – etwa das Öl für die Lichter in der Kirche – aus den laufenden Einkünften bestreiten und mußten, um die außerordentlichen Steuern aufzubringen, Stücke ihres schon geschrumpften Besitzes verschleudern: Güter wurden im Wert von 10 000 flor. für nur 800 flor. veräußert «weil sie sowieso in der Hand einiger Adeliger sind», und zahllose weitere Fälle ähnlichen Ausverkaufs. Daß sich solch finanzieller Ruin dann auch im Erscheinungsbild dieser Kirchen und Klöster niederschlug, war unvermeidlich. In einer Stadt, in der die Kirchen so ins Auge fielen und für den Rom-Besucher mehr zählten als jeder weltliche Bau, muß der triste Eindruck, wie ihn diese Quellen bieten (nicht subjektive und womöglich polemische Berichte, sondern offizielle Begründungen schwer bezahlbarer Reparaturprojekte), unser Bild der Stadt zusätzlich verdüstern.

II.

ROM UND DIE KURIE

DIE RÖMISCHE KOMMUNE UND IHRE FÜHRUNGSSCHICHT. Die römische Kommune zur Zeit Colas di Rienzo als Ausgangspunkt wieder aufgreifend, seien nun die Römer selbst und ihre Führungsschicht in den Blick genommen. Es mag seltsam scheinen, die Römer in Rom als eigene Gruppe zu behandeln. Aber das eben war die Wirklichkeit: die Römer waren nicht, wie die Florentiner in Florenz oder die Venezianer in Venedig, Herren im eigenen Haus. Sie mußten sich dieses Rom mit einem Monarchen teilen, wie er mon-archischer nicht gedacht werden kann: mit dem Papst. Diese besondere Situation hatte auch die – an vielen Orten so frühe und erfolgreiche – kommunale Bewegung behindert: in Rom war sie schwächer, später und mit geringerem Spielraum als in anderen Städten, jedoch mit überhöhtem ideologischen Anspruch unter Berufung auf republikanische wie imperiale Traditionen des antiken Rom. Die Römer waren sich dieser besonderen Lage mit zwiespältigen Empfindungen bewußt. Die Verschiebungen im Verhältnis zwischen Kommune und Papst wird man darum sorgfältig registrieren und zu einem Grundthema der historischen Darstellung machen müssen.

Noch gehörte Rom den Römern, als die Päpste um die Jahreswende 1377/78 endlich aus Avignon nach Rom zurückkehrten. Die Kommune stand unter der kräftigen Führung der beiden Banderesi, «Bannerherren» der städtischen Miliz (*felix societas balistariorum et pavesatorum Urbis*), die neben die drei Konservatoren als oberstem Leitungsgremium getreten waren und die Exekutivgewalt zunehmend in ihre Hand brachten. Mit ihnen vor allem werden es die Päpste zu tun bekommen. Zwar stand nun ein von auswärts berufener, vom Papst ernannter Senator, der die Gerichtsbarkeit auszuüben hatte, an der Spitze der Kommune. Aber die drei Konservatoren, die auf jeweils nur drei Monate im Amt blieben (das aus italienischer Menschenkenntnis erwachsene Grundmißtrauen riet überall zu kurzen Amtszeiten) und über Verwaltung und Finanz gesetzt waren, kontrollierten den Senator auf das engste und traten offiziell an seine Stelle, wenn, wie unter Bonifaz IX., die Berufung eines Senators für längere Zeit unterblieb.[24]

Wie im Innern der Stadt, so wachte die Kommune eifersüchtig über ihre Rechte auch im Umland, im *districtus Urbis*, der ungefähr mit dem Dreieck Montalto-Terracina-Terni zu umschreiben ist. Der die Stadt umgebende breite Gürtel verödeter oder extensiv bewirtschafteter Campagna machte vor allem das Hoheitsrecht der *grascia*, der Versorgung, zu einer Lebensfrage. In einige Orte unmittelbarer Herrschaft wie Vitorchiano, Magliano, Tivoli, Velletri, Cori entsandte die Kommune regelmäßig einen Podestà. Umgekehrt hatten solche Orte die «Spiele von Navona und Testaccio» zu beschicken, die jeweils am Sonntag vor Aschermittwoch auf Kosten der jüdischen Gemeinde vor allem auf dem Monte Testaccio im Süden der Stadt veranstaltet wurden. Dieser «Scherbenberg», eigentlich der Abfallhaufen des nahegelegenen antiken Tiberhafens mit seinem gewaltigen Umschlag an Amphoren, galt den Römern als Anhäufung von mit Erde gefüllten Gefäßen, die die Provinzen des alten Rom der Hauptstadt als Tribut zu bringen hatten. Zur Erhabenheit dieses Weltherrschafts-Symbols, das auch zur Zeit Bonifaz' IX. noch diesen Ruf hatte, stand in seltsamem Gegensatz die rohe Volksbelustigung, die sich hier in grotesken Wettläufen und wilden Schlächtereien austobte. Den untergebenen Orten, die wohlausgestattete *lusores* zu entsenden hatten, war die Teilnahme eine lästige Pflicht. Man muß die handfeste Antiken-Auslegung der mittelalterlichen Kommune vor Augen haben, um den kommenden Wandel auch hier zu begreifen: Einem Humanisten konnte man so etwas nicht mehr erzählen, und der römische Karneval wird im päpstlich gewordenen Rom noch im 15. Jahrhundert gesittetere Formen annehmen.[25]

Daß viele der vom Kapitol beanspruchten Rechte im Distrikt auf konkurrierende Hoheitsansprüche des Papstes stießen, war unvermeidlich und vermehrte die Reibungsflächen. Hinzu kam, daß ja noch ein Dritter im Spiel war, gegen den sich der Affekt der Kommune meist noch mehr richtete als gegen den Papst: der Baronaladel. Ihn konnten die Statuten, anders als den Papst, auch ausdrücklich treffen. Den Jahres-

Abb. 9. Die städtische Miliz der *Banderesi e Pavesati*, der gefürchtetsten Gegner der Päpste in Rom: ihre Repräsentanten, beidseits des Wappens der Kommune (und über den Wappen der Konservatoren), eingemeißelt in den zum offiziellen Kornmaß umfunktionierten Grabstein der älteren Agrippina. Rom, Konservatorenpalast.

tag der Erhebung Colas di Rienzo zum Staatsfeiertag erklärend, bestimmten die Statuten, daß Adelige weder in der Stadt noch im Distrikt irgendein Amt der Kommune bekleiden, ja nicht einmal das Kapitol betreten dürften. Sie mußten sich eidlich verpflichten, keinen der vom Kapitol Verurteilten in ihren Burgen aufzunehmen. Die in vielen Fällen für den Senator vorgesehene Einschränkung, Vergehen auf dem Wege der *inquisicio*, also amtshalber, auch ohne Denunziation von sich aus zu ermitteln, galt grundsätzlich nicht gegenüber dem Adel, für den die Statuten überdies ein eigenes, besonders hartes Strafmaß vorsahen, das vom *pedes* über den *miles* bzw. *cavalleroctus* zum *potentior de magnatibus* in der Regel um das Vierfache anstieg. Und die von den *banderesi* geführte Miliz war vor allem geschaffen worden, um die Unabhängigkeit der Kommune gegenüber dem Adel zu wahren.

Soweit das Bild der Kommune, wie es die Statuten, die normativen Quellen bieten. Wer aber waren die Männer, die damals die Kommune trugen und aus der Verfassungsnorm Verfassungswirklichkeit machten?

Die politische und soziale Wirklichkeit Roms im Spätmittelalter ist nur unvollkommen zu rekonstruieren, die Gesellschaft prosopographisch nur unvollständig zu erfassen, denn in Rom fehlen ganze Quellengattungen, die in anderen Städten Italiens ganz selbstverständlich vorhanden sind, so daß man manchmal «an römisches Spätmittelalter mit Methoden der Frühmittelalterforschung herangehen» muß (I. Lori Sanfilippo). Darum zunächst ein Wort über die Quellenlage: die stadtrömische, nicht die vatikanische, die reich, in ihren Bestandteilen ausgewogen und wohlbekannt ist.[26]

Was man an Archivalien erwarten dürfte, wären zumindest die Quellengattungen, die andernorts tatsächlich zur Verfügung stehen. Die Stadtratssitzungen mit ihren Beschlüssen, die *Riformanze*, wie sie selbst das kleine Städtchen Orte am Tiber besitzt – für Rom sind sie alle verloren und erst ab 1515 erhalten. Oder Kriminalakten – aber da sind nur wenige Register aus dem Kriminalgericht des Senators überliefert. Oder einige Tausend Steuererklärungen mit genauer Angabe der persönlichen wirtschaftlichen Verhältnisse wie im Florentiner *Catasto*, oder eine schöne Serie von Testamentsbüchern wie in Bologna. Aber in Rom gibt es nichts dergleichen.

Diese dramatischen Überlieferungsverluste werden im allgemeinen dem *Sacco di Roma* zugeschrieben, der schrecklichen Plünderung Roms durch die kaiserlichen Truppen 1527. Damals muß tatsächlich vieles verlorengegangen sein. Aber viele Archivalien haben den Sacco nachweislich überlebt. Im übrigen muß man neben den *verlorengegangenen* in Rom auch mit *nie geschriebenen* Quellen rechnen: *Ricordanze* zu hinterlassen, jene anziehende Mischung aus Familien- und Stadtnachrichten, ist römischen Kaufleuten in der Regel wohl gar nicht in den Sinn gekommen, sie waren eben keine Florentiner *marchands écrivains*, und die dürftigen Details in Arbeitsverträgen lassen vermuten, daß vieles nur mündlich ausgemacht wurde. Unerwartet gering sind auch die Bestände von Familien-Archiven unterhalb von Colonna und Orsini, und man hat angesichts dieser «extremen Spärlichkeit römischer Familienarchive unterhalb des Baronaladels» (A. Modigliani) den Verdacht geäußert, daß diese Familien nach ihrer Nobilitierung selbst kein Interesse mehr daran hatten, ihre Krämer-Vergangenheit zu dokumentieren. Und die römische Stadtgeschichtsschreibung? Verglichen mit florentinischer oder venezianischer Chronistik ist sie, trotz des Standortvorteils im Mittelpunkt der christlichen Welt, ausgesprochen provinziell, wie Proben zeigen werden.[27]

Weicht die römische Quellenlage oft vor unseren Fragen zurück, so stülpt sie sich uns an anderen Stellen entgegen mit Informationen, nach denen wir sie nicht gefragt hatten. Da lernen wir plötzlich 679 Personen kennen – nur deshalb, weil sie vor ihrer Türe nicht gekehrt hatten und darum 1467 in ein Bußenregister hineinkamen, das zufällig erhalten ist, mit Namen, Beruf, Herkunft, darunter auch Künstler, von denen wir sonst nichts wissen: Nicht ihre kleine Kunst, sondern ihr kleines Vergehen ist ihre einzige Überlieferungs-Chance. Wenn nur kräftig genug gesündigt wird, kann selbst eine solche Auswahl noch repräsentativ sein: Denn unter denen, die rings um die Zollstätte nicht gefegt hatten, sind 1 Zöllner, 1 Hufschmidt, 2 Gastwirte – genau die Dienstleistungen, die man an einer Zollstätte auch erwartet. Auch das ist angesichts der römischen Quellenlage noch willkommen. Aber wir wüßten doch lieber anderes, was mit den eingangs genannten großen Registerserien verlorengegangen ist. Im frühen 16. Jahrhundert beginnen dann noch unscheinbarere, private Quellengattungen: so das Anschreibebuch von Maddalena pizzicarola, in ihrem Lädchen zwischen Ponte Sisto und Porta Settimiana Käse, Seife, Essig verkaufend, mit den Einträgen von zahllosen ungeübten Händen ihrer Kunden und Lieferanten, nach Sprache und Graphie auch halbe Analphabeten und gerade darum eine besondere Quelle.[28]

An Quellengattungen, die für einen breiten Einblick in das Leben des spätmittelalterlichen Rom ergiebig sind und darum im Folgenden immer wieder herangezogen werden, sind vor allem die Notars-Imbreviaturen zu nennen: Hefte, in die der Notar in abgekürzter Form (daher «Imbreviatur») die Rechtsgeschäfte seiner Klienten eintrug: Kaufverträge, Mitgiften, Darlehensgeschäfte, Testamente, Schiedssprüche, Kapitel- und Zunftversammlungen, Gesellschaftsverträge, wie sie Tag um Tag anfielen und Einblick geben in die Fülle einer kleinen Welt.[29] Aus den Imbreviaturbüchern kann man im übrigen die durchschnittliche Arbeitsleistung eines Notars ersehen, aus allen verfügbaren Nachrichten die Mindestzahl der gleichzeitig in einer Stadt tätigen Notare (auch wenn nur eine einzige Urkunde von ihnen erhalten ist) ermitteln – und aus beidem zusammen die mutmaßliche Zahl der in dieser Stadt produzierten Notarsurkunden hochrechnen. Aus dem Abstand zwischen hochgerechneter Produktion und tatsächlich überliefertem Bestand läßt sich der – sogar in Italien enorme – Überlieferungsverlust ermessen. Und das gilt gerade für Rom.

Diese römischen Notarsimbreviaturen sind lange Zeit wenig beachtet worden (doch verwertete bereits Gregorovius die Akten des für die Borgia tätigen Notars), da manchen Historikern das Rom der Römer allzu gering schien und sie es unter Papst- und Kaiserurkunden nicht taten. Erst seit den 1960er Jahren hat sich eine neue Generation römischer Historikerinnen und Historiker den Notarsimbreviaturen breit zugewendet, die Methodik verfeinert und ist dabei zu schönen Ergebnissen gekommen, auf die hier zurückgegriffen werden wird. Denn hat man erst einmal den bevorzugten Notar eines Kardinals, eines Unternehmers, einer führenden Familie, einer Kolonie von Ausländern (der Deutschen, der Franzosen, der Florentiner in Rom) festgestellt und sind dessen Imbreviaturen erhalten, hat man leichten Zugang zu allen rechtlichen Anliegen des Kardinals, des Unternehmers, der Familie, der Fremden. Nicht daß der erhaltene Bestand, vergleicht man ihn etwa mit dem von Genua oder Lucca oder Florenz, besonders früh und besonders groß wäre (für das 14. Jahrhundert 80 Hefte von 16 Notaren, für die erste Hälfte des 15. Jahrhunderts 43 Hefte von 22 Notaren, aber dann stark ansteigend). Doch gibt schon dieser Bestand viel, wenn man ihm die richtigen Fragen stellt. Nur sollte man ihn nicht statistisch auswerten, da man sich bei den Überlieferungszufällen fragen muß, ob die Abbildung damaliger Wirklichkeit repräsentativ ist.

Angemessen beachtet sind inzwischen auch die Statuten von Zünften und Bruderschaften. Statuten und andere normative Quellen haben die größere Chance, überliefert zu werden, und bieten dem Historiker den

Vorteil, ihm einen festen Rahmen zu geben, in den er die Momentphotographien seiner nicht-normativen Quellen einordnen kann. Denn sie geben zu erkennen, wie man sich damals die eigene Welt geordnet wünschte, bringen Lebenszusammenhänge in eine Ordnung. Nur heißt das natürlich nicht (und heißt es auch im Rom von heute nicht), daß die damalige Wirklichkeit diesem Soll-Bild entsprochen hätte. Darum unsere Aufmerksamkeit auf die nicht-normativen Quellen (Buchführung, Kaufurkunden, Mitgliederlisten), die allerdings bei fragmentarischer, also verzerrender Überlieferung die Wirklichkeit nicht maßstäblich abbilden und darum selten ein repräsentatives Ganzes ergeben.

Soweit einige Überlegungen, wie der Historiker mit der asymmetrischen Überlieferung des spätmittelalterlichen Rom umzugehen hat, um aus der Not der Überlieferung eine methodische Tugend zu machen. Auch die naheliegende Aushilfe, bei ungenügender archivalischer Eigenüberlieferung nach Beleuchtung von außen zu suchen und Fremdüberlieferung heranzuziehen, hat wenig Aussicht. Denn die auswärtigen Berichterstatter und Briefeschreiber interessiert das Rom des Hofes, nicht das Rom der Römer. Nur als die römische Kommune 1398 zusammenbricht, sind Briefe beredter als alle römischen Quellen: etwa Kaufmannsbriefe aus dem Archivio Datini, denn Kaufleute beobachten anders, oft besser als Diplomaten. Zu richtiger Marktbeobachtung gehört eben mehr als Mutmaßungen über die Krankheit des Papstes oder über die Aussichten eines Fürstensöhnchens auf den Kardinalspurpur. Was Kaufleute wissen wollen, wollen auch wir wissen.[30]

Analogieschlüsse nach anderen Kommunen können die Überlieferungs-Lücken nicht füllen, das verbietet der besondere Charakter dieser Stadt mit ihrem Nebeneinander von Papst und Kommune, mit ihrer enormen Ausdehnung kirchlichen Besitzes, ihrer ungewöhnlichen Vorherrschaft von erstem und drittem (also agrarischem und Dienstleistungs-) Sektor in der städtischen Wirtschaft. Und damit sei aus den beschreibenden Quellen in die beschriebene Wirklichkeit zurückgekehrt.

Neben den üblichen, in Zünften organisierten Berufen und Gewerben wie Kaufleuten, Wechslern, Notaren, Schmieden, Wollarbeitern, Metzgern, Bäckern usw., die in Rom aber nie zur Macht anderer Zunftregime gelangt sind, seien als charakteristisch die *marmorarii* genannt, die ihr Material hier nicht aus fernen Steinbrüchen besorgen mußten, sondern – trotz ergangener Verbote – vor Ort in den antiken Ruinen vorfanden, schon zu Quadern zugerichtet (aus einem Architravblock ist auch die Statue Karls von Anjou auf dem Kapitol gearbeitet, wie der Rest eines Zierstabs auf der Rückseite zeigt), wobei sich die spoliierten Bauten manchmal lokalisieren lassen. Und vor allem die Zunft der *bovattieri*.

Die *bovattieri*, eigentlich «Rinderhalter», waren, zusammengeschlossen in der angesehenen *nobilis ars bobacteriorum*, in Wahrheit respektable Agrarunternehmer, wie es sie von solchem Rang in anderen Städten nicht gab, und die auch von der römischen Forschung lange wenig beachtet worden sind:[31] eine aufsteigende Gruppe von Großviehzüchtern, die draußen in der Campagna den Grundbesitz niedergehender römischer Kirchen als Weideland aufkauften oder in großem Stil Weiderechte pachteten und im Fleischbedarf einer Stadt mit Hof und Pilgerbetrieb einen sicheren Absatzmarkt hatten. (Daß es dem gut dokumentierten kirchlichen Grundbesitz damals sichtlich schlecht geht, ist noch lange kein Indiz für Depression «der» Wirtschaft – wenn nämlich das Land der Kirche in die Hände von Unternehmern kommt, die zu Investitionen bereit und zu ökonomischer Nutzung des Bodens entschlossen sind.) Dort draußen waren sie allerdings auch den Repressalien des die Campagna beherrschenden Baronaladels besonders ausgesetzt. Prosopographische Forschung mit ihren Kriterien (Höhe der Mitgift, Präsenz hohen Adels bei der Hochzeit, Wahl zu Schiedsmann oder Prokurator, Kanonikerstellen an den Hauptbasiliken, Rolle in den angesehensten Bruderschaften, und natürlich kommunale Ämter) haben dieser Gruppe inzwischen deutlichere Konturen gegeben. Einige dieser Familien werden bald in den Stadtadel aufsteigen, und wir werden ihnen immer wieder begegnen.

Die römische Kommune, in ihrem Autonomieempfinden verwöhnt durch die lange Abwesenheit der Päpste, war gerade stark genug, um ein schwaches Papsttum wie das der Schismazeit tagtäglich zu schikanieren. Wie schon sein Vorgänger, so hatte auch Bonifaz IX., der seinerseits keinerlei Einfluß auf Wahlen und Finanzverwaltung der Kommune nehmen konnte, bald alle Hände voll zu tun, dem dauernden Kleinkrieg standzuhalten, der den Vatikan in einen Zustand permanenter Belagerung versetzte. Immer wieder, auch mehrmals im Laufe einer Woche, mußte die

Kurie intervenieren, weil das Kapitol etwa die getrennte Zuständigkeit der Gerichtsbarkeiten mißachtete und Kuriale vor sein Gericht zog: Am Dienstag hatte sie sich für einen verhafteten Domherrn von St. Peter zu verwenden, am folgenden Freitag sogar für den Pförtner des Apostolischen Palastes, am Montag schon wieder für einen Mitarbeiter der Kanzlei.

Zu diesem unerträglichen Zustand trug nicht wenig bei, daß die städtischen Statuten in avignonesischer Zeit entstanden waren, praktische Probleme der *cohabitation* also hatten außeracht lassen können. Schon darum wird Bonifaz IX. in dem Vertrag mit der Kommune, der 1391 die «häufig zwischen römischen Beamten und Kurialen entstehenden *scandala*» beseitigen sollte, verlangt haben, daß die Artikel gewissermaßen als Novelle zu den Statuten «in die Register der Kommune als Dekret, Statut oder Riformanze eingetragen» würden. Der Papst ging sogar so weit, das Verbleiben der Kurie in Rom ausdrücklich von der Einhaltung dieses Vertrages abhängig zu machen. Als auch das nichts half, verließ er tatsächlich die Stadt und ließ sich die Rückkehr von Perugia bzw. Assisi nach Rom nur durch einen weiteren Vertrag abkaufen, der, im August 1393, nun mehr forderte und präziser festlegte. Der wichtigste unter den zahlreichen Artikeln war das Zugeständnis, einen päpstlichen Senator ernennen zu dürfen, der in seiner Amtsausübung – wie ein Zusatz ausdrücklich festhält – nicht von den Banderesi behindert werden dürfe. Die auffallend behutsame Umschreibung dieses Rechts (*possit si velit*, aber auch *in casu quo nollet*) läßt erkennen, daß über diesen Punkt, der Konservatoren und Banderesi zuwider war, hart verhandelt werden mußte; sowie die Tatsache, daß die Ernennung eines Senators dann doch unterblieb, erkennen läßt, daß eine Einflußnahme des Papstes auf die Kommune auch jetzt noch nicht durchsetzbar war.[32]

Hinzu kam, daß Papst und Kommune, wie in der Stadt, so auch im Umland, dauernd in Konflikt gerieten, sei es durch konkurrierende Hoheitsrechte (Ernennung der Podestà, Erhebung von Steuern usw.), sei es durch die aktuelle Lage. Dort draußen war der Baronaladel mächtig, wirkten die Colonna auch in die Stadt hinein, stieß man schon bald auf Parteigänger des avignonesischen Papstes (die Bretonen im nördlichen, Onorato Caetani im südlichen Latium). Beharrlich, aber gewandter als sein Vorgänger (und stets versöhnlich dort, wo er sich durchgesetzt hatte) vermied Bonifaz IX. auch hier die offene Konfrontation mit der römischen Kommune. Aber ihm war bewußt, was ein Chronist damals so ausdrückte: «Man sagte ‹die Kirche von Rom› und nicht ‹das Rom der Kirche›». Auf längere Zeit verlassen konnte der Papst (wie Florenz ihm das manchmal nahelegte) diese unmögliche Stadt nicht, denn der Sitz bei den Apostelgräbern war seine wichtigste Legitimation gegenüber dem avignonesischen Papsttum.

So blieb ihm nichts anderes übrig, als auf eine Gelegenheit zu lauern, diesem unerträglichen Zustand ein Ende zu machen. Diese Gelegenheit bot sich ihm endlich im Hochsommer 1398. Bonifaz IX. griff sofort zu und führte geschickt und entschieden einen Befreiungsschlag, der die Situation in Rom für alle Zukunft verändern wird.

Dieser Schlag gelang, weil die Kommune, die gegen außen, in ihrer Auseinandersetzung mit dem Papst, so massiv wirkte, in ihrem Innern von Parteiung gespalten war. Hier ließ sich der Hebel ansetzen.[33]

Auf die Spur führt der Bericht eines ungenannten Augenzeugen, der, seit 1393 an der Kurie, aus eigenem Erleben berichtet, in Rom habe es damals zwei Parteien gegeben: die sogenannten *populares* unter einem gewissen Pietro Mattuzzi, und die *nobiles* unter Pietro Cenci und Petruccio Sabbe. «So richtig adelig waren die ja nicht, es waren halt die einflußreicheren Bürger der Stadt.» Der richtige Adel (und damit meint er den Baronaladel wie Colonna und Orsini) habe nämlich gar nicht wagen dürfen, sich auch nur drei, vier Tage in der Stadt aufzuhalten. Beide Parteien hätten sich in hektischem Wechsel in der Regierung abgelöst: Die Folgen seien für Kuriale wie Einwohner der Stadt so unerträglich geworden, daß sich beide Seiten endlich an Bonifaz IX. gewandt hätten; der habe dann *valde subtili modo* gehandelt und durch die Ernennung eines Senators dem Treiben der Banderesi ein Ende gesetzt. Denn die Banderesi seien bis dahin Herren der Stadt gewesen.

Eine Rekonstruktion der römischen Ämterliste zeigt, daß sich jener Pietro Mattuzzi 1394/95 ein ganzes Jahr lang (und das war für einen Konservator ungewöhnlich) «fast wie ein Signore» im Amt hielt. Als er gestürzt wurde, erwirkte der Papst von der Gegenpartei klugerweise statt einer Verurteilung des Popolari-Führers nur dessen Verbannung. Nun kamen die siegreichen Nobili an die Macht und gaben sie volle drei Jahre lang nicht mehr aus der Hand. Und dann geschah es.

Im Juni 1398 quittierte Paolo Orsini seinen Dienst als Condottiere von

Florenz und marschierte mit seiner Truppe auf Rom: In seinem Gefolge war der verbannte Parteiführer Pietro Mattuzzi, der drei Jahre zuvor als römischer Konservator dem Papst ansehnliche Summen für die Besoldung eben des Orsini vorgeschossen hatte. Sie legten sich vor die Stadt und verwüsteten die Umgebung. Gewiß verlangten sie von den römischen Unterhändlern die Rückführung der unterlegenen Popolari in die Stadt. Die herrschende Partei der Nobili wußte endlich keinen Rat mehr, als dem Papst die volle Herrschaft über Rom anzutragen; und die wieder zugelassenen Popolari – einer päpstlichen Herrschaft über Rom bis dahin genauso abgeneigt wie die Gegenpartei – schlossen sich dieser *resignacio pleni dominii* an. Bereits am 4. Juli absolvierte Bonifaz IX. 30 Wortführer der Nobili vom Verbrechen der Konspiration und der *lesa maiestas*, am 1. August auch 14 Wortführer der Popolari mit Pietro Mattuzzi an der Spitze. Hier erscheint zum ersten Mal die Formel, deren sich der Papst fortan bedienen wird, wenn er in Angelegenheiten der Kommune handelte: *tam apostolica quam pleni et liberi dominii dicte Urbis auctoritate,* «aus apostolischer Gewalt und voller, unbegrenzter Herrschaft über die Stadt».

Der Akt der Unterwerfung hatte ein blutiges Nachspiel. Noch im August versuchten die Häupter der Nobili, ihren weitgehenden Schritt mit Gewalt rückgängig zu machen und das Regime der Banderesi wieder einzuführen. Und auch die Orsini-Partei hatte sich die Entmündigung so wohl nicht vorgestellt. Aber Bonifaz IX. folgte seiner Linie nun unerbittlich: die Rädelsführer wurden hingerichtet, Pietro Mattuzzi verbannt, für die andern eine Amnestie erlassen. Was er immer schon hatte durchsetzen wollen, einen Senator seiner Wahl an die Spitze der Kommune zu stellen, erfolgte gleich in den ersten Tagen, dann wurde Schlag auf Schlag beiseite geräumt, was einer päpstlichen Signorie im Wege gestanden hatte: Das Amt der Banderesi wurde abgeschafft, die Kommunalämter künftig alle auf einheitlicher Liste vom Papst besetzt, die Befugnisse des Senators von allen Beschränkungen befreit, die städtische Finanz praktisch der Apostolischen Kammer unterstellt. Fast alle Verfügungen waren von der Klausel *non obstantibus statutis Urbis* begleitet, «auch wenn die städtischen Statuten dem entgegenstehen». Denn nichts war mehr wie vorher, nun setzte der Papst das Recht. Die Engelsburg wurde sogleich durch Abriß angebauter Häuser gesichert, mit einem zentralen Turm (der den antiken Sockel der bekrönenden Quadriga hochmauerte) neu befestigt und mit Bombarden bestückt, der Senatorenpalast auf dem Kapitol mit Türmen versehen.[34]

Der Schlag vom Sommer 1398 erhellt, wie ein Blitz in sonst totaler Quellen-Finsternis, zugleich die Verhältnisse im Innern der Kommune. Wer zur Führungsschicht gehörte, und von ihrer Polarisierung in zwei Parteien, davon wüßten wir sonst nicht. So muß man zunächst einmal diese Parteiung auseinandersortieren, um die Dynamik zu begreifen, die im Innern der Kommune wirkte. Hier und nur hier haben wir – mit den Amtsträgern, den Verurteilten, den Hingerichteten, den Verbannten, den Amnestierten – endlich Namen, die sich prosopographisch gruppieren, anreichern und zurückverfolgen lassen. Einem Konservator von 1393 begegnet man schon als Kriegskommissar 1386, dann 1416 unter den Gouverneuren der Stadt – so erscheinen die Leben hineingewoben in das historische Gewebe der Kommune. Die Zusammensetzung der römischen Führungsschicht können wir am besten hier erfassen, und müssen es tun, denn sie wird für die nächsten zwei Jahrzehnte noch Geltung haben.

Die Parteinamen von Nobili und Popolari lassen auf den ersten Blick vermuten, daß hier zwei soziale Gruppierungen einander gegenübergestanden hätten. Doch galt das nur noch in groben Zügen, waren das Reminiszenzen an frühere Verhältnisse: unter den *nobiles* gab es auch alte Popolanen-Familien, und umgekehrt. In Wirklichkeit handelt es sich um zwei große Klientelen innerhalb der Führungsschicht: die *nobiles* als Klientel der Colonna, die *populares* als Klientel der Orsini. Doch finden sich innerhalb der Colonna-Klientel 1398 tatsächlich mehr altangesehene Familien (wie Cenci, Sanguigni, Capodiferro, Pelosi, Cancellieri) als unter den Parteigängern der Orsini. Sie sind auch viel häufiger Mitglieder der elitären Bruderschaft von *S. Salvatore ad Sancta Sanctorum*; sie werden, anders als die Popolari, auch mehrmals im Umkreis der Kurie genannt; und es mag kennzeichnend sein, daß sich überhaupt in den damaligen Quellen weit mehr Nachrichten zu den Nobili finden lassen als zu den Popolari. Der Führer der Popolari, Pietro Mattuzzi, war Kaufmann, aber *huomo di picciola condittione*, ein Aufsteiger. Seine Nähe zu den Orsini (mit denen ja auch Cola di Rienzo ein Zweckbündnis eingegangen war) zeigt der Marsch auf Rom 1398, die Klientel saß vor allem in den volkreichen Vierteln im Tiberbogen längs der *via papalis*, wo die Orsini dominierten.

Daß der Baronaladel von seiner Machtbasis draußen (die Colonna vor allem im östlichen Latium, die Orsini mehr im nördlichen Latium und der Sabina), allen Statuten zum Trotz, doch so in die Kommune hineinwirkte, ist ein – in Rom auch künftig häufiges – Lehrstück für den Unterschied von Verfassungsnorm und Verfassungswirklichkeit.

Für die dürftige römische Quellenlage ist es bezeichnend, daß wir über dieses Ereignis, so epochal es war, aus römischen Quellen fast gar nichts, aus vatikanischen Quellen einiges, Details aber nur aus den Briefen wissen, die Florentiner Kaufleute damals aus Rom schrieben. Nicht weniger als 1634 Briefe aus den Jahren 1383–1407 liegen im Archiv des Kaufmanns Francesco Datini in Prato.[35] Kaufmannsbriefe enthalten neben rein geschäftlichen fast immer auch politische Nachrichten, denn für die Beobachtung des Marktes war ein Gespür für die politische Entwicklung unerläßlich. So kommentierte auch Giuliano di Giovanni Portinari in 318 Briefen aus Rom in den Jahren 1393–1406 das Geschehen auf dem Kapitol (zumal Pietro Mattuzzi, das Haupt der Popolari, in geschäftlichen Beziehungen auch zu Florentiner Kaufleuten stand) und schildert Vorgänge wie keine römische Quelle:

> «Ich möchte Euch einen unangenehmen Vorfall mitteilen, der heute (!) zwischen 9. Stunde und Vesper hier geschehen ist: so bedauerlich wie man gar nicht sagen kann aus den folgenden Gründen. Ihr müßt wissen, daß Pietro Mattuzzi, der bis heute als einer der wichtigsten Bürger dieser Stadt galt und schon mehr als ein Jahr Konservator war (*ed era chonservadore istato giae un anno e piue*), als er im Palast auf dem Kapitol zusammen mit den Banderesi war, da nahmen sie ihn und taten ihn ins Gefängnis und beschimpften ihn und legten ihn in Fußeisen ohne irgendeinen bekannten Grund, und noch weiß man nicht, was sie mit ihm machen werden, außer daß man annimmt, sie werden ihn töten» (Brief vom 23. Aug. 1395; und 4 Tage später): «Er ist noch im Gefängnis, vielleicht ist er tot … Aber man hofft, daß er doch bald freikommt, weil der Papst alles ihm Mögliche tut, um ihn freizukriegen.»

Unmögliche Zustände in diesem Rom, findet der Florentiner: Wie die Banderesi gegen uns vorgehen, so etwas «passiert einem nicht einmal im schlimmsten Tyrannenstaat der Welt!» (*in 1ª terra di tiranni e fosse il pigiore del mondo*). Natürlich wird der Triumph des Papstes über die Kommune im Juli 1398 von den Florentinern hier begrüßt, mochten sie selbst auch immer das schöne Wort der Freiheit im Munde führen (es gibt sogar

Indizien dafür, daß Florenz dabei seine Hand im Spiel gehabt haben könnte). Als wenig später, im Januar 1400, die Colonna – und nun in Verbindung mit Pietro Mattuzzi, Nobili und Popolari gemeinsam! – noch einmal versuchten, die Entscheidung von 1398 rückgängig zu machen, der Handstreich aber mißlang, schrieb der Vertreter der Medici-Firma zwei Tage später erleichtert aus Rom: «Der Papst hat die Herrschaft behalten und es ist gut ausgegangen. Gott sei gelobt – so möge es lange bleiben» (*così piaccia sia per lungho tenpo*). Der Wunsch ging «für lange Zeit» in Erfüllung: für Jahrhunderte.

Denn 1398 wurde der römischen Kommune das Rückgrat gebrochen, nicht früher und nicht später. Zwar haben sich, wie zu zeigen sein wird, die Römer in edlen Aufwallungen immer wieder einmal gegen die päpstliche Herrschaft erhoben. Aber das waren Episoden, die ohne Folgen blieben.

Man kann das bedauern und das Ende der freien römischen Kommune beklagen. Nur muß man sich darüber im klaren sein, daß eben dies, die Einebnung der Kommune zur Residenzstadt, der Preis war, um den sich für Rom eine neue Zukunft öffnete. Das kommunale Rom zog nicht die Mittel und nicht die Kräfte an, die das päpstliche Rom nun in Bewegung setzte. Nur um diesen Preis wurde aus dem Rom des Mittelalters das Rom der Renaissance.

HÖFISCHE GESELLSCHAFT. DIE NEAPOLITANER. Die Kurie, die sich im aufsässigen Rom der Schismazeit zu behaupten hatte und dabei in ihrem 1378 zusammengewürfelten Bestand wenig kompakt war, bedurfte der stabilisierenden Elemente, wenn sie dem geschwächten Papsttum als Herrschaftsinstrument dienen sollte. Hier geht es nicht um ihren hierarchischen Aufbau, sondern um das, was die Römer davon wahrnahmen, um höfische Gesellschaft, und um die, die darin den Ton angaben. Und das waren die Neapolitaner. Denn nach Ausbruch des Schismas geschah es, daß eine kompakte Gruppierung neapolitanischer Adelsfamilien an der römischen Kurie unverhofft die Macht ergriff, diese Macht unter drei von ihr gestellten Päpsten – von 1378 bis 1415 – in der Hand behielt und nicht wieder losließ, bis sie ihr mit Gewalt genommen wurde.

Diese festumrissene Neapolitaner Führungsgruppe, dieses Gruppenbild sei hier näher in den Blick genommen, denn es waren diese Neapolitaner, die, wenn auch auf ihre Weise, die Re-Italianisierung des Papsttums besorgt haben, Grundvoraussetzung für die weitere Entwicklung. Es waren diese Neapolitaner, die die Florentiner nach Rom zogen (was nach dem Krieg mit dem Papsttum 1375–78 so selbstverständlich nicht war) und sie wieder auf Dauer an das Papsttum banden, und das hieß: Aufstieg der Medici in der Papstfinanz. Und es sind diese Neapolitaner, an denen sich das Wesen des Nepotismus besonders deutlich machen läßt: nicht kuriose Verwandtenliebe (wie Nepotismus oft gesehen wird), sondern ein effizientes Herrschaftsinstrument, dessen sich auch die Renaissance-Päpste bedienen werden.[36] Italienische Probleme fanden schon damals italienische Lösungen.

Der Weg der Neapolitaner nach Rom und an die Macht war nicht von Anfang an vorgezeichnet, im Gegenteil. Denn der Neapolitaner Bartolomeo Prignano, noch ganz von Avignon geprägt, galt im Augenblick seiner unerwarteten Wahl 1378 als charakterfest, unbestechlich und allem Nepotismus abgeneigt («das wird der beste Papst seit 100 Jahren, denn er hat keine Verwandten»). Das änderte sich bei Urban VI. bald und war eine Folge dramatischer Umstände: die Wahl eines Gegenpapstes, der Übertritt der Kardinäle und, schlimmer noch, des apostolischen Kämmerers mit seinem hochqualifizierten, überwiegend französischen Kammerpersonal auf die Gegenseite, der Abfall endlich auch der Königin Johanna I. von Neapel – all das nahm dem Papst augenblicklich sein Personal, ja reduzierte sogar das Reservoir, aus dem er künftig Mitarbeiter hätte beziehen können. Was sollte er tun? Seine Umgebung beobachtete mit Befremden die fast krankhafte Veränderung seiner Persönlichkeit. Nun stand er verlassen da und hatte keine Wahl mehr: Er mußte eine Kurie aus dem Nichts schaffen, mußte nehmen, sofort nehmen, was sich ihm an verläßlichen Personen bot.

Und dies war die Stunde der Neapolitaner, die sich dem Papst, ihrem Landsmann oder gar Verwandten, erst anbieten und dann aufdrängen werden: qualifiziert zwar nicht, aber wenigstens verläßlich. Noch griff der Papst nach den Neapolitanern und nicht die Neapolitaner nach dem Papsttum. Noch hatte der Papst die Hoffnung, mit diesen Familien auch das Königreich Neapel unter Kontrolle zu halten, um den Kirchenstaat daran anlehnen zu können. Aber Urban VI. überwarf sich sogar mit seinem eigenen Prätendenten auf den Thron von Neapel, Karl von Durazzo aus der ungarischen Linie der Anjou gegen die französischen Anjou als Thronprätendenten der avignonesischen Seite, und der darüber ausbrechende Bürgerkrieg vertrieb die Parteigänger Urbans dann auch noch aus Neapel. Und gerade weil sie ihre Basis in Neapel verloren, eroberten sie sich die Kurie, eroberten sie sich das Schiff, auf das sie rettungssuchend übergestiegen waren.

Und sie stellten Bedingungen.

> «Sie legten dem Papst (so berichtet einer seiner Mitarbeiter, Dietrich von Nieheim) zur Unterschrift einen Rotul vor, in dem viele seltsame Gesuche standen. Der Papst übergab mir den zur weiteren Bearbeitung. Ich fand darin ziemlich viele Gesuche, in denen gebeten wurde, der Papst möge dem oder jenem die Kardinalswürde geben, und sie supplizierten regelrecht diese Kardinalswürde, wie irgendein armer Kleriker gewöhnlich suppliziert, um vom Papst irgendeine Anwartschaft auf irgendeine freiwerdende Pfründe zu bekommen».[37]

Und sie bekamen ihre Kardinäle. In der ersten Promotion (1378) sind von 25 Kardinälen 7 aus dem Königreich Neapel, in der zweiten (1381) sind es 3 von 6, dann (1382–85) 2 von 3, in der letzten Promotion (1384) endlich 5 von 9. Denn von nun an wird jede Krise das Papsttum tiefer in die Arme der Neapolitaner treiben, genauer: in die Arme einer Gruppe, deren Zusammensetzung sich, umgekehrt, mit jeder dieser Krisen deutlicher herausbildet und von da an über Jahrzehnte, bis zum Ende, gleich bleiben wird.

Zu diesem Clan von Neapolitaner Adelsfamilien gehörten die Brancacci (die mütterliche Familie Urbans VI.) und die zahllosen Caraccioli, die lange Zeit sowohl den apostolischen Kämmerer wie den Marschall der Kurie stellten; gehörten die Tomacelli und die Filimarini (das ist die väterliche und die mütterliche Familie von Bonifaz IX.); gehörten die Cossa und Barrili (väterliche und mütterliche Familie von Johannes XXIII.). Wie eng diese Familien miteinander verflochten waren, das zeigen allein schon die Verwandtschafts-Dispense in den Papstregistern der voraufgehenden Zeit. Dabei dispensiert ein solcher Dispens ja von bereits bestehender zu abermaliger, noch engerer Verbindung. Nach der Pest von 1348 argumentierten sie (nach Alter die Eltern-Generation von Bonifaz IX. und Johannes XXIII.) in ihren Suppliken, nun fänden «die überlebenden Adeligen kaum noch jemanden, den sie ohne Dispens standesgemäß heiraten könnten», zumal sie ja doch sowieso «allen Adeligen dieser Stadt verwandt oder verschwägert seien». Sie backten zu einer kompakten Masse zusammen – und das ist die Substanz, aus der vier Jahrzehnte Papsttum gemacht sein werden.

Nun kamen sie, die daheim in Neapel durch ihre Entscheidung gegen den König für den Papst alles geopfert hatten, an den Hof nach Rom: zum Kardinal Pietro Tomacelli seine Mutter, seine Nichte, seine beiden – bald sehr mächtigen – Brüder; zum Kardinal Francesco Carbone sein Vater, seine 4 Schwestern, seine 3 Brüder; und so zu allen Neapolitaner Kardinälen und Amtsträgern. Und die Römer sahen es mit Mißmut.

Aus der Kurie wird ein kleines Neapel. Die Vorgänge hier und dort ähneln sich denn auch auffallend. Wenn eine Urkunde in Neapel berichtet, eine Nonne Prignano habe sich von Nonne Bulcano etwas geliehen und das Pfand dafür bei Nonne Brancacci hinterlegt, dann spielt so etwas an der Kurie eben zwischen Papst Prignano, Kardinal Bulcano, Kardinal Brancacci. Und mit diesen großen waren natürlich auch all die kleinen Neapolitaner gekommen: Wer nur ehrgeizig und verfolgt genug, arm und verwandt genug war, sah natürlich jetzt an der Kurie die Chance seines Lebens.[38]

Unter Urbans Nachfolger, dem ihm verwandten Pietro Tomacelli, als Papst dann Bonifaz IX. (1389–1404), erreicht das Neapolitaner-Regime seinen absoluten Höhepunkt. Allein von diesen Tomacelli lassen sich in den Archivalien der Zeit mehr als 50 Familienmitglieder feststellen. Poggio Bracciolini läßt denn auch einen Zeitgenossen über diese Tomacelli (was so viel wie «Leber-Roulade» hieß) sagen, das müsse ja eine riesige Leber gewesen sein, aus der man so viele und so enorme «tomacelli» habe herstellen können, *ex quo tot tomacelli prodierunt et tam ingentes*. Allein schon durch ihre Masse, durch ihre massive Präsenz gewannen diese Neapolitaner ein unerhörtes Gewicht auch an der Basis, in all den kleinen Ämtern von Kurie und Kirchenstaat – und natürlich bei den Pfründen. Ein milder Gnadensegen regnete über Legitime und Illegitime: da wurden unmündige Kinder Propst in Mainz, Archidiakon von Friesland, Domherr von St. Peter in Rom, wenn sie nur den richtigen Familien angehörten. Das ging durch alle Ränge hindurch und galt vor allem natürlich an der Spitze, wo man für den Fortbestand dieser Machtstellung sorgen konnte. Als

Bonifaz IX. einmal schwer erkrankte, da sollen die Neapolitaner Kardinäle beschlossen haben (so weiß der Gesandte der Gonzaga aus Rom zu berichten), sie wollten, wenn der Papst die Krankheit überleben sollte, in ihn dringen, daß er weitere Kardinäle aus dem Königreich Neapel kreiere, «so daß das Papsttum für lange nicht von uns weggeht», *quod papatus non exibit extra nos longo tempore*. Als dann dieser zweite Neapolitaner-Papst 1404 starb, da waren von 10 Kardinälen inzwischen 8 aus dem Regno, waren 5 dem verstorbenen Papst verwandt oder verschwägert!

Ihr römisches Hauptquartier war das Spital von S. Spirito in Sassia am Tiber, nicht weit vom Papstpalast, das nicht nur ein Spital, sondern eine Art von Prominenten-Hotel war. Hier stiegen die Papst-Brüder ab, hier residierte der mächtige Kardinal Francesco Carbone, hier wohnte vor allem *la madre*, die einflußreiche Mutter des Papstes, die von auswärtigen Gesandten sogar aufgesucht und konsultiert wurde, wenn etwa der Florentiner Bischofsstuhl neu zu besetzen war, ja sogar wenn es um die Frage ging, wie man einer französischen Intervention in Italien begegnen solle. Nicht daß Bonifaz IX. eine Marionette in der Hand seiner Verwandten gewesen wäre. Aber man muß sich nur einmal vorstellen, wie hier bei abgegessenem Mittagstisch Politik gemacht, Posten besetzt, jede Beilegung des Schismas verhindert wurde: Man denke bei der Unionsfrage nicht nur an die Langenstein, Gerson, Ailly, nicht nur an die Besten der Zeit, sondern auch an die Mächtigsten der Kurie!

Aus der schwierigen Lage des Papsttums im Schisma begreift sich leicht die politische Funktion des Nepotismus. Die Verwandtschaft bot ein Reservoir von Personen, deren Brauchbarkeit nicht unbedingt in ihrer Qualifikation lag (daß Trottel darunter waren, wußte auch der Papst), sondern in ihrer Verläßlichkeit: verläßlich nicht so sehr aus Charakter, sondern weil sie von niemand anderem etwas zu erwarten hatten nach dem Grundsatz *cum moritur presul cognacio tota fit exul*, «wenn der Papst stirbt, wird die ganze Verwandtschaft rausgeworfen». So wurden die wichtigsten Stellen im Kirchenstaat mit Neapolitanern besetzt, und natürlich war auch der Kommandant der Engelsburg ein Tomacelli. Denn die – innere wie äußere – Bedrohung wurde in Rom stark empfunden: Die *via facti* zur Lösung der Kirchenspaltung, die militärische Lösung (neben dem «Weg des Kompromisses» und dem «Weg der Abdankung») sah den französischen Einmarsch in den Kirchenstaat vor.

So geschlossen wie sie auftraten und eingesetzt wurden, wurden die Neapolitaner von den Römern auch gesehen, mit ihren befremdlichen Vornamen (Figliuolo, Boffoccio, Buffillo, und die gewohnten Namen meist als Diminutive) verspottet und gehaßt: «Alle Neapolitaner totschlagen», heißt es bei einem Aufstand. Aber noch war gegen sie nicht anzukommen.

Die Vorherrschaft der Neapolitaner Gruppe lief dann nicht über die römische Papstreihe weiter, sondern über die neue, die Pisaner Obödienz, die durch die Wahl eines dritten Papstes die beiden andern Obödienzen austrocknen wollte. Schon dieses Konzil von Pisa vereinigte sie alle wieder, und es war wohl vor allem das Engagement des Kardinals (und künftigen Pisaner Papstes Johannes XXIII.) Baldassarre Cossa, das die Neapolitaner auf diese Seite hinüberzog. Mit ihm bestieg 1410 noch einmal ein Angehöriger des Neapolitaner-Clans den Heiligen Stuhl.[39]

Doch kam unter diesem Pontifikat der Clan nicht mehr zu großer Macht. Der letzte Neapolitaner Papst konnte nicht mehr so, wie er wohl gewollt hätte. Denn einmal mußte er – schon um dem moralischen Anspruch dieser neuen Obödienz Genüge zu tun – nun auch wirkliche Köpfe ins Kardinalskolleg berufen und nicht nur Kreaturen seines gewohnten Umkreises. Und zweitens ließ der Konflikt mit König Ladislaus von Neapel nun binnen kurzem Rom und den Kirchenstaat verlorengehen: Fortan gab es nichts mehr zu verwalten, die Familien-Angehörigen, soweit Laien, verloren wie schon zu Hause in Neapel, so nun auch im Kirchenstaat jede Existenzgrundlage. Seither haben sie zum Leben nur das, was ihnen der Papst zukommen läßt – sogar die Falten, die Mutter Luisa Brancacci in Giovanni Cossas Kleid bügeln läßt, werden jetzt von der Christenheit bezahlt, wie aus den Auszahlungsanordnungen hervorgeht: *pro stampatura dictarum frapparum ... ut mandavit domina Loysia.* Die letzten Reste folgen ihrem letzten Papst nun nach Florenz, nach Bologna, nach Konstanz. Das eigentliche Ende kommt dann mit der Absetzung ihres Papstes auf dem Konstanzer Konzil 1415 (Abb. 10). In Rom hatten Neapolitaner fortan nichts mehr zu suchen.

Wie die Neapolitaner selbst auf ihre Zeit zurückblickten, geht aus Briefen hervor, die sie nach der Testamentseröffnung an Giovanni de' Medici schrieben, den großen Papstbankier und Testamentsvollstrecker des letzten Neapolitaner Papstes: Das führt in die Zukunft. Neun Briefe

Abb. 10.
Der letzte Neapolitaner. Papst Johannes XXIII. flieht verkleidet vom Konstanzer Konzil. Ulrich von Richenthal, Chronik des Konstanzer Konzils.

-binnen sieben Wochen finden sich im Medici-Archiv, Briefe voll bitterer Enttäuschung, an denen nicht das Gejammer interessiert (*do miseri nuy, che male cambio è questo*!), sondern die Argumentation. Denn sie gibt Einblick in das Sozialverhalten dieses Clans, benennt die Investitionen und die Erwartungen, Investitionen in die Karriere eines Familienmitglieds noch bevor er Kardinal wurde, *inanzi che fusse cardinale*! Etwa in diesem Brief des Papstneffen Michele Cossa:

> «Über den Schaden, den mein Vater und meine Onkel und meine ganze Familie hatten, will ich mich hier nicht verbreiten ... Nur mal die Renditen von mir und meinem Vater gerechnet, habe ich in den 7 Jahren, die ich verbannt war, über 10 000 flor. verloren, nicht gerechnet das von meinen anderen Onkeln, und ohne die Sachen, die wir verkauft hatten: sowohl das was Gasparre verkauft hat wie das was Marino verkauft hat und das was ich verkauft habe ..., das kommt nochmal auf 10 000 flor ... Ich sage: sowohl mein Vater wie ich haben nie etwas davon gehabt als nur Schaden (*io dico che tanto mio patre quanto io non n'abemo mai se non male*), und bis zu seinem Tode hat er [Johannes XXIII.] mir Schaden angetan: ich weiß nicht, warum er mir 5000 und Giovanni 10 000 flor. hinterlassen hat ..., wo ich doch 5 Kinder habe, davon 2 Mädchen!»

Das sind Kalkulationen, die sich zum Teil nachrechnen lassen (und einem Medici konnten die Cossa keinen Unsinn erzählen), und die Opfer, die die letzte Neapolitaner-Generation an Vertreibungen, Gefangenschaften, Verlusten zu bringen hatte, sei – bei aller Schadenfreude der Römer – nicht karikiert. Aber die Zeiten hatten sich geändert: Neapel ein anderes, das Kardinalskolleg ein anderes, die geeinte Christenheit eine andere – nur sie selbst immer noch dieselben. Die Nepoten verstanden die Welt nicht mehr.

Daß in Konstanz mit Johannes XXIII. nicht nur ein einzelner Papst, sondern zugleich eine vormals herrschende Gruppe entmachtet wurde, dessen waren sich die Memoranden und Anträge durchaus bewußt. In solchen landsmannschaftlichen Blockbildungen sah Pierre d'Ailly sogar die Hauptursache des Schismas. Solche Blockbildung (und das ist nicht dasselbe wie gewöhnlicher Nepotismus, sondern mehr) gelte es in Zukunft zu verhindern, wo immer sie entstehe, ob nun *ultra* oder *citra montes* – denn ob nun Limousiner oder Neapolitaner: es führe in jedem Fall zur *usurpatio papatus per successionem*, «sich des Papsttums durch Nachfolge zu bemächtigen». Es wird darauf zu achten sein, ob und in welcher Gestalt solche nepotistischen Gruppierungen auch im weiteren Verlauf des 15. Jahrhunderts in Rom zu beobachten sind.

DIE FLORENTINER IN ROM. HANDEL UND FINANZ, KUNST UND HUMANISMUS. Ein drittes Gruppenbild um 1400 zeigt einen Personenverband, der, anders als die Neapolitaner, in Rom Zukunft haben, ja Rom tief und nachhaltig prägen wird, in Handel und Finanz, in Kunst und Humanismus, endlich sogar auf dem Papstthron selbst: die Florentiner. Und das beginnt damals.

Was sie nach Rom führte und dort nun auf Dauer etablierte, war die Finanz. Das Papsttum des späten Mittelalters war eine Finanzmacht, die an Leistungskraft, Organisationsgrad und Erfindungsreichtum von keiner anderen Macht der Zeit erreicht wurde. Nur: wie kam der Papst, der seine Einkünfte ja nicht nur, wie ein weltlicher Herrscher, aus einem Territorium bezog, sondern aus aller Welt – wie kam er an diese Gelder, die ihm da in Norwegen und Südspanien, in Irland und auf Zypern zustanden? Das schaffte seine Finanzbehörde, die Apostolische Kammer, nur mit den guten Diensten von Handels- und Bankfirmen, die das ganze einschlägige Instrumentarium – bargeldlosen Transfer, Wechselbriefverkehr, Kontokorrent, Clearing von Schulden hier gegen Guthaben dort, usw. – beherrschten und überhaupt erst entwickelt hatten: nämlich die toskanischen, vor allem Florentiner Firmen, die in ganz Europa über ein Netz von Filialen und Korrespondenten verfügten.

Unentbehrlich wurden sie erst recht während der Kirchenspaltung. Denn das Schisma halbierte die Einnahmen, aber keineswegs die Ausgaben der rivalisierenden Schisma-Päpste, im Gegenteil: Der Krieg, den sie gegeneinander führten, erforderte zusätzliche Mittel. Um diese Halbierung zu kompensieren, mußte man sich schon einiges einfallen lassen (Schlimmes einfallen lassen wie den Ablaß-Verkauf) – und auch darin, im Ersinnen gewagter finanzieller Aushilfen, war die Kompetenz der Florentiner Bankiers hilfreich. Die Florentiner waren sich ihrer Unentbehrlichkeit bewußt, und das wird dieser Gruppe in Rom ein solides Selbstbewußtsein geben.[40]

Erst einmal aber mußten sie sich, nach langen avignonesischen Jahren, in Rom etablieren und überhaupt entscheiden, ob sie auch für die avignonesische Obödienz (mit deren wirtschaftlich überaus lohnenden Bereichen Frankreich und Spanien) oder nur für den römischen Papst arbeiten wollten, zu dem sich Florenz bekannt hatte. Sich in Rom einzurichten war, als das Papsttum von Avignon nach Rom zurückkehrte, für Florentiner im übrigen gar nicht möglich, denn Florenz lag damals im Krieg mit dem Papst, und Gregor XI. ging in seiner Erregung so weit, die Florentiner Banken aus der Papstfinanz hinauszuwerfen und alle Florentiner verhaften und verhören zu lassen. Damit erweist er dem Historiker einen großen Dienst: Er läßt gewissermaßen für uns die Florentiner in ganz Rom zusammensuchen und nach Dingen fragen, die (obwohl natürlich ganz auf die aktuellen Erfordernisse zielend: Wie dicht sind die Beziehungen zum feindlichen Florenz ?) genau unserer prosopographischen Fragestellung entsprechen: Wann bis du nach Rom gekommen und warum? Welchen Besitz hatte dein Vater dort, und welchen hast du hier? Was ist dein Gewerbe, und beziehst du Waren aus Florenz? Und anderes mehr. Dazwischen böse Fangfragen: Du willst also nicht aus Florenz sein, sondern aus Carrara – dann sag doch mal: wieviel Tore und wieviel Kirchen hat denn Carrara? *Non bene respondebat*, der Ärmste weiß es nicht recht. Und was du da sprichst, das ist doch gar nicht der Dialekt von Carrara!

Die überlieferten 31 Lebensläufe, nach gleichem Schema aus den Verhörten herausgefragt, ergeben, um die Jahreswende 1377/78 ein Gruppenbild mit eher ärmlichen Zügen. Das Durchschnittsalter ist 37,6 Jahre, das hieße Jahrgang 1340. Vielen von ihnen, acht sagen es ausdrücklich, sind die Eltern schon in der fürchterlichen Pestepidemie von 1348 gestorben. Meist sind es Gastwirte und kleine Handwerker. Der väterliche Besitz ist nicht nennenswert, «ja das Begräbnis des Vaters wurde aus Almosen bestritten», heißt es von einem, der jetzt am Pantheon Schatullen und Etuis herstellt. Einige besitzen mehr (acht besitzen eine Vigna), andere viel weniger, «nur meine Arbeitsinstrumente», «nur eine selbstgemachte Gitarre».

Das ist nicht gerade das Bild, das man sich von einer Kolonie auswärtiger Florentiner macht. Man hatte nur kleine Fische erwischt, die sich im Verhör verängstigt noch kleiner machten, als sie ohnehin schon waren. Die Großen, deren Interesse nicht der Stadt, sondern der Residenz galt, hatten damals noch keinen Anlaß gesehen, sich in Rom niederzulassen.

Nur zwei Jahrzehnte später, und das Bild hat sich völlig gewandelt. Der Improvisationen müde und durch das Schisma um seinen Handlungsspielraum gebracht, hatte sich das römische Papsttum in den 1390er Jahren wieder den Florentinern in die Arme geworfen. Florentiner Firmen drängten in die Papstfinanz zurück und beherrschten sie bald völlig, andere toskanische Konkurrenz wie die Lucchesen allmählich ausschaltend. Damit begann zugleich der Aufstieg der Medici: Aufstieg in der Papstfinanz, und Aufstieg – durch die Papstfinanz – in Florenz.[41]

Ansehen und Aktivitäten dieser bald so bedeutenden Florentiner Familie waren im 14. Jahrhundert noch nicht so eindrucksvoll, wie die offizielle Medici-Geschichtsschreibung später wahrhaben wollte. Der Aufstieg begann mit Giovanni di Bicci (1360–1429), der zunächst als Juniorpartner von Vieri di Cambio de' Medici (†1395), ab 1393 selbständig, in die Papstfinanz einstieg und zum bevorzugten Bankier Bonifaz' IX. wurde. Von 1385 bis 1397 in Rom, fortan von Florenz aus mit Filiale bei der Kurie, lenkte Giovanni sein Unternehmen, das dann neben der *Tavola di Firenze* und zwei Wollmanufakturen die Filialen Rom, Venedig und Neapel umfaßte, die mit Geld, Waren und Dienstleistungen handelten. Das Unternehmen trug die Züge jener mittelgroßen florentinischen Firmen mit relativ selbständigen Filialen unter starkem Dach, die nach der bösen Erfahrung der großen Florentiner Bankrotte um 1345 an die Stelle der überdimensionierten, zentral gelenkten Firmen mit zahllosen Auslandskontoren und großem Gesellschaftskapital (wie Bardi und Peruzzi) getreten waren.

Die römische Filiale blieb das tragende Element, sie erwirtschaftete, durch Transfergebühren, Kredite, Depositen der Hofleute, bis 1420 nicht weniger als 52% der Gewinne des Gesamtunternehmens! Giovanni stieg, über Rom, zum zweitreichsten Bürger von Florenz auf, doch erst sein Sohn Cosimo (il Vecchio, 1389–1464) wird Reichtum in politische Macht umsetzen. Aber hier begann es – und enden wird es mit zwei Medici-Päpsten und zwei Medici-Königinnen von Frankreich.

Der Neapolitaner Clan und das Florentiner Kapital fanden jedenfalls sichtlich Gefallen aneinander. Viele dieser Neapolitaner hatten jetzt Konten bei Florentiner Banken mit Sitz oder Außenstelle in Rom, die ihnen einen vorteilhaften Kunden-Service gewährten: etwa Überziehungskredit einräumten und ferne englische Pfründen verpachteten. Mehr noch als Bonifaz IX. hielt Johannes XXIII., schon als Kardinal Cossa, Kontakt zu Florenz und den Medici (alle Bewegungen auf Cossas Medici-Konto lassen sich in deren Hauptbuch verfolgen). Und so werden auf dem Konstanzer Konzil die Zeugen der Anklage nicht nur den Neapolitaner Papst («der hätte auch Gott verkauft, wenn den nur jemand hätte kaufen wollen»), sondern auch den Medici für seine Beihilfe in den gewagten Manövern der Papstfinanz belasten. Vielleicht war ihr Einverständnis auch ein persönlicheres, wenn der Medici, nach der Absetzung des Papstes durch das Konzil, als Testamentsvollstrecker Ansprechpartner der Nepoten blieb und das Papstgrab im Baptisterium von Florenz an Donatello in Auftrag gab.

Neben den Medici waren damals an Florentinern in Rom für die Apostolische Kammer auch Alberti, Altoviti, Bardi, Mannini, Ricci, Spini und viele andere tätig. Diese Florentiner Nähe zum Papsttum hatte mit inneren Bindungen wenig zu tun, vielmehr mit dem Geschäft. Im Florentiner Stadtrat heißt es 1408 in einer Wortmeldung kühl: «Noch lieber wäre ihm, es wären 12 Päpste», *vellet quod essent XII pape*. Denn das hätte das Papsttum noch gefügiger gemacht, sein Gewicht noch weiter reduziert, den Florentinern noch mehr Spielraum gegeben. Kurz: eine Florentiner Ballung von Finanzkraft, Kultur und Weltläufigkeit, die im Rom der Schisma-Zeit noch nicht das Echo fand, von dem das Rom der Renaissance dann erfüllt sein wird.

Schon damals saßen die Florentiner weit überwiegend im rione Ponte, dem Stadtviertel an der Engelsbrücke, das in der Renaissance das Florentiner-Viertel sein wird. Denn dort ging es zum Papst, und schon das zeigt ihre Ausrichtung auf den Hof, nicht auf die Stadt.[42] Der ganze Tiberbogen lag unter den Kanonen der Engelsburg (Abb. 11), was die

Abb. 11.
Der dichtbesiedelte Tiberbogen lag unter den Kanonen der Engelsburg, die zugleich die päpstliche Residenz sicherte.

Römer sehr wohl empfanden – Mietverträge konnten sogar vorsehen, daß bei Beschießung durch die Engelsburg die Mietzahlung im Schußbereich ruhte! Die Florentiner mochte das weniger kümmern, denn sie standen grundsätzlich auf der Seite des Papstes.

Von dieser neuen Florentiner Kolonie, die hier fast Haus an Haus wohnte, gibt das Protokollbuch eines Florentiner Notars, der fast ausschließlich für seine Landsleute arbeitete (die natürlich lieber zu einem Florentiner als zu jedem römischen Notar gingen) ein anschauliches Bild. Der Band nennt zwischen 1401 und 1406 nicht weniger als 128 in Rom wohnhafte Florentiner, vom Barbier bis hinauf zum Kardinal, und läßt uns den Weg verfolgen, den dieser Notar regelmäßig unter den Florentinern nahm, um ihnen ihre Verträge aufzusetzen. Weit hatte er es nicht: Die für die Papstfinanz unentbehrlichen Firmen hatten ihre Büros alle innerhalb eines Radius von nicht mehr als 250 m um den stadtseitigen Brückenkopf der Engelsbrücke, vor allem in der auf die Brücke zuführenden Straße, dem *Canale Pontis* (heute Via del Banco di S. Spirito), mit SS. Celso e Giuliano als ihrer damaligen Nationalkirche. So brachte es der Notar manchmal an einem einzigen Arbeitstag auf Vertragsabschlüsse und Ermächtigungen in acht Firmenkontoren! Mal ist er bei den Medici, dann bei den Alberti (dem Vater des großen Humanisten Leon Battista Alberti), die für Bonifaz IX. vor allem das englische Geschäft bedienten, ein Engländer steht denn auch als Zeuge dabei.[43]

Das sind nicht mehr die verschüchterten Handwerker, Wirte und Kellner der Verhöre von 1378, sondern vor allem *mercatores* in der florentinischen Bedeutung (also Warenhandel und Geldgeschäfte) und mit dem ganzen Gewicht dieses Begriffs, angesehene Persönlichkeiten, deren sich die Florentiner Signorie hier auch in diplomatischer Mission bediente. Mehr als der von mittelmäßigen Neapolitanern geprägte Hof brachten sie in das kümmerliche Rom der Schisma-Zeit eine neue Note. «Damals fingen die Kaufleute, Wechsler und Wucherer an der Kurie an, prächtige Kleider zu tragen», erinnert sich ein Kurialer an die Zeiten des letzten Neapolitaner Papstes, und eine Wechselkursmanipulation läßt bereits 1412 die Römer klagen, nicht Magistrat und Papst, sondern die Florentiner seien die eigentlichen Herren der Stadt. Am liebsten, sagt man, hätte man sie alle umgebracht. Aber gegen die Florentiner war schon jetzt nicht mehr anzukommen, und sie werden in Rom eine große Zukunft haben.[44]

Unter diesen Florentinern, deren Kolonie man in archivalischer Kleinarbeit prosopographisch rekonstruieren kann, und die vor SS. Celso e Giuliano nach dem Gottesdienst oder am Florentinerfest des Johannistages leibhaftig als Gruppenbild beisammenstanden, erkennt man bei näherem Zusehen nicht nur die Gesichter von *merchant-bankers*, sondern bereits von Humanisten wie Poggio Bracciolini (Abb. 47), der im Oktober 1403, damals 23jährig, nach Rom kam, um einen Sekretärsposten bei einem Neapolitaner Kardinal und dann gleich eine Skriptor-Stelle in der päpstlichen Kanzlei zu übernehmen, und der wenig später auch den bedeutenden Humanisten Leonardo Bruni, seinen Freund, nach Rom zog. Gewiß war es die Präsenz einer Florentiner Kaufmanns-Kolonie, die ihnen den Weg nach Rom ebnete, den Humanisten und auch den Künstlern: Wohl gleichfalls 1403 betrat Filippo Brunelleschi, vielleicht in Begleitung des jungen Donatello, ein erstes Mal die Stadt, um die antiken Bauwerke zu studieren, dann auch Lorenzo Ghiberti (vor 1416). Man sehe diese von Kunsthistorikern bisweilen beargwöhnten Nachrichten vor dem Hintergrund der Florentiner Kolonie, dann wird es ganz plausibel, denn die Masse der Florentiner Landsleute in Rom wirkte auf die Künstler einladend, die Unentbehrlichkeit der Florentiner Papstbankiers öffnete ihnen jede Tür. Sie holten mit ihrem Antiken-Studium aus Rom, was eine spätere Florentiner Generation von Architekten, Bildhauern, Malern verwandelt nach Rom zurücktragen wird.

Die Präsenz der Florentiner – und endlich ihr Vorbild – in Rom war so massiv, daß es schließlich sogar zu einer Toskanisierung des römischen Dialekts kommen wird, der natürlich nicht nur vom Volk, sondern auch von den angesehenen Familien gesprochen wurde, aber eben nicht die Sprache der Kurie war. So wird aus ‹*iente*› jetzt ‹*gente*›, aus ‹*solli*› ‹*soldi*›. Man versucht, die toskanische *l*-Aussprache nachzuahmen, also korrekt zu sprechen, aber das geht einem Römer schwer von der Zunge, da wird zunächst *r* draus, und so kommt es zu seltsamen Übergangsformen: Man sagte ursprünglich *chiemenza* «Milde», will *clemenza* sagen und sagt nun *cremenza*; man sagte ursprünglich *conchiave*, will *conclave* sagen und sagt nun *concrave*! Obendrein war, weil in Rom inzwischen alle möglichen Italiener residierten, das Bedürfnis nach einer gemein-italienischen Sprache groß, und das konnte, seit Dante, nur das Toskanische sein – zumal wenn die Florentiner in Rom jetzt ohnehin den Ton angaben. Strittig ist in der Linguistik nur, ob neben dem geschriebenen auch das gesprochene Romanesco von dieser Toskanisierung erfaßt wurde.[45]

Jetzt, zu Beginn des Quattrocento, stehen wir darin erst am Anfang. Fortan werden die Florentiner Generation um Generation ein Stück Rom neu ergreifen: die päpstliche Kanzlei, das Importgeschäft, die Kunstaufträge, die antike Ruinenwelt. Und endlich auch das Papsttum.

III.

AM ABGRUND. ROM IN DEN LETZTEN JAHREN DES SCHISMAS. NEUBEGINN: MARTIN V.

CHAOTISCHE ZUSTÄNDE IN ROM. Die restlichen Jahre des Schismas bis zur Rückkehr des Papsttums nach Rom im Jahre 1420 sind hier nicht im einzelnen darzustellen, so kleinteilig sind die Abläufe und die Handelnden: einander bekämpfende machtlose Päpste, gerufene und ungerufene auswärtige Mächte, herumstreunende Condottieri, römische Barone und römische Parteien. Ein unübersichtliches Getümmel, aus dem in fast zwei Jahrzehnten nichts Dauerndes hervorgeht, bis das Konstanzer Konzil endlich die römische Bühne abräumt.

So seien hier nur die großen Bewegungsrichtungen beschrieben. Man unterschätze allerdings nicht, was in diesen wirren römischen Jahren an der Kurie, zunächst kaum wahrnehmbar, zu wachsen begann. Damals schon kamen Humanisten wie Poggio Bracciolini (1403), Leonardo Bruni (1405), Antonio Loschi (1405), Pierpaolo Vergerio (1405) nach Rom, um an der Kurie als Skriptoren, dann Sekretäre Anstellung zu finden. In immer schönerer Sprache schrieben sie immer wirklichkeitsfernere päpstliche Briefe.

Die Demütigung von 1398 war in der römischen Führungsschicht noch nicht verwunden. Was der vom neuen Papst, Innozenz VII. (1404–06), sofort als Mittler angerufene König von Neapel, Ladislaus, in Rom zwischen der Kommune und dem Papst zustande brachte (ein Vertrag, der das *plenum dominium* von 1398 schon stark zurückfuhr, ja praktisch aufhob), hielt nicht lange. Die Römer wollten jetzt mehr. Das präpotente Auftreten der Colonna in Rom und das brutale Vorgehen des über die römischen Anmaßungen erbitterten Papstnepoten Ludovico Migliorati gegen römische Unterhändler (darunter bekannte Namen von 1398) führten im August 1405 zur Erhebung. Sogar der Apostolische Palast wurde geplündert, der Papst floh nach Viterbo und wurde erst nach sieben Monaten von den Römern zurückgeholt. Durch seine Mittlerrolle auf den römischen Geschmack gekommen, wird Ladislaus, mit den Colonna gegen die Orsini, fortan auf die Stadt einwirken. Die zwischen seinem Königreich Neapel und Rom gelegene Kirchenstaatsprovinz Campania-Marittima war ihm vom Papst übertragen worden und wies seinem Expansionsdrang nun die Richtung, an einer Beendigung der Kirchenspaltung war ihm nicht gelegen.[46]

Auch sein Nachfolger, Gregor XII., hielt sich die längste Zeit außerhalb Roms auf, um die ihm abverlangte, von seinen venezianischen Nepoten behinderte Begegnung mit dem avignonesischen Gegenpapst Benedikt XIII. zustande zu bringen. Sein hilfloser Kardinallegat in Rom, wo nun alles drunter und drüber ging, gewährte den Römern sogar die Wiedereinführung der Banderesi. Als aus der Begegnung beider Päpste zur Entrüstung der Christenheit nichts wurde, wählten Kardinäle beider Obödienzen 1409 in Pisa einen weiteren Papst und bildeten eine dritte Obödienz mit Alexander V., dann dem Neapolitaner Johannes XXIII. Cossa (1410–15). Rom war seit 1408 von Ladislaus besetzt: Die festlichen Einritte des Königs scheinen in Rom der einzige erhebende Anblick dieser trüben Jahre, zu Pferd ritt er sogar in die Kathedrale von Rom, die Lateranskirche ein. Zwar konnte das Pisaner Papsttum Rom für einige Zeit zurückerobern und sich dort, nach weitgehenden Konzessionen an die Kommune, für einige Zeit halten (Mai 1410 – Juni 1413). Aber der Zug des französischen Prätendenten Louis II. d'Anjou, mit Johannes XXIII. im Bunde, gegen Ladislaus um den Thron von Neapel scheiterte, und nach nur kurzer Verständigung zwischen Johannes XXIII. und Ladislaus (der damit die Sache Gregors XII. aufgab) schlug der König zurück und besetzte Rom und bald auch den halben Kirchenstaat. Fortan gab es für Johannes XXIII. hier nichts mehr zu regieren, blieb ihm nur noch der Weg zum Konzil nach Konstanz.[47]

Mit dem unerwarteten Tod des Königs Ladislaus («dessen Seele verkehrt herum gesegnet sei», *benedicatur in contrarium*, bemerkt der römische Chronist), der in Rom immerhin Herrschaft ausgeübt hatte, ergriff im August 1414 zeitweilig noch einmal Pietro Mattuzzi, jener Parteiführer von 1398, auf dem Kapitol die Macht, «weil ganz Rom ihn liebte». Und so beginnt der Kampf mit den Colonna abermals, liegt Rom wieder unter dem Beschuß der Engelsburg, versucht der Kardinallegat Jacopo Isolani – erst im Namen des Papstes, dann des Konzils – notdürftig Ordnung zu wahren, konnte sich aber bald der Condottieri nicht erwehren, die, mal in irgendeinem Soldverhältnis, mal in eigener Sache, den herrenlosen Kirchenstaat unsicher machten, und deren Stern damals erst aufging: Braccio da Montone und Muzio Attendolo Sforza waren die bedeutendsten. Braccio war der nächste Eroberer, den die Römer festlich empfingen. Und als er Rom, wo sich die Engelsburg noch für die Neapolitaner hielt, nicht halten konnte, war nach wenigen Wochen, im August 1417 Sforza der übernächste. Tiefer konnte Rom nicht sinken als in diesen Jahren. Aber das Konzil wird nicht nur das Papsttum, es wird auch Rom befreien.

Was hier an fortschreitender Handlung in großen Zügen umrissen worden ist, sei zu besserer Anschaulichkeit mit persönlichem Erlebnis ausgefüllt. Ein kleiner römischer Chronist, Antonio dello Schiavo Benefiziat von St. Peter, hat damals, in den Jahren 1404 bis 1417, seine Erlebnisse Tag um Tag aufgeschrieben, eher ein Tagebuch als eine Chronik, reine Lokalnachrichten ohne großen Bezug (sogar das für Rom doch so wichtige Konstanzer Konzil wird nur einmal am Rande erwähnt).[48] Es ist nicht die geschilderte Abfolge der Ereignisse, die hier interessiert, sondern das Atmosphärische: Barrikaden und Straßenkämpfe, politische Morde und Hinrichtungen ohne Verfahren, Päpste betreten die Stadt und verlassen sie, Colonna und Savelli und Orsini reiten vorüber. Vieles sieht er von der Höhe seines kleinen Weinbergs. Blitze und Wolkenbrüche und sogar Schnee, «aus dem man in vielen Stadtvierteln Statuen verschiedener Gestalt machte» (*de dicta nive fuerunt facte in colibet regione multe statue de diversis figuris*), «und die Schneemänner hielten sich länger als der Schnee».

Und immer die völlige Unsicherheit, auch unter den Amtsträgern, was der nächste Tag bringen werde:

> «Ich verließ das Haus und ging zum Kapitol. Unterwegs sah ich das Volk in Waffen, mit Fackeln. In der *via Pape* fand ich vor dem Haus von Lello Maddalene einen der Quartier-Vorsteher, nämlich den des Quartiers Pigna, mit Lello Capoccia zusammenstehen und Neuigkeiten dieses Auflaufs abwarten, denn sie

wußten nicht wohin gehen (*quia nesciebant quo ire*). Zugleich sah ich, nachts, auf der Treppe zum Kapitol die Fahnen der Quartier-Vorsteher, nämlich die von Ponte, Parione, S. Eustachio, S. Angelo, Ripa, Campitelli, mit all ihrem Volk in Waffen stehen. Der ganze Marktplatz [am Fuß der Kapitolstreppe] war voll, und alle riefen: «Tod dem verräterischen König [Ladislaus von Neapel] und all seinem Volk!» Ich sah bei ihnen auch Herrn Nicola Orsini zu Pferd und in Waffen mit vielen von den Soldaten Paolo Orsinis stehen, auf dem Kapitolsplatz vor dem Obelisken des Kapitols [der Obelisk stand beim Eingang zum Konvent von S. Maria in Aracoeli], mit vielen Fackeln, und darauf warten, wie es mit dem Auflauf dieser Nacht weitergehen werde. Aber es war nichts».

Hier war es einmal nichts, dann ist es wieder Schlimmes, das die Römer hilflos über sich ergehen lassen müssen. Antonio hört ihre Treuebekundungen («Wir Römer werden eher unsere Kinder essen, bevor wir die Herrschaft dieses Drachens hinnehmen») – und schon am nächsten Tag, nach des Papstes Flucht, lassen sie diesen Drachen Ladislaus kampflos einziehen. Antonio sieht die Engelsburg mal standhalten, mal kapitulieren; sieht, wie neue Fahnen und Wappen angebracht, dann zerstört, dann wieder angebracht werden. Und das alles mehrmals im Lauf dieser wenigen Jahre. Doch ist selbst diese banale Abfolge nackter Begebenheiten, diese «gemeine Deutlichkeit der Dinge» (Schiller) in Rom noch von einer Aura des Außergewöhnlichen, des Exemplarischen, des Apokalyptischen umgeben.

Das ist das Rom der Schisma-Zeit aus der Augenhöhe eines kleinen römischen Klerikers. Darunter seltsame Szenen. Er sieht den Löwen des Kapitols, das lebende Wappentier der Stadt, getötet und ausgehängt; sieht bei den Spielen auf dem Testaccio, also zwischen Juden-Wettläufen und Schweinejagden, die Kreuzigung Petri und die Enthauptung Pauli von Spielern eines Stadtviertels nachgestellt; er sieht die Besatzung der großen antiken Pyramide bei der Engelsburg (eine zweite Cestius-Pyramide, später zerstört) per Seilbahn von der Engelsburg aus versorgt. Und er erlebt schreckliche Hungerzeiten: sieht in den Straßen Tiere vor Hunger krepieren, kauft schäbiges Brot, «das sonst nicht mal Hunde gegessen hätten», und registriert, wie auf eine der seltenen Friedens-Nachrichten hin der Getreidepreis sogleich von 8 auf 4 flor. fällt.

Selbst für ihn, der ein sicheres, ansehnliches Rom doch nie erlebt hatte, war alles so kümmerlich und gemein geworden. Die Amtseinführung eines Senators *sine nulo honore ut moris est*, «ohne jede übliche Zeremonie», die Exequien bei der Überführung Bonifaz' IX. *cum multa miseria*, «ganz kümmerlich», das Spital von S. Spirito in Sassia *totaliter depauperatum*, «völlig verarmt», die zugehörige Kirche ohne Messen, hohe Kirchenfeste in St. Peter gefeiert *cum maxima paupertate*, «ganz ärmlich», die auf die Peterskirche zuführende Porticus nun völlig unbewohnt. Und er findet bittere Worte für den Zustand dieser seiner Kirche:

> «Wißt, daß ich, Antonio di Pietro, unsere Peterskirche vom ganzen Kapitel völlig aufgegeben sah. Und das war die Wahrheit, daß die Basilika von St. Peter ganz und gar verlassen und aufgegeben war (*in totum et per totum ... derelicta et abandonata*). Ihr müßt auch wissen, daß an Allerheiligen, Allerseelen oder einem Apostel-Hochfest kein einziger Kanoniker zum Zelebrieren in unsere Basilika kam, auch nicht zum Chorgebet morgens oder abends ...».

So tief konnte im Rom der Schisma-Zeit sogar St. Peter sinken. Vor dem düsteren Hintergrund dieser Schilderung muß man die neue Zuwendung der Renaissance zu St. Peter sehen, um den Abstand zwischen Alt-St. Peter und Neu-St. Peter nicht nur architektonisch zu begreifen.

NEUBEGINN: MARTIN V. Inzwischen war auf ‹neutralem› Reichsboden in Konstanz, nämlich fern von den Kernlanden der verfeindeten Obödienzen, das große Konzil zusammengetreten, das sich zur Aufgabe gesetzt hatte, endlich die Kirchenspaltung zu beenden und die Reform der Kirche in Angriff zu nehmen.[49] Die Kirchenversammlung, unerwartet reich an Zahl und Rang, an Geist und Willen, hielt gegen alle – auch vom deutschen König Sigismund mit Festigkeit überwundene – Widerstände vier Jahre lang beieinander aus (1414–1418) und wuchs dabei zu einer selbstbewußten Körperschaft, die das Konzil über den Papst stellte. Die Erweiterung des Stimmrechts über die Bischöfe hinaus zog neue Kräfte hinein, die Abstimmung nach Nationen statt nach Köpfen verhinderte Obstruktion, denn schon die zahllosen Mini-Bischöfe Süditaliens hätten Entscheidungen majorisieren können. Das Konzil setzte die drei rivalisierenden Päpste ab, wurde dann aber uneins über die Rangfolge seiner beiden Hauptaufgaben, *causa unionis* und *causa reformationis* neben der *causa fidei*, der Verurteilung der Häresien von Wyclif und Hus: ob erst Kirchenreform (so die deutsche und die englische Nation) oder erst Papstwahl (so die drei anderen Nationen und die Kardinäle). Die Reformfragen wurden nur in Teilen behandelt (besonders die Pfründenverleihung), sollten aber durch die nun beschlossene periodische Abhaltung von (Reform-)Konzilien Vorrang behalten. Schließlich galt es, den totalen Ausverkauf der Kirche während des Schismas wieder rückgängig zu machen und alles in geordnete – und neue – Bahnen zu lenken. Das damals vordringlichste Problem, die Beendigung der Kirchenspaltung und die Wahl eines neuen Papstes, wurde gelöst – und das vor allem führt, bei unserem römischen Thema, weiter und nach Rom zurück.

Der Papst, der in unerwartet rascher und einmütiger Wahl am 11. November 1417 aus dem Konzil hervorging, war der Römer Oddone Colonna aus der alten hochangesehenen Familie, die wir schon so selbstherrlich in Rom haben auftreten sehen. Er nannte sich Martin V. Die kirchliche Karriere hatte seine Bindungen an die Familie nicht gelockert, wie Schenkungen und Verpfändungen zugunsten seiner Geschwister zeigen. Schon unter Bonifaz IX. an der Kurie, seit 1405 Kardinal, war er im Gefolge Johannes' XXIII. nach Konstanz gekommen.[50]

Die Rückkehr des Papsttums nach Rom – damals nicht von allen gebilligt, es hätte auch Basel oder Avignon sein dürfen – war für den Colonna selbstverständlich. Der Weg zurück war lang, im übertragenen wie im wörtlichen Sinn: Zwischen dem Aufbruch aus Konstanz und dem Eintreffen in Rom werden anderthalb Jahre Aufenthalt in Florenz liegen (Febr. 1419-Sept. 1420). Hier versöhnte er sich mit dem abgesetzten Johannes XXIII., dem er den Kardinalshut beließ: die Colonna – auch Oddone selbst – verdankten ihm viel, ebenso die Medici. Der lange Aufenthalt war, bei allen erduldeten persönlichen Empfindlichkeiten, der Anfang einer Annäherung zwischen römischem Papsttum und Florenz, die über die bereits geschilderten banktechnischen Notwendigkeiten weit hinausführte und für die nächste Zukunft von großer Bedeutung sein wird.

Neben den großen Aufgaben der Weltkirche und der internationalen Politik, die es nun neu zu ordnen galt und die Martin V. bald mit Umsicht und Tatkraft in Angriff nahm, ging es vor allem darum, Rom und den Kirchenstaat erst einmal wieder in die Hand zu bekommen, und nur dieser Ausschnitt betrifft unser Thema. Noch unterwegs ergingen große

Konstitutionen zur Neuordnung der Kurie, ergingen Schreiben an einzelne Städte und Signoren, um die lokalen Herrschaftsverhältnisse zu bestätigen oder neu zu regeln. Gegenüber den Stadtherren (wie den Alidosi in Imola oder den Ordelaffi in Forlì) wurde die – von Bonifaz IX. unbefristet gewährte – Vergabe des Apostolischen Vikariats, die den Signori, deren der Papst nicht Herr werden konnte, einfach einen päpstlichen Titel überstülpte, nun auf jeweils drei Jahre begrenzt: so hatte es das Konzil empfohlen, um von bloß nomineller Oberhoheit wieder zu wirklicher Herrschaft zu kommen. Unter den großen Städten bequemte sich sogar das romferne, kaum regierbare Bologna unter die päpstliche Herrschaft, demonstrierte aber immer wieder seinen autonomen Willen. Seine Untertanen in den Griff zu bekommen war der Papst umso mehr genötigt, als das Konzil, durch die Beschneidung der geistlichen Einkünfte, das Papsttum stärker auf seine weltlichen Einkünfte verwies: Das hatte die Wirkung, daß die Päpste nun zunehmend in den Kirchenstaat hineinwuchsen und zu einer italienischen Territorialmacht wurden.[51]

Dabei mußte der Papst mit einem weiteren Faktor rechnen, den Condottieri. Der Condottiere Braccio da Montone, der den zentralen Teil des Kirchenstaates besetzt hielt und den Zugang nach Rom behinderte, wurde erst auf dem Verhandlungswege, dann militärisch ausgeschaltet (Niederlage und Tod bei L'Aquila 1424): Erst das machte den Weg frei zur Rückgewinnung des Kirchenstaats. Damals beginnt die große Zeit der Condottieri, der Braccio, Sforza (Vater und Sohn), Niccolò Piccinino, Niccolò Fortebraccio, Gattamelata usw., die ein unstetes und schwer berechenbares Element in die italienische Politik brachten. Sie wechselten bedenkenlos die Seiten und wurden entsprechend beargwöhnt und umworben, führten Krieg unter größtmöglicher Schonung ihrer Truppensubstanz, jedoch in blutiger Rivalität um den Aufstieg zum Territorialfürsten (der freilich nur wenigen gelingt: Francesco Sforza, Enkel eines Bauern, wird 1450 Herzog von Mailand). Sie bildeten Schulen wie Künstler und Humanisten und suchten öffentliche Ehrung (gemalte Denkmäler im Dom von Florenz, Reiterstatuen für Venedigs Condottieri). Im konsolidierten Italien der zweiten Jahrhunderthälfte haben die Condottieri keinen Platz mehr, im Renaissancekult des späten 19. Jahrhunderts werden sie weit über ihren wirklichen Rang heroisiert.

Für Martins rasche Erfolge in Rom und im Kirchenstaat war die Verständigung entscheidend, die er mit Johanna II. von Neapel fand (Königin 1414–35), Schwester und Nachfolgerin von König Ladislaus. Das grundsätzliche Einvernehmen beendete die Ausgriffe Neapels nach Rom und ließ die Colonna-Nepoten zu hohen Würden im Königreich aufsteigen, schönes Beiwerk zu dem, was der Papst selbst seinen Neffen, Söhnen seines Bruders Lorenzo, zudachte: Prospero wurde Kardinal (wir werden ihm noch begegnen), Antonio und Odoardo wurden, die Stellung der Colonna im östlichen Latium noch weiter ausbauend, Herren von Paliano, Serrone, Nettuno und Astura; seine Nichte Caterina vermählte er mit Guidantonio Montefeltro aus dem aufsteigenden Haus von Urbino. Daß er seine Nepoten förderte und zur Herrschaft heranzog, war nicht nur Familiensinn, sondern auch realistische Einschätzung der verfügbaren Mittel, erreichte allerdings Ausmaße, die man von einem Konzilspapst nicht erwartet hätte.[52]

Am 30. September 1420 war Martin V. endlich in Rom eingezogen: ein Datum von großem symbolischen Wert, denn erst von jetzt an wird das Papsttum stabilen Sitz in Rom nehmen, Voraussetzung für alles Weitere in Roms Zukunft. Und was da nach Rom zurückkehrte, war ein anderes Papsttum, durch den Filter des Konzils gepreßt und darum weit angesehener als all die voraufgegangenen Pontifikate. Gregorovius ließ mit der Rückkehr des Papsttums das Mittelalter in Rom enden und die Renaissance beginnen.

Daß dieser Papst, als Colonna, mit anderen historischen Erfahrungen, anderen parteilichen Empfindungen, kurz: mit anderen Augen auf die römische Kommune sah als ein nichtrömischer Papst, versteht sich. Die Colonna, die wir allein in den letzten Jahren in den Straßen Roms haben kämpfen, sich mit den Orsini schlagen, ihre städtische Klientel dirigieren, den Apostolischen Palast haben plündern sehen, waren ja schließlich alle seine nächsten Verwandten. Allerdings hatten die Colonna von Genazzano, zu denen Oddone Colonna gehörte, einem Bonifaz IX. weniger Schwierigkeiten gemacht als die alte Hauptlinie von Palestrina und auch gegenüber der römischen Kommune eine weniger abweisende Haltung gezeigt als jene. Er verleugnete seine Familie auch hier nicht: In Rom sieht man ihn nicht nur bei St. Peter residieren, sondern auch bei der (den Colonna besonders lieben) Lateranskirche, die längste Zeit aber bei SS. Apostoli im Familienpalast der Colonna, und die sommerlichen

Villeggiaturen mit der Kurie verbrachte er gern draußen in den Territorien der Colonna im Osten Roms, die er im übrigen durch Abgabenfreiheit begünstigte.

Ob ein mit den römischen Verhältnissen vertrauteres, weniger internationales, auf nähere Ziele gerichtetes Wählerkolleg als das in Konstanz einen Colonna nach Rom gesetzt hätte, ist sehr die Frage. Hier in Rom erwies sich Martin als der richtige Mann im richtigen Augenblick, nicht aber in der Frage der Kirchenreform. Ein nächstes Reform-Konzil einzuberufen (1423 nach Pavia) konnte er nicht umgehen, aber mehr als den Schein zu wahren tat er nicht. So hat er sich dem Reform-Auftrag des Konzils hinhaltend entzogen, um die Stellung des Papsttums nicht zu schwächen: schon mit ihm beginnt die Restauration der hierarchischen Kirche. Er blieb nicht Konzilspapst, sondern wurde, was er in seinem inneren Wesen war: ein durch und durch römischer Papst.[53]

Wie würde sich ein römischer Papst – nach dem die Römer einst so geschrien hatten – nun zu Rom stellen? Die Zerschlagung der freien römischen Kommune durch Bonifaz IX. 1398 hatte der Colonna von nahem miterlebt. Die damals geschaffene Neuordnung wurde nun, die den letzten schwachen Päpsten aufgenötigten Konzessionen beiseiteschiebend, zur Grundlage auch seiner Regierung über die Stadt. Ein vom Papst ernannter Senator übte die Gerichtsbarkeit aus, vom Papst ernannt waren auch die drei Konservatoren und alle kommunalen Ämter auf einheitlicher Liste; der päpstliche Vizekämmerer wurde praktisch zum Gouverneur der Stadt. Daß Martin V. die Kommunalverfassung «völlig unangetastet» ließ, hat ihm das Lob von Historikern eingetragen. Aber was wollte das heißen angesichts der Verfügung über die Ämter, der strikten Kontrolle über die städtische Finanz und das Steuerwesen, die Eingriffe in die Gerichtsbarkeit. Tatsächlich hat Martin V. die Kommunalstatuten von 1360 ausdrücklich bestätigt, einschließlich der Artikel, die den Baronaladel aus der Stadt fernhalten wollten. Das war jedem Papst in Rom eine willkommene Handhabe, sogar einem Colonna: Er würde schon Wege wissen, diese Bestimmungen nicht gegen die eigene Familie zu kehren. Seine Verdienste um Rom sind groß – aber man sollte sie nicht gerade mit seiner Achtung vor der Kommunalverfassung begründen.[54]

Die Kurie, die zum Leben Roms gehört und darum hier immer beachtet werden muß, hatte die Probleme eines neuen Anfangs. Sie war sehr angeschwollen, da Martin die Erwartungen des Personals von drei abgesetzten Päpsten, also von drei aufgehobenen Kurien bis zu einem gewissen Grade berücksichtigen mußte; dann versuchte er – den Geboten des Konzils gemäß, aber ohne besonderen Nachdruck – die Kurie zu reformieren und zu reduzieren (so die Sekretäre von anfangs 18 auf schließlich vier). Ihre Zusammensetzung war international, aber mit viel Italienern in den oberen Rängen, in den niederen und mittleren viele Deutsche. Daß Papst und Kurie endlich frei zugänglich waren, wurde nach den Erfahrungen der Schisma-Zeit besonders gerühmt: die Sicherung der Zugangswege sicherte zugleich die Versorgung der Bevölkerung – und die Zugänglichkeit eines jetzt wieder interessant werdenden Marktes, was natürlich auch von den Florentiner Hoflieferanten wahrgenommen wurde. Wir werden auf die Kurie und ihre Zusammensetzung auch deshalb zu achten haben, weil sie es sein wird, die aus der Provinzstadt des Trecento wieder eine Weltstadt werden ließ.

Doch war es vor allem seine Sorge um die Stadt selbst, die, von den Zeitgenossen dankbar aufgenommen, von den Historikern als wirklicher Neubeginn anerkannt wird.[55]

Als das Papsttum 1420 in die Ewige Stadt zurückkehrte, war Rom so heruntergekommen, «daß es nicht mehr wie eine Stadt aussah», *ut nulla civitatis facies in ea videretur* (Platina). Der Anblick der Stadt, für die Schisma-Zeit oben bereits beschrieben, war in den letzten, besonders chaotischen Jahren noch trostloser geworden: das Stadtbild verwahrlost, nirgends ein anderen Städten vergleichbarer Neubau, die Ordnung des städtischen Lebens verkommen. Hier griff der Colonna nun mit Entschiedenheit ein. Die Bulle *Etsi de cunctarum* vom 30. März 1425 richtete das Amt der «Bauten- und Straßenmeister» (*magistri edificiorum et stratarum*) neu ein, erweiterte ihre Kompetenzen und wies sie an, erst einmal die unwürdigen Zustände zu beseitigen, die die Arbeitswelt von Metzgern, Fischhändlern und Kürschnern, wenn ungeregelt, naturgemäß um sich verbreitete; für die Instandsetzung von Straßen und Wasserläufen zu sorgen; aber auch Stände, Verkaufstische, Loggien und andere in die Straße vorspringende oder den Durchgang behindernde Dinge abzuräumen, Pflaster zu reparieren oder gegebenenfalls neu zu legen, und all das mit Nachdruck durchzusetzen. Daß es ihm bei all dem um mehr ging als um Häuserreparatur, Verkehrsfluß und Straßenreinigung, zeigt sein Auftrag an den angesehenen Notar Niccolò Signorili (wie aus dessen Widmung hervorgeht), in einer programmatischen Schrift *De iuribus et excellentiis Urbis Romae* die Stadt in ihrer Geschichte, ihren Rechten, ihren Bauten zu beschreiben.

Es war – und nach Lage der Dinge konnte es gar nicht anders sein – das Vordringliche, Nächstliegende, das er sofort in Angriff nehmen ließ, nicht große Neubauten. Gleich zu Anfang Reparaturen an St. Peter und im Vatikanischen Palast, 1423 am Bleidach des Pantheon, 1423/24 an S. Maria Maggiore, 1425 an S. Paolo fuori-le-mura und an S. Giovanni in Laterano (für die Ausmalung des Innern berief er 1427 Gentile da Fabriano, für die Ausbesserung des Fußbodens sollten Steine aus verfallenen Kirchen verwendet werden dürfen). Daneben wurde an mehreren Kirchen gearbeitet (etwa an SS. Apostoli neben seinem Palazzo Colonna), hielt Martin auch seine Kardinäle zur Restaurierung ihrer Kirchen an. Andere Baurechnungen belegen Instandsetzungsarbeiten an mehreren Brücken (Ponte Senatorio, Nomentano, Salario, Milvio). Der Senatorenpalast auf dem Kapitol erhielt, wie schon von Bonifaz IX., einen weiteren Turm; befestigt wurde auch die Tibereinfahrt in Ostia mit einem Kastell.

IV.

ZWISCHEN RADIKALISIERTEM KONZILIARISMUS UND AUFSÄSSIGER KOMMUNE: EUGEN IV.

WAHL EUGENS IV. Martin V. starb am 20. Februar 1431. Sogleich fiel alles aus hehrem Konzilsdenken in römisches Parteidenken zurück. Was den Colonna recht war, schien den Orsini billig: Im Konklave hofften nun sie, mit Kardinal Giordano Orsini den nächsten Papst stellen zu können. Doch verfehlte Giordano knapp die Mehrheit. Gewählt wurde, und am 11. März als Eugen IV. gekrönt, der Venezianer Gabriele Condulmer, ein Neffe des Schisma-Papstes (römischer Obödienz) Gregors XII., der seinen Nepoten mit 25 Jahren zum Bischof von Siena und mit 26 zum Kardinal gemacht hatte. Aus welchem Holz Condulmer gleichwohl war, das zu beweisen gab ihm das Konzil bald Gelegenheit. Wenn die Reform «beim Haupt beginnen» sollte (wie man gern sagte), dann mußte er auf der Hut sein. Weder von einem Konzil noch von seiner Wahlkapitulation, die besonders streng gehalten war und ihn auch in weltlichen Regierungsangelegenheiten ganz in die Hand des Kardinalskollegs gegeben hätte, wollte sich Eugen vorbestimmen, noch das Papsttum zu einer konstitutionellen Monarchie werden lassen.[56]

Der ungeliebten Pflicht, gemäß dem Konstanzer Konzilsdekret *Frequens* über die periodische Abhaltung von Generalkonzilien nun das nächste Konzil an den vorgesehenen Tagungsort Basel einzuberufen, konnten sich die Päpste nicht entziehen. Martin V. hatte am 1. Februar 1431, drei Wochen vor seinem Tode, Kardinal Giuliano Cesarini dazu ermächtigt, das Konzil in Basel zu eröffnen. Eugen IV. bestätigte die Eröffnung und Cesarini im Amt des Konzilspräsidenten, löste das Konzil, das, am 23. Juli begonnen, nicht recht in Gang kommen wollte, aber schon Ende des Jahres auf und berief, unter Hinweis auf bevorstehende

Unionsverhandlungen mit den Griechen, ein neues Konzil nach Bologna. Nun aber setzten sich endlich die Kräfte, geistliche wie weltliche, in Bewegung, für die der weitere Weg der Kirche ohne tiefgreifende Reform nicht mehr vorstellbar war. Was sich seit Konstanz an Reformwillen angestaut hatte, dem öffneten sich nun die Schleusen. Die Konzilsteilnehmer, an Zahl und Rang wachsend und zunehmend durchdrungen von der Auffassung, das Konzil stehe über dem Papst, setzten sich über die päpstliche Auflösungsbulle hinweg, gaben sich eine eigene Geschäftsordnung und nahmen die großen Aufgaben in Angriff: Freiheit der Bischofswahlen von päpstlichen Eingriffen, regelmäßige Abhaltung von Synoden, Bekämpfung der Mißstände im Klerus, Einschränkungen in der Verhängung des Interdikts, Regelungen zu Papstwahl und Kardinalskolleg, usw. (neben Verhandlungen mit den Hussiten, die zu vorläufiger Einigung führten). Das Papsttum in die Schranken zu weisen war nicht nur im Sinn der Kirchenreformer: Die weltlichen Fürsten werden sich die so entstehenden Hohlräume zunutze machen, ihren Einfluß auf die Besetzung von Stellen und Pfründen verstärken und den Klerus nun ihrerseits fiskalisch abschöpfen. Sich zwischen Konzil und Papst als «neutral» zu erklären und sich den Übertritt abhandeln zu lassen, schien ein auch politisch erfolgversprechender Weg.

Die wachsende Radikalisierung des Konzils führte dazu, daß sich eine gemäßigte Minderheit bildete, die sich vom Papst, der Ende 1433 unter allgemeinem Druck das Konzil wieder anerkannt hatte, nicht einfach trennen lassen wollte. Daß Eugen IV. 1437 das Konzil offiziell nach Ferrara verlegte und die Griechen dieser Einladung und nicht der des Konzils folgten, führte zu einer ersten größeren Erosion: Konzilsväter von Rang wie Nikolaus von Kues, dann Cesarini selbst, verließen Basel. Umso entschiedener agierte die verbleibende Mehrheit, fortan unter der Leitung von Kardinal Louis Aleman: Sie erklärte am 25. Juni 1439 Eugen IV. für abgesetzt und wählte am 5. November 1439 den zum Einsiedler gewordenen Herzog Amadeus von Savoyen zum neuen Papst Felix V.[57]

Das war es, was Eugen IV. Tag für Tag bewegte, und wir müssen es wissen, bevor wir sehen, wie er mit den Römern umging. Und die Römer mit ihm.

In Rom sah Eugen IV. nach seiner Wahl eine seiner vordringlichsten

Aufgaben darin, erst einmal die mächtige Stellung der Colonna zu brechen. Er geriet sofort mit ihnen aneinander, beschuldigte die drei Brüder, zusammen mit Martin V. der Kirche die ungeheure Summe von 100 000 Dukaten entzogen zu haben, und forderte die Gelder augenblicklich zurück. Es lohnt sich, diese Anschuldigung in die finanziellen Kanäle hineinzuverfolgen, denn die Gelder tauchten dann nicht in Rom auf, sondern in – Florenz.

Das hatte in diesem Fall seinen besonderen Grund. Florenz hatte, um Martin V. nach seinem langen Florentiner Aufenthalt eine Gefälligkeit zu erweisen, seinen Neffen Prospero, Antonio und Odoardo das florentinische Bürgerrecht verliehen. Das gab ihnen das Recht, Titel des *Monte*, der Florentiner Staatsschuld zu kaufen (*quod ... possent acquirere de creditis montium dicti communis seu fieri creditores dicti communis super monte communi*), wobei ihnen sogar die ungewöhnlich hohe Limite von 100 000 flor. und ein besonders günstiger Zinssatz eingeräumt worden war. Mit anderen Worten: Die drei Colonna-Brüder, darunter Kardinal Prospero, konnten ihre Gelder vorteilhaft in Florenz investieren, und von dieser Möglichkeit hatten sie offensichtlich auch Gebrauch gemacht.

Denn ein bemerkenswertes Dokument im Colonna-Archiv besagt, daß die Colonna-Brüder am 17. Februar 1432, ein Jahr nach dem Tod ihres Onkels, die Summe von 100 000 Dukaten, die sie im Florentiner *Monte* investiert hatten (*quos habent et tenent in Monte de Florentia*), als Schenkung, als *donatio inter vivos*, für geleistete und noch zu leistende Dienste überschrieben hätten an niemand anderen als an Cosimo Medici, den großen Sohn von Giovanni di Bicci. Keine Frage, daß es sich dabei um Fluchtkapital und fiktive Schenkung handelt! Den Colonna half das freilich nicht, Eugen IV. erreichte sie auch hier (schließlich mußten die Medici künftig Geschäfte mit dem lebenden und nicht mit dem toten Papst machen): Schon wenige Tage später übergaben die Colonna ihre *Monte*-Titel an Francesco Boscoli, Direktor der Filiale der zweiten Medici-Bank in Rom und damals zugleich päpstlicher Depositar. So endeten die Florentiner Colonna-Guthaben dann doch in den Händen Eugens, gewiß Bestandteil des Abkommens zwischen ihm und den Nepoten.[58]

Die Colonna-Gelder waren also nun zurück, nicht aber der Colonna-Kardinal. Prospero Colonna hatte, gewiß unter dem Eindruck des Konflikts seiner Familie mit dem neuen Papst, eines Nachts heimlich Rom verlassen und war nach Basel gegangen. Die Aussöhnung zwischen Eugen IV. und den Colonna ließ ihn zurückkehren, seine Anwesenheiten an der Kurie sind fortan durch Divisions- und Solutionsregister genau datiert, denn da nur die persönliche Teilnahme an den Konsistoriumssitzungen mit dem Papst (oder die ausdrückliche Beurlaubung) das Recht gab, an den Ernennungsgebühren von Bischöfen und Äbten zu partizipieren, wurden die Präsenzen sorgfältig notiert. Unter dem 10. Dezember 1435 registriert das Manuale des Kardinalskollegs seine Ankunft aus Basel (*veniens de Basilea intravit Florenciam*), fortan nimmt Prospero an allen Sitzungen teil. Damals residierte Eugen IV. bereits in Florenz. All das wird uns bei der Frage nach Beauftragung und Finanzierung der Grabplatte Martins V. (die entgegen bisheriger Meinung in Florenz und nicht in Rom gefertigt wurde, Abb. 12) noch sehr dienlich sein, stehe hier aber zur Illustrierung des konfliktreichen, Rom direkt betreffenden Übergangs von Martin V. zu Eugen IV.

Inzwischen war – ein Pontifikatswechsel gab dazu regelmäßig Anlaß – auch in Rom selbst der Konflikt zwischen Colonna und Orsini wieder mächtig aufgebrochen, drang Antonio Colonna durch die Porta Appia in die Stadt ein. Doch konnte er, da sich das Volk nicht erhob, von päpstlichen Truppen und den Orsini aus der Stadt vertrieben werden, wurde der Krieg nun draußen in Latium weitergeführt. So lokal diese Parteiung wirkt: sie konnte doch weite Kreise ziehen, denn die Barone waren, im Unterschied zur römischen Kommune, gewissermaßen bündnisfähig. Die Colonna nahmen Verbindung zu Filippo Visconti auf, dem Herzog von Mailand, der Venedig als seinen großen Gegner hatte und einem venezianischen Papst keine Sympathien entgegenbrachte; während die Orsini jetzt eher auf die Königin von Neapel bauen konnten. Dem Papst gelang noch 1431 ein günstiger Vergleich mit den Colonna. Aber der konnte nicht von Dauer sein.

Hinzu kam, daß weiterhin mehrere Condottieri Mittelitalien unsicher machten, bald im Solddienst italienischer Mächte, bald in eigener Sache operierend, ja nun sich sogar auf das Konzil berufend. Wie Martin V. mit Braccio und Sforza Vater, so bekam es Eugen IV. vor allem mit Fortebraccio und dem jüngeren Sforza, Francesco, zu tun, der von anderem Kaliber war als die meisten Söldnerführer und es noch zum Herzog

Abb. 12.
Die bronzene Grabplatte Papst Martins V. (Ausschnitt): nicht in Rom gegossen, wie man nach Vasari annahm, sondern aus Florenz geliefert, wie ein Zollregistereintrag von 1445 beweist. Die Platte (die Liegefigur) gilt nun als Werk Donatellos. Rom, S. Giovanni in Laterano.

von Mailand bringen wird. Da der Papst seiner nicht Herr werden konnte, griff er zur üblichen Lösung und machte, um wenigstens den Schein von intakter Herrschaft zu wahren, den Sforza zum Oberkommandierenden der päpstlichen Truppen und zum Markgrafen der (von ihm besetzten) Kirchenstaatsprovinz Mark Ancona.

Mit den Condottieri draußen, der Parteiung drinnen, und ringsum den Baronen der Campagna, die nach Belieben die Zugangsstraßen blokkierten und das Vieh wegtrieben, wurde für die Römer die Lage immer unerträglicher. Das Bild, das sich bietet, löst sich auf in kleinteiliges Hin- und Hergerenne, das im einzelnen zu verfolgen keinen Sinn hat: mal durch dieses, mal durch jenes Stadttor kommt irgendjemand hereingesprengt, wird mit wechselndem Geschrei empfangen, worauf innerhalb der nächsten Tage dieser oder jener hingerichtet oder zum Magistrat erhoben wird, um dann seinerseits die nächstgreifbaren Parteigänger zu foltern oder zu belohnen. Und so fort. Die Abläufe sind mechanisch dieselben, die wechselnden Akteure interessieren wenig. Eine Konstante bildet allenfalls das Gegeneinander von Colonna und Orsini mit ihren Vasallen und Klientelen. Aber auch da waren die Fronten nicht immer klar.

In dieser unerträglichen Situation, in der vom Papst keine Abhilfe zu erwarten war, nahmen die Römer schließlich ihr Schicksal in eigene Hände. Mit dem Ruf «Popolo! Libertà!» stürmten sie am 29. Mai 1434 aufs Kapitol, verjagten den päpstlichen Senator, riefen die freie Kommune aus, bestimmten sieben Wortführer zu «Gouverneuren der Republik», zogen laut vor Eugens Residenz bei S. Maria in Trastevere, nahmen den Apostolischen Kämmerer und Papstnepoten Francesco Condulmer gefangen. Zwar hielt sich die Engelsburg, doch floh der Papst, als Mönch verkleidet, mit nur einem Begleiter auf kleiner Barke den Tiber abwärts, unter den Pfeilschüssen und Steinwürfen der Römer. An der Tibermündung nahm ihn ein Schiff auf und brachte ihn nach Livorno. Von dort ging er nach Florenz. Rom wird ihn erst nach zehn Jahren wiedersehen.[59]

Ob die Erhebung gegen den Papst so spontan war, wie die römischen Chronisten sie beschreiben, ist nach dem Fund von Instruktionen jetzt bezweifelt worden, in denen Florenz seinen Gesandten beim Papst im Dezember 1433 und im Februar 1434 anwies, dem vom Konzil bedrängten, in Rom verunsicherten Papst im Geheimen nahezulegen, seinen Sitz vorläufig nach Florenz zu verlegen: *per sicurtà di suo stato e de la sua persona essere ne la nostra cità*. Dann wären die berüchtigten Steinwürfe sozusagen nicht die Ursache von Eugens Flucht gewesen, sondern die Reaktion der enttäuschten Römer auf sein Verlassen der Stadt. Daß Florenz' *longa manus* bis Rom reichte, ist nie auszuschließen, auch nicht bei den Ereignissen von 1398. Wie dem auch sei: wir haben für die nächsten zehn Jahre ein papstleeres Rom zu beschreiben.

Nur fünf Monate später waren die Römer ihres eigenen Regimes, «das nicht zu regieren verstand» (*saper reiere et governare*), bereits überdrüssig: schon Ende Oktober war es mit der Republik wieder vorbei, die Kanonen der Engelsburg und der von Eugen nach Rom entsandte Giovanni Vitelleschi halfen diesem Stimmungsumschwung nach.

Vitelleschis Namen werden die Römer nicht so bald vergessen. Aus angesehener Familie des nahen Corneto (heute Tarquinia), erst Bischof von Recanati, nach seinen ersten Erfolgen dann 1435 Patriarch von Alexandrien und Erzbischof von Florenz, seit 1437 Kardinal, war Vitelleschi eine seltsame Erscheinung zwischen Kirchenmann und Condottiere. Mit unerhörter Brutalität ging er zur Befriedung Roms vor, weltliche und geistliche Waffen einsetzend (angeblich habe er seinen Soldaten für jeden in Feindesland umgehauenen Ölbaum 100 Tage Ablaß versprochen). Aber anders, so meinten schon Zeitgenossen, sei der römischen Anarchie wohl auch nicht beizukommen.

Nun räumte er in Latium auf: vertilgte die De Vico, seit drei Jahrhunderten Präfekten von Rom, zerstörte die Plätze der Savelli, demütigte die Colonna. So zu regieren habe seit Bonifaz VIII. niemand geschafft, bemerkt der römische Chronist Paolo di Lello Petrone und kommt geradezu ins Schwelgen, wenn er dann die Vernichtung Palestrinas (bei der er selber mithalf) beschreibt: Die systematische Zerstörung ging einen ganzen Monat lang, bis Palestrina «vollständig entleert, dem Erdboden gleichgemacht, niedergebrannt, abgerissen und gänzlich unbewohnt war». Auch mit hochrangigen Gefangenen machte Vitelleschi kurzen Prozeß: Graf Antonio von Pontedera wurde «mit allen Ehren aufgehängt, dann aber nachts nackt ausgezogen, unehrenhaft behandelt, und die Wölfe machten sich an ihn».

Nach seinem Triumph über das Palestrina Lorenzo Colonnas wurde der Vitelleschi im August 1436 in Rom festlich empfangen, ja die Römer gingen noch weiter, wie wir aus einem einzeln erhaltenen Stadtratsbeschluß vom 12. September erfahren, und beschlossen eine bis dahin unerhörte Ehrung: ihm auf dem Kapitol eine Reiterstatue zu errichten (*sit illi marmorea eius equo insidens in Capitolio statua*) mit der Inschrift: ‹Für Giovanni Vitelleschi Patriarchen von Alexandrien, den dritten Vater Roms seit Romulus›.[60]

Dazu kam es nicht mehr. Nach weiteren blutigen Erfolgen, die nun auch das Mißtrauen von Nachbarn wie Florenz erregten, wurde Vitelleschi am 19. März 1440 vom Kommandanten der Engelsburg überraschend vor der Festung gefangengenommen und in der Festung ermordet. Man fragte sich sogleich, ob das nicht mit dem Willen des Papstes geschehen oder ihm wenigstens genehm sei. Bezeichnend für die Bewunderung, die sich den Römern in ihr Grauen mischte, ist das Urteil des Römers Paolo di Lello Petrone, wenn er als Kriterium nimmt, was dem Volk immer schon vorrangig war, nämlich Brotpreis und auskömmliche Stellung: «Solange er lebte, kostete das Korn 12 carlini pro Maß, nach seinem Tod stieg es innerhalb von 2 Wochen auf 22!» Und mochten unter seinen Beamten auch solche sein, die *peiio che Nerone*, «schlimmer als Nero» waren: Wie hat er doch für seine Leute gesorgt, «selbst der elendeste Mann wurde noch Kastellan, Podestà oder Steuereinnehmer im Kirchenstaat».

Die Brutalität und Tücke, mit der Vitelleschi vorging, und daß er in der systematischen Ausrottung der Signorien das probateste Mittel sah, die päpstliche Herrschaft im Kirchenstaat durchzusetzen, wird sich dann in Cesare Borgia wiederfinden, der übrigens gleichfalls Kardinal war, aber den Kardinalat nach fünf Jahren ablegte und seinen geistlichen Charakter ganz vergessen machte. Daß Eugen IV. Vitelleschi derart im Kirchenstaat wüten ließ, fällt auch auf das Bild dieses Papstes zurück.

Ein Ersatz für den ermordeten Vitelleschi stand sofort bereit, Ludovico Trevisan (oder fälschlich Scarampi) Erzbischof von Florenz, Patriarch von Aquileia und bald auch Kardinal (Abb. 44), ein Kriegsmann wie sein Vorgänger, aber maßvoller: seine lange Grabinschrift in S. Lorenzo in Damaso nennt fast nur kriegerische Unternehmen (bildet allerdings nur Bücher und nicht Schwerter ab), von der Anghiari-Schlacht bis zum Türkenkreuzzug. Sein Sieg über den Condottiere Niccolò Piccinino 1440 gab Rom Ruhe vor dem äußeren Feind, für Ruhe im Innern sorgte Trevisans strenge Herrschaft über die Stadt.

So hatte Eugen, durch die harte Hand dieser beiden kriegerischen Prälaten, Rom wieder in seiner Gewalt. Gesandtschaften der Römer riefen ihn flehentlich zurück. Aber er zögerte. Er hatte in Florenz gute Aufnahme gefunden (was allein das Einmieten der Kurie samt Kardinälen mitten in der Stadt bedeutete, läßt sich in den Akten verfolgen). Während sich Eugen noch in Florenz einrichtete, wurden die herrschenden Albizzi gestürzt, kehrte, wahrscheinlich unter Mitwirkung des Papstes, Cosimo Medici aus dem Exil zurück. Er wird fortan, unter Wahrung der republikanischen Formen, mit sicherer Hand (aber auch durch Klientelbildung, Manipulation der Wahlverfahren, durch Sonderausschüsse und politische Besteuerungspraxis zum Ruin des Gegners) die Geschicke der Stadt lenken und für die nächsten vier Pontifikate die Florentiner Politik gegenüber den Päpsten bestimmen.[61]

Fast zehn Jahre lang blieb Eugen Rom fern, sein langer Florentiner Aufenthalt (bei dem, wie schon unter Martin V., die zeitweiligen Mißstimmungen zwischen Gast und Gastgebern nicht zu übersehen sind) wurde nur von längeren Aufenthalten in Bologna und Ferrara (April 1436 bis Januar 1438 bzw. Januar 1438 bis Januar 1439) unterbrochen, wohin er Konzilien – sozusagen Gegenkonzilien zu Basel – berufen hatte. Die Folgen, die dieser Aufenthalt für die römische Kurie, ja für die Entwicklung der Renaissance in Rom hatte, sind gar nicht abzuschätzen: die alltägliche Begegnung mit den Florentiner Humanisten, die alltägliche

Begegnung mit dem anspruchsvollen Florentiner Lebensstil (was man sich an Florentiner Luxusartikeln dann nach Rom importierte, geht aus den Zollregistern hervor), mit den aus Rom bekannten Hofbankiers nun bei ihnen daheim, mit den griechischen Delegierten auf dem Konzil.

Unter den italienischen Mächten hatte der Papst, auch von Florenz aus, vor allem auf das südlich angrenzende Königreich Neapel zu achten, das zwar päpstlicher Vasallenstaat war, aber durch sein Eigengewicht nicht von Rom her zu lenken, und das die gesamte Südgrenze des Kirchenstaats, ja Rom selbst bedrohen konnte. Die unberechenbare Königin Johanna II. hatte 1421 bzw. 1423 nach- und gegeneinander zwei Prätendenten adoptiert, Alfonso V. von Aragon-Sizilien und Ludwig III. von Anjou (nach dessen Tod 1434 dessen Bruder René von Bar-Lothringen, «le bon roi René»). Als die Königin 1435 erbenlos stirbt, beginnt der längst erwartete Kampf um die Thronfolge, der Süditalien und die Päpste für lange Zeit in Atem halten wird. Erst Alfonsos hart erkämpfter Sieg und sein Einzug in Neapel 1442 gab für Eugen IV. den Ausschlag, gegen den Anjou für den Aragonesen zu entscheiden und ihn so, ein schwerer Schlag für Basel, zugleich aus der Front seiner Gegner zu lösen. Das wird zwei Langzeitwirkungen haben: nach Sizilien wird nun auch Unteritalien spanisch (Sizilien in Personalunion mit Aragon, Unteritalien unter rasch italianisierter Dynastie bis zu deren Aussterben 1501, dann unter spanischen Vizekönigen bis 1713). Und mit der Erhebung von Alonso Borja zum Kardinal, Lohn für seine erfolgreichen Verhandlungen zwischen Eugen IV. und den Aragonesen, beginnt an der römischen Kurie der unaufhaltsame Aufstieg der Borgia.[62]

Während das Basler Konzil allmählich abbröckelte, der Konziliarismus an Radikalität zu- und an Wirkung abnahm, und Rom gewaltsam befriedet war (Erfolge, die mehr der Standfestigkeit des Papstes als Gewandtheit und politischem Sinn zuzuschreiben sind), schien dem Papst endlich der Augenblick gekommen, nach Rom zurückzukehren: Am 28. September 1443 traf er in Rom ein, «nach 9 Jahren, 3 Monaten und 23 Tagen», wie die Römer zählten, die die Rückkehr nicht erwarten konnten.

Der Anblick der Stadt war erschreckend. Die Kurialen hatten nun lange Zeit anderes gesehen, und die Florentiner Beobachter beschrieben wieder einmal mit Lust, was es an Rom auszusetzen gab: «Rom war, durch die Abwesenheit des Papstes, wieder wie eine Siedlung von Kuhhirten geworden (*terra di vacai*). Denn man hielt Schafe und Kühe bis dort, wo heute die Stände der Kaufleute stehen. Alle liefen in Kapuzenmänteln und mit Stiefeln herum, weil sie so viele Jahre ohne den Papsthof waren, und wegen der Kriege, die sie gehabt hatten.»[63] Was bei seiner Rückkehr nach Rom vor 23 Jahren Martin V. in Angriff genommen hatte, schien bereits wieder verwahrlost.

Was die Römer selbst bewegte, ist nicht leicht von ihnen zu erfahren. Die damalige städtische Geschichtsschreibung ist äußerst dürftig. Erhalten haben sich Texte von Mischgattungen zwischen Familienbuch und Chronik, die kurz anzusehen sich lohnt, weil sie aus dem tiefen Innern der römischen Gesellschaft sprechen. Herangezogen seien drei Beispiele, die in unterschiedlichem Mischungsverhältnis zwischen Familienbuch (ähnlich den Florentiner *Ricordanze*, aber hier von geringerem Rang) und Lokalchronik aus dem Rom dieser Jahre berichten – unscheinbare, gern verachtete Texte, an denen es sich scheidet, ob man in die Gesellschaft einer Stadt wirklich eindringen will oder nicht.[64]

Den Familiennachrichten und persönlichen Notizen am nächsten stehen die Aufzeichnungen von Stefano Caffari aus den Jahren 1429–52, einem Geistlichen aus angesehener Familie mit Verbindungen zur Kurie und der Orsini-Partei zugehörig, Kanoniker von S. Giovanni in Laterano, wohnhaft im rione Pigna (beim Pantheon) mit viel Hausbesitz auch im angrenzenden rione S. Angelo (beim späteren Ghetto), wo die Caffari *in platea Judeorum* einen Gewürzladen betrieben.[65] Eine grob chronologische Abfolge von Kindsgeburten, Mitgiften, Schiedssprüchen, Gerichtsurteilen, Kauf und Verpachtung von Häusern, Hausratsinventaren («insgesamt 65 Schüsseln, 6 Salzstreuer mit Füßen und 2 flache, 13 gute Becken und ein ganz kaputtes ...»; anscheinend kein Buchbesitz, außer daß sie einen Dante zum Pfand nehmen), Quittungen, Außenstände, Erbschaftsverträge, Preise von Tuchen, Pferden, Kühen usw.; «16 Apfelsinenbäume gepflanzt», Tuchkauf in der Medici-Filiale, Geschäfte mit Juden, mit deutschen Bäckern. Dazwischen die Aufbahrung Martins V., eine (schlecht eingereihte) Notiz zum Basler Konzil, Tod und Konklave der Päpste zu seiner Zeit, natürlich die Ermordung Vitelleschis und die Rückkehr Eugens IV., eine Sonnenfinsternis («daß in den Läden am Juden-Platz Kerzen angezündet wurden»); römische Topographie (eine

Absprache getroffen in der Vorhalle des Pantheon, eine Konzession erhalten auf dem Kapitol «an der neuen, von Bonifaz IX. gemachten Mauer zum Löwen hin [beim Eingang zum Senatorenpalast] d. h. den Eichmaßen gegenüber», ein Brunnen «im Gewölbe gegen den Marforio», eine der antiken *statue parlanti* am Kapitol); Barrikadenkämpfe aus der Sicht der Beteiligten (*venerunt ad nostrum obstaculum et sbarram ... et ibi magnum prelium fecimus*, und wir schlugen Stefano Colonna zurück). Und das alles in ganz persönlicher, schwer sortierbarer Abfolge.

Von den Familiennachrichten entschieden mehr zu den Lokalnachrichten rückend, aber gleichfalls ohne Absicht auf Öffentlichkeit, das *Memoriale* des Paolo dello Mastro, eines schlichten Mannes aus dem rione Ponte an der Engelsbrücke.[66] Auch hier viel Heiraten, Geburten, Todesfälle und sonstwie Familiäres, aber doch auch viel lokale Ereignisse, die nicht nur ihn betreffen: Nachtfröste, die die Weinberge schädigen (einen Weinberg hat fast jeder, Abb. 13), Tiberüberschwemmungen («und das Wasser kam bis zum Hauptaltar von S. Celso ..., und S. Maria Rotonda [das Pantheon] stand voll Wasser einen ganzen Monat lang, weil sich drinnen der Abfluß öffnete», das Wasser also von unten kam). Und was man so hört und sieht. Da findet man ein erstes Dromedar in Rom beschrieben (wohl türkische Kriegsbeute, denn Kardinal Cesarini hatte das Tier dem Papst übersandt kurz bevor er als Führer des Kreuzheeres bei Varna fiel): «Man erzählte sich, daß es notfalls an einem Tag 100 Meilen laufen könne, und wenn es erschöpft sei, presse es seine Hökker aus ... ; und ich setzte meinen Sohn Rienzolo drauf, der war noch sehr klein.» Gleich auf das Dromedar folgt das Einsetzen der neuen Bronzetüren in St. Peter.

In diese anziehende Mischung aus Häuslichem und Öffentlichem sind nun auch die großen Ereignisse eingereiht, die das politische Leben Roms bestimmten, immer aus ganz persönlicher Sicht. Er sieht König Sigismund zur Kaiserkrönung durch Rom reiten und schildert die dramatische Flucht Eugens IV. auf dem Tiber nach Ostia unter dem Beschuß der Römer (*si trasero de reto certi iovini de Roma per terra con valestra e sassi, e si llo incalzaro per infino ad Huostia*). Er berichtet die Ermordung Vitelleschis und die Rückkehr des Papstes; erzählt haarklein die Ermittlungen nach der Ermordung eines römischen Kardinals und die Hinrichtung des Mörders, ein regelrechtes Schlachtfest («auf dem Campo dei

Fiori wurden ihm die Hände abgeschnitten, dann wurde er aufgehängt, danach gevierteilt, seine Viertel an den Stadttoren angebracht, das Viertel mit dem Kopf dran blieb aufgehängt auf dem Campo dei Fiori, die Hände wurden angenagelt auf der Engelsbrücke» usw.). Und er schildert das Auftreten des Hl. Bernardino von Siena bei einer seiner hinreißenden Predigten auf dem Kapitol, hier wie überall in Italien unter gewaltigem Zulauf: «... er ließ mehrere Juden taufen und die große Zauberin und Hexe Finiccola verbrennen; und dort auf dem Kapitolsplatz wurden alle Brett- und Kartenspiele und Zauberbilder zusammengetragen, die es in Rom gab, ein Scheiterhaufen gemacht und alles verbrannt». Alles ist personalisiert, und so sieht man, wie Botschaften, Freiheitsparolen, Schreckensnachrichten in Wellen von Quartier zu Quartier die Stadt durchpulsen.

Endlich eine römische Lokalchronik ohne Familiennachrichten, darum der bekannteste dieser drei Texte und bei der Darstellung der Ereignisse oben schon herangezogen: die *Mesticanza* des Paolo di Lello Petrone für die Jahre 1434–47.[67] Der Autor ist ein Notar im rione Ponte aus einer Familie, die sich zurückverfolgen läßt, ohne daß man sie in hohen Kommunalämtern anträfe: sichtlich Gegner der *antiqua maledetta casa Colonna* (an der Zerstörung der Rocca von Palestrina durch Kardinal Vitelleschi ist er persönlich beteiligt), sichtlich Anhänger der Orsini (deren Kardinal Giordano «sich für diese kleine Witwe Rom, *per questa vedovella Roma*, schlug wie kein anderer») und für die Wiederherstellung der päpstlichen Herrschaft in Rom aktiv tätig.

«Weil ich dieses Buch namens ‹Gemischtes Gemüse› (*Mesticanza*) schreibe, muß ich auch von allem schreiben» (*fa bisogno che de ogni cosa ne scriva*). Und wahrhaftig, das tut er. Schlichte aber faktenreiche Zeitgeschichtsschreibung in einfacher Sprache, möglichst nur Selbsterlebtes, für die Darstellung von nicht Selbsterlebtem sich geradezu entschuldigend. Es ist die wüste Abfolge kleinteiliger Ereignisse, die das Rom dieser Jahre erniedrigen: die Flucht des Papstes und das Auftreten Vitelleschis, die Aktionen der bösen Barone (*latroni baroni*), Putsch und Gegenputsch, Hunger und Frost. Daß die Testaccio-Spiele vier Jahre lang nicht stattfinden, ist ihm ein Zeichen, wie tief Rom gesunken ist. Dazwischen Bemerkungen über das Basler Konzil, mit vollem Verständnis für die Abneigung des Papstes gegen solche Kirchenversammlungen (nach einem alten Spruch sei «noch nie ein Papst auf ein Konzil gegangen und nicht als Kardinal zurückgekommen»). Aber auch Kritik an ihm, «sprunghaft und starrsinnig», *molto capriccioso e de dura testa*: unter seinen Kardinälen kein einziger Römer, wie kann er uns das antun, nicht einmal ein Orsini, denen er doch soviel verdankt! Und spektakuläre Begebenheiten wie das Auftreten des Riesenkerls, dessen Füße noch größer waren als Petrones ausgefaltetes Schreibpapierblatt, und Hinrichtungen in allen ihren fürchterlichen Details.

Der lange, unruhige Pontifikat Eugens IV. ging seinem Ende zu. Noch war das Konzil in Basel nicht völlig auseinandergefallen. Frankreich und das Reich hatten seit 1438 zwischen Konzil und Papst eine neutrale Haltung eingenommen, die sie sich nun durch hohe Zugeständnisse abhandeln ließen. Dem Papst gelang gegenüber dem deutschen König und den Kurfürsten endlich auch das, dank der bedeutenden Persönlichkeiten, die für ihn die Verhandlungen führten, darunter zwei künftige Päpste, Tommaso Parentucelli und Enea Silvio Piccolomini. Nach Aushandlung der beiderseitigen Zugeständnisse nahm Eugen IV. im Februar 1442 den Obödienzeid entgegen, auf seinem Sterbebett.[68]

So endete der jahrelange Kampf zwischen Papst und Konzil mit dem Sieg des monarchisch-hierarchischen Prinzips über das korporativ-konziliaristische. Papsttum und Fürsten teilten sich den Sieg über die Reformbewegung. Dem Papsttum gelang es, seine durch die Konzilien geschwächte Stellung durch Restauration wieder zu konsolidieren – allerdings um einen hohen Preis: Es hemmte die Reform und erhielt dafür die Reformation.

V.

STÄDTISCHE GESELLSCHAFT. ALLTAG, SOZIALE GLIEDERUNG UND MOBILITÄT IN DEN ZEUGENAUSSAGEN ÜBER S. FRANCESCA ROMANA. DER KLERUS

IM INNERN DER RÖMISCHEN GESELLSCHAFT. Wenn man den Pontifikat Eugens IV., der mehr auf Basel und Florenz als auf Rom blicken ließ, für die Geschichte Roms auf den Punkt bringen und aus den kleinteiligen römischen Ereignissen diejenigen hervorheben wollte, die für die weitere Geschichte bezeichnend sind, so könnte man, plakativ und in starker Verkürzung, folgende drei Sachverhalte benennen:

Die Flucht Eugens IV. 1434 wird die letzte Papstflucht sein: Aus dem bald domestizierten Rom wird für 400 Jahre kein Papst mehr fliehen müssen, bis 1849. Die 1436 von den Römern beschlossene Errichtung einer Reiterstatue auf dem Kapitol für den tyrannischen Legaten Vitelleschi ist ein unerhörter, vor 1398 undenkbarer, symbolischer Akt der Unterwerfung, schon gekleidet in die neuen Formen der Frührenaissance: eine Reiterstatue sogar für einen Lebenden, noch vor dem Gattamelata des Donatello (und man fragt sich, was Michelangelo wohl mit dem Mark Aurel gemacht hätte, wenn er auf dem Kapitol schon eine Reiterstatue vorgefunden hätte!). Und endlich die Männer, die dieser Selbsterniedrigung zustimmten, und deren Namen man mit prosopographischer Forschung an die beiden voraufgehenden Generationen anschließen kann, sind die Enkel der Römer, die mit Cola di Rienzo in großer Geste gegen die Barone und das ferne Papsttum auftraten; sind die Söhne derer, die das aus Avignon zurückgekehrte Papsttum tagtäglich drangsalierten und 1398 endlich Bonifaz IX. unterlagen; und werden selbst, immer noch einmal aufbegehrend und rasch wieder resignierend, bald in die

Gesellschaft des neuen Rom, des päpstlichen Rom der Renaissance eingefügt sein. Und das im Rahmen eines Stadtgebildes, das nun auch in seinem Äußeren den Wandel vom Rom des Mittelalters zum Rom der Renaissance zeigen wird.

Sieht man diesen Übergang einmal nicht in den gedachten Kategorien des Zeitalters (‹Mittelalter›, ‹Renaissance›), sondern in den gelebten Generationen des Menschenalters, so sind es diese drei oder vier Generationen, in denen sich der Wandel vom kommunalen zum päpstlichen Rom vollzieht (oder buchstäblich ‹verkörpert›).

Die damalige römische Gesellschaft aus ihrem Innern zu erkunden gibt eine ungewöhnliche Quelle Gelegenheit: die Zeugenaussagen eines Heiligsprechungsprozesses.

Santa Francesca Romana, um deren Verfahren es geht, hat man als die römischste unter allen Heiligen bezeichnet.[69] Sie in ihrem Alltag von Römerinnen beobachtet und beschrieben zu sehen, führt tief in die soziale Welt Roms während dieser entscheidenden Jahrzehnte. Schon im Jahre von Francescas Tod 1440 sagen zahlreiche Zeugen aus über ihr Leben an der Seite der Heiligen – Aussagen voll Farbe und Präzision von insgesamt 181 Personen! So viele gewöhnliche Menschen reden zu hören ist in Rom, wo dann allenfalls die Humanisten, auch ungebeten, das Wort ergreifen, an sich schon eine Wohltat. Was diesen Prozeß für unser Vorhaben jedoch noch wertvoller macht, ist die Beobachtung, daß sich aus diesem ungegliederten Haufen von Aussagenden und Geheilten bei näherem Zusehen Familien zusammenfügen, die sich als die Familien der 1398 entmachteten Führungsgruppe erweisen, kurz: die hier als Zeuginnen über eine der Ihren aussagen, sind die Witwen, die Töchter und Enkel der damals gestürzten Parteihäupter, und diese Einsicht erlaubt, die römische Führungsgruppe am Übergang vom Mittelalter zur Renaissance über mehrere Generationen zu verfolgen.

Francescas eigene Generation, die zwischen 1380 und 1400 Geborenen, sind also die Kinder der 1398 Gedemütigten. Andere reichen noch weiter zurück wie die alte Dame, die beim Zeugenverhör von 1440 auf die Frage nach ihrem Lebensalter angibt, sie habe «sich verlobt, als Papst Urban V. nach Rom kam». Eine echt römische Datierung. So würde ein Historiker heute nicht datieren, da ihm nicht die vorläufige Rückkehr

Abb. 13. Arbeit im Weinberg der Ponziani. Wie viele römische Familien hatte die Familie von S. Francesca Romana mehrere Vignen innerhalb und außerhalb der Stadtmauern. Tor de' Specchi, Freskenzyklus von 1468.

Urbans V. aus Avignon 1368, sondern erst die definitive Rückkehr Gregors XI. 1377 Epoche setzt. Aber für die Römer war schon Epoche, daß sich das Papsttum überhaupt einmal nach Rom in Bewegung setzte; Römer verstanden dieses seltsame Verlobungsdatum.

In den Aussagen erfährt man verwandtschaftliche Zusammenhänge (die noch dichter werden, wenn man dort, wo der Herausgeber der Prozeßakten *amica* ‹Freundin› gelesen hat, richtig *amita* ‹Tante› liest), regionale und politische Nachbarschaften, das soziale Gewebe eines Quartiers, ja Einzelheiten auch über die Besitzverhältnisse der Heiligen.[70] Nicht daß die Zeugen nach all dem ausdrücklich gefragt worden wären. Aber sie antworten, aus Unbeholfenheit der Zunge oder aus Überfluß des Herzens, umständlicher als verlangt: Sie müssen vieles sagen, um überhaupt sagen zu können, was sie sagen wollen. Und das sollte sich der Historiker zunutze machen.

Santa Francesca, eigentlich Ceccolella Bussa, wird 1384 in der Nähe der Piazza Navona geboren als Tochter von Paolo Bussa aus niederem römischen Stadtadel. Verheiratet mit Lorenzo dei Ponziani aus ähnlichem Stand in Trastevere, wird sie Mutter dreier Kinder. 1425 gründet sie eine Gemeinschaft von Oblatinnen des Benediktinerklosters (Kongregation von Monte Oliveto) S. Maria Nova am römischen Forum. 1433 ziehen diese Frauen zu gemeinsamem Leben in ein Haus beim Kapitol, nach *Tor de' Specchi*, wo nach dem Tode ihres Mannes auch Francesca wohnen wird (Abb. 14). Sie stirbt 1440, noch im Jahre ihres Todes wird das Heiligsprechungsverfahren eingeleitet, dem 1443 und 1451/53 die Sammlung weiterer Zeugenaussagen folgt. Diese lebensvollen Aussagen schildern ein heiligmäßiges Leben zwischen mystischen Neigungen und tätiger sozialer Hilfe: Ekstasen erlebt als mystischer Aufstieg zu Gott in den Kreis der Engel und begleitet von Visionen, aus denen eine besondere Marien-Verehrung hervortritt (der Marien-Kult hatte in Rom, das ohne eigentlichen Stadtpatron war, einen besonderen Stellenwert auch für die politische Kommune). Und immer der tätige Dienst am Nächsten.

Der auf den ersten Blick so ungestalte Haufen von Aussagenden und Geheilten läßt sich bei näherem Zusehen gliedern und in Familien sortieren. Das Bild, das sich dabei ergibt, ist nicht so disparat, wie man fürchten könnte, sondern recht homogen, sowohl im geographischen wie im sozialen Sinn. Im topographischen Sinn, denn die Geheilten wie die Zeugen gehören, wenn man sie auf einem Stadtplan kartiert, weit überwiegend nur zwei Stadtvierteln an, nämlich den beiden rioni Francescas: Campitelli, mit Tor de' Specchi, dem Sitz der religiösen Gemeinschaft (Abb. 15); und Trastevere, mit dem ehelichen Haus, dem Palazzo dei Ponziani. Erst nach ihrem Tod, sofort nach ihrem Tod, wird Francesca die Heilige auch anderer rioni, wie man aus der Lokalisierung der nach 1440 erfolgten Wunderheilungen ersehen kann.

Also klar umrissene Nachbarschaften. Alles geschieht auf Sichtweite: Camillas Mutter kann in der Not der Geburt vom Bett aus Francesca herbeirufen; von drei Zeuginnen in Trastevere wohnt eine neben dem Haus der vor Schmerzen fast wahnsinnigen Antonia, die andere bei, die dritte gegenüber dem Haus, und alle haben es gesehen. Diese Nachbarschaften erfaßt man in dramatischer Weise, wenn man die verstreuten

Abb. 14. Die Gemeinschaft römischer Frauen, die mit S. Francesca Romana (rechts) zu gemeinsamem Leben in Tor de' Specchi einzogen. Die Kirche sah mit einem gewissen Mißtrauen auf die Formen weiblicher Religiosität, die sich außerhalb der anerkannten Orden in meist bescheidenen *case sante* organisierte. Tor de' Specchi, Freskenzyklus von 1468.

Aussagen über das Fortschreiten einer Pest einmal chronologisch und geographisch ordnet und zusammenfügt. Langsam und unaufhaltsam kriecht die Pest von Familie zu Familie. Denn, so erinnern sich die Zeugen zwei Jahre später: im Mai tritt im rione der erste Pestfall auf, im Juni erkrankt eine 26jährige, im Juni erreicht die Pest auch – immer noch im gleichen rione Campitelli – die große Familie von Lello Petrucci, im gleichen Monat beginnt es jenseits der Tiberbrücke bei den Ponziani; im August erkrankt eine Clarelli, zugleich frißt sich dort in Campitelli die Pest immer tiefer in die Verwandtschaft von Lello Petrucci ein und erfaßt, noch im August, eine Margani; der Ehemann flieht vor seiner pestkranken Frau aus der Stadt.

So nah, so intim ist der Einblick auch sonst, den uns die Aussagen in

Abb. 15. Das Viertel zwischen Kapitol und Piazza Giudia (rioni Campitelli und S. Angelo). Unter dem Südwesthang des Kapitols links S. Francescas Gemeinschaft (*Turris speculorum*), rechts das Marcellustheater als Festung der Savelli, darunter die Porticus der Octavia mit der darin eingebauten Kirche S. Angelo in Pescheria, davor das von vielen Juden bewohnte Quartier, das 1555 zum Ghetto werden wird. Rom-Plan des Antonio Tempesta (1593), Ausschnitt.

das Leben und die Nöte dieser Menschen nehmen lassen. Die Zeugen (überwiegend sind es Zeuginnen, die Ehemänner treten vor allem auf als die, an denen die Wunder getan werden) erzählen, weil daran die Wunderkräfte der Heiligen am konkretesten gezeigt werden können, von den schrecklichen, damals meist in Straßenkämpfen erlittenen Verwundungen der Männer, von den bösen Krankheiten der Frauen, und sie tun es mit Farbe und Präzision: *ossa eius ad invicem resonabant ac si fuissent in sacculo*, «seine Knochen rasselten aneinander als wären sie in einem Säckchen», heißt es von einem Verletzten, und von einer Schwangeren weiß man noch die Zahl der Stufen, die sie herabstürzte.

Die wohltätige Wirkung ihrer bloßen Gegenwart zeigt sich vor allem dort, wo Francesca Menschen auch in deren Ängsten und Depressionen zu helfen verstand. Von solchen psychischen Problemen ist oft die Rede. Einer, dem überraschend zwei Brüder gestorben sind, kann nun aus Furcht vor dem Tod nicht mehr essen und nicht mehr schlafen. Eine Frau, wird erzählt, fühlt sich «geängstigt und niedergedrückt» weil verfolgt von jemandem «der in Macht und Namen über ihr stand», also vielleicht einem Vorgesetzten oder Patron (erfuhr also vielleicht das, was man heute Mobbing nennt). Oder die kranke Frau, die *ex desperatione*, aus Verzweiflung, ihren Sohn erstickt hatte.

Und noch bemerkenswerter ist, was in diesen Zeugenaussagen über Selbstmordgedanken berichtet wird, denn von solch sündhaftem Handeln ist in mittelalterlichen Quellen selten die Rede. Aber hier wollen die Zeugen gerade die beruhigende, heilsame Wirkung hervorheben, die von Francesca ausging auch auf Menschen in solch existentiellen Extremsituationen: die Frau, die sich aus Verzweiflung in den Tiber werfen will; der genuesische Reitknecht der Ponziani, der sich im Tiber ertränken will, als man ihm eröffnet, sein Fuß müsse amputiert werden; die adelige Dame, die aus Verzweiflung zum Schwert greift: ihr Name wird ausdrücklich verschwiegen, *quia habet filios nobiles*, «weil sie adelige Söhne hat». In einem späteren Verhör erfahren wir ihren Namen dann doch: Es war eine Santacroce, eine Familie damals in rasantem sozialen Aufstieg.[71]

Was wir aus diesen Zeugenaussagen erfahren, kommt also aus dem Innern, aus dem tiefen Innern der römischen Gesellschaft, eben weil auch S. Francesca inmitten dieser Gesellschaft lebte. Als engagiert helfender Mitmensch, als tüchtige Verwalterin eines großen Familienbesitzes und als Mutter war sie aufs engste mit ihrer gesellschaftlichen Umwelt verbunden. Daß dies nicht das generelle Bild einer römischen Heiligen ist, sondern das spezifische Abbild einer bestimmten Römerin in einem bestimmten Viertel der Stadt, läßt sich leicht erkennen, wenn man Wunder und sozialen Umgang von zwei anderen Heiligen im spätmittelalterlichen Rom dagegen hält. Die Hl. Birgitte, die die letzten 25 Jahre ihres Lebens (1349–1373) in Rom verbrachte, hochadelige Ausländerin aus dem fernen Schweden, verkehrte in Rom (und in Neapel) vor allem mit ihresgleichen, mit Colonna und Orsini. Und S. Caterina da Siena, die die letzten anderthalb Jahre ihres Lebens (1378–80) in Rom zubrachte, hatte zwar nicht die geringsten Berührungsängste mit den Unterschichten; aber sie war nach Rom gekommen, um in dem gerade beginnenden Schisma dem römischen Papst Urban VI. Unterstützung zu bieten – und das entfremdete sie unausweichlich den Römern, die über diesen Papst von schwierigem Charakter sagten, sie hätten für ihn mehr gelitten als Christus für die Erlösung der Menschheit.

Die Familien, die sich aus dem Namenswust dieser Quelle zusammenfügen und herauslösen lassen, gehören überwiegend, auch Francesca und ihr Ehemann selbst, dem gewöhnlichen städtischen Adel an (*nobiles, cavallerotti*), der nach oben, gegen den Baronaladel von Colonna Orsini Savelli, klar abgegrenzt, nach unten aber offen war, so daß neue Familien rasch in diese Schicht aufsteigen konnten. Jedenfalls wurde Francesca von den Zeugen zum Adel gerechnet (*secundum morem patrie nobilis domna erat*, «nach römischen Maßstäben war sie eine Frau von Adel»), die auch die obligaten Besuche mitmachen mußte *ut moris est Romanarum domnarum*, «wie es sich für römische gentildonne gehört». Angehörige des Baronaladels treten nur auf, weil sie unter diesen Familien ihre Klientel hatten.

Hier das Beispiel einer Familie. Eine nähere Untersuchung ergibt, daß nicht weniger als 27 unter den Aussagenden und Geheilten sich zu einer Großfamilie zusammenschließen lassen: sie alle sind Söhne, Enkel oder Urenkel eines Lello Petruccci im rione Campitelli (als kuriose Gegenprobe dieser Zusammengehörigkeit sei erwähnt, daß die von Francesca geheilten Augenkrankheiten sich überwiegend als Fälle aus dieser einen Familie erweisen). Lello Petrucci war 1396 Konservator, gehörte also der Stadtregierung in der dramatischen Schlußphase der autonomen Kommune an (einer seiner Enkel wird hingegen 1436 für die Errichtung der Vitelleschi-Reiterstatue stimmen!). Er kam anscheinend nicht aus alter Familie, war Viehzüchter, allerdings in großem Stil, erfolgreicher Vertreter jener neuen Gruppe von *bovattieri* und Agrarunternehmern, die um die Mitte des 14. Jahrhunderts aufstiegen und den Grundbesitz der verarmenden römischen Klöster und des zeitweilig zurückgedrängten Baronaladels zusammenkauften und als Weideland für ihre großen Viehherden zu kapitalisieren verstanden. Seine Familie hatte

Verbindungen zu den Cenci, die 1398 unter den Führern des Gegenputsches waren, und zu den Becchaluva, die sich in der Republik von 1434 engagierten. Von den 13 Frauen, mit denen Francesca ihre erste Gemeinschaft in Tor de' Specchi gründet, erweisen sich fünf als Angehörige dieser einen Familie.[72]

Und die Ponziani selbst, die Familie ihres Ehemanns, dem Francesca in der Verwaltung von Vieh- und Grundbesitz umsichtig beistand. Nicht daß die Zeugen uns etwas über die wirtschaftliche Grundlage dieser Familie mitteilen wollten. Aber sie müssen es tun, um ausdrücken zu können, wie bescheiden und fromm Francesca in solch wohlhabendem und umtriebigem Haushalt gleichwohl lebte: Etwa wie sie sich, abends beim Zubettgehen stets in Meditation und Gebet versunken, darin immer gestört fühlte, weil ihr Mann dann noch mit ihr reden wollte, reden *de gubernatione boum, bubalorum, pecudum*, «über die Aufzucht von Ochsen, Büffeln, Schafen», die auf dem weitläufigen Grundbesitz der Familie weideten. Oder daß der Pfarrer sich wundert: Warum nimmt, wer so reich und verheiratet ist, denn so oft die Hostie? Zeugen und Beichtvater beschreiben ungewollt sogar das Innere des Palazzo Ponziani (in der heutigen Via dei Vascellari). Denn nur so können sie Francescas Kämpfe mit dem Teufel lokalisieren: deutlich die Anordnung der Räume um die zentrale *sala* – wenn der Teufel diesen strategischen Punkt besetzt, ist kein Entkommen mehr; und wenn er manchmal in Gestalt von Schwein oder Schaf die Treppe heraufkam, fiel das in diesem Haus – unten Viehstall, oben Patrizierwohnung – anscheinend nicht weiter auf.

Man kann nun noch einen Schritt weiter gehen und auch die Fresken heranziehen, die 1468, also noch zu Lebzeiten vieler Zeugen, in der Cappella Vecchia von Tor de' Specchi die Wunder der Heiligen darstellten: Die meisten der dort abgebildeten Wunder und Personen lassen sich über die Bildlegenden (im römischen Dialekt der Zeit, darum gern von den Sprachwissenschaftlern zitiert) und über die Zeugenaussagen identifizieren, also die Familienzugehörigkeit bestimmen, ohne die ein soziales Netzwerk nicht erkennbar wird. Wenn es also nun unter einem der Fresken heißt: «Da war ein Kind gestorben, das nachts an der Seite seiner Mutter erstickt war» und man sieht das Kind schlaff auf den Knien der Mutter liegen und von Francesca wiedererweckt, dann war das für die Leute natürlich nicht irgendein Kind, sondern ein ganz bestimmtes. Im

Verfahren tritt sogar die Mutter selbst als Zeugin auf («Ich war es zwar nicht, die meinen kleinen Francesco totgedrückt hat, sondern die Amme war es ...»). Und bezeugen kann das Wunder auch der Vater – und der erweist sich als Enkel jenes großen *bovattiere* Lello Petrucci. Auch die gelähmte Jacovella auf dem Fresko gleich daneben gehört in diese Großfamilie, die, angesichts solcher Präsenz, vielleicht zu den Auftraggebern des Freskenzyklus gehörte, und jedenfalls auch die Mittel dazu hatte. Ein anderes abgebildetes Wunder, Paolo errettet aus dem Tiber, gilt der Familie Guidolini, die zwei Generationen zuvor in Antonio di Lorenzo Guidolini beim Gegenputsch von 1398 einen der Wortführer stellte, der von Bonifaz' IX. Generalamnestie zunächst sogar noch ausgeschlossen war: Einer seiner Söhne stimmt nun 1436 als caporione für Vitelleschis Reiterstatue. So kann man, unter die Menschen dieser Fresken tretend, den engeren Umkreis von Francesca auch im Bilde näher kennenlernen und die politische Vergangenheit der Familien bestimmen.[73]

In das letzte laute Auftreten der Kommune vor ihrer blutigen Liquidierung 1398 war im übrigen auch Francescas eigene Familie verwickelt. Ihr Vater Paolo Bussa war 1395, sein Bruder Simeozzo 1397 Konservator, ihr künftiger Schwager Paluzzo Ponziani sogar einer der vier Räte der gefürchteten Miliz. In diesem kritischen Augenblick verbanden sich beide Familien durch eine – vom Vater angeordnete, von Francesca hingenommene – Heirat, gewiß eine politische Zweckheirat. Sie gehörten zwar nicht zum harten Kern des antipäpstlichen Widerstands, aber was nun – wie die Zeugenaussagen verraten – an Nachkommen von Kompromittierten, Hingerichteten, ausdrücklich Amnestierten in Francescas Umkreis auftaucht, sagt doch viel über das damalige politische Engagement beider Familien. Darunter ist Francescas enge Freundin Margareta Martelluzzi, deren Vater, Onkel, Brüder an allen Verschwörungen gegen den Papst beteiligt waren; nun leitet Margareta eine kleine Gemeinschaft religiöser Frauen, die den Augustinern nahestehenden *Mantellate*. Die historische Erfahrung der Söhne und Enkel ist bereits eine andere als die der Generation von 1398: die römische Führungsschicht ist bereits entmachtet, trotz einiger letzter Revolten wird sie sich, in ihren Karrieren, zunehmend von der Kommune auf den Hof umorientieren. Das Leben dieser Männer ist nicht interessanter als das Leben ihrer Frauen an der Seite der Hl. Francesca.

Läßt sich aus den Zeugenaussagen also die soziale und politische Umwelt der Hl. Francesca rekonstruieren, so sei nun auch das religiöse Leben und die Haltung der Kirche in den Blick genommen. Auch da wird ein Wandel erkennbar, läßt sich an Francesca zeigen, daß die Kirche der neuen, nachkonziliaren Restauration, mit der Heiligsprechung zögernd, an der Gestalt der Heiligen herummodelte und alles abschnitt, was über das kirchenkonforme Profil hinausragte.[74]

Bei näherem Zusehen zeigt sich nämlich, daß die drei Zeugenvernehmungen (1440, 1443, 1451/53), obwohl zeitlich dicht beieinander, sich doch voneinander unterscheiden: nicht weil man *mehr*, sondern weil man *anderes* wissen wollte und darum auch anders fragte. Darauf sollte geachtet werden, bevor man Fragen und Aussagen zusammenwirft. Interessant ist zunächst einmal, wie rasch die Verehrung Francescas aus ihrer engeren Nachbarschaft hinauswächst: von den 130 Aussagenden von 1451 (wieder zu zwei Dritteln Frauen) hatten nur 17% schon 1440 ausgesagt, sie kommen auch nicht mehr nur aus Francescas Quartieren Campitelli und Trastevere, und das gleiche gilt für die nun berichteten Wunder *post mortem*.

Sie alle erklären einmütig, Francesca habe ein heiligmäßiges Leben geführt. Warum aber wurde Francesca nicht damals schon heiliggesprochen? Als der Prozeß anderthalb Jahrhunderte später wieder aufgenommen wurde, erklärten die mit der Begutachtung der voraufgegangenen Verfahren beauftragten Rota-Auditoren das von 1440 für unzureichend und der *forma probans* ermangelnd. Es waren zunächst einmal formale Mängel (die den Zeugen vorgelegten Artikel nicht recht geordnet, die Zeugen nicht getrennt befragt oder jedenfalls mit kollektiven Antworten registriert, während 1443 und 1451 die Zeugen einzeln zitiert sind). Die erfrischende Spontaneität der Zeugen von 1440 – man sieht geradezu, wie sie durcheinanderreden und sich gegenseitig in persönlichen Erinnerungen überbieten – hatte vor strengen kanonistischen Augen keinen Beweiswert.

Tatsächlich ist der Prozeß von 1451 anders. Nicht nur daß er den formalen Bedingungen genügte. Er fragt auch anders, will anderes wissen, und läßt darin einen Wandel erkennen, der, wenn man auf dem Weg durch das Jahrhundert auch die leichten Verfärbungen notieren will, doch beachtenswert ist. Die Zeugen werden nun an kürzerer Leine geführt. Die neuen Fragen – nicht mehr so offen und vage wie 1440, sondern ein genaues Raster – wollen jetzt vor allem wissen, ob Francesca in allen Etappen ihres Lebens den Geboten der Kirche gemäß gelebt habe: also Taufe, Firmung, Beichten, Kirchenbesuch, und wichtig: *De eius reverentia erga personas ecclesiasticas*, hat sie den Priestern, hat sie der Hierarchie den schuldigen Respekt entgegengebracht? Gewiß, vieles davon läßt sich irgendwie auch aus den Aussagen von 1440 herausholen; aber hier wird es gleich zu Anfang in eigenen Artikeln formuliert, die ganz anders klingen als die ersten Artikel von 1440.[75]

Das interessiert nun mehr als die alltäglich gelebte Frömmigkeit. Francesca wird konventioneller, disziplinierter, weniger ekstatisch: nur nichts übertreiben, nicht die Visionen, nicht das Betteln, nicht einmal die Frömmigkeit. Hier wird Francesca nicht mehr, wie 1440, in raschen etwas impressionistischen Strichen porträtiert; hier wird sie modelliert: umgestaltet nach dem Bilde, wie ein Laie, dazu eine Frau, nach der Vorstellung der Kirche, als Heilige zu sein habe. Einen weiteren Schritt der Anpassung, nun an das Modell der nach-tridentinischen Heiligkeit, mußte dann die Kanonisationsbulle Pauls V. leisten.

Gefragt, buchstäblich gefragt war nicht Individualität und Originalität, sondern Konformität. Diese Römerin in einen kirchenkonformen Rahmen einzupassen war aber nicht so einfach. Von einer Klausurnonne hatte Francesca wenig an sich, und wollte das auch gar nicht. Als Frau mitten in dieser Welt hatte sie einen freien Blick auf die Dinge, hatte sie Meinungsverschiedenheiten mit ihrem Beichtvater, hatte sie sich sogar erlaubt, an den Papst dringende Appelle um Einigung mit dem Basler Konzil zu richten (solche Stellen hat ihr Beichtvater Giovanni Mattiotti dann aus seinen Schriften getilgt, um deren Approbation durch die Kirche und Francescas Heiligsprechung nicht zu gefährden). Auch die augenblickliche Lage des Papsttums – eingeklemmt zwischen radikalisiertem Konziliarismus und immer noch aufsässiger Kommune, zu deren Führungsschicht Francesca ja gehörte – ließ es geraten erscheinen, eine solche Frau nicht gleich zum Vorbild weiblicher Heiligkeit zu erheben. Und so mußte Francesca, deren Heiligsprechung schon damals von den Römern dringend gefordert wurde, damit noch anderthalb Jahrhunderte warten: auf ein ruhigeres Rom, und auf einen Römer als Papst, auf Paul V. Borghese.

Im übrigen sah die Kirche ohnehin mit einem gewissen Mißtrauen auf das religiöse Leben, das sich außerhalb der traditionellen Orden organisierte. Dabei ging es nicht um die Bruderschaften, von deren religiösem Leben die Frauen in Rom nicht ausgeschlossen waren (auch die hochangesehene Salvator-Bruderschaft ließ seit 1452 Frauen zu): meist waren es ohnehin die Verwandten der männlichen Mitglieder, ihnen waren bestimmte Aufgaben wie Krankenpflege und Sozialhilfe zugedacht, ja kleine Ämter zugestanden. Interessanter – und aus der Sicht der Kirche problematischer – ist die Welt weiblicher Laienfrömmigkeit, die religiöse Erfahrung und Lebenssinn außerhalb des regulierten Lebens der Konvente suchte: die Welt der Tertiarierinnen, Oblatinnen, der sogenannten *bizocche* und *religiose mulieres*.

Diese Formen weiblicher Religiosität außerhalb des Klosters sind in Rom erst in diesem 15. Jahrhundert nachweisbar, dann aber in großer Dichte. Zu gemeinsamem Leben in Gebet und Dienst am Nächsten taten Frauen sich zu kleinen Gemeinschaften zusammen, gelobten – aber nicht in der strengen Form ewiger klösterlicher Gelübde – Keuschheit, Armut, Gehorsam und vertrauten sich der spirituellen Leitung eines Ordens an, überwiegend (soweit überhaupt feststellbar) den Bettelorden der Franziskaner, Dominikaner und Augustiner – mit bezeichnenden Ausnahmen, denn gerade die bedeutendste unter diesen Frauen, S. Francesca Romana, hatte sich durch Gehorsamsversprechen als Oblatin den Benediktinern unterstellt (deren tätiges Interesse wird denn auch der Grund sein, daß diese *casa santa* nicht sogleich wieder unterging wie die anderen). Zur Anziehung dieser Lebensform mag im damaligen Rom zusätzlich beigetragen haben, daß das Netzwerk der römischen Führungsschicht durch die politischen Ereignisse geschwächt wurde. Aber auch ohne das war die Möglichkeit, in der Welt zu bleiben und doch seine religiösen Bedürfnisse im Kreise Gleichgesinnter erfüllen zu können, eine Attraktion für viele Frauen, denen ein Klosterleben unerreichbar war oder gar nicht in den Sinn kam.[76]

So lebten sie in zahlreichen, in allen Vierteln der Stadt verbreiteten, oft ganz kleinen und kurzlebigen *case sante*, in denen außer ihnen womöglich noch eine arme Verwandte, eine Kranke, eine unversorgte Witwe unterkam. Und sie lebten da recht unabhängig; oft auf ihrer eigenen Hände Arbeit angewiesen und schon darum tief in der Welt, ließen sie sich allzu strenge Bevormundung durch die vorgesetzten Orden nicht immer gefallen: Tertiarierinnen protestierend gegen die Franziskaner, *Mantellate* gegen die Augustiner. Daneben gab es, mit fließenden Übergängen, kleine Hospize und *case sante*, die zur Versorgung alleinstehender, von keiner Familie unterstützter Frauen gegründet waren. Denn das war ein Problem, das im Spätmittelalter zunehmend Beachtung fand und zumal in Rom hervortrat, wo der Zuzug aus Italien und dem Ausland oft dazu führte, daß nach dem Tode des Mannes die Frau als Fremde keinerlei Unterstützung fand und so weder zum Bleiben noch zur Rückkehr die nötigen Mittel hatte. Das waren kleine Stiftungen, die meist landsmannschaftlichen Charakter hatten und von irgendeiner geistlichen Institution (wie der deutschen Nationalkirche S. Maria dell'Anima) betreut wurden, ihrer Ausstattung und ihren Inventaren zufolge oft recht kümmerliche Einrichtungen.

Einblick in den kleinen römischen Alltag bieten auch sonst Zeugenvernehmungen und Verhöre, oft lassen sie die Menschen unmittelbar zu Wort kommen, wie mit einem Seitenblick auf die wenigen erhaltenen Kriminalakten des Senators kurz gezeigt sei. In erregten Worten hören wir einen Mann im rione S. Angelo sein Besitzrecht an einer Mauer beteuern: «Seit 100, 90, 80, 70, 60, 50, 40, 30, 20, 10, 5 Jahren und 1 Jahr und noch weniger und bis jetzt und jetzt und andauernd» habe er und seine Familie diese Mauer besessen, in die der Nachbar nun ein großes Loch geschlagen habe; Schlägereien mit Verbalinjurien (*asino di merda!*), schreckliche Blasphemien (die schon deswegen hart bestraft wurden, weil man glaubte, Gottes Strafe werde nicht nur den Lästerer, sondern die ganze Gemeinschaft treffen), manches mit genauer Lokalisierung (*commissa fuerunt ... in platea s. Marie Rotunde prope concam lapideam positam in dicta platea,* also bei der antiken Porphyrschale rechts vor der Porticus des Pantheons). Oder wie Männer beim kommunalen Fest auf dem Monte Testaccio (den rohen und gefährlichen *ludi agonis et Testacii* am letzten Karnevalssonntag), wo Stiere losgelassen und eingefangen und Wagen den Berg heruntergerollt wurden (*ad carroctias proiciendas de dicto monte*), heimlich einen der Stiere losbinden, ihn drüben in Trastevere schlachten lassen und unter sich aufteilen und so tun, als hätten sie ihn in ehrlichem Wettkampf gewonnen (*quisto è lu toro che avemo uadagnato nui*).[77]

Zurück zur sozialen Zusammensetzung der römischen Führungsschicht, in die uns die Zeugenaussagen zu Francescas Umwelt solchen Einblick gaben: Die Linien der sozialgeschichtlichen Entwicklung seien hier, nun aus etwas größerem Abstand, vom Zusammenbruch der Kommune 1398 bis tief ins 15. Jahrhundert weiter ausgezogen.

Das Ende der freien Kommune hatte nachhaltige Wirkung auch auf sozialer Ebene. Der Machtverlust wirkte nivellierend. Die unterschiedlichen Gruppen der Führungsschicht wuchsen zu einer homogeneren Adelsschicht zusammen.[78] Das wird an einigen Indizien erkennbar. Nicht schon am Titel des *nobilis vir*, der immer häufiger Verwendung findet (und in der Forschung manchmal überbewertet wird). Das Zusammenwachsen wird erkennbar vor allem am Konnubium, den Heiratsverbindungen, auch an der Höhe der Mitgift, die ja immer ein Indikator für das Ansehen eines Mannes (oder einer Familie) ist und somit auch für seinen sozialen Aufstieg. Die Obergrenze für Mitgiften, wie sie von der römischen Antiluxus-Gesetzgebung festgelegt wurde, stieg von 400 *fior. correnti* (die etwa die Hälfte des *duc./flor. auri* wert waren) zur Zeit Martins V. auf 800–900 unter Paul II., und auf 1000 unter Innozenz VIII. mit weiter steigender Tendenz. Die aufstrebenden Familien machten dabei natürlich mit, ja trugen zur Steigerung gewiß bei.

Das Zusammenwachsen der aufsteigenden mit den etablierten Familien wird erkennbar auch daran, daß elitäre Bruderschaften wie die von *San Salvatore ad Sancta Sanctorum* nicht mehr ganz so exklusiv sind, und daß in der feierlichen Prozession der Erlöser-Reliquie nun allmählich auch Mitglieder der aufsteigenden, endlich arrivierten Familien beim Tragen des Bildes beteiligt werden. Daß man sie auch in weniger elitären Bruderschaften stark engagiert sieht, mag zum Teil daran liegen, daß die entmündigte Kommune den aufsteigenden Familien wenig Gelegenheit zu sozialer Selbstdarstellung bot. Die Zahl der Bruderschaften wuchs im Rom des 15. Jahrhunderts, der Anteil der karitativen Aufgaben nahm im Vergleich zu den religiösen Zwecken zu.[79]

Vor allem aber zeigt sich der Aufstieg daran, daß auch diese Familien nun in die – anfangs den alten Familien reservierten – Kapitel der großen Basiliken St. Peter, S. Giovanni in Laterano und S. Maria Maggiore vordringen. Das hatte zwar schon in der zweiten Hälfte des Trecento begonnen, setzt sich aber jetzt verstärkt fort: «Namen wie Altieri, Massimo, Ponziani, Venettini und Della Valle aus den Kreisen der aufstrebenden *bovattieri*, Händler und Notare finden sich erst nach 1400 in den großen Kapiteln» (Rehberg). Jetzt hatten sie das dafür erforderliche soziale Ansehen endlich erreicht, erreicht aber auch eine Basis, die der Familie (mit Max Weber gesagt) «Abkömmlichkeit» gewährleistete, also die Abstellung eines Familienmitglieds für die hohe kirchliche Karriere oder für ein Rechtsstudium erst möglich machte. Solange im Casale, im Laden, in der Werkstatt, in der Taverne jedes verfügbare Familienmitglied mit anpacken mußte, konnte man es sich gar nicht leisten, jemanden dafür abzustellen. Von der wirtschaftlichen Grundlage dieser Aufsteiger-Familien wird noch die Rede sein.

Der römische Stadtadel war eben ein recht weiter Behälter, ohne Verriegelung (venezianisch gesagt: ohne *serrata*), in der Vieles nebeneinander Platz fand: neben dem städtischen Adeligen aus alter Familie auch der Agrarunternehmer, der Grundbesitzer, der Kaufmann, der Gewürzhändler. Für die rasante soziale Mobilität im Rom des 15. Jahrhunderts hier nur das Beispiel zweier Familien: Santacroce und Massimo.

Der Aufstieg der Santacroce beginnt erst in den ersten Jahrzehnten des Quattrocento mit dem Juristen Andrea, der schon in einigen Ämtern nachweisbar ist, dann Paolo, in den Zollregistern als Importeur von Tuchen genannt, endlich Prospero im Besitz von Casali und in finanziellen Geschäften. Und doch gelten sie schon vor der Mitte des Jahrhunderts als *nobiles* (wir verraten den Namen der Selbstmörderin nicht, sagten Zeugen bei S. Francesca, «denn sie – Vannozza Santacroce – hat adelige Söhne»), wird schon vor Ende des Jahrhunderts Prospero als *magnificus vir* bezeichnet (sein Sohn erhält damals, 1495, vom Grafen von Anguillara – und der ist nun wirklich ein *magnificus vir* – eine enorme Mitgift; hat sich noch vor Ende des Jahrhunderts die Familie schon eine Genealogie konstruiert bis zurück auf die römischen Publicoli – und einen repräsentativen Palazzo gebaut nach neuestem architektonischen Geschmack, den Diamantquadern, wie sie dann auch der in den gleichen Jahren, um 1490, von italienischen Architekten im Kreml erbaute Granovitaja Palata hat (Abb. 16). Und das alles im Laufe von weniger als einem Jahrhundert![80]

Oder die Massimo. Auch sie treten erst gegen 1400 auf, zunächst mit einem Gewürzhändler. Das erweist sich auch sonst als guter Anfang, denn diese *speziali* handelten keineswegs nur mit Gewürzen für die

Abb. 16.
Palast einer Familie des Stadtadels: Palazzo Santacroce.

Küche, sondern auch mit Medizinalien (die sie selbst zubereiten durften), Drogen, Mineralien, Räucherwerk, und hatten mit diesem breiten und doch anspruchsvollen Sortiment ein entsprechendes Auftreten und Ansehen. Im übrigen waren sie, anders als die Hofkaufleute, wirklich Römer, mit repräsentativem Sitz – von Martin V. bis heute – in S. Lorenzo in Miranda: in Cella und Podium des Antoninus und Faustina-Tempels am Forum.

In diesem aussichtsreichen Beruf also begegnen die Massimo um 1400 – und haben bis Ende des Jahrhunderts bereits alle Kriterien des Arriviertseins beisammen: Familiennamen, Titel, Vermögen, Ämter, Salvator-Bruderschaft, studierte Söhne. Es fehlte nur noch die Heirat mit einer *magnifica*, und ein Kardinal. Noch sind sie voll aktiv in allen drei wirtschaftlichen Sektoren. Nicht mehr lange, und auch sie werden auf den neuen Geschmack kommen, sich aus dem aufreibenden Geschäftsleben zurückziehen, von Renten leben und in noch größere soziale Höhen aufsteigen. Kurz: die soziale Mobilität ist im Rom des Quattrocento extrem hoch. Da gibt es unter den Familien, die in den *Nuptiali* von Marco Antonio Altieri (verfaßt zwischen 1487 und 1520) als adelig bezeichnet werden, solche, die in den ersten Jahrzehnten des Quattrocento noch nicht einmal genannt werden! *De primatibus Urbis* sind am Ende des Jahrhunderts auch die Margani, die sich unter anderem auch im Bergbau betätigten.

Aber die Römer, denen der Papst die Freiheit nahm und den Hof bot, und die soziales Ansehen und Aufstieg fortan in der Nähe des Hofes suchten, mußten bald merken, daß sie nicht mehr Herren im eigenen Hause waren. Die städtischen Ämter, die die führenden Familien bekleideten, die nutzbaren Rechte, die sie sich von der Kommune verleihen ließen: auf all das werden Kurie und Apostolische Kammer zunehmend ihre Hand legen. Mit hilflosem Zorn mußten die Römer zusehen, wie der Papst bei Ämtern, die eigentlich ihnen vorbehalten waren, seinen mitgebrachten Protégés einfach vorher das römische Bürgerrecht erteilte. Und auch die Römerinnen durften sich ärgern. Denn sogar in die Antiluxus-Gesetzgebung, die es hier wie in anderen Städten gab, griff der Papst ein und befreite, seit Paul II., nach Belieben Angehörige des Baronaladels und nichtrömischer Familien des Hofes von solchen Bestimmungen: Da durften die Ausschnitte dann größer, die Haare unbedeckt sein. Schließlich wurden die städtischen Ämter nicht mehr durch Wahl oder Los auf dem Kapitol vergeben, sondern verkauft oder nach Gutdünken des Papstes verliehen. Der Chronist Stefano Infessura wird dann sogar behaupten können, die Kommunalämter seien im Konklave nach dem Tod Sixtus' IV. unter den Kardinälen verteilt worden wie Pfründen.[81]

DER KLERUS. Ganz im Schatten des Papstes, der Kardinäle, der hohen Geistlichkeit des Hofes steht ein ansehnlicher Teil der römischen Bevölkerung, für den man angesichts der erstaunlichen Dichte von Kirchen und Konventen größere Aufmerksamkeit – in der Gegenwart damals und in der Forschung heute – erwartet hätte, da er den religiösen Alltag des Volkes bestimmte: der städtische Klerus. In diesem Überblick kann es nicht um den Klerus als Stand und seine Institutionen gehen, sondern nur um seinen Ort in der städtischen Gesellschaft.[82] Das sei an zwei Bereichen vorgeführt, in denen sich Klerus und Gesellschaft besonders eng berührten: die Vertretung römischer Familien in den Kapiteln der großen Basiliken, und die Präsenz der Bettelorden in der Stadt. Weiteres, wie die Rolle des Klerus in der Aufsicht über die Laienbruderschaften und in der seelsorgerischen Betreuung der großen ausländischen Kolonien, oder die internationale Durchmischung des römischen Ordensklerus, werden jeweils an ihrem Ort behandelt.

Im spätmittelalterlichen Rom wird man unter der stadtrömischen Geistlichkeit in den Quellen am ehesten den Kanonikern der großen Basiliken begegnen, schon weil diese Stellen sozusagen zum Dispositionsgut der politisch einflußreichen Baronalfamilien wurden: die Colonna (vor allem die Hauptlinie von Palestrina) und ihre Klientel sitzen im Kapitel von S. Maria Maggiore und, nicht ganz so dominierend und die Annibaldi erst allmählich überholend, in S. Giovanni in Laterano (wo der Colonna-Papst Martin V. bestattet sein wird), die Orsini hingegen im Kapitel von St. Peter. Die Peterskirche war zwar die Hauptkirche der Christenheit, aber S. Giovanni die Bischofskirche Roms und in allem der Kommune näher, auch darin, daß die Salvator-Bruderschaft um das dortige Erlöserbild *ad Sancta Sanctorum* die elitärste Bruderschaft der römischen Gesellschaft war. Und dort hinaus, gegen Südosten, ging es auch in die Zone Latiums, wo sich der Colonna-Besitz konzentrierte. Doch standen die Orsini (auch sie natürlich in mehrere Linien verzweigt) in ihrer Kirchen- und Pfründenpolitik den Colonna in nichts nach und wußten sich und ihrer Klientel in den Kirchen ihres Einflußbereichs im Tiberbogen (SS. Celso e Giuliano, S. Lorenzo in Damaso u. a.) mindestens ebenso erfolgreich Ämter und Pfründen zu verschaffen, in Rivalität mit den Colonna natürlich auch an vielen anderen Kirchen. Einige dieser Spitzenfamilien waren sogar in allen drei großen Kapiteln vertreten, andere Familien brachten es wenigstens auf ein Kapitel.[83] Und sie wußten, was sie damit hatten, wehrten sich erbittert, als Eugen IV. an den Lateran von auswärts Regularkanoniker berief, und erreichten unter Sixtus IV., daß das Kapitel aus römischem Klerus gebildet wurde und jene fremden Kanoniker nach S. Maria della Pace abgeschoben wurden. Es mißfiel den Römern schon, daß (anders als in den exklusiv römischen Zuständen avignonesischer Zeit) die nichtrömischen Päpste des 15. Jahrhunderts Pontifikat um Pontifikat immer neue Schübe nichtrömischer Anwärter auf die schönsten Stellen in die Stadt führten.

Und diese Präsenz in den Kapiteln galt ja nicht nur für den großen Adel und nicht nur für die großen Basiliken. Für jede Familie, die ihren sozialen Aufstieg betrieb (und die zweite Hälfte des 14. Jahrhunderts war, wie bereits gezeigt, eine Phase energischen Aufstiegs von wirtschaftlich erfolgreichen Familien der römischen Mittelschicht, tatsächlich änderte sich die soziale Zusammensetzung dieser Kapitel nun zugunsten der Popolaren und der neuen Aristokratie), war es wichtig und ein sichtbares Zeichen des Erfolges, einen Vertreter in einem der großen Kapitel Roms vorweisen zu können. Und nicht nur an den großen Basiliken. Auch andere Kirchen (die vielen kleinen Pfarrkirchen bleiben hier außer Betracht) wurden von einem Priesterkollegium versorgt, und auch die Kanonikate dieser römischen Kollegiatkirchen fanden das Interesse der führenden Familien im rione (in Rom war kennzeichnenderweise nicht die Pfarrei, sondern der *rione* das geographische Element, mit dem der Notar die Identität eines Bewohners bezeichnete). Was die Colonna, die Kanonikaten ohne Seelsorgepflichten den Vorzug gaben, für die Familien ihrer Klientel an Pfründen und Ämtern in Kirchen vor allem ihrer *rioni* Monti, Colonna und Trevi herausholten, ist erstaunlich. Die Orsini brachten es auf noch weit mehr.

Ein wichtiges Element war, wie überall, die Präsenz der Bettelorden in der Stadt. Zwischen den Weltklerus und den Klerus der traditionellen Orden waren im 13. Jahrhundert die – der Welt sehr nahestehenden und von den Weltgeistlichen darum bald als Konkurrenz empfundenen – neuen Bettelorden getreten: die Franziskaner erst dezentral in S. Francesco a Ripa in Trastevere, dann vor allem, die Stelle der Benediktiner einnehmend, seit 1249 auf dem Kapitol in S. Maria in Aracoeli, das die eigentliche Kirche der Römer war (und es zu Weihnachten noch heute ist) – auch im offiziellen Sinn, denn seit sich 1143 die römische Kommune konstituiert hatte, waren Kirche und Konvent auf dem Kapitol aufs engste mit der Stadtregierung verbunden. Hier und im Kreuzgang fanden Ratsversammlungen, Gerichtssitzungen, feierliche Akte statt («der Konventbau wird gewissermaßen ein behelfsmäßiger Palazzo Senatorio»: Buchowiecki), in der Sakristei war das Archiv der kapitolinischen Notare, hier bei den Franziskanern wurden auch die Wahlurnen der Kommune aufbewahrt. Auch der weibliche Orden sah sich bevorzugt behandelt, denn es waren die Colonna, die die Klarissen 1285 nach S. Silvestro in Capite und 1308 nach S. Lorenzo in Panisperna führten und beide Konvente praktisch zu ihren Hausklöstern machten, die den eigenen

Familienangehörigen oder doch den Witwen und unverheirateten Töchtern der Führungsschicht vorbehalten waren.[84]

Auch die Dominikaner zog es bald dorthin, wo seelsorgende Bettelorden hingehören: mitten unters Volk. Erst saßen sie dezentral in S. Sabina auf dem Aventin, dann, seit etwa 1260, auch sie zentral in S. Maria sopra Minerva beim Pantheon: Hier und nicht im Vatikan wird 1431 und 1447 das Konklave abgehalten. Die Augustiner-Eremiten waren erst in S. Maria del Popolo, dann auch tiefer im Innern, in S. Trifone, nun S. Agostino: beide Kirchen werden ihnen im Pontifikat Sixtus' IV. fast gleichzeitig in schönster Frührenaissance neu gebaut werden. Um sich die unerhörte Anziehungskraft der neuen Orden auch am römischen Beispiel vor Augen zu führen, sehe man die Grabsteine in S. Maria in Aracoeli (dabei wurde eine Menge mittelalterlicher Grabsteine schon im 16. Jahrhundert abgeräumt): da lassen sich die Savelli bestatten, Kardinäle, römische Senatoren sowieso; angesehene Kaufleute und Rechtsgelehrte auch unabhängig von ihrer Pfarrzugehörigkeit; hier liegen deutsche Ritter, die bei den Straßenkämpfen um Heinrichs VII. Kaiserkrönung gefallen waren; hier der Mann, auf dessen Grundstück der Laokoon gefunden wurde (und er läßt es sich in seine Grabinschrift setzen), und viele andere.

Das war die sozial erhabene, oft geradezu modische Seite im Verhältnis der Gesellschaft zu den Bettelorden. Aber wenn man sie dann predigen hörte wie in Rom 1427 den Hl. Bernardino von Siena mit seinen eingefallenen Wangen (an denen man ihn auf allen Fresken sofort erkennt), dann durchfuhr die franziskanische Spiritualität und die Rhetorik der volkssprachlichen Predigt alle, gerade auch das gewöhnliche Volk. Sogar unter den kritischen Humanisten an der Kurie, die leicht alles mit ihrem Spott bedachten (was manche Bettelmönche durch übertriebene Originalität in Auftreten und Predigt geradezu herausforderten), waren damals in Rom die Predigten Bernardinos Tagesgespräch. Von seinen Sachargumenten waren nicht alle überzeugt, aber doch alle von seiner Sprachgewalt beeindruckt, Poggio Bracciolini läßt in seinem Dialog *De avaritia* alle seine römischen Kollegen auftreten und ihre Meinung über S. Bernardino äußern. Und wenn S. Bernardino in vielen seiner Predigten gegen die innere Parteiung loslegte, wie wollten sich die Römer da nicht angesprochen fühlen zwischen Colonna und Orsini, zwischen Adel und Popolaren, zwischen Kommune und Papst, den sie schon wenige Jahre später aus der Stadt werfen werden. Bernardino stellt es zu Recht als gemeinitalienisches Übel dar:

> «Sag mir, wo ist es schöner zu leben als in Italien? Wenn Italien nicht das Laster der Parteiung hätte, könnte sich nichts mit ihm vergleichen … Also: Du bist reich, hasts in Fülle, lebst in Frieden, bist mit keinem Land im Krieg. Alle haben Dich gern: halts fest, halts gut fest, denn der Zwist, der in Dir steckt, wird es Dir bös ergehen lassen. Hast Du mich verstanden? Ja!»[85]

VI.

ROM VON AUSSEN.
ROM-BILD UND ROM-ERWARTUNG:
DIE PILGER

IMAGINÄRES UND REALES ROM. Die Erwartung der Pilger, in Rom «die Plätze von Gold und die Straßen gerötet vom Blut der Märtyrer» zu finden (wie die Hl. Birgitte meinte), erfüllte sich nicht. Im spätmittelalterlichen Rom war nichts aus Gold, und das alltägliche Blut in den Straßen der Stadt war das Blut römischer Bürger.

Erwartung und Wirklichkeit hatten kaum etwas miteinander zu tun. Aber man glaube nicht, sich auf die Wirklichkeit konzentrieren zu müssen. Man wird im Gegenteil feststellen: Die Rom-Idee ist mindestens ebenso ‹real›, so wirkungsmächtig wie die kümmerliche römische Wirklichkeit.

Schon die bloße Nennung Roms evoziert *vor* jeder Anschauung, *vor* jedem Wissen bereits eine Vorstellung der Ewigen Stadt. Was also hatten die Pilger vor Augen, wenn sie auf dem Weg nach Süden ‹Rom› dachten? Was für ein Rom-Bild mag jener Wikinger-Häuptling in sich getragen haben, von dem es in einer Quelle heißt, er habe, als er die kleine römische Ruinenstadt Luni bei Pisa betrat, schon geglaubt, er habe Rom erobert? Vielleicht hatte man ihm eine hölzerne Bischofsstadt an der Nordsee als ‹Rom des Nordens› gepriesen – da glaubte er sich schon im wahren Rom, als er vor seinem ersten Amphitheater stand.

Das ist Rom gesehen mit dem *inneren* Auge, ist Rom-Erwartung, Rom-Vision. Und so sei zunächst (nicht nach der Rom-Idee, über die ganze Bibliotheken geschrieben worden sind, sondern:) danach gefragt, wie dieses bloß vorgestellte Rom damals in der Malerei außerhalb Italiens dargestellt wurde: vorgestellt aus der Ferne, aus der die Pilger kamen. Schon die Verleihung römischer Stationsablässe durch den Papst an nördliche Kirchen und Klöster lud ja zu einem Gang durch das imaginäre Rom ein, auch wenn man die Pilgerfahrt dann nur geistig und nicht leibhaftig machte: «Weihnachtsoktav: in S. Maria in Trastevere 50 Jahre Ablaß; Palmsonntag: in S. Giovanni in Laterano vollständiger Ablaß ...». Als die Dominikanerinnen des Konvents von S. Katharina in Augsburg vom Papst das Privileg erhalten hatten, die in Rom beim Besuch der sieben Hauptbasiliken erhältlichen Ablässe selbst vergeben zu dürfen, ließen sie sich 1499–1504 für ihren Kapitelsaal Darstellungen dieser Kirchen malen. Was Maler wie Hans Holbein der Ältere und Hans Burgkmair den Nonnen da als römische Kirchen malten, würde kein Römer wiedererkannt haben. Aber das machte nichts, es «bedeutete» eben Rom. Für italienische Maler waren ganz andere Elemente der Ewigen Stadt Bedeutungsträger: Pyramide und Obelisk, vor allem Rundbauten wie Amphitheater und Rundtempel (Abb. 17). Aber davon wird noch die Rede sein.

Oder die Rom-Darstellung auf der großartigen Marienkrönung des Enguerrand Quarton. Denn da nicht nur das ausgeführte Bild in Villeneuve-lès-Avignon erhalten ist, sondern auch der Vertrag (Avignon 1453) mit der präzisen Anweisung des Auftraggebers, wie er Rom dargestellt wünsche, läßt sich vergleichen, wie die Umsetzung vom Wort ins Bild geschah – und mit was für einem Rom sich der Auftraggeber zufriedengab. Die Peterskirche sollte abgebildet sein, davor ein bronzener Pinienzapfen, *une pome de ping de cuivre* (also die *Pigna* im Atrium der Basilika), und große Stufen zum Petersplatz – so wünschte der Auftraggeber im Vertrag ausdrücklich, Rom dargestellt zu sehen, und auch Engelsburg und Engelsbrücke sollten zu sehen sein: *au bout de ladicte place est le chastel Saint Ange et ung pont sur le Timbre qui vire en ladicte cité de Romme*, usw. Gut, daß der Vertrag es uns ausdrücklich sagt, denn man würde in der abgebildeten Stadt sonst Rom nimmermehr erkannt haben. Und doch ist eine Ikonographie des nicht gesehenen, bloß vorgestellten Rom nicht weniger interessant als eine Ikonographie des wirklichen Rom.[86]

WEG NACH ROM, UNTERBRINGUNG IN ROM. Die Pilger, die nun ins wirkliche Rom aufbrachen, auf ihrem Wege zu verfolgen wäre reizvoll, kann hier aber nicht die Aufgabe sein. Doch sei wenigstens darauf hingewiesen, daß es außer Reiseberichten auch weni-

Abb. 17. Die üblichen Elemente des Rom-Bildes, beliebig verteilt über irgendein Stadtbild, das dann als Rom erkannt wurde: Engelsburg, Pantheon, die beiden Reliefsäulen, Torre delle Milizie und Tor de' Conti, Pyramide, St. Peter, gegebenenfalls zu verringern oder zu erweitern um Kolosseum und Obelisk. Miniatur zu Augustins *De civitate Dei* (1459). Paris, Bibl. de Ste-Geneviève, Ms lat. 218 fol. 2r (Ausschnitt).

ger beachtete Quellengattungen gibt, die über Reiseweg und Reiseumstände Wichtiges aussagen. So lassen die Rechnungsbücher und Inventare des Paß-Hospizes auf dem Großen St. Bernhard für dieses 15. Jahrhundert vieles erkennen: die Mengen unidentifizierter, auf dem Paßweg erfrorener Reisender; die nach der jahreszeitlichen Verkehrsdichte wechselnden Geldsummen im Opferstock; die Ausstattung mit Matratzen und Bettüchern für den Gastungsbetrieb und die Versorgung (Heringe aus dem Norden, Thunfisch aus dem Süden). Die Buchführung von Pilgerspitälern verrät das Anschwellen der Rompilger-Menge in Heiligen Jahren (so werden 1450 im Spital von Lausanne neun von zehn an der Pest sterbende Pilger ausdrücklich als Rom-Pilger bezeichnet) und die hohe Zahl der von Rom nicht mehr zurückkehrenden (nämlich ihre deponierten Gelder nicht mehr abholenden) Pilger. Und ein frühes italienisch-deutsches Sprachbuch (1424 in Venedig verfaßt von einem Nürnberger) zeigt, was dem handelnden Kaufmann, aber auch dem gewöhnlichen Reisenden in Italien an Worten, Sätzen, Situationen zu übersetzen war: Wie heißt ‹Bettlaken›, ‹Wanzen›, ‹Tür verriegeln›? Oder ‹Diese Soße gefällt uns nicht›? Oder ‹Sag bloß nicht auch Du, die Deutschen seien immer betrunken›, *dí pur anche tí cossí che le todeschi sian imbriági*.[87]

Von besonderem Interesse ist eine Routenkarte der Rom-Wege, die der Drucker Erhard Etzlaub am Ende des 15. Jahrhunderts als Einblattdruck für den Gebrauch deutscher Rom-Pilger herausbringen wird (Abb. 18).[88] Diese ungewöhnliche Karte, durch ihre Exaktheit und Innovation ein bekanntes Stück Kartographiegeschichte, verzeichnet erstmals seit der antiken *Tabula Peutingeriana* auch die Straßen selbst und gibt ihnen, markiert mit Punkten, sogar die genauen Entfernungen bei: jeder Punkt eine deutsche Meile (7,4 km). Das Kartenblatt war praktischerweise bereits gegen das Ziel orientiert, Rom lag also am oberen Kartenrand, Deutschland unten. Der Reisende konnte nun unter den Straßen, die hier tatsächlich alle nach Rom führen, die für seinen deutschen Ausgangspunkt (Göttingen, oder die Marienburg, oder Lübeck) günstigste Route wählen und anhand der Distanzpunkte seine Tagesetappen vorausplanen: von Innsbruck 3 Meilen bis Matrei, dann 2 bis zum Brenner usw., oder entsprechend über den Splügen oder den Großen St. Bernhard. Und damit der Rom-Reisende, bei der nach Süden abnehmenden Länge des Tages, nicht vor verschlossene Stadttore komme, fand er am rechten Kartenrand, auf den verschiedenen Breiten, sogar die Dauer des längsten Tages eingetragen. Mit dieser Karte konnte sich der Reisende am Po-Übergang von Ostiglia schon früh entscheiden, ob er dann nach Rom die Via Flaminia über Rimini oder die Via Cassia bzw. Francigena über Lucca nehmen wollte, und schon jetzt den letzten Countdown zur Ewigen Stadt genießen: *Aquapendent, Monteflascon, Viterbo.*

Daß auf der Via Francigena, der Franken- oder Franzosenstraße (die weitgehend jener antiken Via Cassia folgte) tatsächlich auch viele französische Pilger nach Rom zogen, dafür gibt es ein eigentümliches Indiz. Auf

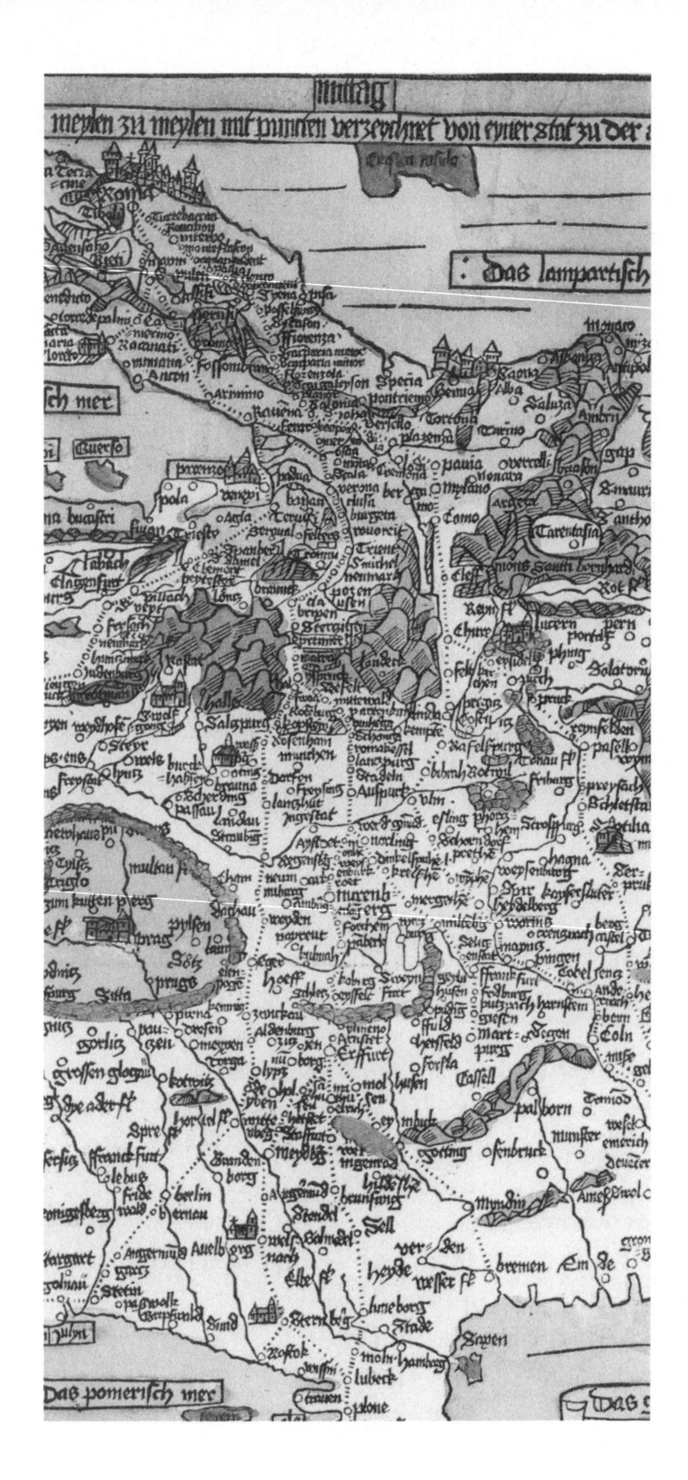
mittag
Das lampartisch
Roma
Raunna
Triest
pauia
Como
Salzpurg
munchen
Augspurg
Erffurt
Cassell
Coln
berlin
bremen
Stade
lubeck
Das pomerisch mer

Abb. 18. Karte der Rom-Wege für den Gebrauch der Pilger. Erhard Etzlaub, Einblattdruck Ende 15. Jh. (Ausschnitt). Die Karte ist auf das Ziel orientiert, Rom ist oben, Deutschland unten; mit Angabe der Entfernungen (jeder Punkt 1 deutsche Meile = 7,4 km), so daß der Pilger, mit der am Kartenrand angegebenen Länge des Tages, seine Tagesetappen – z. B. von Göttingen nach Rom – vorausplanen konnte. München, Bayer. Staatsbibliothek.

der letzten Strecke zwischen Viterbo und Rom finden sich längs der Straße auffallend viele Toponyme, die auf den Helden Roland Bezug nehmen: ein römisches Rundgrab heißt «Rolands Wurfscheibe», eine Ansammlung von römischen Turmgräbern «Rolands Türme», ein etruskisches Kammergrab «Rolands Geburtsgrotte», ja im nahen Nepi nennt die Strafklausel einer Inschrift von 1131 neben den üblichen Judas Ischariot und Pontius Pilatus («wer gegen diesen Vertrag verstößt, dem soll es ergehen wie …») auch Ganelon *qui suos tradidit socios*, «Ganelon der seine Mitstreiter verriet», nämlich Roland im Tal von Roncesvalles. Diese dichten Roland-Reminiszenzen bezeugen die Kenntnis der französischen *Chansons de geste*, die auf dieser Via Francigena ihren Weg nach Süden fanden.

Lassen wir die Pilger nun in Rom angekommen sein. Schon vor der Stadt konnten ihnen Personen entgegenkommen, um ihnen zu empfehlen, «besser bei ihnen als bei anderen einzukehren», wie päpstliche Lizenzen für solchen Kundenfang zu erkennen geben: deutsche Reisende wurden hier vielleicht angesprochen von einem ausgemusterten deutschen Söldner, einem aufgeweckten deutschen Bäckergesellen, von einem unterbezahlten deutschen Kleriker, die werbend auf sie einredeten und sich so etwas Zubrot verdienten. Dann der erste Blick auf Rom, die Silhouette der Ewigen Stadt gesehen vom Monte Mario, wie sie der Codex Escurialensis damals vor Augen stellt (Abb. 19): rechts die Straße hinunter zum Vatikan mit Peterskirche, Papstpalast (*palazo papale*) und Sixtinischer Kapelle, dann der Rundturm Nikolaus' V.; links anschließend der langgestreckte Neubau des Spitals von S. Spirito, darüber die den Gianicolo zur Porta S. Pancrazio hinaufsteigende Aurelianische Mauer; weiter links die antike Grabpyramide (sog. *meta Romuli*, 1499 abgetragen, das gibt den *terminus ante* der Zeichnung), die Engelsburg, das Pantheon mit der (1483 vollendeten) Kirche S. Agostino, und eben noch angedeutet der Senatorenpalast auf dem Kapitol und die Torre delle Milizie.[89]

Abb. 19. Der erste Blick der Pilger auf Rom, wenn sie von der Via Francigena auf der Via Trionfale über den Monte Mario hereinkamen. Panoramabild vom Tor dei Conti bzw. Kapitol links bis zum Vatikan rechts. Codex Escurialensis, fol. 7v–8r (Ende 15. Jh.).

Bei größerem Zudrang – zumal in den Heiligen Jahren, aber auch auf dem Höhepunkt der Pilgersaison gewöhnlicher Jahre – fanden gewiß nicht alle Pilger geregelte Unterkunft. Die Ärmeren krochen unter das nächste antike Gewölbe oder schlugen sich, wie ausdrücklich berichtet wird, in die Weinberge, von denen es innerhalb der zu weit gewordenen Stadtmauern eine große Menge gab. Wie man damals in Rom unterkam – vom einfachen Pilger bis zum Reisenden mit höheren Ansprüchen, vom Privatquartier über das schlichte Pilgerhospiz bis zum Fünf-Sterne-Hotel, sei anhand römischer Quellen vor Augen geführt.

Zunächst die Unterkunft in Privathäusern, oft wohl sehr schlicht und nur wenig oberhalb des Kampierens im Freien: *ogni casa era albergo e non bastava*, «jedes Haus war zur Herberge geworden und doch reichte es nicht», heißt es bei dem enormen Pilgerzudrang zum Heiligen Jahr 1450. Wie das aussehen konnte, zeigt ein Vorgang, der sich ausnahmsweise aus der Kombination dreier Quellengattungen rekonstruieren läßt. Im Juni

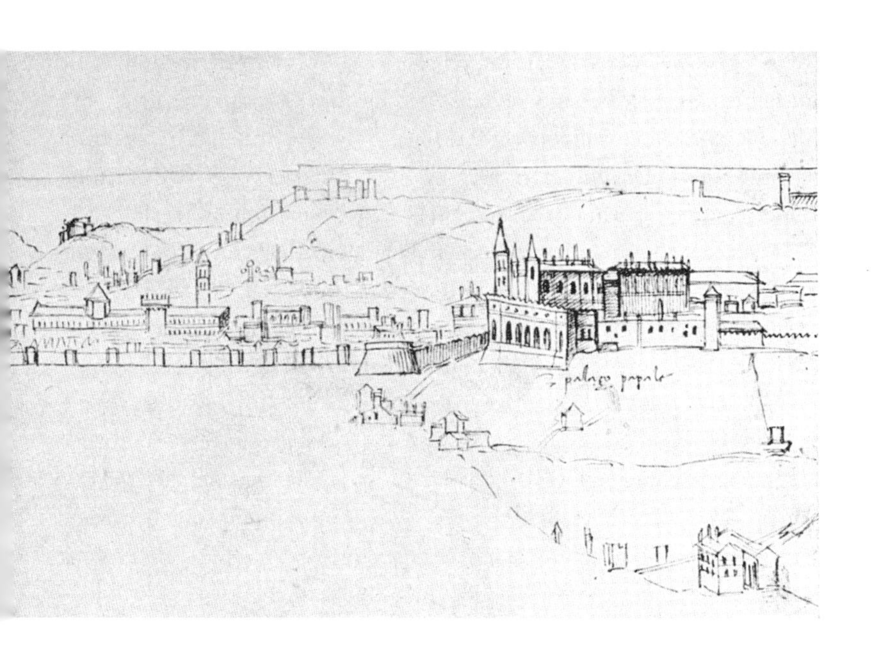

1474 taten sich zwei Süditaliener und eine Sizilianerin vor einem Notar zusammen, um in einer Wohnung in Trastevere einen Herbergsbetrieb mit Weinausschank (*societas ad exercitium taberne et hospitii fiendi*) für die Dauer des Heiligen Jahres aufzumachen. Da wurden Betten und Hausrat besorgt, eine Kasse mit zwei Schlössern für die Einnahmen vorgesehen, und Weinlieferungen aus Süditalien festgelegt. Tatsächlich läßt sich aus den römischen Zollregistern ersehen, daß Gentile von der Küste des Vesuv, einer der drei Vertragspartner, mit seinem Schiff größere Mengen Wein anlieferte, für den Gebrauch dieser Osteria, aber auch für die Kardinäle Giuliano della Rovere und Stefano Nardini. Noch fünf weitere Male wird er im Vertragsjahr mit seinem Schiff am Zoll registriert, mit Wein unterschiedlicher Qualität (die teuren Sorten für die Kardinäle, die billigeren für die Osteria), auch mit Mandeln, Kapern, Nüssen, Spaghetti (*vermicelli*) und anderen typisch süditalienischen Produkten, aber auch Matratzen und Decken. Hier greift nun die dritte Quelle ein, das Wein-steuer-Register: am 3. Mai 1475 lädt der eine Vertragspartner den Wein im Hafen aus, holt der andere den Wein für diese Privatherberge ab, die hier *a Ripa Romea* lokalisiert wird, also gleich beim römischen Tiberhafen, wo mit Reisenden immer zu rechnen war (Osterien dort sind noch in Bildern des 19. Jahrhunderts dargestellt, Interieurs mit Thorvaldsen als Gast). Besser dokumentiert und untersucht als die Privatunterkünfte sind die Pilgerhospize, von denen es in Rom zahlreiche gab, oft im Anschluß an die nationalen Kirchen wie S. Maria dell'Anima, in deren Bruderschaftsbuch sich in Heiligen Jahren ganze Schübe von Pilgern eintrugen.[90]

Auf eine ganz andere Ebene des römischen Herbergswesens gerät man mit einer ungewöhnlichen vatikanischen Quelle, die die Unterbringung eines fürstlichen Gefolges verbucht. In der Weihnachtszeit 1468 erschien in Rom, wo er 1452 zum Kaiser gekrönt worden war, Friedrich III. als Pilger in Erfüllung eines Wallfahrtsgelübdes: eine Reise ohne politische Bedeutung, von italienischen Beobachtern sarkastisch kommentiert, aber doch mit einem Gefolge, das in Rom untergebracht sein wollte. Da der Kaiser Gast des Papstes war, geriet die Unterbringung mit allen Kosten und Modalitäten in eine vernünftige und gut überlieferte Buchführung, nämlich die vatikanische und nicht die kaiserliche, und so wissen wir darüber einfach alles: die Namen von 27 Hotels und ihrer Wirte, die Verteilung der 320 Personen und 396 Pferde, die Kosten für Übernachtung, Weihnachtsessen, Pferdefutter.[91]

Für das römische Beherbergungswesen des 15. Jahrhunderts ergeben sich daraus äußerst interessante Aufschlüsse, denn die Auszahlungsanordnungen des Apostolischen Kämmerers in den *Mandati Camerali* und die Abbuchung der erfolgten Ausgaben durch den Thesaurar im *Introitus et Exitus* sind sehr genau. Hier ein Beispiel: «An Nardo, Gastwirt der ‹Glocke› am Monte Giordano [an der Engelsbrücke] 40 Kammergoldgulden und 36 *bolognini* für die Ausgaben für 35 Personen und 38 Pferde vom 24. Dezember bis zum 8. Januar [1469] abzüglich 40 Fuder Heu, die vom Papstpalast gestellt wurden.» Oder 20 Personen und 20 Pferde für 28 Gulden im ‹Schiff› beim Campo dei Fiori, usw.

Die aufgeführten Herbergen haben, im Unterschied zu den Privatquartieren, alle eine *insegna*, ein Aushänge-Schild, einen Namen, und lassen sich meist auch näher lokalisieren. Sie gruppieren sich im wesentlichen um zwei Hotelbereiche: um den Campo dei Fiori, und um den

Monte Giordano am stadtseitigen Brückenkopf der Engelsbrücke. Das ist zu beachten, denn von manchen Schildern gab es deren zwei, die man auseinanderhalten muß: zwei ‹Glocken›, zwei ‹Engel›, zwei ‹Kronen›, von denen jeweils das eine am Campo dei Fiori, das andere am Monte Giordano lag. ‹Sonnen› gab es sogar mehrere, hier ist wohl die gemeint, die in das antike Pompeiustheater eingebaut war, und in der man noch heute wohnen kann (ohne daß sich das Theater, etwa durch radialen Mauerverlauf der Zimmerwände, im Innern noch zu erkennen gäbe). Eine dritte Hotelzone, der vatikanische Borgo, wird mit Ausnahme des ‹Esels› nicht genannt. Das mag sich daraus erklären, daß der Papst zwar den Kaiser selbst ehrenvoll nahe der Peterskirche unterbrachte, sich dessen bewaffnetes Gefolge aber vorsichtshalber lieber vom Leibe hielt.

So könnte man nun darangehen, Hotelkategorien festzustellen, soweit die angegebenen Kosten vergleichbar und nicht Sonderleistungen («einschließlich Abendessen für 18 Personen»; «Futter ganz») ausdrücklich eingeschlossen sind. Dann wäre die Unterkunft von Mensch mit Pferd beim *Angelo* auf 5,8 bolognini täglich gekommen, beim *Leone* am Monte Giordano auf 6,8 bol., bei der *Corona* am Monte Giordano auf 15 bol., beim anderen *Angelo* auf 9 bol. Nur beim *San Giovanni* scheint der Preis direkt angegeben: *ad rationem XVIII bon. pro quolibet*, also 18 bolognini. Mit einer Bandbreite zwischen 5,8 und 18 bolognini pro Mann mit Pferd täglich ist das eine plausible Marge, und der Abstand gewiß nicht größer als zwischen einem heutigen Zwei- und Fünf-Sterne-Hotel; die Mehrzahl der berechenbaren Fälle (fünf von sieben) liegt sogar nah beieinander: 5,8 bis 9 bol., oder ein Achtel bis ein Zwölftel Goldgulden.

Wie hoch daneben der Konsum in den Herbergen war, läßt sich nicht feststellen. Doch zeigt das Weinsteuerregister bei der *Galea* an der Engelsbrücke, wo 29 Personen mit 26 Pferden zwei Wochen untergebracht waren, daß ihr französischer Wirt allein in den ersten 12 Tagen dieses Januars 1469, wohl weil sein Keller vom kaiserlichen Gefolge leergetrunken wurde, 8 ½ botte oder 4460 Liter Importwein kaufte, und bis Mai weitere 14 700 Liter. Wieviel Wein und Butter dieses deutsche Gefolge vertilgen konnte, darüber wird man, wie jedenfalls in Ferrara, so vielleicht auch in Rom gestaunt haben: «Was die so alles aßen (*mangiono tanta roba*)! Sie aßen Unmengen Butter und tranken Trebbiano und Malvasier, daß man nur staunen konnte.»

Was die Pilger in Rom sehen wollten oder sehen sollten, ist in einer Textgattung enthalten, die unter dem Titel *Mirabilia Romae vel potius Historia et descriptio Urbis Romae* bekannt ist und zum weitaus verbreitetsten Pilgerführer Roms wurde (doch ist der Titel modern, diese Texte wurden im Mittelalter weniger als *Mirabilia* denn als *Indulgentiae* bezeichnet). Der Text ist unbedingt zu unterscheiden von den bereits genannten eigentlichen *Mirabilia*. In seiner letzten, vollständigsten Gestalt bestand er aus drei Teilen: geschichtliche Einleitung (*Historia* von der Gründung Roms bis zur Liste der Kaiser: der jüngste der drei Teile, erst für den Buchdruck verfaßt); Verzeichnis der Kirchen Roms mit ihren Reliquien und Ablässen (*Indulgentiae ecclesiarum Urbis Romae*); kalendarisches Verzeichnis, welche römische Kirche an welchem Tag Stationskirche war (*Stationes ecclesiarum urbis Romae*: diese beiden Teile früh auch selbständig überliefert). Die Teile sind in ganz verschiedenen Bearbeitungen und zahlreichen lateinischen und volkssprachlichen (italienisch, französisch, englisch, deutsch, niederländisch) Handschriften und vor allem Drucken überliefert.[92]

Denn der Frühdruck nahm sich dieses lukrativen Geschäftes gleich an, ja führte die drei Teile eigentlich erst dauerhaft zu einem Standardtext zusammen. Dabei lassen sich die Prioritäten daran erkennen, daß diese Drucke sorgfältig auf den neuesten Stand gebracht wurden, wo es von neuen Ablässen zu berichten gab, während neue Monumente unberücksichtigt blieben: da zählte man eher die zerstörten antiken Brücken auf als den neuen Ponte Sisto von 1475 zu nennen. Daß solche Führer für den großen Pilgerzustrom bei Heiligen Jahren gedacht waren, zeigt sich schon daran, daß von den *Libri indulgentiarum* 15% aller Drucke des 15. Jahrhunderts zwischen 1471 und 1475, und 45% allein 1499–1500 in Rom gedruckt worden sind.

Welche Schätze an Reliquien und Ablässen sich da vor den Augen der Pilger auftaten, läßt sich beim Durchblättern der Pilgerführer ersehen. Etwa in S. Giovanni in Laterano. Da konnten Pilger schon mal in Versuchung kommen und sich ein Stück mitnehmen wie dieser Mann aus Lucca, der in seinem Absolutionsgesuch 1455 bekennt:

> «Von der Mariä Verkündigungs-Säule in der Laterankirche brach er ein kleines Stück ab und nahm es mit sich. In derselben Kirche nahm er von einer Säule, die den Geruch von Veilchen hat [d. h. den Geruch von Heiligkeit hatte] ein

Stück ab und nahm es mit sich. Und von der Treppe, auf der Christus zu Pilatus hinauf ging, gleichfalls in dieser Kirche, nämlich von der Stufe, von der es heißt, die Juden hätten Christus dort eine Ohrfeige gegeben, nahm er gleichfalls ein Stück und nahm es mit ...»

Neben Kirchen und Reliquien besuchten viele Pilger auch die eindrucksvollsten unter den antiken Monumenten, wie aus individuellen Pilgerreiseberichten hervorgeht, die zugleich ja auch Ratgeber sein wollten und neben den standardisierten Pilgerführern herangezogen werden müssen.

Etwa das Kolosseum – wie in diesem Spottlied, das, die deutsche Aussprache des Italienischen nachahmend, sich über den teutonischen Rom-Eifer lustig macht und einen verarmten Landsknecht auf der Rückkehr von einem römischen Jubeljahr (*pofer lanze sventurate/ che da Roma siam tornate/ delli sancti giubilei*) bettelnd sagen läßt:

Noi afeme in Rome sancte / Cholisee tutte fetute, also etwa:
«Wir hapen im heiligen Rom / alle Kholosseums khesehen».

Der englische Augustinereremit John Capgrave, Ordensprovinzial und wohl zum Heiligen Jahr 1450 nach Rom gekommen, beschreibt im ersten, mirabilienhaften Teil seines Pilgerführers *Ye Solace of Pilgrimes* auch antike Monumente in seltsamer vorhumanistischer Mischung aus Legende und Anschauung, darunter das Kolosseum. Er hält es für einen ehemals gedeckten Tempel und bedenkt es dann mit einer jener unsäglichen Etymologien, die überall tiefere Bedeutung suchen: *Coliseum* komme von *colis eum*, «Du verehrst ihn» (nämlich den Teufel) und sollte doch besser *colis Deum* heißen, «Du verehrst Gott». Auch Luther nennt unter den antiken Monumenten seiner Rom-Reise das Kolosseum, mit der treffenden Bemerkung, daß man dort *schichtig* sitze (und in den Katakomben *schränkicht*, wie in Schrankschubladen, bestattet werde): eine plastische Anschaulichkeit, die man aus Mirabilien nicht abschreiben konnte.[93]

Was diese Rom-Reisenden darüber hinaus an Neubauten der Frührenaissance wahrgenommen haben, wissen wir nicht. Man hat Rom-Reisenden (wie Luther) geradezu vorgerechnet, was sie an neuen Renaissance-Kirchen und -Palästen hätten sehen und erwähnen müssen. Aber was sieht man, und vor allem: Was teilt man mit? In den zahlreichen

Briefen in Schweizer Archiven, geschrieben aus der Lombardei während der Mailänderkriege von Söldnerführern, also patrizischen Offizieren, die sehr wohl einen Palast von einem Wohnhaus unterscheiden konnten, findet sich nirgends eine Bemerkung über Bramantes S. Maria delle Grazie oder über Leonardo da Vincis Abendmahl. Die haben ganz anderes im Sinn: Sie sehen das, was sie im *Kopf* haben! Architektur mit ungeschultem Auge wahrzunehmen und mit ungeübtem Munde zu beschreiben, ist eine eigene Sache, und unter den zahlreichen Pilgerreiseberichten der Zeit fallen die wenigen Autoren geradezu auf, die über ‹Die Kirche ist schön›, ‹Die Kirche ist größer als unsere Pfarrkirche› hinauskommen.

HEILIGE JAHRE. Im römischen Pilgerwesen stellen die Jubeljahre oder Heiligen Jahre Phasen von besonderer Intensität dar, während derer sich die Probleme von Pilgerzustrom, von Aufnahme, Versorgung und geistlicher Betreuung besonders scharf und quellenreich – sozusagen in Vergrößerung – beobachten lassen.[94]

Ein erstes Heiliges Jahr war für 1300 von Bonifaz VIII. verkündet worden. Der Papst verhieß allen, die in Rom die Basiliken der beiden Apostelfürsten aufsuchten, einen vollkommenen Ablaß. Der Erfolg war überwältigend. Fortan sollte ein Jubeljahr alle 100 Jahre stattfinden. Doch da ein solches Ereignis das Ansehen des Papsttums stärkte und den Römern von Nutzen war, lag es nahe, den zeitlichen Abstand zu verkürzen. So wurde, unter Hinzufügung weiterer römischer Kirchen, 1350 zum nächsten Jubeljahr; ja in den Nöten des Schismas griff der römische Papst zu diesem mächtigen Mittel und setzte den Abstand, für 1390, überraschend auf 33 Jahre herab (die Lebensjahre Christi, und aus Rücksicht auf die Lebenserwartung, «da viele die 50 nicht erreichen»), während die avignonesische Obödienz am Rhythmus von 50 Jahren und somit an 1400 festhielt. Mochte der avignonesische Papst seinen Gläubigen den Weg nach Rom verbieten und der römische Papst seinen Gläubigen die Proklamierung eines Jubeljahrs 1400 verweigern: es half beiden nichts, die Anziehungskraft Roms war zu stark, das visionäre Rom stärker als das reale Rom.

Über die Durchführung des Heiligen Jahres 1390 – gewiß improvisiert wie alles Römische im Schisma – ist wenig bekannt, der Zustrom bildet sich ein wenig in den Geldspenden an den Hauptaltar von St. Peter ab (notiert in den *Divisiones oblationum maioris altaris* des Kapitels), mit ihrem jahreszeitlichen Auf und Ab: 300 fiorini wöchentlich in der Osterzeit, 80 im Frühsommer, 200 im Herbst. Viel ist das nicht. Aber man mußte auch gar nicht nach Rom kommen, um den Ablaß zu erwerben. Bonifaz IX., der Papst der Jubeljahre 1390 und 1400 und ganz von dieser Welt, vergab den römischen Ablaß allmählich über ganz Europa, von Skandinavien bis Sizilien, erwartete aber, daß die Gläubigen eine Geldofferte proportional zu den gesparten Reisekosten zahlten. Das ging natürlich nicht ohne die guten Dienste italienischer Bankiers, die solche Gelder vor Ort entgegennahmen und bargeldlos nach Rom überwiesen. Näher bekannt ist die Ablaß-Kampagne eines Italieners, der mutig über den Rhein nach Osten vordrang, aber, wie Quintilius Varus, nicht wieder zum Rhein zurückfand.

Das erregte Aufsehen und führte zu Kritik am ‹Verkauf› des Ablasses, vor allem in Deutschland. Die große Attraktion dieses Ablasses bestand darin, daß er als Plenar-Ablaß *a pena et a culpa* galt. Dogmatisch war das zwar korrekt, weil in jedem Fall Reue und Buße Voraussetzung waren, bevor das Sakrament seine Wirkung tun konnte. Aber von einfachen Gläubigen war das leicht mißzuverstehen, so als sei es eine Tilgung nicht nur der Sündenstrafe, sondern auch der Sünde, was von den Predigern vielleicht nicht immer richtiggestellt wurde. Rom-Kritik hat es im Mittelalter immer gegeben. Aber daß nun unterstellt werden konnte, bei Vergabe des Ablasses sei von Anfang an auch an finanzielle Ausbeutung gedacht gewesen, läßt schon die Argumentation der Reformation vorausahnen und beschädigte das Bild der *Roma sacra* massiv bereits unter Bonifaz IX. Überhaupt sollte man die Heiligen Jahre nicht nur als römische Massenereignisse betrachten, sondern sie auch in ihrer spirituellen Dimension und ihrer kirchengeschichtlichen Auswirkung begreifen. Was aus dem Jubeljahrablaß von 1475 endlich ein Raimond Peraudi als Ablaßkommissar noch erfindungsreich herausholen wird, steigerte diesen Ablaß zu einer Erwartungshöhe, die nicht mehr zu überbieten war und zu Mißverständnissen und Mißbräuchen führen mußte – mit den bekannten Folgen.

Nun nahte 1400, Avignons Jubeljahr, aber natürlich am Sitz der Apostelgräber zu feiern. Für den römischen Papst eine schwierige Situation, die noch schwieriger wurde dadurch, daß sich schon ein Jahr zuvor – beginnend in der Provence, also in avignonesischer Obödienz – eine Menschenmenge in Bewegung setzte, die, von Stadt zu Stadt anschwellend, schließlich Richtung auf Rom nahm: die *Bianchi* von 1399, eine spontane Bewegung von Geißlern. Ob sie bereits mit der erregten Erwartung des Jubeljahres 1400 zu tun hatte oder unabhängig davon entstand, ist in der Forschung umstritten. Daß Rom auch für solche spontanen Bewegungen das Ziel blieb, seine Leuchtkraft also auch in dieser verwirrten Zeit nicht verlor, mochte den römischen Papst grundsätzlich befriedigen, gab ihm aber auch einen Vorgeschmack davon, was ihn im nächsten Jahr erwartete. Da wälzte sich eine Lawine von Zehntausenden heran, die, kaum kenntlich in ihren weißen Kapuzenmänteln, in jeder erreichten Stadt die Gefängnisse leerten und auch ungebeten Frieden stiften wollten: Wie sollte das ausgehen in einer Stadt, in der die soeben zerschlagenen Parteien und die Colonna nur auf einen Anlaß zum Gegenschlag warteten? Doch gelang es, den Zug gerade noch rechtzeitig, in Sutri, zu entschärfen, indem man den Anführer als *pseudopropheta* «entlarvte» und hinrichtete.[95]

Blieb das Problem des Jubeljahrs 1400. Ein Jahr mit zwei Nullen sollte doch wohl ein Heiliges Jahr sein, und nicht nur in den Erwartungen der Gläubigen avignonesischer Obödienz. Der römische Papst löste das Problem so, daß er, Grundsatztreue und finanziellen Nutzen miteinander versöhnend, ein Jubeljahr 1400 zwar nicht offiziell verkündete, den Ablaß von 1390 aber übergangslos bis 1400 weiterlaufen ließ. Daß er, um die erwartbaren Pilgerscharen nicht zu irritieren, die wichtigeren Kirchen notdürftig restaurieren ließ, ist bereits gesagt worden.

Über den Ansturm, der nun begann, gibt eine ungewöhnliche Quelle Aufschluß: Briefe von Kaufleuten an die Firma Francesco Datini in Prato. Nicht weniger als 500 Originalbriefe zu diesem Ereignis liegen im dortigen Firmenarchiv. Kaufleute sind scharfe und informierte Beobachter, denn Gewinnerwartungen und Investitionsmöglichkeiten wollen dem Geschäftspartner erklärt sein: Was erbringt die Ausrüstung von Pilgerschiffen? Wachs lohnt jetzt unbedingt! An die Wechselbriefe denken, die spanische Pilger nun in Rom einlösen werden (*fare cambi per lá*)! Und so fort, immer bezogen auf *il perdono di Roma*, «den Ablaß von Rom». Schon im März, schon vor Ostern waren die Zugangsstraßen verstopft (*è tanta gente che cupino le strade*), war Rom gedrängt voll: *tutta Francia, Spagna, Brettagna passa di qui al perdono di Roma*. Oder:

> «Zu diesem Heilig Jahr-Ablaß kommen unendlich viele Leute. 9 von 10 sind Franzosen, es ist eine Freude sie zu sehen und zu hören ... [Und im gleichen Brief vom 28. März eine ungewöhnliche Nachricht:] In S. Giovanni in Laterano ist eine Tür aufgemacht worden, die seit 50 Jahren nicht geöffnet wurde: wer dort dreimal durchgeht, von einer Seite zu andern, der hat, so sagt man, Vergebung von Sündenstrafe und Sündenschuld (*dicie à perdonanza di pena e di cholpa*). Es ist ein Wunder, wie viele Leute da durchgehen. Beim Jubeljahr vor 10 Jahren wurde die Tür nicht geöffnet, denn der Papst [Urban VI. 1390] wollte das nicht. Wenn Du also ins Paradies willst, dann komm!»

Nicht aus einer römischen lokalen oder kirchlichen Quelle wissen wir von der ersten Öffnung einer Porta Santa, sondern aus diesem Kaufmannsbrief! Und tatsächlich hatte es sich für die Kaufleute gelohnt: noch im Jubeljahr 1450 erzählte man sich unter Florentinern, daß der Hauptaltar von S. Paolo fuori-le-mura, der in gewöhnlichen Jahren 1500 duc. an Geldspenden erbringe, «im vorigen Jubeljahr 1400» auf 60 000 duc. gekommen sei.

Wie das Heilige Jahr 1390, so endete, nur schlimmer noch, auch der Massenandrang von 1400 mit Beginn der wärmeren Jahreszeit fast unvermeidlich in einer Pest. Schreckliche Berichte erzählen von Toten und Sterbenden draußen in der Campagna; in Viterbo, der letzten großen Station auf der Via Francigena vor Rom, ergab eine offizielle Zählung durch den Bischof die Zahl von 6663 Pesttoten.

Verkündete und doch kaum besuchte, nichtverkündete und doch erfolgreiche Jubeljahre: Das ist noch nicht die geregelte Abfolge späterer Zeiten; ja dieser große Gedanke konnte in der Verwilderung des Schismas zu Kleingeld werden, wenn die Römer 1410 bei ihren Verhandlungen mit dem neuen Papst der dritten, der Pisaner Obödienz, mit Alexander V., für seine Aufnahme in Rom als Bedingung die Verkündung eines außerordentlichen Jubeljahres für 1413 forderten! Und dem Papst blieb keine andere Wahl: «Euren Bitten entsprechend meinten wir, nur dieses eine Mal (*hac vice dumtaxat*) ein Jubeljahr verkünden zu sollen».

Für die Kenntnis des römischen Pilgerwesens besonders ergiebig ist das Heilige Jahr 1450, das ein ungewöhnlicher Erfolg wurde und quellenmäßig gut belegt ist.[96] Da zum nächsten Anno Santo, 1475, ganz andere Quellengattungen herangezogen werden, sei zu 1450 ausführlich einer erzählenden Quelle das Wort gegeben: dem Lokalchronisten Paolo dello Mastro. Nach Feststellung der Bedingungen zum Erwerb des Ablasses (vorgeschriebene Aufenthaltsdauer, vorgeschriebene Kirchen) schildert er, aus seinem Viertel an der Engelsbrücke, nah und engagiert den Ablauf dieses überwältigenden Ereignisses, das ihn zutiefst bewegt, staunend schon über das Auf und Ab des Pilgerzustroms: «Ganz viele von Weihnachten bis Ende Januar, dann kam fast niemand mehr, so daß die Gewerbe ganz unzufrieden waren und schon glaubten, sie seien erledigt»; dann zu Ostern und bis Himmelfahrt enormer Zulauf, dann wieder ... usw. Aber das waren, wie noch zu zeigen sein wird, die Atembewegungen des römischen Pilgerjahres.

Hier sein Bericht, der das zum Bersten angefüllte Rom eindrucksvoll beschreibt:

«... Und es waren so viel Leute, daß sie zum Schlafen in all die Weinberge gingen (*per tutte le vigne stavano a dormire*), denn es war gutes Wetter. Und als es Karwoche war, passierte es viele Male auf der Rampe der Engelsbrücke, daß zwischen denen, die von St. Peter zurückkamen und denen, die hingingen, das Gedränge bis in die zweite und dritte Stunde der Nacht so groß war, daß die Besatzung der Engelsburg und viele junge Männer des rione Ponte herauskamen; und ich, Pavolo, war mehrere Male zusammen mit den anderen dabei mit Stöcken in der Hand, um die Menge auseinanderzutreiben (*colli bastoni in mano a sfollare la gente*), sonst wären viele Menschen ums Leben gekommen. Und weil die Menge so groß war und nicht weniger wurde und die Nacht kam, blieben die armen Pilger zum Schlafen in den Portiken und auf den Verkaufstischen. Und wer seinen Vater verloren hatte oder die Kinder oder die Kameraden, die irrten hin und her und riefen einander, daß es zum Erbarmen war; und das ging so bis Himmelfahrt im Mai. Dann wurden die Leute weniger, weil in Rom eine große Pest ausbrach und viel Volk starb und viele von diesen Pilgern; und es starben so viele, daß alle Spitäler, Kirchen und alles voll war mit Kranken und Toten, und sie lagen tot auf der Straße wie Hunde» (– und wie der Papst dann wegen der Pest die Verweildauer für Nichtrömer auf 5 Tage, und dann noch weniger, herabsetzte, das Vorzeigen des Schweißtuches der Veronika und der andern Hauptreliquien vermehrte und selbst zeitweilig die Stadt verließ).

«Dann kamen wieder so viele Leute, daß man in Rom nicht mehr unterkommen konnte, und jedes Haus wurde zur Herberge und doch reichte es nicht.

Sie gingen herum und baten um Gottes willen, sie gegen Geld unterzubringen. Aber sie fanden nichts, blieben zum Schlafen bei den Verkaufstischen und froren sich zu Tode, daß es zum Erbarmen war. Brot gab es nicht genug, weil die Mühlen für die Backöfen nicht ausreichten (*per li molini che non bastavano alli forni*). Der Papst ordnete an, daß jeden Samstag die Häupter von Petrus und Paulus und jeden Sonntag der Volto Santo gezeigt werde, und wenn die Leute aus St. Peter herauskamen, dann gab er ihnen den Segen und den Ablaß, damit wer auch nur einen Tag da war, doch den vollständigen Ablaß habe (*chi n'avea fatto uno die avessi plenaria indulgentia*): Das tat er, weil die Menge so groß war, daß Rom hungerte. Und all das reichte nicht, weil Rom sich jeden Sonntag leerte, weil die Leute weggingen, und am nächsten Samstag alles wieder voll war, daß man es nicht begreifen konnte. Wenn Du nach St. Peter gingst, konntest Du wegen der vielen Leute auf den Straßen nicht durchkommen, und genauso voll war es bei S. Paolo, bei S. Giovanni, und bei S. Maria Maggiore».

Dann kurz vor Weihnachten die in Panik geratende Menge auf der Engelsbrücke: 172 Pilger werden zertrampelt oder stürzen in den Fluß, die Leichenhaufen beschrieben von unserem Augenzeugen Paolo Dello Mastro, der wieder als Hilfspolizist eingesetzt wird. Und er vergißt nicht, die wirtschaftliche Bilanz für seine Römer zu ziehen:

«Am Anfang und am Ende lief das Jubeljahr recht gut. Die Gewerbe, die den meisten Gewinn machten, waren, erstens, die Bankiers, die Detailhändler und die Volto Santo-Maler, die machten großen Gewinn (*questi ferno gran tesoro*); danach kamen die Osterien und Tavernen, vor allem die auf offener Straße, am Petersplatz und bei S. Giovanni in Laterano. Und allen Gewerben ging es recht gut.»

Mit den *banchieri* waren gewiß nicht nur die Florentiner Hofbankiers gemeint, sondern auch die kleinen Wechsler an ihren Tischen vor St. Peter, die mit dem Wechseln der zahllosen fremden Währungen ihren guten Gewinn machten. Daß, neben den Geldspenden der Pilger an die Kirchen, sich auch das ganze Wirtschaftsleben aufblähte und so das Aufkommen von Steuern und Zöllen anschwoll, versteht sich und wird im nächsten Jubeljahr noch genauer zu beobachten sein.

Ein weiterer persönlicher Bericht, aus ganz anderer sozialer und kultureller Perspektive, sind die *Ricordanze* des namhaften Florentiner Kaufmanns Giovanni Rucellai.[97] Zu Anfang des Jubeljahrs weilte er drei Wochen in Rom, also länger als die vorgeschriebene Zeit, da er es neben dem Ablaß – von dem er mit Ernst spricht – erklärtermaßen auch auf das antike Rom abgesehen hatte. Entsprechend geteilt ist seine Aufmerksamkeit. Vormittags besucht er, mit seinem Schwager Lorenzo di Palla Strozzi, zu Pferd die vier vorgeschriebenen Basiliken S. Pietro, S. Paolo fuori-le-mura, S. Giovanni in Laterano, S. Maria Maggiore, der Nachmittag ist den *muraglie antiche*, den antiken Gemäuern reserviert. Er gibt eine genaue Beschreibung mehrerer Kirchen, ihres Innern (manchmal mit den üblichen aneignenden Vergleichen: «ist so groß wie in Florenz S. Croce»), ihrer wichtigsten Reliquien; Werke Giottos werden eigens hervorgehoben, die Marmorsorten näher bezeichnet, der Porphyr immer besonders genannt. Dann – sozusagen der Nachmittag – die antiken Monumente (mit eher mirabilienhafter Ausdeutung, der Abstand zum Zeitgenossen Flavio Biondo ist noch groß): Engelsburg, Pantheon, Kolosseum, Maxentius-Circus, Triumphbögen, Monte Testaccio usw., die Bronzewerke am Lateran. Aber auch schon ein «moderner» Kardinalspalast, der des Kardinals d'Estouteville, *murata alla moderna* – und darauf verstand sich Giovanni Rucellai, schließlich war er der Auftraggeber anspruchsvoller Frührenaissance-Architektur (Palazzo Rucellai, Fassade von S. Maria Novella in Florenz).

In dieser Rom-Wahrnehmung eines kultivierten Pilgers hat das Heilige Jahr nur seinen zugewiesenen Platz. Der ungewöhnliche Pilgerstrom, der beim römischen Chronisten als tägliches Getümmel erlebt wird und alle Aufmerksamkeit beansprucht, ist bei Rucellai knapp in Zahlen gefaßt: geschätzte Pilgerzahl (frei gelassen); 1022 autorisierte Osterien «mit Schild draußen dran», und dann noch viele ohne Schild; Geldspenden an den Hauptaltar von S. Paolo in gewöhnlichen Jahren und in einem Jubeljahr: das 40fache im Jubeljahr 1400, die Daten für 1450 lagen ja noch nicht vor. Doch kam eine damalige Schätzung auf mehr als 100 000 flor. päpstlicher Einnahmen durch die Medici als päpstliche Depositare.

Die unerhörte Anziehung dieses Anno Santo von 1450 tritt auch in anderen Quellen hervor, etwa den Gesuchen an die Apostolische Pönitentiarie, die all jene Fälle bearbeitete, deren Lösung dem Papst vorbehalten war.[98] Eine Frau aus der Diözese Cambrai hatte sogar schon in ihrer Jugend gelobt, «wenn sie das Jubeljahr erlebe» (*si supravivere possit usque ad Jubileum annum*), nach Rom zu gehen; jetzt machte sich sogar eine Rekluse in einer Vorstadt von Sevilla auf den Weg, kam aber nicht weit; eine 60jährige Nonne aus der Diözese Ivrea war zwar bis Rom gekommen, schaffte es aber nicht wieder bis in ihr Kloster zurück. Denn selbst die Gebrechlichen wollten nun in Rom sein. Natürlich hatten auch Laien Jubeljahr-Gelübde getan, so einer der genuesischen Kaufleute in Lissabon, Daniele Lomellini, der sich erst 14 Jahre später vom Gelübde lösen ließ. Mehrere Mönche waren sogar, obwohl sie die Erlaubnis dazu von ihrem Abt gar nicht erhalten hatten, gleichwohl zum Jubeljahr nach Rom aufgebrochen und mußten sich nun absolvieren lassen. Darunter viele aus Deutschland, auch deutsche Nonnen, drei allein aus dem Kloster Kumbd. Sie alle 1450 in Rom! Andere gingen etwas eigenwillig mit dem Jubeljahr um: Ein süditalienischer Priester hatte im Kerker dem Hl. Bernardino von Siena für den Fall, daß er innerhalb von 10 Tagen freikomme, eine Wallfahrt zum Jubeljahr nach Rom gelobt; aber der Heilige respektierte die ihm gesetzte Frist nicht, und so fühlte sich der Priester nun seinerseits zu nichts verpflichtet. Ein französischer Benediktiner nutzte, um eine Eskapade mit seiner Konkubine zu tarnen, seinem Abt gegenüber das Jubeljahr in Rom als Vorwand (*fingens se anno Jubileo ... almam Urbem ... visitare velle*). Was der Lokalchronist im Rom des Jahres 1450 als geballte Masse geschildert hatte: Hier sehen wir die Pilger einzeln, sehen in Gesichter.

Die positive Erfahrung von 1450 steigerte die Erwartungen an das nächste Heilige Jahr. 1470 setzte Paul II. mit der Bulle *Ineffabilis providentia* abermals unter Hinweis auf die menschliche Lebensdauer den Abstand von 50 auf 25 Jahre herab, den noch heute geltenden Rhythmus. Und als er schon im Jahre darauf unerwartet starb, machte sich sein Nachfolger Sixtus IV. sogleich mit Umsicht daran, für 1475 ein Jubeljahr vorzubereiten. Der Rovere-Papst überließ nichts der Improvisation: Rechtzeitig widerrief er für 1475 alle Plenarablässe außerhalb Roms, sorgte für die Instandsetzung der Zugangsstraßen (sogar an die Beseitigung von Unterholz wurde gedacht, um die Pilger besser vor Straßenräubern zu schützen!), vor allem aber für die notwendigen Baumaßnahmen in Rom selbst.[99]

Hatte Bonifaz IX. für 1400 seine notdürftigen Dachstuhlreparaturen noch damit gerechtfertigt, daß «den Pilgern kein Ärgernis entstünde», so ging Sixtus IV. in seinem Bauprogramm weit über solch defensive Argumentation hinaus. Das Heilige Jahr war ihm nur eine Gelegenheit unter anderen, die Stadt zu modernisieren und mit einer grundlegenden *renovatio Urbis* ein neues Bild von Stadt und Papsttum zu geben. Davon sei in anderem Zusammenhang die Rede, hier nur soviel: Zahlreich die Restaurierungen römischer Kirchen, deren Bauinschriften teilweise ausdrücklich Bezug auf den *annus Jubilei* nehmen; gleichfalls *per imminentem annum Jubilei* vorangetrieben der vollständige Neubau des zentralen Spitals von S. Spirito in Sassia. Auch Straßenbau und Straßenverbreiterung wurden mit dem Verkehrsaufkommen «vor allem in Zeiten des Jubeljahr-Ablasses» gerechtfertigt, durch den Bau einer abkürzenden Verbindung vom Monte Mario zum Borgo den Pilgern von der Via Francigena ein direkterer Zugang geschaffen. Vor allem aber war es der Bau des Ponte Sisto, der die Verkehrssituation entschärfte, wieder mit ausdrücklicher Bezugnahme der Bauinschrift auf «die Pilgermengen, die zum Jubeljahr kommen werden», was nach der Katastrophe auf der Engelsbrücke 1450 wohl verstanden wurde. Denn mit der Zunahme des Personenverkehrs ging, zu notwendiger Versorgung, ja auch eine Zunahme des Güterverkehrs einher, mit allen seinen Problemen (Abb. 20).

Nicht alles war schon fertig, als das Jubeljahr zu Weihnachten 1474 feierlich eröffnet wurde: Die Straße zwischen Engelsbrücke und Petersplatz wurde noch gepflastert, wie die Baurechnungen zeigen, die Werkleute (darunter düstere Namen wie Paolo Demolito, Brusa Porco, El Cornuto) arbeiteten sozusagen zwischen den Beinen der Pilger. Aber es fing gut an: Im Januar 1475 erschien mit großem Gefolge König Ferrante von Neapel, dann auch die Königin von Dänemark, der *Grand Bâtard* von Burgund. Aber als das Osterfest (das diesmal sehr früh, auf den 26. März fiel) und Himmelfahrt vorbei waren, blieben die erhofften großen Pilgerscharen aus. Das schlägt sich auch darin nieder, daß erzählende Quellen über dieses Jubeljahr wenig zu berichten wissen – und war umso enttäuschender, als dieses Jubeljahr viel sorgfältiger vorbereitet worden war als das voraufgehende.

Am Beispiel von 1475 seien auch einmal die wirtschaftlichen Aspekte dieses Heiligen Jahres – und der Heiligen Jahre überhaupt – in den Blick genommen, denn auch große Ereignisse von religiöser Dimension haben ihre irdischen Bedingungen.[100]

So läßt sich, neben den Investitionen des Papstes in die Vorbereitung

Abb. 20. Verkehrsunfall zwischen Kolosseum und Titusbogen. Votivbild von Tommaso ‹Fedro› Inghirami (1470–1516), Kanoniker von S. Giovanni in Laterano und St. Peter, Präfekt der Vatikanischen Bibliothek, der hier, beleibt und schielend wie auf Raffaels Porträt, unter den Wagenrädern liegt. S. Giovanni in Laterano, Sala Capitolare.

dieses Jubeljahres 1475, auch erkennen, wie die Privatwirtschaft reagierte. Römische Mietverträge sehen bisweilen ausdrücklich vor, daß der Mietzins im Fall eines Jubeljahres (oder einer Kaiserkrönung, doch war dieser Anlaß selten geworden) erhöht werden dürfe: *in casu quod annus Jubilei fieret vel dominus imperator veniret ad Urbem vel alius gentium concursus esset in Urbe.* Tatsächlich läßt sich das für 1475 in mehreren Verträgen beobachten. Und nicht nur Mietverträge nehmen aufs Jubeljahr Bezug: ein Gesellschaftsvertrag zweier deutscher Bäcker soll gelten *usque ad annum Jubilleum*, eine Schuldentilgung sieht 1473 eine besondere Staffelung vor: bis zum Jubeljahr 2 duc. monatlich, im Jubeljahr 6 duc., danach 3 duc., denn der Schuldner, ein Wirt, rechnete sich für das Jubeljahr höhere Einnahmen aus.

Den besten Einblick in die wirtschaftlichen Verhältnisse, die Versorgungsprobleme, den Pilgerbetrieb aber geben die römischen Zollregister.

Man kann, um sich den touristischen Betrieb dieses Heiligen Jahres zu vergegenwärtigen, noch weitere verstreute Quellen heranziehen: Strafenregister zeigen, wie die Gäste damals übers Ohr gehauen wurden (eine Köchin im Borgo betrügt am Brot, ein Wirt beim Campo dei Fiori am Wein), die Buchführung des Kapitels von St. Peter zeigt, wo die Veronika-Verkäufer vor der Basilika postiert waren (am Haupteingang viele Stände von Deutschen). Doch geben die Zollregister die größere Erkenntnis. Mit 6130 registrierten Lieferungen zu Lande und 1019 Schiffsfrachten allein für dieses Jahr bieten sie ein dichtes Material, an das man viele Fragen richten kann.[101]

Zunächst die Kurve der Importe im Ganzen. Sie entspricht dem jahreszeitlichen Auf und Ab gewöhnlicher Jahre, akzentuiert im Jubeljahr aber stärker die Spitzen. Die übliche Belebung im Herbst wird nun, 1474, stark von Florentiner Firmen getragen, untrügliches Indiz dafür, daß unter den Handelsleuten auch die Professionellsten auf höheren Absatz spekulierten; und der übliche Abschwung im Dezember bleibt diesmal, mit 684 Lieferungen im Wert von 19 100 duc., ganz aus, denn es geht ja auf Weihnachten zu, den Beginn des Heiligen Jahres. Dann geht es, wie immer, steil hinab und mit dem Nahen von Ostern wieder hinauf, diesmal besonders hoch: erreichten im Januar nur neun Lieferungen mehr als 200 duc. Warenwert, so sind es im April nicht weniger als 27. Der Sommer ist immer flau und ist es sogar in diesem Jahr, ab September steigt es wieder an, aber erst die Kirchenfeste des Spätherbstes wie Allerheiligen brachten wieder einiges – doch längst nicht so viel, wie sich die Römer erwartet hätten.

Soweit der gewöhnliche – durch das Heilige Jahr nur akzentuierte – Ablauf des römischen Jahres, wobei das Pilgerjahr, wie noch zu zeigen sein wird, eine Überlagerung von liturgischem und agrarischem Kalender war. Da der Zoll alle eingeführten Waren registrierte, wäre nun weiter zu fragen, ob der Import in einem Jubeljahr ein spezifisches Sortiment von Pilgerbedarf erkennen läßt.

Tatsächlich erscheinen am Zoll Heiligenbildchen und Gipsstatuetten, *volti santi* und *agnus Dei* zu Hunderten, Gebetsschnüre zu zigtausenden (nicht nur die billige nördliche Ausführung aus Knochen, sondern faßweise auch die teure Sorte von *paternostri* aus venezianischem Glas). Doch werden solche Bondieuserien auch sonst im Import genannt, und man wird davon ausgehen dürfen, daß vieles davon im Zollregister nicht erscheint, weil es in Rom selbst hergestellt wurde, durch geistliche Institutionen, die den erforderlichen Rohstoff zollfrei beschafften. Auch die Pilgerführer, die in einem Heiligen Jahr gewiß guten Absatz fanden, wurden nun schon in Rom selbst verlegt, etwa durch den deutschen Frühdrucker Adam Rot. Auffallend hoch ist, man erwartet es nicht anders, die Einfuhr von Wachs.

Wie beim Landzoll, so schlagen in diesem Jahr auch beim Hafenzoll die Werte aus, zumal die Massenverbrauchsgüter, ohne die ein Massenereignis wie das Heilige Jahr nicht zu denken ist, vor allem zu Schiff nach Rom hereinkamen.[102] Was sogleich ins Auge fällt, ist allein schon die Zahl der vom Meer her einlaufenden Schiffe, die 1475 in fast allen Monaten über dem Durchschnitt gewöhnlicher Jahre liegt, ja im April sogar fast das Doppelte erreicht. Daß auf den Schiffen auch Pilger kamen, versteht sich, ist – da Pilger zollfrei reisten – aus einem Zollregister aber nicht zu ersehen oder wird nur beiläufig erwähnt (*roba de pellegrini, nichil*: «Pilgersachen, nichts zu zahlen»).

Das für unsere Zwecke weitaus wichtigste Gut, das zu Schiff angeliefert und vom Hafenzoll sorgfältig registriert wird, ist der Wein. Wenn man bedenkt, daß der Wein damals noch das Getränk schlechthin war, im Rom dieser Zeit also auch für Kaffee, Bier, Coca Cola stand, dann müßte erhöhter Import, also erhöhter Bedarf, doch wohl auf ein Massenereignis wie das Jubeljahr hinweisen. Denn trinken muß auch der Rucksacktourist, dessen kurze Verweildauer (die den römischen Lokalchronisten auffiel: sonntags leert sich die Stadt, am Samstag ist sie, für die Ausstellung der Hauptreliquien und den päpstlichen Segen, wieder voll) sich in einem Zollregister ansonsten nicht niederschlägt. Tatsächlich erreicht der Weinimport im April 1475 mit 4000 Faß oder 2,1 Mill. Litern im Wert von rund 65 000 duc. einen in anderen Jahren nie erreichten Höchststand, der sich nur mit dem Massenkonsum einer großen Menschenkonzentration erklären läßt: Dies ist ja nur der Importwein, hinzu kommt noch der (in seinen Quantitäten nicht überlieferte) lokale Wein etwa aus den Albanerbergen! Und wie die Mengen, so lassen sich – zweiter wichtiger Indikator für erhöhte Nachfrage – auch die Preisbewegungen berechnen: im April 1475, auf dem Höhepunkt des Heiligen Jahres, liegen die Preise für alle drei Qualitäten (*vino latino, vino corso, vino greco*) deutlich über den sonstigen April-Werten. Im übrigen zeigt auch die Steuer auf den Importwein, daß der Weinkonsum in diesem Jahr deutlich höher lag. Daß der päpstliche Hof einen erheblichen Anteil des Wein-Imports aufnahm, wird noch zu zeigen sein.

Unter wirtschaftlichem Aspekt die Jubeljahre von 1450 und 1475 zu vergleichen, unternahm ein Chronist im nahen Viterbo, Giovanni di Iuzzo. «Das Jubeljahr von Papst Nikolaus begann mit Überfluß und endete mit Mangel (*intrò divizioso e uscì con carestia*), und das von Papst Sixtus begann mit Mangel, und dann kam Überfluß wegen der vielen angelegten Vorräte und weil wegen der Kriege wenige kamen.» Mit anderen Worten: 1450 überstieg anfangs das Angebot die Nachfrage, dann verkehrte sich das Verhältnis durch den unerhörten Zustrom; und 1475 lief es umgekehrt. Eine treffende Beobachtung – und wenn manchmal behauptet wird, eine Wahrnehmung wirtschaftlicher Prozesse sei vor dem 19. Jahrhundert nicht denkbar, kann man nur sagen, daß sogar ein S. Antonino von Florenz und ein S. Bernardino von Siena in ihren Predigten und Traktaten mehr wirtschaftliches Verständnis zeigen als manche heutige Mediävisten.

Tatsächlich hat, wie die wenigen erzählenden Quellen berichten und die Zollregister bestätigen, das Jubeljahr 1475 nach den Kirchenfesten des Frühjahrs (an Himmelfahrt sah der Agent der Gonzaga noch beträchtliche Mengen Pilger) keinen rechten Aufschwung mehr genommen. Kriege in Europa, sagte man, und eine gewaltige Tiberüberschwemmung im Spätherbst mit daraus folgender Pest behinderten die Zugänglichkeit, St. Peter wie St. Paul waren zeitweilig nur mit der Barke zu erreichen. Sixtus IV. zog endlich die Konsequenz und gab für Ostern 1476 den Plenarablaß auch nach Bologna. Daß auch bei einem rechtzeitig angekündigten, sorgfältig vorbereiteten Jubeljahr der Pilgerzustrom unter den Erwartungen bleiben konnte, weil das Gefühl der Gefährdung und die Vergabe des Plenarablasses nach auswärts die Pilger von Rom abhielt, war für die Römer eine neue, enttäuschende Erfahrung.

VII.

DIE FREMDEN IN ROM. NIEDERLASSUNGEN, BRUDERSCHAFTEN, GEWERBE

VERSCHIEDENE NATIONEN. Unter den Menschen, die aus allen Ländern der Christenheit nach Rom zogen, waren neben den Pilgern auch viele, die nicht allein zum Besuch der Kirchen kamen, sondern in Verfolgung eines Geschäftes, oder zur Ausübung eines Gewerbes, und von denen manche auf Zeit oder gar auf Dauer in Rom blieben. All diese Fremden gehören untrennbar zur Geschichte Roms. Denn Rom vermochte sie auf andere Weise anzuziehen und festzuhalten als jede andere Stadt. Darum seien hier Deutsche, Engländer, Franzosen, Spanier und andere in den Blick genommen, die sich damals in Rom niederließen.

Mittelpunkt ihres religiösen und gesellschaftlichen Lebens waren für die Fremden in Rom die Bruderschaften ihrer ‹Nation›: hier wird man sie am ehesten antreffen. Denn Bruderschaften boten eine warme schützende Hülle, gaben die Möglichkeit, den Glauben in landsmannschaftlicher Gemeinschaft zu leben, und waren wichtiger Bestandteil der kollektiven Identität.

Für die DEUTSCHEN in Rom («deutsch» ist hier immer im damaligen weiten Wortgebrauch zu verstehen, Angehörige des Reiches und des deutschen Sprachgebiets) war die bekannteste Bruderschaft die von S. Maria dell'Anima, der «Nationalkirche» in der Nähe der Piazza Navona.[103] Das Verzeichnis der Bruderschaft, in die sich auch ganze Pilgergruppen einschrieben, zeigt das Bild einer vergleichsweise elitären Gemeinschaft, in der Geistliche und Kuriale den Ton angaben und die Rolle der Laien immer geringer wurde. Ebenso wichtig, aber sozial ganz anders zusammengesetzt und mehr aus Handwerkern als aus Prälaten bestehend, war die Bruderschaft des Camposanto Teutonico, des Friedhofs gleich neben St. Peter. Auch hier sind Mitgliederverzeichnisse erhalten und sorgfältig ausgewertet worden. Die frühere Meinung, die Mitglieder seien zum großen Teil Auswärtige, die durch Einschreibung aus der Ferne in den Genuß der dieser Bruderschaft gewährten Ablässe kommen wollten, ist jüngst richtiggestellt worden. Und so ersteht aus den Verzeichnissen das Bild einer Gruppe, die in ihrer Größe (rund 500 im frühen 16. Jahrhundert, bei hohem Frauenanteil), ihrer ständisch wie beruflich gut durchmischten Zusammensetzung (mit Bäckern und Schmieden an der Spitze, aber auch päpstlichen Sängern, Lautenmachern, Goldschmieden) und ihrem ausgewogenen Verhältnis von Oberdeutschen und Niederdeutschen, wohl einigermaßen repräsentativ eine *communitas Theotonicorum in Urbe* darstellte.

Sieht man nun auf die Struktur der deutschen Bevölkerungsgruppe, so wären an erster Stelle die Kurialen zu nennen. Zu keiner Zeit waren an der Kurie in Rom so viele Deutsche tätig wie während des Schismas (als das überwiegend französische Personal hastig ersetzt werden mußte) und im 15. Jahrhundert. An Martins V. international durchmischtem Hof zählt man (insgesamt, nicht gleichzeitig) 521 Deutsche, unter Eugen IV. 473, unter Paul II. immer noch 365 (wenn man nur die Amtsträger nimmt und nicht die Kurialen im weiteren Sinn wie Kardinals-Familiaren u. ä.), zunächst meist Rheinländer, dann auch Süddeutsche. Doch müssen solche Mengen nicht nur gezählt, sondern auch gewogen werden, und da zeigt sich bei näherem Zusehen ein weniger imposantes Bild: Nach der Mitte des Jahrhunderts verschwinden die Deutschen ganz aus der Apostolischen Kammer, nehmen beim Kanzleipersonal (Schreiber und Abbreviatoren) kontinuierlich bis auf niedrige Werte ab, ebenso bei den Richtern (nicht den Notaren) der Rota. Man findet sie als Küchen- und Wachpersonal im Papstpalast, aber doch auch als Kubikulare und Referendare, also in der nächsten Umgebung des Papstes, besonders unter Pius II., der gerne Deutsche um sich hatte. Kardinäle aus dem Reich gab es wenige, und wenig eindrucksvolle (sieht man von Nikolaus von Kues ab): man vergleiche einmal mit den Franzosen.[104]

Auch wenn man bedenken muß, daß die Zusammensetzung der Kurie ihre Eigendynamik und ihre klientelaren Bedingungen hatte und nicht vom jeweiligen Papst durchgängig programmiert war, sagt diese Entwicklung doch viel aus. Was hier im Hintergrund spürbar wird, ist das abnehmende Gewicht des Reiches, das zunehmende Gewicht der europäischen Fürstenstaaten, aber auch die abnehmende Attraktion der von den Reformkonzilien eingeengten, zunehmend italianisierten römischen Kurie.

Stark ist die deutsche Präsenz in Rom auch unter den Studierenden der Kurien- und der Stadtuniversität. Zur Zeit Martins V. lassen sich rund 40 Universitätsbesucher aus dem Reich nachweisen, unter Eugen IV. etwa ebensoviele, in den folgenden Pontifikaten bis 1471 rund 60–70, und zwar zunehmend an der Stadtuniversität, überwiegend West- und dann auch viele Süddeutsche. Das sind ansehnliche Zahlen, und die im Repertorium Germanicum verfügbaren Biogramme zeigen, wie viele von ihnen – mit abnehmender Tendenz – zugleich oder danach in päpstlichem Dienst standen, als Schreiber an der Kanzlei, Notar am Gerichtshof der Rota, Kurienprokurator für Dritte. Oft war dem Studium in Rom der Besuch einer deutschen Universität vorausgegangen.

Unter den deutschen Handwerkern stellten die weitaus größte Berufsgruppe in Rom die Bäcker. Das erhaltene Aufnahmeregister der Jahre 1478–83 nennt mit rund 40 Neuzugängen pro Jahr einen Zuwachs, der damals von keiner Zunft in keiner deutschen Stadt auch nur annähernd erreicht worden ist. Man hat daraus einen Bestand von gut 200 gleichzeitig in Rom arbeitenden deutschen Bäckern errechnet. Tatsächlich begegnet man ihnen auf Schritt und Tritt – das Rom des Spätmittelalters und der Renaissance aß deutsches Brot. Man darf sich fragen, wie weit Angehörige einer so dichtgefügten Korporation willens und fähig waren, sich in ihre römische Umwelt zu integrieren: immerzu deutschen Berufsgenossen begegnend und abends mit ihnen in der *scola pistorum theotonicorum* zusammenhockend, werden viele von ihnen keine große italienische Konversationspraxis gehabt haben. Blieben sie in Rom, dann war das in der Generation der Söhne schon ganz anders, nahmen Assimilationswille und soziale Integration entschieden zu. Das konnte rasch so weit führen, daß die Betreffenden zwar noch ihre deutsche Abkunft (die bei landsmannschaftlichen Bruderschaften Bedingung war) behaupten, aber nicht mehr die deutsche Sprache sprechen konnten. Doch wird daran erst das 19. Jahrhundert, das überall «nationale Fragen» sah, Anstoß nehmen.

Fast ebenso zahlreich, und in diesem Gewerbe jedenfalls überrepräsentiert, waren die deutschen Schuhmacher, wie das Mitgliederverzeichnis ihrer Bruderschaft ausweist. Daneben arbeiteten Deutsche häufig als Gastwirte (ja Papst Pius II. behauptete sogar, daß «in Italien die meisten Gasthäuser von Deutschen betrieben werden, und wo Du keine Deutschen findest, findest Du auch keine Gasthäuser»); in der Hotelliste der Apostolischen Kammer anläßlich des Kaiserbesuchs von 1468/69 werden unter den Wirten immerhin sechs ausdrücklich als Deutsche bezeichnet.[105]

Eine besondere, ja ausschließliche Position hatten Deutsche im damals modernsten und qualifiziertesten aller Berufe: dem des Buchdrukkers. Überall bestand die erste Generation der Buchdrucker aus Deutschen, in Rom auch noch die zweite. Am Sitz der Kurie konnten sie mit einem aufnahmefähigen Markt und, wenn ohne Eigenkapital, mit interessierten Kapitalgebern rechnen. Sie konnten obendrein gewiß sein, daß ihnen keine großen rechtlichen Schranken entgegenstehen würden, denn dieser innovative Beruf war außerhalb der traditionellen, hinderlichen Zunft-Ordnungen entstanden, so daß noch Erasmus meinen konnte, es sei leichter, Drucker zu werden als Bäcker. Und sie konnten – ein nicht zu unterschätzender Aspekt – auch sicher sein, daß sie in dieser Stadt eine große Kolonie von deutschen Landsleuten antreffen würden.[106]

So kamen sie früh, noch zu Lebzeiten Gutenbergs, und in wachsender Zahl nach Rom: Ulrich Han druckte hier seit 1466, Arnold Pannartz und Konrad Sweynheym (die 1465–67 im nahen Kloster Subiaco die ersten Bücher in Italien gedruckt hatten) begannen, mit Förderung durch die Massimo, 1467 mit ihren römischen Drucken. Die Absatzerwartung zielte natürlich auch hier auf den Hof, nicht auf die Römer. Deren Buchbesitz war nicht gerade eindrucksvoll, von den bisher untersuchten Nachlaß-Inventaren enthält nur jedes achte Bücher, meist wenige, und Dante ist bisher nur zweimal nachzuweisen. Aber in einer Stadt mit Universität und Ordensstudien, mit so vielen kirchlichen und weltlichen Behörden, so viel Bedarf an Kopisten, so viel Intellektuellen durfte man sich kontinuierlicher Nachfrage sicher sein. Da sehen wir im Juli 1470 den mailändischen Gesandten in Rom Nicodemo Tranchedini mehrere Klassiker-Drucke der Pannartz & Sweynheym nach Hause expedieren, Hartmann Schedel im gleichen Jahr die Bücher dieser Druckerei «beim Campo dei Fiori» mit ihren Preisen notieren (Abb. 21), und unter den

Kurialen regelrechte Preislisten kursieren (*Precia librorum venalium qui fiunt Rome in forma per theutones*). Und wenn man sich mit dem Druck von Klassikern verkalkulierte wie Pannartz & Sweynheym, konnte man immer noch mit Rechtstexten, päpstlichen Verlautbarungen, höfischen Reden, Pilgerführern, Satzungen auf seine Kosten kommen: So wurden 1469 alle Advokaten, Prokuratoren und Notare der *Curia Capitolii* von der päpstlichen Regierung verpflichtet, sich binnen acht Tagen ein Exemplar der von Ulrich Han gedruckten Kommunalstatuten von 1363 in der unter Paul II. revidierten, päpstlich entschärften Fassung anzuschaffen.[107]

Den Absatz in Rom selbst hat man durch Untersuchung der Bestände verschiedener Bibliotheken von Konventen, Kardinälen, Humanisten einzuschätzen versucht (S. Agostino, S. Maria del Popolo, S. Maria sopra Minerva, Collegio Inglese usw.). Der festgestellte Anteil an Frühdrucken in diesen ersten Jahrzehnten ist allerdings sehr unterschiedlich. Abgesehen von individuellen Vorlieben (Federigo da Montefeltro wollte bekanntlich in seiner Bibliothek keine Drucke sehen) war es natürlich der augenblickliche Bedarf: die Dominikaner in S. Maria sopra Minerva kauften vorläufig keine Drucke, weil sie gut ausgestattet waren, die Regularkanoniker in S. Maria della Pace kauften sofort viel, weil sie seit Verlassen des Laterans keine Bücher hatten.[108]

Was diese revolutionäre Innovation brachte, war von einflußreichen Kardinälen wie Piccolomini, Kues (auch wenn sie beide die Anfänge des Drucks in Rom gerade nicht mehr erlebten) oder Torquemada früh erkannt worden, ja die früheste Nachricht über Gutenbergs Bibeldruck überhaupt ist dem Piccolomini zu verdanken, der auf der Messe wohl anläßlich des Reichstags in Frankfurt, Oktober 1454, vielleicht von Gutenberg selber die ersten Lagen der 42 Zeilen-Bibel gezeigt bekam und darüber begeistert an Kardinal Juan de Carvajal schrieb («das kannst Du sogar ohne Brille lesen!»). Von daher, und nicht vom wirtschaftlichen Erfolg, rührte das Ansehen, das das junge Gewerbe der deutschen Drukker gerade in diesen Anfängen, und gerade in den gebildeten Kreisen des päpstlichen Hofes hatte, und das erleichterte ihnen den Aufstieg in privilegierte Stellungen (wie die *familiae* von Papst und Kardinälen) und gab ihnen somit günstigere Startpositionen bei Bewerbung um Pfründen.

Manche ließen sich, als Laien nach Rom gekommen (wie Sweynheym), hier zu Klerikern machen, denn nur das gab ihnen Zugang zu

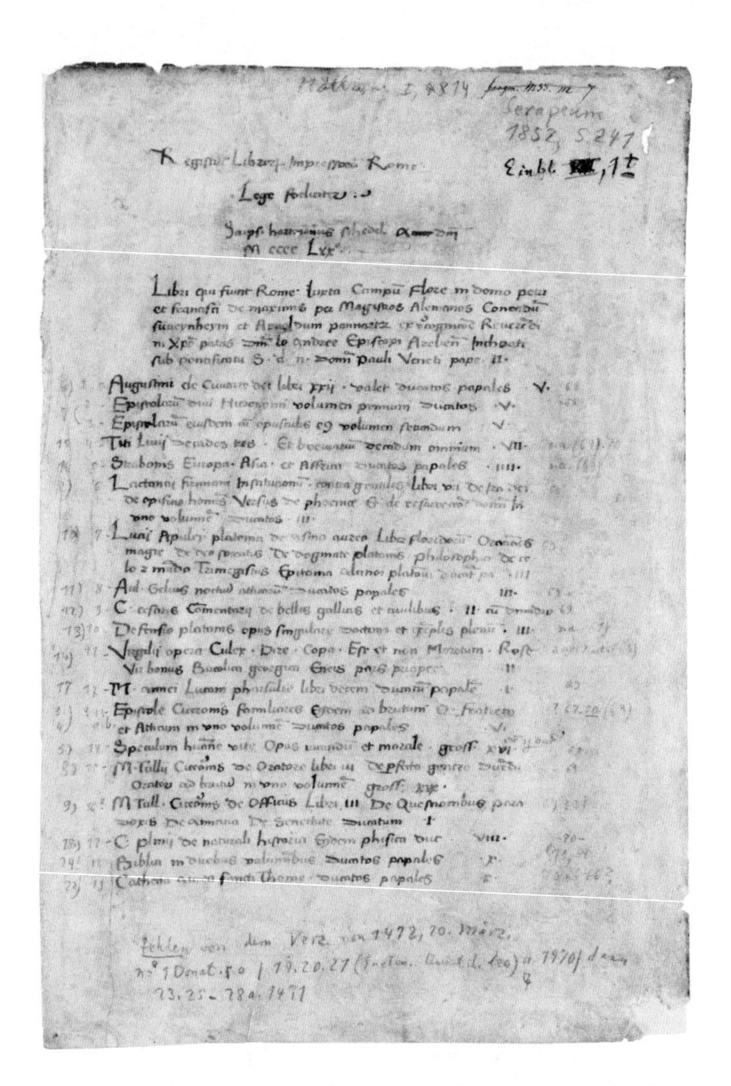

Abb. 21. Titel und Preise der «bei Pietro und Francesco Massimo beim Campo dei Fiori» käuflichen Bücher der deutschen Frühdrucker Pannartz und Sweynheym, von der Hand Hartmann Schedels 1470: «Augustin De civitate Dei in 22 Büchern, Wert 5 päpstliche Dukaten», usw. München, Bayer. Staatsbibliothek.

kirchlichen Pfründen, mit deren Einkünften sie ihre unternehmerisch doch unsichere Position absichern konnten (das Erstdruckerpaar Pannartz & Sweynheym geriet bekanntlich früh in eine Absatzkrise), und die ihnen für eine – vielleicht schon einkalkulierte – Rückkehr in die Heimat eine Perspektive gab. Einige von ihnen entwickelten, den Standortvorteil Rom nutzend, im Beschaffen von Pfründen bald einige Virtuosität, wie sich für mehrere dieser Frühdrucker (Arnold Pannartz, Konrad Sweynheym, Sixtus Rüssinger, Adam Rot, Georg Sachsel, Bartholomeus Golsch, Johannes Schurener, Vitus Pucher) jetzt nachweisen läßt. Einige waren mit klassischen Autoren (auch in italienischer Übersetzung), kanonistischen Traktaten, Pilgerführern usw. recht produktiv und zielten gewiß auch auf den Export. Bartholomeus Guldinbeck brachte es auf mehr als 100 römische Drucke. Man hat errechnet, daß die 1828 Titel, die bis 1500 in Rom (fast ausschließlich von Deutschen) gedruckt wurden, bei einer durchschnittlichen Auflage von 300 Exemplaren fast 550 000 Büchern entsprochen haben müssen![109]

Von großer Bedeutung war in Rom die Funktion des Prokurators, der ständig im Umkreis der Kurie tätig war und davon lebte, mit seinem Insider-Wissen anreisende oder anschreibende Petenten durch das Labyrinth des vatikanischen Geschäftsgangs zu führen. Das galt natürlich für alle Nationen, ist durch das Repertorium Germanicum aber am deutschen Beispiel besonders gut zu fassen. *Plures et innumere sunt cautele et subtilitates in graciarum expectativarum expeditione*, unzählig seien die Spitzfindigkeiten, bemerkt ein damaliges Handbuch für den Verkehr mit der päpstlichen Kanzlei und rät deshalb, es ohne einen vor Ort erfahrenen Prokurator gar nicht erst zu versuchen. Wie sollte man anders auch durch das Gestrüpp von Kanzleiregeln finden (das schaffen auch jetzt noch gewöhnliche Papsthistoriker nur mit Hilfe) und die amtlichen und weniger amtlichen Tarife, Reservationen, Prärogativen, Vorzugsdaten kennen, um ein Anliegen in langer Belagerung der Behörden über alle bürokratischen Hürden zu bringen?[110]

Unter den Kaufleuten (von denen beim Waren-Import noch ausführlich die Rede sein wird) interessieren hier nur solche, die auf Dauer in Rom residierten. Das scheinen sehr wenige gewesen zu sein, darunter jedenfalls die beiden flämisch-niederländischen – damals natürlich den *todeschi* zugerechneten – Kaufleute Theodericus de Dril und Lukas Doncker, beide auch Mitglieder und sogar Amtsträger der Anima-Bruderschaft. Es ist bezeichnend, daß es nicht Oberdeutsche sind (die Fugger sind in Rom noch nicht angekommen und werden eine ständige Vertretung hier erst gegen 1495 errichten), sondern daß sie aus dem Raum stammen, über den damals sowohl der Warenverkehr wie der Zahlungsverkehr von halb Europa in Richtung Rom lief.[111]

Natürlich werden Deutsche, außer in diesen, verstreut auch in zahlreichen anderen Berufen genannt, als Schmiede, Söldner, Büchsenmeister, Weber, Sattler, Barbiere, Fuhrleute, Bauarbeiter, Näherinnen, Prostituierte. Einigen deutschen Söldnern können wir, in der Musterrolle der Engelsburg, sogar buchstäblich ins Gesicht sehen: «Hans von Nürnberg, ziemlich groß, etwa 24jährig, volles Gesicht, kleine Narbe über dem linken Auge.» Ein anderer Deutscher schielt, neben ihm steht ein dicker roter Franzose (*pinguis et rubeus gallicus*).

Von vielen dieser Deutschen in Rom wissen wir, wenn überhaupt, nur gerade die Namen. Zwei jüngst ausgewertete Quellengattungen lassen uns etwas mehr erfahren: die Pönitentiarie-Gesuche ihre persönlichen Schicksale, die Akten eines deutschen Notars ihre beruflichen Umstände.

Die in den Gesuchen geschilderten Episoden sind freilich kruder römischer Alltag, wirken wie als mißraten aussortierte Momentphotographien gewöhnlicher Einzelpersonen vor undeutlich römischem Hintergrund. Etwa der deutsche Trompeter, der im Stab des römischen Senators auch mal bei Hinrichtungen trompetet hatte (das aber als künftiger Priester besser nicht getan hätte); der deutsche Gastwirt, der leichtsinnigerweise geschworen hatte, nicht weiter Gastwirt sein zu wollen, und nun seine Familie in Rom anders gar nicht ernähren kann; die beiden deutschen Kleriker, die sich über der Frage, ob die Hl. Katharina auf dem Sinai oder auf einem Berg in Sizilien bestattet sei, vor der Peterskirche in die Haare kriegen; der Deutsche, der ein päpstliches Verurteilungsplakat von der Wand gerissen hatte und sich nun dafür rechtfertigen muß; Prügeleien zwischen Bediensteten großer Kardinalshaushalte. Und weitere Szenen aus einem wenig erhabenen Rom.[112]

Tieferen Einblick in die Lebens- und Arbeitsverhältnisse der Rom-Deutschen damals geben die Entwürfe, die sich ein deutscher Notar in den Jahren 1467–1488 über die von ihm aufgesetzten Urkunden notierte. Man macht beim Lesen solcher sogenannter Notarsimbreviaturen immer wieder die Erfahrung, daß sich in italienischen Städten Fremde, wenn irgend möglich, in juristischen Angelegenheiten an Landsleute wendeten: Florentiner in Rom an einen Florentiner Notar, Deutsche in Rom an einen Deutschen. Denn von einem Landsmann konnten sie sich vertraulicher beraten lassen, der kannte die typischen Probleme seiner Landsleute in der Fremde, und dem mußten sie (anders als einem ungläubig dreinblickenden italienischen Notar) auch nicht den eigenen sperrigen Namen – Conrad Cappenzippel, Utz mit der Taschen, Äberlin Käs und Brot – dreimal diktieren. Diese Einsicht läßt sich dann umkehren und zur methodischen Nutzanwendung machen: Will man eine solche Bevölkerungsgruppe aufspüren und untersuchen, stelle man sich sozusagen vor die Türe eines solchen Notars, und man wird einen großen Teil der – florentinischen oder deutschen – Kolonie zu fassen kriegen.[113]

Und so auch hier. Johannes Michaelis Haunschilt (aus Straubing, aber inzwischen *civis Romanus*), wohnte am Westhang des Kapitols, arbeitete oft, auch sonntags, vor seinem Haus, aber auch auf der benachbarten Treppe hinauf nach S. Maria in Aracoeli oder im Innern des Kapitolspalastes, und natürlich überall dort, wohin ihn seine Kunden riefen: die adeligen Salomoni oder die Margani gleich nebenan, der Kardinal Marco Barbo schräg gegenüber im neuen Gartenpalast von S. Marco, oder zum Fischmarkt etwas weiter unten, ins Pantheon, in die Sakristei von St. Peter, zu den Florentinern bei der Engelsbrücke. Das reicht von den Rechtsgeschäften hochangesehener römischer Familien wie Cenci, Colonna, Savelli bis tief hinunter zu kümmerlichen Mitgiften, Lieferungen von Schweinen, Anstellung von Ammen zum Stillen, durchs vergitterte Kerkerfenster (*ad gratas ferreas carceris*) gesprochenen Schuldbekenntnissen – ein breiter Querschnitt durch den Geschäftsalltag römischer Gesellschaft der Frührenaissance.

Und eben seine deutschen Klienten. Bemerkenswert Zahl und Geschlossenheit der Bäcker. Bäcker aus Heidelberg, Ingolstadt, Speyer, Würzburg, Danzig usw. schließen vor unserem Notar ihre Verträge ab, pachten bei römischen Familien oder Klöstern einen Backofen, werden Gesellschafter (überwiegend nach der Formel, daß der eine das Kapital, der andere seine Arbeitskraft einbringt), machen Lieferverträge mit namhaften Familien und Kardinalshaushalten. Die Verträge werden oft gleich in der Backstube aufgesetzt (*actum in furno*) oder am Sitz der deutschen Bäckergenossenschaft (*in scola pistorum Almanorum in Urbe*). Sogar unter den zuliefernden Müllern sind Deutsche. Wenn ein deutscher Bäcker sein Testament macht, ist die Stube voll mit seinesgleichen, und wenn der Notar ein Inventar aufsetzt, betreten wir auch die Backstube mit allen aufgeführten Gerätschaften: Backbretter samt den zugehörigen Tüchern, Waagen groß und klein, Siebe, kleine Bütten für die Hefe, usw.

Bei Deutschen im spätmittelalterlichen Rom denkt man zu sehr an Kuriale, Kleriker, Pilger. Aber bei diesem Notar begegnen sie auch in den unterschiedlichsten Gewerben, auch als Buchdrucker. Deutsche in allen Berufen und in allen Lebenslagen: vor dem Notar Messen stiftend, den Verzicht aufs Würfelspiel versprechend, in Laientrauung die Ehe eingehend.

Alle Nationen hatten in Rom ihre bevorzugten Viertel, die meist mit der Lage ihrer Nationalkirchen übereinstimmen. So auch bei den Deutschen. Man hat für den um die Piazza Navona gelegenen rione Parione errechnet, daß in der zweiten Hälfte des 15. Jahrhunderts wohl gut ein Drittel der Wohnbevölkerung dort nichtrömischer Herkunft war, von diesen wiederum ein Drittel Nichtitaliener, und von diesen wiederum zwei Drittel Deutsche als mit Abstand größte Ausländergruppe. Die Mieter des recht geschlossenen Immobilienbesitzes der Anima waren weit überwiegend Deutsche und Flamen im Dienste der Kurie (Skriptoren, Abbreviatoren, Auditoren, Prokuratoren). Die Bruderschaft der Bäcker hatte ihren Sitz zunächst bei S. Trifone/S. Agostino, also in der Nähe der Anima, dann bei ihrer kleinen Kirche S. Elisabetta (an der Westflanke von S. Andrea della Valle), während die Backbetriebe natürlich über die Stadt verteilt waren; die Bruderschaft der deutschen Schuhmacher ihren Sitz, die *scola sutorum*, seit 1459 bei dem kleinen deutschen Spital S. Andrea oder S. Nicola (hinter S.Carlo ai Catinari). In dieser Gegend lebten, unter dem Schirm der Anima-Stiftung, bescheiden auch viele ärmere alleinstehende deutsche Frauen: als Laien in jenem *Spitale delle Todesche* von S. Andrea, in dem von S. Catherina (beim heutigen Largo Argentina) und im Spital der Anima selbst; als *bizocche* oder Franziskaner-Terziarierinnen in sogenannten *case sante* in Pigna (bei S. Marco) und in Parione (bei S. Agnese an der Piazza Navona). Bemerkenswert groß ist die Zahl der hier und im angrenzenden rione Arenula vom ersten Census von 1526 registrierten weiblichen deutschen Haushaltsvorstände, wohl meist alleinstehende Frauen.[114]

Neben den in Rom Niedergelassenen die Rom-Besucher, niedrige wie hohe (doch auch von den hohen nahm die römische Lokalchronistik kaum Notiz): Fürsten, Gesandte, städtische Geschäftsträger, Kaiserkrönungstouristen. Etwa Graf Eberhard von Württemberg, der 1482, mit dem jungen Reuchlin als Dolmetscher, Rom aufsuchte, immerhin eine Gonzaga zur Frau hatte und somit Schwager des Kardinals Francesco Gonzaga war. Oder die Rom-Reisen von städtischen Bevollmächtigten, die ein Problem zwischen ihrer Stadt und der Kurie zu verhandeln hatten: so der Prokurator Albert Krummediek 1462 die Beilegung des sogenannten Lüneburger Prälatenkriegs, der bis zur Verhängung des Interdikts über die Stadt und zur Exkommunikation der Ratsangehörigen geführt hatte. Seine Reisekostenrechnung zeigt beredt, wie Rom auf den wirkte, der hier, wenn auch mit lokaler Hilfe, etwas durchzusetzen, ein Anliegen von der Anfertigung der Supplik bis zur Aushändigung der Bulle durchzubringen hatte: was es kostete, einen Kardinal beizuziehen, und was die von Stufe zu Stufe erwarteten Aufmerksamkeiten für Tarife hatten. Hier war ein ganzes Pferd zu schenken, dort wenigstens etwas Konfekt, «weniger ging nicht», *minus facere non potui*. Einiges davon zahlt sich aus (*et in mille profuit*), anderes war «rausgeworfenes Geld».[115] Auch das ist Rom: Nicht erst das Rom reformatorischer Kritik, sondern schon das Rom mittelalterlichen Behörden-Alltags gilt als schwierig, fordernd, schmarotzerisch.

Darunter waren natürlich auch deutsche Bevollmächtigte mit unangenehmen Aufträgen und von unangenehmem Auftreten – ein Eindruck, über den man nicht hinweggehen sollte, da ihn manche, in der Reformation, im Nachhinein als erstes Donnergrollen seitens dieser unmöglichen Deutschen empfinden werden. Etwa Gregor Heimburg, der gelehrte Rat im Dienste seiner Herren, der dem Papsttum mit seinen leidenschaftlichen Flugschriften und seinen Konzilsappellationen auf das heftigste zusetzte. Pius II., der ihn fürchten und hassen lernte, schildert unnachahmlich die Szene, wie der große Mann in teutonischer Grobheit in der Schwüle eines römischen Juli-Abends gegenüber der Engelsburg

> «beim Monte Giordano auf und ab geht, vor Hitze kochend (*caloribus exaestuans*), die Römer und seinen Auftrag verwünschend, die Schuhe ausgezogen, das Hemd offen (*dimissis in terram caligis, aperto pectore*), nichts auf dem Kopf, die Ärmel aufgekrempelt (*brachia discoperiens*), kurz: ein [vor allem für Italiener] abstoßender Anblick (*fastidibundus*); und wie er dabei auf Rom und [Papst] Eugen und die Kurie schimpft und das Klima dieses Landes verflucht.»[116]

In dieser aufgeregten Zeit war es kein weiter Schritt zum antirömischen Affekt, in dem Entrüstung über die Diesseitigkeit der römischen Kirche, echtes Reformverlangen und politisches Kalkül, enttäuschte persönliche Erwartungen, Befremdungen zwischen ‹deutsch› und ‹welsch› leicht eine finstere Verbindung eingehen und zur Rom-Beschimpfung, zum deutschen Rom-Koller führen konnten.

Rom-Besucher unterhalb solcher Fürsten und Gesandten bleiben, weil nicht einzeln dokumentiert, in der Regel auch unterhalb unserer Wahrnehmungsschwelle. Bei schlichten Rom-Besuchern denkt man stets an die Pilger. Aber man vergesse darüber nicht die große Gruppe von Personen auch niederen Ranges, die nach Rom kamen, um hier irgendein Anliegen – meist ein Absolutionsbegehren – persönlich voranzubringen. Auch auf diese Gruppe, von der wir bisher wenig Individuelles wußten, wirft nun die bereits genannte Quellengattung der Pönitentiarie-Gesuche ein helles Licht. Sie zeigt an der manchen Gesuchen beigefügten Klausel *est presens*, wie unerwartet groß die Zahl derer war, die sich da auf den Weg machten – und wie gering oft die Anliegen, derentwegen sie sich nach Rom bemühten. Da kommt ein Priester, der einen von der Hebamme bereits notgetauften Säugling nochmal getauft hatte (was ja zulässig war, falls man die vorgesehenen *verba conditionalia* sprach: ‹falls Du nicht schon ...›); da kommt ein Basler, weil er vor 30 Jahren (!) an den Kriegen gegen Karl den Kühnen teilgenommen hatte und nun, nach einvernehmlicher Trennung von seiner Frau, noch Priester werden möchte; kommt ein Priester, weil er einen anderen, der behauptet hatte, seine Mutter sei eine Hexe, angeschossen hatte – und weitere Fälle, die auch auf dem Schriftweg hätten betrieben werden können, wie ähnliche Gesuche zeigen. Manche mögen es mit einer Pilgerfahrt verbunden haben. Aber zunächst einmal hatten sie aus Gewissens- und zumal Existenznot (denn die Exkommunikation entzog den Geistlichen ja ihre kirchlichen Einkünfte) den kostspieligen Weg nach Rom unternommen. Vielleicht ist es – wie die nun häufige Formel «Was man ohne Erlaubnis des Hl. Stuhls, wird gesagt, nicht tun kann» – zugleich ein Indiz für die (gebotene und empfundene) Zentralität Roms, und das noch unmittelbar vor der Reformation! Alle Probleme führten nach Rom. Doch werden die deutschen Petenten in den vatikanischen Registerserien schon vor der Reformation abnehmen, die französischen stark zunehmen.[117]

Auch die Zahl der ENGLÄNDER in Rom war zeitweilig recht groß. Was sie, außer als Kleriker an die Kurie, beruflich nach Rom zog und hier festhielt, war die Hoffnung auf einen Markt, wie ihn Pilger, ein Hof, eine von der See her zugängliche Stadt wohl bieten konnten. Auch hier sei von den Hospizen ihrer ‹Nation› ausgegangen, wobei weniger die Institution interessiert als die zugehörigen Archivalien, die Einblick in die Zusammensetzung der englischen Kolonie geben.[118]

Beide englischen Hospize waren im 14. Jahrhundert, wie ja auch sonst zu beobachten, von Laien für die üblichen Zwecke – Betreuung von Pilgern, Kranken, Alten, Gebetsgemeinschaft in der zugehörigen Kapelle – gegründet worden und werden erst im 15. Jahrhundert zunehmend in geistliche Hände geraten. 1362 kaufte der Engländer Johannes Petri im rione Arenula (Via di Monserrato, westlich des Campo dei Fiori) ein Haus, um es, gleich weiterverkauft an William Chandler aus York als Vertreter der – bereits mit Ämtern genannten – *universitas Anglorum* in Rom, zusammen mit seiner Frau Alice als Hospiz zu betreiben. Johannes bezeichnet sich, ebenso wie zwei Zeugen, als *paternostrarius*, Rosenkranzmacher: Sie waren also auf den Pilgerbetrieb orientiert, der auch in Abwesenheit des Papstes weiterlief und darum immer Nachfrage hatte. Ansonsten werden unter den Engländern als Berufe Schuster, Müller, Kaufleute genannt.

Wichtigstes englisches Exportprodukt war zweifellos die Wolle, und einheimische *lanaiuoli* sind damals im rione Arenula auch nachzuweisen. Aber Wollverarbeitung in großem Stil gab es in Rom nicht, und so waren es wohl eher Wolltuche, mit denen diese englischen Kaufleute handelten. Der italienische Seehandel mit England war bekanntlich lebhaft; daß sogar Rom davon etwas abbekam, zeigen die römischen Zollregister der Frührenaissance. Sie nennen häufig englische Tuche (aber kaum englische Importeure), ja *panni di Londra*, «Londoner Tuche», waren am römischen Zoll sogar mit festem Tarifwert notiert. Auch Alabasterstatuetten könnten Import aus England sein, wo sie eine Spezialität von Nottingham waren. Deutlicher als der Warenhandel tritt, gerade in der Schisma-Zeit, der Geldtransfer von England nach Rom hervor, sowohl auf der Ebene der Hofbankiers (und man unterschätze nicht, was Alberti, Mannini, Medici auch politisch zwischen Rom und London bewirken konnten) wie auf der Ebene kleiner persönlicher Transaktionen.

Nach Bonifaz' IX. eigenen Worten wären die Gelder aus England für die Existenz seiner Kurie zeitweilig wichtiger gewesen als die Einkünfte aus allen anderen Ländern der römischen Obödienz.[119]

Neben diesem dem Hl. Thomas von Canterbury geweihten Spital (das im 16. Jahrhundert zum Sitz des *Venerabile Collegio Inglese*, des englischen Priesterkollegs wurde) gab es ein zweites englisches Spital, in Trastevere gelegen und nach der nahen Kirche S. Crisogono (dann auch nach dem Hl. Edmund) benannt, das 1396 durch den in Rom lebenden Londoner Kaufmann John White in einem vom Kapitel dieser Kirche gepachteten Haus gegründet wurde. Der römische Hintergrund dieses Londoners scheint, sieht man die Namen seiner Testamentsvollstrecker, sehr respektabel gewesen zu sein. Und doch hat dieses Spital nie den Aufschwung des anderen genommen. In einem Pönitentiarie-Gesuch bemerkt 1453 ein englischer Priester sogar, er zweifle daran, daß die Kapelle dort, in der er einen Schotten getraut hatte, überhaupt geweiht sei. 1464 wird St. Edmund in St. Thomas aufgehen.

Was die Kurie betraf, so bot der Ausbruch des Schismas, wie den Deutschen, so auch den Engländern eine besondere Chance, da das Reich und England der römischen Obödienz anhingen und das bis dahin vorherrschende französische Kurienpersonal (avignonesischer Obödienz) sofort ausgewechselt werden mußte. Das vermehrte nun die Zahl der Engländer an der Kurie (und über Rom konnte man auch daheim besser Karriere machen); das vermehrte spürbar auch den Kleriker-Anteil gegenüber dem Laien-Anteil unter den Engländern in Rom. Protonotare, Abbreviatoren, Schreiber usw., einige auch als Prokuratoren tätig (deren Geschäfte zu verfolgen sich immer lohnt), mehrere englische Rota-Richter, sogar ein in Rom residierender englischer Kardinal, Adam Easton: Das waren seltene Dinge, die mit dem Ende des Schismas und der nun einsetzenden Italianisierung der Kurie auch schon wieder aufhörten. Vorläufig kein englischer Rota-Auditor mehr, kein Kammer-Auditor, nur ein Konsistorialadvokat, wohl aber einige Abbreviatoren in der Kanzlei, Minderpönitentiare, Kubikulare im päpstlichen Haushalt (vielleicht nur als Ehrentitel). Viel war das nicht. Und doch waren darunter Kuriale, die – bekannt mit Poggio Bracciolini, der ja seinerseits einige Jahre in England gelebt hatte – zur Entwicklung des Humanismus in England beigetragen haben könnten. Einen englischen

Kardinal an der Kurie wird es in den nächsten hundert Jahren nicht mehr geben.[120]

Die gute archivalische Überlieferung erlaubt immer wieder interessante Einblicke in die Zusammensetzung der englischen Kolonie und in einzelne Schicksale, auch von Frauen (die Bruderschaften beider Hospize standen auch Frauen offen): Wie bei der Anima kennen wir bei St. Thomas auch den Immobilienbesitz (1445 waren es 30 Häuser, die 360 duc. einbrachten) und die Pächter, wiederum zunehmend Kuriale, darunter Deutsche. Auch hier sind es, neben den eigentlichen Akten der Hospiz-Leitung, die Testamente, Notarsimbreviaturen (doch scheint es, jedenfalls in den ersten Jahrzehnten, keinen englischen Notar in Rom gegeben zu haben, an den sich Engländer bevorzugt hätten wenden können), dazu persönliche Quellen wie das Briefbuch des Prokurators William Swan, und die Chronik des Adam von Usk, die ein umfassenderes Bild geben als bei anderen Ausländerkolonien in Rom.[121]

Die Frage nach der englischen Präsenz in Rom ist natürlich immer auch eine Frage nach den augenblicklichen Beziehungen zwischen Papsttum und englischem Königtum. Daraus wird im Spätmittelalter leicht eine Vorgeschichte des Bruchs zwischen Heinrich VIII. und Rom. Diese Perspektive darf hier nicht gelten, überhaupt geht es bei unserem Thema um große Politik nur so weit, als sie königliche Repräsentanten leibhaftig in Rom sein läßt. Und dazu gab es jetzt Anlaß genug wegen des Hundertjährigen Krieges (das Papsttum zwischen England, Frankreich, Burgund) und wegen der anhaltenden Versuche des englischen Königs, Klerusbesteuerung, Stellenbesetzung und Bischofsernennungen durch den Papst zu verhindern oder zu steuern. Ein residierender königlicher Prokurator, wie er dann für nötig gehalten wurde, hatte, wie vor allem an dem 1446 ernannten William Gray zu sehen ist, seinen Stab, seine *familiares* – und das erzeugt Quellen, die uns wiederum weitere Engländer in Rom kennenlernen lassen.

Neben den in Rom seßhaften Engländern sind wieder die Pilger zu bedenken, die von den Britischen Inseln immer schon zahlreich waren, und denen die Hospize, zu religiösen und praktischen Zwecken, ja auch dienen sollten. Im Thomas-Spital wohnte, zunächst abgewiesen, 1414/15 für einige Zeit auch die bekannteste englische Pilgerin, die Mystikerin Margery Kempe, die in einem eigenwilligen, sehr persönlichen Bericht ihre Pilgerfahrten beschrieben hat (darunter Rom auf der Rückreise von Jerusalem), in häufigem Streit mit ihren Mitreisenden, was sie auch in Rom nicht verschweigt.[122] Mehrmals kommt sie auf die Schwierigkeiten zu sprechen, sich mit ihrem Englisch in Rom zu verständigen: *he vndirstod not what thei seyden in Englysch*; *he cowde neythyr speke Englysch ne vndirstondyn Englisch*, usw. Man vergißt solche sprachlichen Verständnisprobleme leicht in dieser scheinbar so polyglotten Stadt: Hier werden sie einmal ausdrücklich angesprochen.

Von großer Bedeutung war die Präsenz der FRANZOSEN in Rom. Doch ist sie, anders als bei Deutschen und Engländern, für das 15. Jahrhundert bisher mehr in ihren Spitzen als in ihrer Breite untersucht worden. Ihr religiöser Mittelpunkt war S. Luigi. Die damals genannte *universitas curialium nationis gallicane Romanam curiam sequentium*, also die Gemeinschaft der französischen Kurialen, hatte mit Erlaubnis Sixtus' IV. 1478 Kapelle und Spital dieses Namens, damals bei der Torre Argentina gelegen, in die Gebäude der alten, der Abtei Farfa gehörenden Kirche S. Maria de Cellis verlegen dürfen, eben dorthin, wo sich fortan S. Luigi dei Francesi erhob. Denn die Räumlichkeiten des alten französischen Armenspitals waren, wie eine bereits an Pius II. gerichtete Petition feststellte, «so klein und eng» (*adeo exigue et anguste*), die zugehörige Kapelle mit Friedhof so klein, daß das alles für Pflegebetrieb, Gottesdienst und Bestattungen nicht mehr ausreiche, schon gar nicht «in Zeiten der Pest», wenn dann «durch Ansteckung» (*contagione*) auch der benachbarte Palast des Kardinals Francesco Todeschini-Piccolomini (des künftigen Pius III.) gefährdet werde; schließlich kämen ans Fest des Hl. Ludwig auch Kardinäle und Prälaten in diese Kapelle.[123]

Mit den Kurialen «französischer Nation» waren hier alle Personen französischer Zunge gemeint, also nicht nur die Untertanen des französischen Königs, sondern auch Burgunder, Lothringer, Savoyarden (nämlich die Untertanen des Herzogs von Savoyen, soweit sie französisch sprachen). Die französischen Laien hingegen gehörten in die – 1473 von Sixtus IV. zugelassene – Bruderschaft von S. Maria della Purificazione dei Transalpini oder «der 4 Nationen», die nämlich auch Laien anderer Nationen umfaßte (wie eben die Burgunder oder die Lothringer, soweit sie nicht, als geistliche Kurialen, in S. Luigi waren), die später ihre eigenen Bruderschaften gründeten. Das bei S. Luigi geltende sprachliche

Kriterium (*idioma gallicum*) darf natürlich nicht darüber hinwegtäuschen, daß das politische Kriterium – die Zugehörigkeit zum Königreich Frankreich – in Wahrheit das wichtigere, die «gallische Nation» den Päpsten ein fester Begriff war, mit dem sie sofort die Pragmatische Sanktion und die Konzilsdrohungen des französischen Königs verbanden. Der französische König beeindruckte sie gewiß mehr als der römische Kaiser.

Die französischen Kardinäle, mit denen jene Petition an Pius II. argumentierte, waren, an Zahl und Gewicht, im Rom dieser Zeit tatsächlich unübersehbar – wie Pius II. ihr selbstbewußtes Auftreten sah und kommentierte, wird noch zu zeigen sein. Ihre Präsenz sei nur an einem von ihnen, dem Sichtbarsten, vor Augen geführt: Guillaume d'Estouteville, Kurienkardinal von 1439 bis zu seinem Tode 1483 und somit die ganze römische Frührenaissance ausfüllend. Weit einflußreicher als die meisten anderen Kardinäle, verstand er Netzwerke zu knüpfen, die ihn und seine Umgebung immer höher trugen: Er war Protektor des Augustiner-, dann auch des Karmeliterordens, hielt Verbindung zu Medici und Sforza, fremde Gesandte suchten ihn auf. Großes Gewicht hatte er im Kardinalskolleg, wo er als Wortführer der französischen Partei und als maßgeblicher Sprecher König Karls VII. angesehen wurde. Im Konklave von 1458 unterliegt er nur knapp dem Piccolomini, wie dieser in seinen *Commentarii* genüßlich beschreibt, und auch bei den nächsten beiden Konklaven galt er als *papabile* – aber die Erinnerung an die avignonesische ‹Gefangenschaft› des Papsttums war noch allzu frisch, als daß man einen Franzosen zum Papst gemacht hätte.[124]

Man erkennt sein Ansehen auch daran, daß er in den *consistoria*, den Versammlungen der Kardinäle unter Vorsitz des Papstes, bei der Ernennung von Bischöfen unter Sixtus IV. am häufigsten von allen Kardinälen den Vortrag übernahm, und daß er zu besonders vielen Kardinalskommissionen zugezogen wurde. Mit dem Amt des Kämmerers regierte er seit 1477 praktisch den Kirchenstaat. Gewandt sammelte er einträgliche Pfründen und Ämter, saß als Kardinal auf mehreren Bischofsstühlen (der Erzbischofssitz von Rouen gab ihm seinen Kardinalsnamen *Rothomagensis*), seine Pfründeinnahmen schätzte man auf gewaltige Summen. So galt er als der reichste Kardinal, reicher sogar als der Vizekanzler Rodrigo Borgia (mit dem er im übrigen befreundet war: Testamentsvollstrecker, Vormund der Kinder), und konnte es sich leisten, mit geschickter Umgehung des kanonischen Zinsverbots durch fiktive Käufe bzw. Verkäufe auf Zeit hohe Kredite auch an Caetani und Colonna zu geben, und sogar an die Päpste selbst: 1478 allein 20 000 flor. gegen die Verpfändung von fünf Orten in Latium.

Aber er wußte aus seinem Reichtum auch etwas zu machen. Sein Lebensstil, anspruchsvoll und mit großem Gefolge, beeindruckte ganz Rom, die bei Fürsten wie Kardinälen inzwischen erwartete *magnificentia* zeigte er als Mäzen und Bauherr: die Kirche S. Agostino (Abb. 22), sein Kardinalspalast bei S. Apollinare, das Ziborium in S. Maria Maggiore (bezeichnend, daß sein Testament von Müntz als Quelle zur Kunstgeschichte früh veröffentlicht wurde). Dabei war er fest mit Rom verwurzelt, wie es für Kardinäle zunehmend zur Regel wird, im mittleren 15. Jahrhundert aber noch nicht selbstverständlich war. Verwurzelt auch in dem konkreten Sinne, daß er sechs Kinder von der (verheirateten) Römerin Girolama Tosti hatte: Für die minderjährigen Söhne versuchte er, mit Zustimmung des Papstes, aus gekauftem Colonna-Besitz eine kleine Herrschaft in den nahen Albanerbergen zu schaffen, während er die Töchter mit überdurchschnittlicher Mitgift in gute römische Familien verheiratete.

So könnte man noch andere französische Kardinäle und ihre Umgebung in den Blick nehmen, etwa die kräftige Gestalt des von Herzog Philipp von Burgund durchgesetzten Jean Jouffroy, der mit seiner *familia* in einem – zuvor schon von anderen Kardinälen bewohnten – Palazzo bei S. Maria in Via Lata (am Corso) residierte. An der Kurie waren, bei solch einflußreichen Persönlichkeiten nicht verwunderlich, auch die anderen Ränge gut mit Franzosen besetzt, wie etwa für die wichtige Behörde der päpstlichen Kanzlei in den Jahren 1471–1527 festgestellt worden ist. Natürlich stehen die Italiener mit Abstand an der Spitze. Aber dann Franzosen und Spanier in guter Position, weit vor den Deutschen (wenngleich natürlich wenig im Vergleich zur avignonesischen Zeit): das gilt für Amtskarriere wie Pfründenkarriere, die parallel läuft und durch das Kurienamt natürlich gefördert, zum Prälaten oder Bischof führen konnte. Inwieweit die – unter Pius II. beginnende, unter Sixtus IV. ausgebaute – Käuflichkeit der kurialen Ämter durch die unterschiedliche Verfügbarkeit von Mitteln vor Ort begünstigend oder benachteiligend auf die Verteilung der Ämter unter die Nationen wirkte, wäre zu untersuchen.[125]

Abb. 22. Frührenaissance-Fassade der von Kardinal Guillaume d'Estouteville errichteten Kirche S. Agostino.

Wie stark die französische Präsenz auch unter den Familiaren von Papst und Kardinälen war, läßt sich einmal am Beispiel Sixtus' IV. feststellen. Noch vor seiner Wahl zeigt ein Expektativen-Rotulus (d. h. ein Sammelantrag auf Pfründenanwartschaften), wie eine Gruppe von 12 seiner Familiaren 1470, aber rückwirkend auf 1465, um solche Vorrechte bittet. Und das sind fast alles Franzosen. Als Francesco della Rovere dann 1471 Papst wird, macht er aus seinen Kardinalsfamiliaren Papstfamiliaren, und mehr: Jean de Montmirail wird sogleich Referendar, Étienne Morel Kubikular, dann Referendar, dann sogar Datar, Gilles de Morays darf als Tischgenosse auch außerhalb der Kurie Rechte beanspruchen «als äße er fortwährend in unserem Eßzimmer» (*ac si in dicto tinello continue comederet*). Und so fort.

Auch außerhalb der Kurie sind sie zahlreich anzutreffen. Französische Kaufleute erscheinen regelmäßig, wenn auch nicht oft, am römischen Zoll: Janni, Achinetto, Ranaldo *francioso* usw., ein Guillaume de Rouen seit 1456; ein Lavino *francioso* erreicht 1482 den beträchtlichen Importwert von 3650 duc. in vier Lieferungen. Doch werden, wegen der längst starken Präsenz toskanischer Kaufleute in Frankreich, französische Tuche (Rouen, Arras, Dijon, Lyon, Languedoc) auch von toskanischen Firmen nach Rom importiert so wie, umgekehrt, französische Kaufleute in diesem bereits ‹globalisierten› spätmittelalterlichen Handel auch deutsche Waren führen. Ein Gerardino *francioso* wird 1474 mit einer großen Lieferung zu Schiff genannt, ein Rigo *francioso* führt 1465 *carte dipente* ein – das kann vom Heiligenbild bis zur Landkarte alles sein, ebenso die 800 *fogli depenti* eines Justo *francioso* 1480. Von den Kaufleuten am Zollamt beim Pantheon zu den Krämern auf der Piazza Navona. Von den 41 Personen, die dort beim Mittwochsmarkt einen Stand betreiben dürfen (*quelli hanno loco et banchi nel mercato di Agoni*), sind 1499 immerhin sieben Franzosen.[126]

SPANIER. Der Pontifikat Calixts III. hatte, wie bereits gezeigt, eine große Zahl von Katalanen nach Rom gezogen. Zwar waren sie nach dem Tode des Papstes 1458 größtenteils aus ihren Stellungen vertrieben worden, hatten aber in Kardinal Rodrigo Borgia, Calixts tatkräftigem Nepoten, in Rom einen Bezugspunkt behalten. Und als dieser zweite Borgia 1492 selber Papst wurde, waren sie alle wieder da.

Die Geschichtsschreibung damals und die Geschichtswissenschaft heute haben sich in einer Weise auf die Borgia – und vor allem auf die Gestalt Alexanders VI. – konzentriert, daß eine breite Erfassung der spanischen Präsenz in Rom mit der verfügbaren Literatur kaum möglich ist. Über Rodrigo, Cesare, Lucrezia Borgia wissen wir alles, über Katalanen und Kastilier in Rom wenig. Man bedenke im übrigen, daß der dauerhafte Sieg Aragons über die Anjou bereits zu starker Einwanderung von Katalanen in das nächstbenachbarte Königreich Neapel geführt hatte.[127]

Auch in diesem Fall bieten die nationalen geistlichen Institutionen mit ihren Archiven das dichteste Material zu den landsmannschaftlichen Gemeinden in Rom. Hier sind es zwei «Nationalkirchen»: S. Maria di Monserrato im tibernahen rione Arenula seit dem späten 14. Jahrhundert für die Untertanen der Krone Aragon, S. Giacomo degli Spagnoli seit der Mitte des 15. Jahrhunderts für die Untertanen des Königreichs Kastilien. Sie wurden auch nach der Vereinigung beider Königreiche (durch die Heirat von Isabella und Ferdinand 1469, gemeinsam regiert seit 1479) nicht zusammengeführt und hielten sich weiterhin getrennt, wie es dem traditionellen Selbstverständnis beider Seiten entsprach. Man muß das wissen, wenn man, stark vereinfachend, von «den Spaniern in Rom» spricht.

Auch bei S. Maria di Monserrato begann es mit dem privaten Ankauf von Gebäuden zur Errichtung zweier kleiner Hospize für Pilger, Arme und Kranke aus Aragon (1352 bzw. 1363). Der kümmerliche Betrieb besserte sich erst, als mit dem Tod der beiden Gründerinnen, die die beiden fortan vereinten Einrichtungen privat betrieben hatten, die Monarchie sich der Sache annahm und die Stadt, mit Martin V., in ruhigere Gewässer kam. Daß Calixt III., wie zu erwarten wäre und in der Literatur oft behauptet wird, Spital und Kapelle seiner engeren Landsleute gefördert hätte, ist aus den Archivalien in keiner Weise zu entnehmen, für Calixt III. so wenig wie für Alexander VI., deren Grablege die Kirche heute ist. Die 1506 gegründete Bruderschaft zur Hl. Maria von Monserrato nahm ihren Sitz in der Nikolaus-Kapelle des Spitals, aus der dann ab 1518 die ansehnliche Kirche wachsen wird.[128]

Die Gründungsurkunde gibt einen ersten Einblick in die Zusammensetzung der Bruderschaft und damit der katalanischen Kolonie in Rom: viele Geistliche natürlich, aber auch viele Gewerbetreibende (Wollhändler, Schuhmacher, Schwertmacher, Schneider), ein Zehntel der rund 100 Anwesenden sind Frauen. In den Mitgliederverzeichnissen der folgenden Jahre treten auch die Fernhändler hervor, wie sie, vor allem zwischen Barcelona und dem nun aragonesischen Süditalien handelnd, auch in den römischen Zollregistern erscheinen, mit Seide, Tuchen, Zucker, Leder, Thunfisch, teils direkt von der Iberischen Halbinsel, teils in Gaeta auf italienische Schiffe umgeladen; und regelrechte Unternehmer, die von der Beschaffung des Rohmaterials (z. B. Wolle, Häute) über die Verarbeitung bis zur Vermarktung alle Phasen in eigener Hand hielten.

Die Kirche der Kastilier hingegen war S. Giacomo degli Spagnoli an der Piazza Navona, auch sie hervorgegangen aus einer Stiftung zur Betreuung von Pilgern und Kranken. Das reiche Archiv dieser Institution ergibt zwar wenig über diese ursprüngliche Funktion und über die Gemeinschaft der in Rom wohnenden Kastilier, enthält aber eine seit 1486 erhaltene dichte Buchführung über den ausgedehnten Immobilienbesitz und seine Nutzung. 80–85 % der für den Betrieb von Hospiz und Kirche erforderlichen Mittel flossen aus diesen Einnahmen: ein bemerkenswert hoher Anteil, der die üblichen regelmäßigen Beiträge der Gemeinschaft niedrig hielt. Auch in absoluten Werten waren diese Mieteinnahmen (*pensiones domorum*) sehr hoch. Umsichtige Erwerbung von Immobilien an den richtigen, von der rasanten Bevölkerungsvermehrung erfaßten Punkten wie Piazza Navona, Via del Pellegrino, Via dei Giubbonari;

kluge Verwaltung mit kurzfristigen Mietverträgen, Investitionen in luxuriösere Umstrukturierungen und regelmäßige, genau notierte Inspektionen: All das machte S. Giacomo zu einer der reichsten geistlichen Institutionen in Rom (und wird im Laufe des 16. Jahrhunderts, außerhalb unseres Beobachtungszeitraums, seinen Wert noch steigern). Bescheidener waren die anderen Einnahmen, die bei ähnlichen Einrichtungen doch sonst eine Rolle zu spielen hatten: keine offiziellen Zuwendungen von Seiten der Monarchie (übrigens auch keine Förderung durch Alexander VI.); einige testamentarische Stiftungen hochrangiger kastilischer Repräsentanten und Prälaten, die auch bei Neubau und Ausstattung der Kirche (ab 1496) halfen; dürftig hingegen die Offerten im Opferstock des Hauptaltars sogar an den hohen Festen.

Auffallenderweise spielten die Laien, anders als bei den Katalanen von S. Maria di Monserrato, bei den Kastiliern von S. Giacomo keine Rolle. Es treten nur Prälaten und Kuriale auf, Handel und Gewerbe fehlen völlig. So bleibt das überlieferte Bild der Kastilier in Rom seltsam asymmetrisch.

Beim *Sacco di Roma*, der schrecklichen Plünderung Roms 1527 durch die Kaiserlichen, werden sich viele Militärs in dieser Kirche bestatten lassen und sie entsprechend mit Beute beschenken: sichtlich römische Kriegsbeute, die aber gegen Abgeltung zurückerstattet wurde. Doch wird der *Sacco*, der die *leyenda nera*, das böse Bild des Spaniers (wie des Deutschen) in Rom dauerhaft begründete, die wachsende spanische Präsenz in der Ewigen Stadt nicht dämpfen.[129] Die Spanier werden im 16. Jahrhundert zur stärksten ausländischen Gruppe werden, der Bevölkerungsanteil der Deutschen hingegen wird abnehmen.

Kleinere landsmannschaftliche Gemeinschaften sind schwer zu greifen, wenn ihre Kirchen bzw. Bruderschaften erst später – falls überhaupt – gegründet wurden, oder mangels Masse nur Einzelpersonen in den Quellen auftreten.

Skandinavier, die nach Rom kamen oder sogar einige Zeit in Rom wohnten, sind am ehesten im Bruderschaftsbuch der Anima zu finden: ein Däne als Notar des Tribunals der Rota, ein Däne wohl während seines langen Streits um das Dekanat von Roskilde, und auch König Christian I. von Dänemark und sein Marschall ließen sich 1474 auf ihrer Reise zum Papst eintragen, dann auch der Erzbischof des norwegischen Trondheim, und andere. Denn die Dänen hatten in Rom keine eigene Bruderschaft oder ein Hospiz und fanden – bis zur Reformation – am ehesten zur deutschen Anima Kontakt, während schwedische Rom-Besucher eine Anlaufstelle im Haus des Birgittenordens hatten.

Eine Kirche der POLEN wird es erst 1578 geben, mit angeschlossenem Hospiz für polnische Pilger neuerrichtet an der Stelle des alten S. Salvatore in Pensilis: S. Stanislao dei Polacchi in der Via delle Botteghe Oscure. Doch waren Polen natürlich auch vorher schon in Rom anzutreffen: an der Kurie; im 15. Jahrhundert zunehmend auch als Romreisende, um persönlich die Bewerbung um Pfründen voranzutreiben; und natürlich als Pilger. Der höhere Klerus Polens hatte vielfach in Italien studiert, meist in Bologna, aber auch in Rom: zwischen 1420 und 1471 lassen sich hier, an Kurien-Universität und Stadtuniversität, gut zwei Dutzend Polen nachweisen, vor allem seit der Mitte des 15. Jahrhunderts. Fast alle waren Adelige, waren Protégés des Königs oder eines Bischofs, hatten zuvor in Krakau studiert, viele bekleideten nun ein Kurienamt oder übernahmen später eine Kollektorie. Die Zollregister nennen in den 1460er Jahren polnische Kaufleute, die z. B. das begehrte «deutsche Blau» (*azzuro della Magna,* aber auch *di Polonia*) oder Hermeline nach Rom einführen.[130]

Sogar eine kleine Kolonie von ALBANERN findet sich nun, seit mit dem Tod von Skanderbeg – der 1466/67 persönlich den Papst in Rom aufgesucht hatte – der albanische Widerstand gegen die Türken erloschen war: geflohene Geistliche und Söldner meist im rione Monti, 1497 wird sogar eine *societas sive universitas Albanensium* mit einem eigenen kleinen Spital genannt. Gleichfalls durch Türkenflüchtlinge verstärkt wurde die Gruppe der DALMATINER und Südslawen, denen Nikolaus V. 1453, dem Jahr der Eroberung Konstantinopels, S. Girolamo degli Schiavoni zum geistlichen Mittelpunkt gab. Damals erklärt ein Kroate, drei Jahre lang Gefangener der Türken, seinen Wunsch, fortan in Rom zu leben, *domicilium in hac alma Urbe elegit.* Sie traf man also vor allem um die Ripetta an, den kleinen Hafen für die Tiberschiffahrt ins Landesinnere, während beim großen Tiberhafen zum Meer hin geballt die Korsen saßen.[131]

Im übrigen hat man sich nicht nur unter der Wohnbevölkerung und den Kurialen zahlreiche Nichtitaliener vorzustellen, sondern auch in den römischen KLÖSTERN. Wo die Zusammensetzung der Mönchsgemeinschaft zu erkennen ist (aus offiziellen Verzeichnissen der monastischen *familia*, oder wenn ein Notar die für einen Vertragsabschluß zusammentretenden Mönche namentlich aufnimmt), tritt immer wieder die starke internationale Durchmischung hervor. So war im 15. Jahrhundert im Benediktinerkonvent von S. Maria Nova am Forum (Kongregation von Monteoliveto) überhaupt nur die Hälfte Italiener, und Mönche aus dem Reich (mit 19 von 34) auffallend stark vertreten; in S. Gregorio al Celio sind 1461 von 8 Mönchen immerhin 4 Deutsche, 2 Franzosen, 1 Spanier; auch S. Clemente hatte einen hohen Ausländer-Anteil; bei den Hieronymiten in S. Alessio viele Spanier, bei den Minimi von Trinità di Monti dann viele Franzosen.[132] (Allerdings ist nicht jeder Mönch in Rom gleich Mitglied eines Konvents, war die Mobilität der Bettelmönche so, daß sie eher gebremst als ermutigt werden mußte.) Die problematischen Fälle erscheinen dann wieder in den Pönitentiarie-Gesuchen, etwa der junge Franzose, der nach Rom gekommen und hier als Novize bei den strengen Hieronymiten in S. Alessio auf dem Aventin eingetreten war und dort nun Tag für Tag so wüsten Streit (*abhominabiles rixas et discordias*) zwischen Prior und Mönchen erleben mußte, daß er es nach zehn Monaten nicht mehr aushielt.

Nicht ebenso international zusammengesetzt sind die römischen Nonnenklöster (sieht man von den schwedischen Brigittinen ab, mit denen sich schon Margery Kempe bei ihrem Rombesuch 1414/15 sprachlich nicht verständigen konnte): Das verhinderten wohl die römischen Familien, die dort ihre unversorgten Töchter einstellen wollten. Unter den sogenannten Minderpönitentiaren, die – meist Mönche der Bettelorden – im Dienste der Apostolischen Pönitentiarie in den großen Basiliken Roms den Pilgern die Beichte abnahmen, waren ausdrücklich die verschiedenen europäischen Sprachen vertreten.

VERWEILDAUER UND HEIMATBINDUNG. Bei all diesen in Rom anzutreffenden Personen, von denen man Namen ohne weitere Informationen in den unterschiedlichsten Quellengattungen zusammenlesen kann, würde man nun gerne wissen, wie eng ihr Kontakt mit der Ewigen Stadt denn überhaupt gewesen ist. War es nur ein flüchtiger Besuch, wenige Tage oder Wochen als Pilger oder Petent? War es ein

Aufenthalt von mehreren Jahren als Kurialer oder als Handwerker? Oder waren sie sogar nach Rom gekommen mit dem Vorsatz, die Stadt nicht wieder zu verlassen? Da dies ein Problem jeder Migrationsforschung ist und für alle Nationen in Rom gilt, seien hier einige Indizien zusammengestellt, die zur Beantwortung dieser Frage hilfreich sein könnten.[133]

Sicherstes Indiz für Assimilationswillen oder dauerndes Verbleiben ist die Heirat mit einer Römerin oder eine Patenschaft bei italienischer Familie. Im übrigen ist die Verweildauer auch berufsbedingt. Man kann fünf Jahre in Rom Bäcker sein und dann in die Heimat zurückkehren – aber man kann hier nicht nur fünf Jahre Notar sein, denn da braucht es allein Jahre, um in dieser fremden Umwelt professionell und gesellschaftlich Fuß zu fassen. Dasselbe gilt für die Prokuratoren. Bei den Bäckern ist schon jene enorme Zahl von Neuzugängen nur denkbar, wenn dem auch zahlreiche Abgänge entsprochen haben, ist also selbst schon Indiz für starke Fluktuation. Viele waren wohl Gesellen auf Wanderschaft. Andere sagen bei Übergabe des Betriebs ausdrücklich, daß sie Rom wieder verlassen wollen.

Um die Eintauchtiefe dieser Fremden in Rom zu beurteilen, ist auch wichtig zu wissen, ob bleibende persönliche Verbindungen zur alten Heimat nachzuweisen sind. Etwa Schenkungen an Familienangehörige daheim, Stiftung von Messen nicht nur in Rom, sondern auch an Kirchen nördlich der Alpen. Oder da werden in Verträgen eventuelle Schulden in Rom durch Rückgriff auf Guthaben in der Heimat gedeckt. Die deutschen Frühdrucker in Rom hielten, durch Erwerb von Pfründen in der engeren Heimat, sich den Weg zurück jedenfalls offen, und einige sind ihn auch gegangen wie Sixtus Rüssinger, der durch Pfründenerwerb und -tausch den Pfründbesitz nicht irgendwo, sondern in seiner Heimat gezielt verdichtete und dann auch dort, bei Straßburg, als Pfarrer sein Leben beschloß.

Bei Kurialen läßt sich die (Mindest-)Verweildauer manchmal durch Selbstaussage in ihren Gesuchen feststellen, etwa: 14 Jahre habe er schon an der Kurie gedient. Aber es geht auch weit darüber hinaus: 36, 40, 63 Jahre! Auch solche Langjährigen kehrten bisweilen noch in die Heimat zurück auf Pfründen, die sie während ihrer römischen Zeit schon daheim gesammelt hatten. Einem von ihnen können wir sogar ins Gesicht sehen. Denn Georg van der Paele, der mindestens von 1399 bis 1418 sechs Päpsten als Skriptor und Abbreviator gedient hatte und seinen Lebensabend dann in Brügge, aus Pfründen dieser Gegend, verbrachte, beauftragte keinen Geringeren als Jan van Eyck mit einem Altarbild für die Kirche St. Donatian in Brügge (1436), auf dem er sich als Stifter darstellen ließ: das strenge, faltenreiche Gesicht eines korpulenten Greises mit stark hervortretenden Schläfenadern, die Lesebrille in der Hand, der wegen Alter und Kränklichkeit bereits die Erlaubnis erbeten hatte, nicht mehr am Gottesdienst teilnehmen zu müssen (Abb. 23). Von einem französischen Pönitentiarie-Schreiber heißt es, er habe vor seinem Tod noch einmal seine Heimat Coutances besuchen wollen, *cupiens partes originis sue personaliter visitare*. Andere benutzten die Kurie von Anfang an nur als Durchlauf, um Netzwerke aufzubauen und mit Hilfe solcher «Seilschaften» (B. Schwarz) dann daheim in eine kirchliche Ämterkarriere einzusteigen.

Insgesamt wird man wohl sagen dürfen, daß auch bei den längerfristig Bleibenden der Fluktuationsgrad eher größer, die anhaltenden Verbindungen zur Heimat eher stärker waren, als die Vorstellung von deutscher, französischer, englischer «Kolonie in Rom» glauben macht.

In Rom gestrandet. Man würde in den Straßen dieser Stadt – und nur in dieser Stadt – aber auch Menschen treffen, die hier gestrandet waren, und die nur die Pönitentiarie in unser Blickfeld treten läßt. Da gibt es Mönche aus allen Regionen Europas, die einfach ohne Erlaubnis ihrer Oberen nach Rom gegangen, oder solche, die mit Erlaubnis gekommen waren, dann aber kurzerhand ihr geistliches Gewand abgelegt und Rom nicht wieder verlassen hatten. Wie sie sich hier durchs Leben schlugen, wissen wir nicht; vor den Augen der römischen Kirche fanden sie keine Gnade, bevor sie sich nicht von solcher *apostasia* hatten absolvieren lassen.

Oder Pilger und Pilgerinnen, die nach Jerusalem wollten und es nur bis Rom geschafft hatten: Einer ganzen Gruppe von portugiesischen Pilgerinnen waren auf dem Weg zum Hl. Grab 1460 die Mittel ausgegangen und der Mut gesunken, so blieben sie in Rom liegen; einem spanischen Jerusalempilger war die Türkengefahr vor Augen gestellt worden, so ging er über Rom lieber nicht hinaus. Viele hatten sich, auf die päpstlichen Kreuzzugsaufrufe nach dem Fall von Konstantinopel, spontan zu persönlichem Kreuzzug aufgemacht, etwa ein französischer Geist-

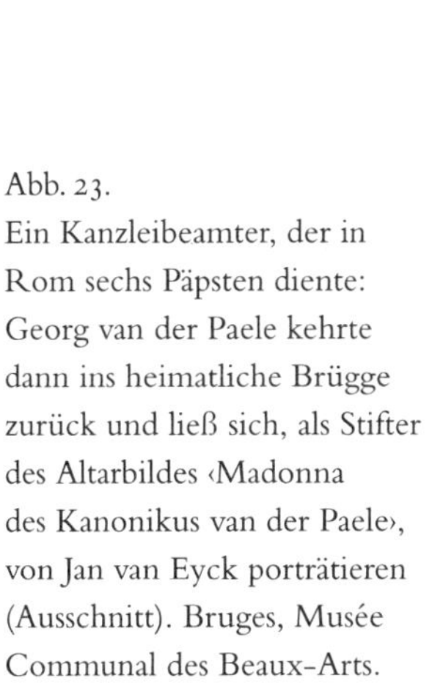

Abb. 23.
Ein Kanzleibeamter, der in Rom sechs Päpsten diente: Georg van der Paele kehrte dann ins heimatliche Brügge zurück und ließ sich, als Stifter des Altarbildes ‹Madonna des Kanonikus van der Paele›, von Jan van Eyck porträtieren (Ausschnitt). Bruges, Musée Communal des Beaux-Arts.

licher, der dabei bis Rom gekommen war, aber da ging ihm sein Geld aus. Oder die drei schottischen Ritter von den Hebriden, die im nordafrikanischen Ceuta gegen die Muslime hatten kämpfen wollen. Aber da war ihnen unglücklicherweise ein Waffenstillstand dazwischengekommen, und nun saßen sie in Rom, um sich von ihrem nur halb erfüllten Kreuzzugsgelübde lösen zu lassen: aber bitte ohne Kosten, weil sie nun ganz mittellos seien und «außer ihrer Muttersprache, die an der römischen Kurie kaum von vier Leuten verstanden wird, keine Sprache sprechen» (*linguam preter vulgare suum* [das Gälische]*, quod vix a quatuor personis Romane curie intellegitur, loqui nesciunt*). Auch diese unscheinbaren, hilflosen Fremden, von denen sonst keine Quelle weiß, gehören in das Straßenbild der Ewigen Stadt.[134]

ZUWANDERUNG AUS ITALIEN. Neben der Zuwanderung aus dem Ausland ist in der zweiten Hälfte des 15. Jahrhunderts auch ein starker Zuzug von Italienern nach Rom zu beobachten: von *forestieri* und nicht nur *stranieri*, wie das Italienische unterscheidet. Das enorme Ansteigen der Bevölkerungszahl nach der Jahrhundertmitte kommt nicht von wachsenden Kinderzahlen (bei der ausgeprägten Männergesellschaft der Kurie ohnehin schwer denkbar), sondern von solcher Zuwanderung, wobei die forestieri, anders als die stranieri, Rom in aller Regel nicht wieder verließen; ja im frühen 16. Jahrhundert konnte man bereits den Eindruck äußern, daß nur der geringere Teil der Einwohner im eigentlichen Sinn Römer seien, und alle verfügbaren Zahlen bestätigen diesen Eindruck. Die Migration war im späten Mittelalter groß (viel größer als die verbreitete Vorstellung vom statischen Mittelalter annimmt) und ein wichtiger demographischer Faktor in den meisten größeren Städten. Und das galt auch, und gerade, für Rom.[135]

Neben der Zuwanderung unqualifizierter Arbeitskraft, die sich kaum erfassen läßt, steigt nun auch die gehobene Einwanderung aus dem Kirchenstaat, die es auf Ämter der kurialen Verwaltung absah und überwiegend im rione Parione Wohnung nahm, wie seit den 1470er Jahren die Pamphilj aus Gubbio, die durch geschickte Heiraten mit etablierten (nicht neuen) römischen Familien wie Della Valle, Mellini, Porcari bald in die bessere römische Gesellschaft aufstiegen. Parione wurde damals ein sozial gehobenes Viertel, das Gesicht anderer rioni war oft durch gewerbliche oder landsmannschaftliche Ballung bestimmt. So saßen Lombarden gern im nördlichen Neubauviertel Campo Marzio, und Genuesen im Hafenviertel. Wie stark viele Regionen Italiens auch über die von dort importierenden Kaufleute (davon einige stabil in Rom residierend) in der Stadt vertreten waren, wird aus den Zollregistern hervorgehen: Venedig durch seine Glaserzeugnisse, Bergamo und Brescia durch die Metallfabrikate, die Versilia durch ihren Marmor, die Marken mit Tuchen, usw. Mailänder sind immer stark vertreten und haben in Rom, mit den Lombarden, ihre eigene Bruderschaft. Das sind die täglich einwandernden Waren. Die täglich zuwandernden Menschen sind oft so unscheinbar, daß sie nur wahrzunehmen sind, wenn sie zu einem Fall fürs Gericht oder für die Pönitentiarie werden: das aus Macerata zugewanderte Paar (er aus dem Gefängnis ausgebrochen), der Barbier aus Florenz, den das römische Mädchen nun doch nicht heiraten will, usw.

In den *familiae* von Papst und Kardinälen war ohnehin immer ein großer Prozentsatz Landsleute. Und da fortan sämtliche Päpste und der überwiegende Teil der Kardinäle Italiener waren, brachte jeder neue Pontifikat und brachte jeder neue Kardinalsschub vor allem Italiener aus immer neuen Regionen nach Rom: Eugen und Paul Venezianer, Pius

Sienesen, Sixtus Ligurer. Das war nicht nur anregende Vielfalt, das war auch Masse, und als Kuriale waren sie entsprechend privilegiert, wie den Römern unangenehm auffallen mußte. Und es war ja auch wirklich nicht schön, wenn man fortan nicht einmal mehr in den Ämtern der Kommune, nicht einmal mehr in der exklusiven Bruderschaft von *S. Salvatore ad Sancta Sanctorum* unter sich war. So konnte es gar nicht ausbleiben, daß sich die Römer von dieser Art italienischen Zuzugs an die Wand gedrückt fühlten, von den Italienern noch mehr als von den Ausländern.

VIII.

NIKOLAUS V.
ANFÄNGE DER RENAISSANCE. LETZTES AUFBEGEHREN IN ROM

NIKOLAUS V. Mit dem Tod Eugens IV. endete der bewegteste Pontifikat des ganzen Jahrhunderts. Der Nachfolger konnte die Trümmer langer, letztlich siegreich bestandener Auseinandersetzung beiseite räumen und Neues beginnen, und er tat es auf seine Weise. Tommaso Parentucelli, von gewöhnlicher Herkunft aus Sarzana in der nordwestlichen Toskana, hatte in Bologna studiert und dazwischen in Florenz als Hauslehrer bei Albizzi und Strozzi sein Fortkommen finanziert. In Bologna fand er Anschluß an den Kreis von Niccolò Albergati, den Bischof von Bologna, der ihn wiederum mit zahlreichen Humanisten wie Ambrogio Traversari, Francesco Filelfo, Flavio Biondo in Verbindung brachte und als Kardinallegat Martins V. und Eugens IV. in die Welt der großen Diplomatie einführte, in der sich, bei Fürsten und Konzilien, Parentucelli bald selbst bewährte. Mit Albergati kam er dann an die Kurie in Florenz, wo er bis zum Tode des Kardinals und der Rückkehr Eugens IV. nach Rom (1443) blieb und mit den bedeutendsten Florentiner Humanisten wie Poggio Bracciolini und Leonardo Bruni, und auch mit Cosimo Medici selbst, in engen Umgang trat: was Parentucelli dann als «Humanistenpapst» in Rom aufbauen wird, war ihm hier zugewachsen. 1444 Bischof von Bologna, aber weiterhin in diplomatischen Missionen eingesetzt, wird er, während seiner Legation in Deutschland, 1446 von Eugen IV. wenige Monate vor dessen Tod zum Kardinal erhoben. Im Konklave, das abermals in S. Maria sopra Minerva statt im unsicheren Vatikan abgehalten wurde, wählten die Kardinäle nicht den favorisierten Prospero Colonna, sondern Tommaso Parentucelli (3. März 1447). Er nannte sich Nikolaus V.[136] Da er kein Wappen mitbrachte (*et era si vile natione che non avea arma*), nahm er die gekreuzten Schlüssel der Kirche, die man als sein Wappen noch heute an vielen römischen Wänden findet.

Die Kardinäle waren über das Ergebnis ihrer Wahl, die immerhin einen Colonna verhinderte, anscheinend selbst überrascht, denn Parentucelli war ja eben erst zum Kardinal ernannt worden und ohne Hausmacht. Auch in seinem Äußern wirkte er, wie etwa sein Medaillenporträt zeigt, nicht eben imponierend auf die, die noch nicht mit ihm vertraut waren. Man kannte diesen Toskaner als einen Mann von Bildung, Wissenschaft und rhetorischer Begabung. Aber er wußte die Menschen auch zu gewinnen, «voll von attischem Witz, leicht in Flammen, leicht besänftigt, Feind aller Zeremonien, jedem zugänglich, ein einfacher Mensch, der Verstellung unfähig». So erkannten auch die Zweifler bald, wen sie da gewählt hatten. «Er verteilt so viel Nettigkeiten und gute Worte, daß schon die Hälfte davon auch einen Kastraten verliebt machen würde» (*che la mitade faria inamorare un castrato*), staunte der mailändische Gesandte über das gewinnende Wesen des neuen Papstes.[137]

Zugute kam ihm, daß noch in den letzten Lebenstagen Eugens der deutsche König Friedrich III. seine Neutralität zwischen Konzil und Papsttum endlich aufgegeben hatte, so daß der Weg zu Verhandlungen frei wurde, die im Wiener Konkordat 1448 die Besetzung kirchlicher Pfründen und Ämter neu regelten, während die letzten Einflußmöglichkeiten des verglimmenden Basler Konzils abgeräumt wurden. Im April 1449 unterwarf sich der Gegenpapst. Damit schien der Sturm von Kirchenspaltung und Reformverlangen, der jahrzehntelang das Papsttum bedrängt hatte, endlich erloschen.

Den Römern, die ihn kaum kannten, präsentierten Krönung und *Possesso*, der Krönungszug von St. Peter nach S. Giovanni in Laterano zur Besitzergreifung seiner Kathedrale, den neuen Papst ein erstes Mal. Die Tiara auf dem Haupt, begleitet von den Kardinälen und zahllosem Gefolge, zog er auf vom Zeremoniell genau vorgeschriebener Straßenfolge quer durch die Stadt. Von St. Peter ging es über die Engelsbrücke in den rione Ponte hinein, geradeaus die heutige Via di Banco S. Spirito und die Via dei Banchi Nuovi am Monte Giordano vorbei, wo ungefähr bei der heutigen Piazza dell'Orologio Geld unter die Menge geworfen wurde (daß sich vor allem an diesen vorgesehenen Stellen eines *iactus* das Volk drängte, ist zu vermuten). Hier traten, nach Zeremoniell, die römischen Juden vor den Papst, huldigten ihm und reichten ihm die Gesetzesrolle, die er verächtlich zurückzuweisen hatte. Die *Via pape* führte dann zwischen Piazza Navona und Pompeiustheater weiter: nächster Geldwurf, nächstes Gedränge. Bei S. Marco bog der Krönungszug in Richtung Forum ein, in der Nähe des Septimius Severus-Bogens bejubelte das Volk den nächsten *iactus*. Dann kam die Prozession in unbesiedeltes Gebiet, wo kein Geld mehr geworfen wurde, durchzog den öden *Disabitato* am Kolosseum vorbei zum Lateran, wo seit alters eine dorfähnliche Siedlung verblieben war – und der neue Papst hatte seine Kathedrale erreicht.[138]

Die Römer hatten sich dem neuen Papst sofort in Erinnerung gebracht, ein Pontifikatswechsel schien der geeignete Anlaß, sich wieder einmal vernehmlich zu machen. Schon während des Konklaves war eine Bürgerversammlung in S. Maria in Aracoeli zusammengetreten, um kommunale Forderungen an das Kardinalskolleg zu formulieren (*quello che si dovesse petere allo colleio*). Dabei ergriff ein Stefano Porcari das Wort und äußerte, man müsse mit Kirche und Papst zu einer vertraglichen Vereinbarung kommen (*vivere ad capitulo colla Ecclesia*): selbst kümmerliche kleine Städte im Kirchenstaat hätten dieses Recht mit vertraglich fixierten Verpflichtungen gegenüber der Kirche – nur Rom nicht. Dieser Stefano Porcari wird zum Wortführer der römischen Republik werden. Und schließlich zum letzten Verschwörer gegen das Rom der Päpste.

Nikolaus V. kam den Römern in ihren Erwartungen weit entgegen, ohne allerdings das Grundprinzip einer päpstlich kontrollierten Kommune aufzugeben. Er bestätigte die Statuten, versprach städtische Ämter und Kirchenpfründen nur an Römer zu geben und die Erträge aus Zöllen innerrömischen Zwecken vorzubehalten, stärkte das Amt der *magistri stratarum* in ihrer Kontrolle über den öffentlichen Raum, usw. (wie er, sein dauerhaftester Erfolg im Kirchenstaat, auch mit dem großen, fast unregierbaren Bologna zu einer halbautonomen Lösung kam). Auch die Baronalfamilien wurden pfleglich behandelt: Colonna, Orsini, Savelli, Anguillara, die von Kardinal Giovanni Vitelleschi brutal gedemütigt worden waren, erlangten Verzeihung und Privilegien. Das wiederum sahen die Römer mit Argwohn, denn die innerstädtische Führungsschicht hatte, wie schon erläutert, in Stadt und Campagna oft andere Interessen als der hohe Adel.

Das Gewicht der Römer nahm weiterhin ab. Kennzeichnend für ihren schwindenden Stellenwert ist, wie sie in der diplomatischen Korrespondenz beachtet werden. Die auswärtigen Gesandten am päpstlichen Hof interessierten sich wenig für die Römer – allenfalls für die römischen Baronalfamilien, die man als ansehnliche Namen heiraten, als Condottieri anwerben, auf ihre Kardinäle einwirken lassen konnte, und die sich auch ihrerseits den italienischen Mächten andienten («... Euch gehorsam zu sein und notfalls bis Indien oder Ägypten zu gehen und tausendmal am Tag gekreuzigt zu werden», so boten sich nun die römischen Conti dem Herzog von Mailand an). Aber nicht für die Römer, die zählen nicht, *sono da poco*: Höchstens bei Massenveranstaltungen wie der Kaiserkrönung müsse man etwas aufpassen, bemerkt der Sforza-Gesandte Nicodemo Tranchedini, aber der Papst bringe den Kaiser und sein Gefolge sicherheitshalber getrennt unter und werde ihn rasch wieder hinausspedieren, da würden die Römer wohl nichts zustandebringen, laßt sie nur krächzen (*gracchiare*). So redeten auswärtige Gesandte von den Römern! Denn mit den alten Römern zu vergleichen, *compararsi ad Romani in quello tempo*, das galt nicht.

Genau das aber versuchten die Römer noch einmal in einer Aktion, die als Porcari-Verschwörung großes Aufsehen erregte und den letzten spektakulären Versuch darstellt, die Vernichtung der autonomen Kommune rückgängig zu machen und der Stadt die republikanische – nämlich antimonarchische, also antipäpstliche – Freiheit zurückzugeben.[139]

Die Porcari waren eine angesehene, weitverzweigte römische Familie des mittleren Stadtadels aus dem rione Pigna, die schon im 14. Jahrhundert Richter, Notare, Kanoniker aufwies und als Prokuratoren, Testamentsvollstrecker, Schiedsmänner in Anspruch genommen wurde. Wirtschaftliche Grundlage war, auch in der ersten Hälfte des Quattrocento, Viehbesitz und Weiderechte, die sie, besser als andere *bovattieri*, gegen die Übergriffe des Baronaladels in die ruhigeren Zeiten Martins V. hinüberzuretten verstanden. Ihre Zugehörigkeit zu wichtigeren römischen Bruderschaften und ihr Auftreten unter den Zeugen für S. Francesca Romana sind weitere Indizien, daß sie dem Kreis derer zuzurechnen sind, auf die es ankam.

Stefano Porcari, der Verschwörer, hatte sich eine klassische Bildung erworben, die auch angesehenere Humanisten gelten ließen. Daraus schuf er sich eine republikanische Ideologie, mit der er einige wenige Gleichgesinnte gewann, Gedanken voll von rhetorischem Getöse und antiquarischen Requisiten, mit *summa libertas, liberator Urbis, senatus populusque romanus*, Pfaffenknechtschaft, Papsttyrannei, *quousque tandem* sollen wir das noch ertragen! (Daß er den eigenen – wenig schönen – Familiennamen auf Marcus Porcius Cato zurückführte, war nur eine der damals üblichen Überspanntheiten.) Aber er hatte sich doch auch in auswärtigen Ämtern bewährt: 1427/28 auf Fürsprache Martins V. Capitano del Popolo in Florenz, 1433 durch Ernennung Eugens IV. Podestà von Bologna, 1448 durch Nikolaus V. Rektor der Kirchenstaatsprovinz Campania-Marittima. Aus dem Exil in Bologna, in das der Papst den unruhigen Mann geschickt hatte, kehrte Stefano Porcari heimlich («bedeckten Hauptes so wie Deutsche auf Reisen») nach Rom zurück, um das Unternehmen auszulösen.

Drei Möglichkeiten des Vorgehens habe er sich ausgedacht (*tres cogitaverat vias*), sagt er in seinem Geständnis: erst aufs Kapitol und dann mit *vivat libertas* durch die Stadt; oder erst durch die Stadt, dann aufs Kapitol, dann zum Papstpalast; oder (weil die Engelsburg sofort reagieren werde) am besten gleich den Papst und die Kardinäle bei der Epiphanias-Messe in St. Peter (die Bewaffneten vorher «in den unbewohnten Häuschen hinter der Peterskirche verstecken») gefangennehmen und notfalls töten und die Republik ausrufen. Dann sollte die große Plünderung beginnen, von der sich viele Mitverschworene wohl mehr versprachen als von republikanischen Ideen. Interessant die bezifferten Beute-Erwartungen, von denen Leon Battista Alberti spricht: 200 000 flor. habe man im Apostolischen Palast zu finden gehofft, 200 000 bei den Kardinälen, 200 000 bei Hofbankiers und Behördenleitern, 100 000 aus öffentlichen Salzspeichern und dem Vermögen römischer Gegner – reine Phantasiezahlen werden das nicht sein, wenn ein Florentiner in Rom für Florentiner schreibt.

Doch nichts von all dem kam zur Ausführung. Die Verschwörung wurde vorzeitig entdeckt, das Unternehmen brach ohne nennenswerte Gegenwehr sogleich zusammen, Stefano Porcari wurde am 9. Januar 1453 auf der Engelsburg gehängt.

Das Echo war ungeheuer, allein 16 Briefe aus dem Januar/Februar 1453 sind zu diesem Ereignis überliefert, dazu die Erwähnungen in Chroniken, Traktaten, Kommentaren, von Leon Battista Alberti bis zu Machiavelli. Einige sprechen mit Verständnis von Porcaris Vorhaben (aber auch mit Erstaunen von seinem Scheitern), viele – auch namhafte Humanisten voll republikanischer Ideen – aber doch mit Widerwillen, weil sie Nikolaus V. schätzten und sein Bemühen um Rom anerkannten. Der Papst selbst war aufs äußerste erbittert und hat dieses Attentat, das er als tiefen Undank empfand, nicht mehr verwunden. Noch in seiner letzten Rede, die ihn sein Biograph Giannozzo Manetti auf dem Sterbebett halten läßt, gibt er in einem kurzen Abriß der Papstgeschichte an fast allen Schwierigkeiten den Römern die Schuld: *de Romanis loquimur.*[140]

Das *crimen lese maiestatis* fand nun auch hier Anwendung, Stefano Porcari wurde wegen Majestätsverbrechens hingerichtet; ja der Papst, dieser sonst so friedfertige Mann, ließ, zutiefst verletzt, zum Erstaunen vieler noch mehrere andere hinrichten, darunter einen Verdächtigten, für den sich der Kardinal von Metz, Guillaume d'Estaing, mit Nachdruck verwendet und Verzeihung erhalten hatte. Damit könnte eine Episode in Verbindung zu bringen sein, die etwas später in einem Pönitentiarie-Gesuch berichtet wird, eben in Metz spielt und von Bologna spricht (wo der Porcari Podestà und dann Verbannter gewesen war). Da erzählt ein Kleriker, daß er einmal bei einer Unterhaltung mit Ratsherrn in Metz über das *crimen lese maiestatis* geäußert habe, in Bologna regiere man so, daß man jeden Samstag jemanden aufhänge, um Ruhe in der Stadt zu haben, und wenn man keinen Verbrecher zur Hand habe, nehme man einen Müller, das seien – wie in den *Dicta Catonis* stehe – sowieso alles Räuber. Aber o Schreck, kurz darauf sei dort tatsächlich jemand hingerichtet worden, und so frage er sich betroffen, ob er das nicht vielleicht mit seinem lockeren Gerede über das *crimen lese maiestatis* herbeigeredet habe.

Und die Römer? Man hat nicht den Eindruck, daß die Römer sich noch durch einen Stefano Porcari vom Papsttum befreien lassen wollten. Sieht man auf die Entwicklung seit 1398 zurück, so muß auffallen, wie wenig konkreten Bezug der Verschwörer auf die Kommune eines Cola di Rienzo nahm. Er redete von der Freiheit der alten Römer, nicht von der Freiheit der eigenen Väter; von Brutus, nicht von Pietro Mattuzzi oder der selbstbewußten Miliz, die mit der Kommune 1398 untergegangen war. Das hätte weniger schön geklungen, wäre aber politischer gewesen als diese Verschwörung *all'antica*. Doch wird man bei einem Mann von so viel praktischer politischer Erfahrung das Ganze nicht als antike Maskerade abtun wollen und wohl auch anerkennen müssen, daß es ihm mit der ‹Republik› ernst war, er also nicht die übliche persönliche Signorie anstrebte. Und man wird auch die Unterschiede zu Cola di Rienzo sehen, dessen Rom-Programm eher kaiserlich als republikanisch war.

Auch in der eigenen Familie wird die Erinnerung an Stefano vergessen, ja verdrängt werden. Wie andere römische Familien, werden nun auch die Porcari völlig in den Sog des Hofes geraten und sozialen Aufstieg nur noch im Umkreis der Kurie erwarten, untrügliches Zeichen dafür, daß auch die Porcari selbst den Sieg des Papsttums über die Kommune für irreversibel hielten. Aber an den Geschäften der Apostolische Kammer werden sie nicht teilhaben, und kein Porcari wird je zum Kardinal aufsteigen.

Vom Massenereignis des Heiligen Jahres 1450, das Rom mit Pilgern aus aller Welt gefüllt und den Papst, nach den Turbulenzen des Konziliarismus, wieder so sichtbar in den Mittelpunkt der Christenheit gestellt hatte, war bereits ausführlich die Rede. Schon 1452 bot sich den Römern ein nächstes großes Ereignis: die Kaiserkrönung Friedrichs III. Sie war dem Habsburger bereits bei den Verhandlungen zur Abkehr vom Basler Konzil zugesagt worden, doch mußte für den Romzug ein politisch risikofreier Augenblick abgewartet werden.

Anfang Januar 1452 betrat Friedrich mit einem Gefolge von gut 2000 Reitern endlich Italien, von den italienischen Mächten überall ehrenvoll aufgenommen. Aber man mache sich keine Illusionen über den Eindruck, den diese letzten Kaiserzüge – inzwischen ohne jede politische Bedeutung – in Italien hinterließen. Schon Karl IV. hatte sich 1354/55 nur noch hastig und unter Umgehung jeder Gefahr in Rom die Kaiserkrone geholt und unterwegs die bestehenden Verhältnisse gegen gute Bezahlung legitimiert. Jetzt beim Italienzug Friedrichs III. war es nicht anders, Jacob Burckhardt hat dazu seine sarkastischen Bemerkungen gemacht. Wenn man vom Markgrafen zum Herzog erhoben, oder zum Pfalzgrafen mit all seinen lukrativen Rechten ernannt werden wollte: jetzt war die Gelegenheit, gegen Geld unterschrieb Friedrich alles. Auch in seinem sonstigen Verhalten fanden die Italiener wenig Majestätisches, und daß er in Rom dem reichgekleideten Senator mehr

Achtung erwies als den Kardinälen, empfanden die Römer als *gaffe* eines schlecht informierten Fremden.

Inzwischen näherte sich der König Rom, wo auch die Hochzeit mit seiner portugiesischen Braut Leonora, die ihm zu Schiff entgegengeschickt worden war, gefeiert werden sollte. Der furchtsame Papst sicherte die Stadt mit Truppen aus Besorgnis, ein Kaiser in Rom, und sei er auch nur 14 Tage hier, könne ghibellinisch veranlagte Römer auf unbedachte Gedanken bringen und ihm die Signorie über die Stadt antragen lassen. Aber er wollte es an nichts fehlen und sich den Kaiser 40–60 000 duc. kosten lassen, wie er dem mailändischen Gesandten anvertraute. Eingeholt von den Vertretern der Stadt, von Colonna und Orsini, von den Repräsentanten des Papstes, lagerte der König, wie üblich, zunächst außerhalb der Stadt: Hier, in seiner neuen Villa zwischen Belvedere und Engelsburg, bewirtete ihn der Hofbankier Tommaso Spinelli: selbst dazu brachten es die Florentiner in Rom! Am nächsten Tag zog Friedrich durch die Porta di Castello in die Stadt und zur Peterskirche, wo er vom Papst erwartet wurde.[141]

Die Krönung am 19. März mit den aus Nürnberg mitgebrachten Reichsinsignien ist in zahllosen Quellen beschrieben, das bekannte Zeremoniell sei hier nicht verfolgt. Was die Römer davon wahrnahmen, war, neben dem Ein- und Auszug, der übliche Ritterschlag auf der Engelsbrücke für zahlreiche Personen und der traditionelle Zug zum Lateran. Der von Nürnberg zur Kaiserkrönung abgeordnete Nikolaus Muffel hat damals eine vielzitierte Beschreibung Roms verfaßt, mit allen Kirchen, Reliquien und Ablässen, der Blick auf die antiken Monumente ganz im Legendarischen befangen: «Wer diese Reliquien küßt, hat 17 000 Jahre Ablaß»; «wer in dieser Kirche vor ihren 105 Altären andächtig betet, hat nach Reue und Beichte je 48 Jahre Ablaß und die Vergebung eines Drittels aller Sünden», usw. Aus der Trajanssäule werden die Trojaner, die *Bocca della verità* ist groß wie der Boden eines Weinfasses; aus Anlaß der Kaiserkrönung eine Bemerkung über die Bedeutung der antiken Porphyrscheibe im Fußboden von St. Peter für das Krönungszeremoniell. Es wird die letzte Kaiserkrönung in Rom sein. Auch darin endete ein Zeitalter.

Daß Nikolaus V. bereits unter die Päpste der Frührenaissance gerechnet wird, liegt an Neigungen und Leistungen, denen er selbst einmal ganz schlichten Ausdruck gegeben hat: «Wenn er Geld ausgeben könne, pflegte er zu sagen, werde er es für zwei Dinge ausgeben: für Bücher, und fürs Bauen, *in libri, e in murare*», zitiert ihn Vespasiano da Bisticci. Und tatsächlich steckte er da hinein, was ein Papst damals an ordentlichen Mitteln zur Verfügung hatte, dazu die außerordentlichen Einnahmen aus dem Jubeljahr 1450. So ließ er überall nach wertvollen Handschriften fahnden, gab neue in Auftrag, beschäftigte Kopisten und Übersetzer aus dem Griechischen (dieser Typ von Kurialen war zur Zeit Bonifaz' IX. noch nicht in den Straßen Roms zu sehen), und schuf aus dem kleinen, wenig gepflegten Bestand der päpstlichen Bibliothek und dem eigenen reichen Bücherbesitz das, was dann wenige Jahre später als Bibliotheca Apostolica unter Sixtus IV. einen institutionellen Rahmen erhalten wird. Sein Anteil daran wird in der neueren Forschung sehr hoch veranschlagt, manchen gilt Nikolaus V. als der eigentliche Gründer der Vatikanischen Bibliothek.[142] Er förderte Humanisten und zog sie an die Kurie, verstand – selbst Humanist von Rang – aber auch sicherer mit ihnen umzugehen als andere Päpste.

Noch ansehnlichere Formen nahm seine erklärte Lust am Geldausgeben «fürs Bauen» an: ein regelrechtes Bauprogramm, das, schon wegen der Kürze des Pontifikats, zwar teilweise unausgeführt blieb, aber als Programm doch auch von den Zeitgenossen wahrgenommen wurde. Nicht ein flächiger Aufbau sollte es sein, sondern gezielter, den aktuellen Bedürfnissen des Papsttums dienender, die höheren Zwecke der Kirche sichtbar machender Neubau. Darum neben den zahlreichen Kirchenreparaturen für das bevorstehende Heilige Jahr 1450 die großen Vorhaben: St. Peter neu bauen, den Apostolischen Palast, den vatikanischen Borgo.

Das spektakulärste Vorhaben war gewiß die Umwandlung von St. Peter, mit der er, als ‹neuer Salomon›, bald begann: die Arbeiten an Chorpartie und Querschiff – völlig neu, in traditionellen Formen, aber höher und heller – beginnen im Dezember 1451 mit dem Antransport riesiger Säulen aus den Agrippathermen, fortan werden hohe Zahlungen geleistet für Fundamentierung und aufgehendes Mauerwerk, ohne Unterbrechung bis zum Tode des Papstes. Inwieweit neben Bernardo Rossellino auch Leon Battista Alberti (und Nikolaus V. selbst!) an der Projektierung direkt beteiligt waren, ist nicht genau zu ersehen.[143]

Auffallend ist der militärisch-defensive Charakter vieler Bauten Nikolaus' V., wofür er sich in seiner letzten Rede ausdrücklich rechtfertigt: die antike Stadtmauer über weite Strecken wiederhergestellt (Abb. 24), die Engelsburg mit vier Eckbastionen versehen, der Borgo als befestigtes Quartier der Kurialen vorgesehen («damit die gesamte Kurie dort sicher und geräumig genug zusammen wohnen kann»), befestigt auch der Papstpalast, so daß er Frührenaissance nur in seinem Innern zeigt, in seinem Äußeren aber mittelalterlich streng und abweisend bleibt. Das ist das immer noch andauernde, von letzten römischen Aufsässigkeiten neu geschürte Unsicherheitsgefühl, das den inneren Feind mehr fürchtet als den äußeren. Bauprogramme, urbanistische Konzepte, die Gegenwart Leon Battista Albertis an der Kurie: Auf diesen Neuansatz wird noch in größerem Zusammenhang zurückzukommen sein.

Wie Rom damals unter den Augen des Papstes lag, zeigt ein ungewöhnlicher, weil von Westen über Papstpalast und Peterskirche aufgenommener Blick auf die Stadt gewissermaßen aus den Fenstern des Palastes (Abb. 25, datiert 1457): vorn die beiden Türmchen der Ostfassade des Palastes, dazwischen der zentrale Cortile del Maresciallo, davor die Cappella Magna und der Campanile von St. Peter; links auf der Leoninischen Mauer der Fluchtgang zur Engelsburg mit dem Tiber; über dem Cortile die Mark Aurel-Säule; rechts im Häusergewirr des Tiberbogens das Pantheon, am Horizont S. Maria Maggiore; beidseits des Baumes das Kapitol mit S. Maria in Aracoeli und dem Senatorenpalast, vorn rechts der Nordhang des Gianicolo. Die Eingriffe Nikolaus' V. (und seiner nächsten Nachfolger) zeigt die Ansicht des Borgo in der Weltchronik des Hartmann Schedel vom Ende dieses Jahrhunderts, sozusagen der Gegenblick (Abb. 26[a]): die Engelsburg mit ihren neuen Bastionen, der befestigte Apostolische Palast und der massive Rundturm, die Zufügungen an der Engelsbrücke; noch steht die antike Grabpyramide, die sogenannte *meta Romuli*. Päpstliches Rom so geballt, daß sich daraus in reformatorischer Zeit eine polemische Collage des stürzenden Babylon machen ließ, indem man die dargestellten Gebäude einzeln ausschnitt und durcheinanderkippte (Abb. 26[b]).[144]

Nimmt man auch den Blick von Norden hinzu, der damals noch der übliche war, und schaut auf die Stadtsilhouette im Hintergrund von Benozzo Gozzolis *S. Agostino parte da Roma* (S. Gimignano 1464/65, s. Umschlagbild), so hat man den Blick auf Rom aus allen Himmelsrichtungen

Abb. 24.
Die antiken Stadtmauern von Rom in der von Nikolaus V. restaurierten Gestalt (mit verstärktem Turmfuß), wie sie sich noch im 19. Jahrhundert dem Angreifer darboten. Bei der Porta Tiburtina, um 1870.

beisammen (außer dem sehr seltenen Blick von Süden, den Abb. 52[a] als Ausschnitt aus dem Rom-Panorama des Codex Escurialensis zeigt). Man erkennt – nicht als beliebige Ansammlung von Rom-Symbolen, sondern in der topographisch richtigen Abfolge (die Benozzo, 1447/48 in Rom als Mitarbeiter von Fra Angelico, sehr wohl kannte) – von links das Pantheon mit einer der beiden Reliefsäulen, darüber das Kapitol mit den Fassaden von S. Maria in Aracoeli und Senatorenpalast; dann folgt unten die Engelsburg, links davon wohl die (damals noch gegen die Engelsbrücke orientierte) Kirche der Florentiner, SS. Celso e Giuliano; rechts anschließend der ummauerte Borgo mit der (1499 abgetragenen) Grabpyramide und dem Campanile von S. Spirito; die Peterskirche und der Apostolische Palast mit seinen beiden dünnen Türmchen; darüber der Gianicolo mit der zur Porta S. Pancrazio hinaufführenden antiken Mauer.

In der Politik seiner Zeit hellte sich der Horizont über Italien auf,

Abb. 25. Ungewöhnlicher Blick auf Rom von Westen, über den Papstpalast hinweg gegen Engelsburg, Pantheon, Kapitol. Miniatur einer Euklid-Handschrift, datiert 1457, Bibl. Apost. Vat., Cod. Vat. lat. 2224 fol. 98r.

verdüsterte sich der Horizont im Osten. Nach dem Dynastiewechsel in Neapel 1443 (fortan Aragon statt Anjou) und in Mailand 1450 (fortan Sforza statt Visconti) konsolidiert sich die italienische Staatenwelt vorläufig mit dem Frieden von Lodi 1454: Venedig und Mailand verständigen sich endlich über die Abgrenzung ihrer Interessensphären (die Adda wird Westgrenze von Venedigs *Terraferma*) und laden Florenz, den Papst und Neapel ein, dem Vertrag zur Sicherung des *Status quo* beizutreten. Diese Erweiterung zu einer Entente der großen Mächte wird der sichtbarste Ausdruck der endlich erreichten Stabilisierung: labiles Gleichgewicht der – nicht saturierten, aber gleichmäßig schwachen – fünf größeren italienischen Mächte (Mailand, Venedig, Florenz, Papst, Neapel), umkreist von einer inzwischen geringeren Zahl kleinerer Mächte: den Republiken Genua, Siena und Lucca, den Fürstentümern der Gonzaga von Mantua und der Este von Ferrara sowie der Markgrafschaft Monferrato; Savoyen bleibt noch am Rande.

Damit entsteht Machiavellis *Italia bilanciata*, das zwischen diesen Mächten «ausbalancierte», ausponderierte Italien, das vier Jahrzehnte in prekärem Gleichgewicht andauern wird. Nikolaus V., der zum Zustandekommen des Ausgleichs von Lodi selbst wenig beigetragen hatte, steht in entspanntem Verhältnis zum König von Neapel (und für Rom selbst

Abb. 26a.
Der vatikanische Borgo nach den Eingriffen Nikolaus' V. und Sixtus' IV., Weltchronik des Hartmann Schedel, 1493 (Ausschnitt).

Abb. 26b.
Collage aus den Bauwerken der Abbildung 26a als reformatorisches Kampfbild: die Türme von Peterskirche und Papstpalast knicken ein, der Belvedere stürzt hinab, usw. Untergang Babylons in: Neues Testament deutsch von 1523 (Ausschnitt).

war das die weitaus wichtigste Nachbarschaft), steht in persönlich gutem Verhältnis zum Stadtherrn von Florenz, Cosimo Medici, der, gleich bedeutend als Politiker, als Unternehmer und als Mäzen, die Ausstrahlung personifiziert, die vom Florenz der Frührenaissance – und gerade auf Rom – ausging.[145]

Während die politische Lage Italiens sich einigermaßen stabilisierte, geriet der ganze Osten durch das Vordringen der Türken zunehmend außer Kontrolle. Die Türken waren längst an Konstantinopel vorbei (auf das sich das byzantinische Reich praktisch reduziert hatte) auf dem Balkan weit nach Norden vorgestoßen. Nun kam die schreckliche, zu diesem Zeitpunkt nicht erwartete Nachricht, Konstantinopel sei gefallen.

Die Schreckensnachricht von der Eroberung Konstantinopels läßt sich auf ihrem weiten Weg nach Rom genau verfolgen, und man sollte das einmal tun, um die Augenhöhe der Zeitgenossen einzunehmen, die im Unterschied zum Historiker noch nicht wußten, was geschehen war und wie es weitergehen werde. Die Stadt war nach achtwöchiger Belagerung am 29. Mai 1453 gefallen, drei aus dem Inferno der eroberten Stadt entkommene venezianische Galeeren werden am 12. Juni auf der Höhe von Methoni an der Südwestküste der Peloponnes gesichtet, laufen am 4. Juli in Venedig ein, ein ab Korfu vorauseilendes kleines schnelles Schiff hatte die Nachricht bereits am Abend des 29. Juni in die Stadt gebracht.[146]

Hier schlug die Unglücksnachricht wie eine Bombe ein, deren Druckwellen sich sogleich über Europa ausbreiteten. Schon am nächsten Tag wird der Papst informiert, der Tenor des Briefes – im Rat gebilligt mit 157 Ja-Stimmen gegen 9 Nein bei 3 Enthaltungen – ist ungewöhnlich dramatisch: Es gehe um das Überleben der Christenheit! Das Schreiben trifft am 8. Juli in Rom ein, die Wirkung ist niederschmetternd. Mit Gewissensbissen erinnerte man sich an die oströmischen Gesandtschaften, die unverrichteter Dinge aus Rom weggeschickt worden waren. Nun war es zu spät. Schon verbreiteten Gerüchte Panik: Der Eroberer von Konstantinopel plane bereits, eine Brücke vom Festland nach Venedig zu bauen, um Venedig zu besetzen, ja er rühme sich, im nächsten Jahr auch direkt Rom anzugreifen. Und warum nicht: Noch zu Lebzeiten Mehmeds wird man von Venedig aus die Rauchsäulen türkischer Streifzüge aufsteigen sehen, noch zu Lebzeiten Mehmeds werden die Türken nach Italien übergreifen und Otranto besetzen. Der Historiker mit seinem Wissen des Nachhinein trennt zwischen Türkenkreuzzug und Leben in Rom. Die Römer damals konnten es nicht, für sie war es angstvolle Gegenwart.

CALIXT III. Bei der Wahl nach dem Tode Nikolaus' V. standen – nach der Eroberung von Konstantinopel nur zwei Jahre zuvor – die internationalen Probleme im Vordergrund. Die italienischen

Kardinäle waren in der Minderheit. Als die Kandidatur des griechischen Kardinals Bessarion nicht durchdrang, einigte man sich am 8. April 1455 auf den bereits 77jährigen, aber zum Kreuzzug bereiten, mit der Reconquista-Mentalität vertrauten Alonso Borja. Er nannte sich Calixt III.

Alonso Borja, Sohn eines aragonesischen Landedelmannes, war nach Studium des Kirchenrechts aufgestiegen am Hofe Alfonsos V. von Aragon, der ihn mit hohen Verwaltungsaufgaben und wichtigen diplomatischen Missionen betraute: Verhandlungen mit Martin V. in der Folge des Konstanzer Konzils, dann – inzwischen Bischof von Valencia – mit Eugen IV. in der schwierigen Frage der Anerkennung von Alfonsos V. Ansprüchen auf den Thron von Neapel gegen die Anjou. 1443 zieht der König in Neapel ein, 1444 wird Alonso Borja zum Dank für seinen Verhandlungserfolg und für seine papsttreue, antikonziliare Haltung zum Kardinal erhoben. Fortan lebte er, im Palast seiner Titelkirche SS. Quattro Coronati zwischen Kolosseum und Lateran, ein strenges, zurückgezogenes Leben. Doch umgab auch er sich bald mit Landsleuten und Nepoten.

Der Kreuzzug gegen den Eroberer Konstantinopels stand ganz im Mittelpunkt dieses kurzen Pontifikats. Mit unermüdlicher Energie, aber wenig Erfolg, warb Calixt unter den europäischen Mächten. Immerhin waren dem Eroberer von Konstantinopel in den letzten Jahren auf dem Balkan zwei große Gegner erstanden: in Ungarn János Hunyadi, der Wojwode von Siebenbürgen und Reichsverweser für den unmündigen ungarischen König; und in Albanien Georg Kastriota genannt Skanderbeg, aufgewachsen als Geisel am türkischen Hof, nach seiner Rückkehr in die Heimat 25 Jahre lang den Türken erfolgreich widerstehend, unterstützt von Venedig und dem Papst. Hunyadi gelang 1456 der Entsatz des vom Sultan belagerten Belgrad: Ein Erfolg, der im Abendland, als Sieg über Mehmed II. in Person, nur drei Jahre nach dem Fall von Konstantinopel, ein überwältigendes Echo fand.[147]

Was davon an persönlichen Erfahrungen nach Rom drang, ersieht man aus den Gesuchen an den Papst, die damals bei der Pönitentiarie eingingen. Da hören wir von schrecklichen Kampf- und Gefangenenschicksalen auf dem Balkan (auch direkt bei der Eroberung Konstantinopels), von Seelsorge an vorderster Front, von türkischen Waffeneinkäufen direkt in Mailand. Und bei den Gesuchen um Lösung vom Jerusalemfahrt-Gelübde hört man nun argumentieren, da sei für die Pilgerschiffe wegen der Türkengefahr kein Durchkommen mehr.

Der Kreuzzugsaufruf des Papstes tat seine Wirkung zwar nicht bei den Großen (auch Kaiser Friedrich III., der doch der erste Beschützer der Christenheit sein sollte, konnte sich wieder einmal nicht dazu aufraffen) – aber doch unter vielen einfachen Gläubigen, die selten in unseren Blick treten, hier aber von ihren spontanen persönlichen Kreuzzügen berichten. Zwei Nürnberger Mönche ziehen nach Ungarn, finden dort aber kein Heer, dem sie sich anschließen könnten; ein französischer Priester will aufs Schiff in den Türkenkreuzzug, aber das Schiff ist schon voll und nimmt ihn nicht auf; ein portugiesischer Mönch zieht los, ohne auch nur seine Oberen um Erlaubnis gefragt zu haben, kurz: spontan zusammengelaufenes Volk, von der Ablaßpredigt gleich an die Front (von der man aber nicht recht wußte, wo sie war), waffenlos und unausgebildet, den professionellen Militärs gewiß ein Greuel, denn was sollten sie mit diesem Volkssturm anfangen?[148]

Um sein Gelübde zu erfüllen und den zögernden Fürsten ein Beispiel zu geben, ging Calixt sofort daran, eine Kreuzzugsflotte zusammenzustellen. Katalanische Galeeren wurden gechartert, weitere in Porto Pisano ausgerüstet, vor allem aber Schiffe in Rom selbst gebaut – und das war es, was die Römer von diesem Türkenunternehmen zu Gesicht bekamen, und was ihnen Arbeit gab. Die erhaltene Buchführung mit Auszahlungsanordnungen und Ausgaben zeigt, wie da auf Werften (*arzene*) am Tiberufer zwischen Ripa Grande und S. Spirito Galeeren, darunter dreimastige Triremen, auf Kiel gelegt und im Winter 1455/56 von zahllosen Zimmerleuten unter Leitung eines Katalanen fertiggestellt wurden. Man erfährt die Zahl der Arbeiter (und ihre spezifischen Aufgaben: Segelmacher, Kalfaterer, Rudermacher), ihre Arbeitstage, ihre Löhne.

Wie diese besondere Buchführung, so geben auch die *Mandati Camerali* und die römischen Zollregister Einblick in Bau und Ausrüstung dieser Flotte. Da wurden – immer unter ausdrücklicher Bezugnahme auf die Flotte: *per le ghalee de Nostro Signore*, *pro munitione galearum* usw. – die unterschiedlichsten Dinge herangeschafft: *lampadari da galea* (Heckleuchten für Galeeren), *stoppa da chalafadare* (Werg zum Kalfatern), *bussole* (Kompasse), Segel, Waffen; Anker, Kanonen, Eisenbeschläge, Heu liefert sogar der römische Großkaufmann Massimo dei Massimi. All das kam dann aus den Schiffen wieder heraus, als sie nach Abschluß des Flottenunternehmens abgetakelt wurden, etwa das Admiralsschiff, das mit 94 Einträgen am römischen Zoll erscheint, als seine Ausrüstung inventarisiert und an die Apostolische Kammer übergeben wurde: heile und zerbrochene Kanonen, Kanonenkugeln, Armbrüste, Rüstungen in allen Einzelteilen, sogar *uno saco di spade turchesce*, «ein Sack Türkenschwerter» als Beute.

16 Schiffe waren so in Rom endlich fertiggestellt, zum Admiral ernannt wurde der kriegerische (als ebenbürtiger Nachfolger Vitelleschis bereits genannte) Kardinal Lodovico Trevisan, den die Nepoten-Clique am Hofe auf diese Weise auch aus Rom entfernen wollte. Zu einem Angriff auf Konstantinopel reichte diese Flotte natürlich nicht, nur zu bescheidenen Operationen in der Ägäis. Denn niemand hatte weitere Schiffe beigesteuert, nicht einmal der König von Neapel, der dem Papst einst persönlich so verbundene Alfonso von Aragon, gab die versprochenen Galeeren, sondern setzte sie lieber gegen seinen Hauptfeind zur See, die Genuesen ein. Calixt war außer sich und hintertrieb fortan alle Vorhaben des Königs, sogar den Übergang der Krone an Alfonsos Bastardsohn Ferrante, vielleicht (so vermutete man) um das Königreich als heimgefallenes Lehen seinem Neffen Pedro Luis zu geben.

Für diese erfolglose Flottenexpedition hatte Calixt alles Geld zusammengekratzt, verpfändete er Tiara und Tafelgeschirr, veräußerte Kirchenbesitz, ließ sogar wertvolle Einbände von den Codices der päpstlichen Bibliothek ablösen und verkaufen, und steckte alles in den Türkenkreuzzug. Freilich sah er – persönlich anspruchslos, ja geizig – auch wenig Alternativen beim Geldausgeben, denn für die kostspieligen Neigungen seines Vorgängers brachte er kein Verständnis auf: Humanisten zu fördern hatte dieser strenge Jurist nicht im Sinn (und was Humanisten, denen doch das Ohr der Nachwelt gehört, einem antun können, wenn sie sich nicht geliebt fühlen, sieht man an ihrem Calixt-Bild); und was Nikolaus V. an Bauten begonnen und nicht vollendet hatte, blieb Bauruine, nur einige Kirchenreparaturen wurden weitergeführt.

Teuer zu stehen aber kam den Pontifikat ein Nepotismus, wie ihn Rom seit längerem nicht gekannt hatte. Trotz der Kürze des Pontifikats füllte sich die Stadt mit Nepoten und zahllosen Katalanen. Damals beginnt der Aufstieg der Borja (italienisch Borgia). Zwei Schwestersöhne werden zu Kardinälen erhoben: Ludovico Mila und Rodrigo Lanzol Borgia (der künftige Alexander VI.), der 1457, mit erst 27 Jahren, sogar Vizekanzler der Kirche wird; ein dritter, Rodrigos Bruder Pedro Luis, wird mit weltlichen Ämtern vollgestopft: Generalkapitän der Kirche, Präfekt der Stadt Rom (wofür die römischen Konservatoren in unwürdiger Weise dankten), Rektor der Kirchenstaatsprovinzen Patrimonium und Dukat, Vikar in Benevent, Kommandant der Engelsburg. Andere Katalanen kamen auf Kurienämter. Dieser katalanische Klüngel wirkte natürlich polarisierend, und es ist wichtig, die Fronten der Parteibildung zu kennen: die Kardinäle Colonna, Barbo, Piccolomini, d'Estouteville hielten sich zu den Katalanen, die Kardinäle Orsini, Trevisan, Capranica standen auf der Gegenseite.[149]

Den Römern waren diese präpotenten, in allem bevorzugten Fremden bald zutiefst verhaßt. Der Papst bereichere seine Verwandten und Landsleute in einer Weise, «daß die ganze Kurie lache», *che tutto el palazo ride*. Das Lachen verging den Römern allerdings (die Depeschen der Sforza-Gesandten geben guten Einblick in die Stimmung), wenn sie sahen, was «die Katalanen» sich herausnahmen und wie sie alle an die Wand drückten. Entsprechend heftig war die Reaktion beim Tod des Papstes im August 1458: «Hier haben sie angefangen, die Katalanen in Stücke zu hauen», *a tagliare a peze Catallani*, berichten die Sforza-Gesandten aus Rom; «die Katalanen sind alle teils geflohen teils haben sie sich versteckt, so groß ist der Haß auf sie».

Das Inventar eines kurzen, wenig bedeutenden Pontifikats war rasch beiseite geräumt. Aber ganz ausroden ließen sich die Katalanen nicht. In Kardinal Rodrigo Borgia behielten sie einen Bezugspunkt, eine Persönlichkeit kräftig genug, daß man in allen kommenden Pontifikaten mit ihm rechnen mußte, bis er, 36 Jahre nach seiner Erhebung zum Kardinal, 1492 selbst den Stuhl Petri bestieg: Alexander VI.

IX.

HUMANISTEN IN ROM. DIE UNIVERSITÄT. MUSIK AM HOFE

HERKUNFT UND STELLUNG AN DER KURIE. Der Humanismus in Rom erwuchs nicht aus römischem Boden. Zwar hatte, um wieder in der Schismazeit einzusetzen, Francesco da Fiano (ca. 1350–1421) in Humanistenkreisen einen gewissen Ruf, stand früh mit den Florentinern in Verbindung, war seit 1379 an der päpstlichen Kanzlei und durch päpstliche Ernennung zeitweilig Kanzler der 1398 zerschlagenen römischen Kommune. Römer war auch Cencio dei Rustici (meist als *Cincio romano*, ca. 1390–1445), immerhin Schüler von Manuel Chrysoloras und seit 1411 päpstlicher Skriptor und Abbreviator. Aber die Zündung konnte von ihnen nicht kommen. Sie kam von außen. Angezogen und gefördert durch die massive Präsenz einflußreicher Florentiner Hofbankiers in Rom, erscheinen – in Roms düsterster Zeit zwischen dem Tod Bonifaz' IX. und dem Konstanzer Konzil (in Florenz eine Zeit hörbaren Aufatmens nach dem Tod des gefährlichen Gegners Giangaleazzo Visconti 1402) – unerwartet die bedeutendsten jungen Männer aus Coluccio Salutatis Florentiner Humanistenkreis. Und sie finden sogleich Anstellung an der Kurie, erst als Skriptoren und Abbreviatoren, dann sogar als päpstliche Sekretäre: Poggio Bracciolini kommt 1403, sein Freund Leonardo Bruni 1405, weitere nachziehend. Beide werden mehreren Päpsten dienen – und es endlich bis zum Florentiner Staatskanzler bringen.

Wie dicht die Verbindung zwischen Florenz und Rom jetzt wurde, und wer die Florentiner waren, die damals modernen Kunstgeschmack, erlesene Waren, anspruchsvolle Dienstleistungen, neue geistige Strömungen nach Rom leiteten, ist bereits gesagt worden. Und überwiegend Florentiner waren hier nun auch die Humanisten. Die Humanisten wollten den Menschen, den sie in seiner mittelalterlichen Ausprägung für einseitig geformt hielten wie einen gegen die Wand gewachsenen Baum, endlich zu einer Vollgestalt machen. Daß es solche Vollgestalten in Italien schon früher gab, wird niemand bezweifeln, der das Zeitalter der Kommunen kennt. Aber dies war etwas völlig anderes, war das neue Lebensgefühl einiger wortführender Zeitgenossen, war Programm. «Wiedergeburt» und das umliegende Wortfeld (*renovare, restituere, reformare, reverti, resurgere,* relativ spät auch *renasci*) meint das Erwachen der Musen, des Menschen, der Kunst, eines neuen Lebens, endlich auch: der Antike nach dem Dunkel eines unseligen Zwischen-Alters oder Mittel-Alters. Die Antike ist Ziel, aber mehr noch Mittel, jedenfalls immer Maßstab: ein Wert, den man anfangs zu erreichen, dann zu übertreffen wagt. Erstaunlich zu sehen, wie diese Humanisten ein neues Zeitalter herbeischrien – und daß es dann auch kam.

Am Beispiel Poggios, der die Kurie in 50 Dienstjahren (1403–53, mit Unterbrechungen) unter acht Päpsten kennen und porträtieren lernte wie kein anderer, sei kurz eine Vorstellung von Wirken und Auftreten dieser Humanisten in Rom gegeben, wobei hier jeweils nur Lebensabschnitt und Werke dargestellt werden, die Rom betreffen.[150] Bewundert als erfolgreicher Entdecker verloren geglaubter antiker Autoren, die er, einer der zahlreichen italienischen Humanisten auf dem Konstanzer Konzil, in nördlichen Klöstern «aus Barbarenhand befreite» (man könnte versöhnlicher sagen, daß Germanien nun zurückerstattete, was es im Frühmittelalter dankbar empfangen und bewahrt hatte); begehrter Gesprächspartner aller, denen nicht nur die Idee, sondern nun auch die Topographie des antiken Rom etwas sagte; aber auch streitsüchtig und schmähsüchtig wie alle seinesgleichen, voll verletzendem Hohn über die Mönche vor allem der Bettelorden herziehend (denen man in Rom, als großen Bußpredigern, doch auch in Gestalten begegnen konnte, die eigentlich nicht zu karikieren waren), war Poggio ein hochgeachteter und zugleich gefürchteter Angehöriger des römischen Hofes in jenen Jahrzehnten, in denen sich hier, und nicht ohne ihn, die Frührenaissance ausbildete.

Daß diese Florentiner Humanisten in Rom einen anderen Ton nicht nur in den Stil der päpstlichen Schreiben, sondern auch in den Lebensstil des Hofes brachten, versteht sich. Während aus der Kurie, die in der Schismazeit noch stark von deutschem Personal geprägt war, Dietrich von Nieheim († 1418) mit teutonischem Ernst vor allem von der Verderbtheit der Kirche, von Simonie und Ablaßverkauf berichtete, wirkt die (auch nach dem Konstanzer Konzil nicht eigentlich reformierte) kuriale Welt aus der Perspektive der Humanisten weit weniger gespannt. Etwa in Poggios Briefen an Niccolò Niccoli: Er beschreibt seine tiefe Freude, endlich wieder in Rom zu sein; gesellige Mahlzeiten und Gespräche mit den humanistischen Kollegen, mit Antonio Loschi, Cinzio Romano, Bartolomeo Arazzi da Montepulciano und dem Leiter der römischem Medici-Filiale Bartolomeo dei Bardi; heitere Ausflüge in die Landschaft (*deambulationes meas rusticanas*) zwischen den Villen-Ruinen von Tusculum, Albano, Ferentino. Und in seiner Schrift *De varietate fortunae* läßt er von der Höhe des Kapitols seinen Blick über die verfallenen Monumente schweifen: eine elegische Topographie des antiken Rom.[151]

Viel Atmosphärisches aus dem Innern der römischen Kurie geben auch Poggios *Facezie*, eine Sammlung heiterer Kurzgeschichten und wunderlicher menschlicher Begebenheiten. Poggio erzählt, wie sie unter Sekretären, dem gehobenen Personal der Kanzlei und anderer Behörden, «wenn wir im Papstpalast beim Essen saßen», und zumal «in unserem Lügenstübchen (*bugiale*), eingerichtet von den Sekretären, um ein wenig Spaß zu haben» (*a secretariis institutum jocandi gratia*), über alles und jeden herzogen, wie sie sich totlachten über Geschichten von formularhörigen Notaren, die als Käufer im Vertrag nur den Jedermanns-Namen *Tizio* gelten ließen, von ungebildeten Richtern, die *Clementine* und *Novella* für Frauen statt für Rechtssammlungen hielten. Und Geschichten, wie sie ihnen gewiß oft aus den eingehenden Schreiben entgegentraten. Da genügten manchmal wohl die in Rom vorgelegten Bittschriften mit ihren *narrationes*, um Novellen anzuregen, und wenn Literaturhistoriker heute Geschichten wie die vom kastrierten Priester von früheren Sammlungen ableiten, so mag das zutreffen, aber es sei auch zu bedenken gegeben, daß die Wirklichkeit der Suppliken als Vorlage manchmal mindestens ebenso nahe lag. Von solcher Selbstjustiz am ertappten Priester gibt es, mit allen Details, zahlreiche Fälle in den Registern der Pönitentiarie.[152]

«Bei einer Zusammenkunft der päpstlichen Sekretäre im Papstpalast ...»; «unter den päpstlichen Sekretären sagte man ...»; «der Kardinal von Bordeaux erzählte mir ...»; «ich fragte den Kardinal von S. Marcello ...» – aus solch römischem Stoff nähren sich viele von Poggios Facezien, und dann folgen geistreiche Bemerkungen, schlagfertige Antworten, nachdenklich stimmende Episoden, freimütige Urteile: Blödheit oder Witzigkeit von Kardinälen, despektierliches Verhalten von Kurialen gegenüber hohen Prälaten (und umgekehrt), der Papst in lockerem Gespräch mit seinen Mitarbeitern, gemeinsame Erinnerungen an Konstanz, die schlauen Florentiner unter den tumben Römern, freundschaftlicher Austausch mit den humanistischen Kollegen, die Atmosphäre heiterer kurialer Geselligkeit von Niveau. Dazu Rom selbst in der Rahmenhandlung vieler Episoden.

Ein ganz anderer Charakter war Lorenzo Valla (1407–57), einer der profiliertesten Humanisten überhaupt und, durch eines seiner Werke, für das römische Papsttum von unvergleichlicher Bedeutung. Geboren in Rom, aber aus norditalienischer Familie, war sein Weg an die Kurie, der ihm zweimal verwehrt wurde, viel gewundener als der von Poggio, Bruni, Loschi. Seine moralphilosophischen Schriften erregten Aufsehen und Befremden (schon die Zeitgenossen wußten nach der Lektüre nicht recht, wie sie Valla zwischen epikureischer Genußlehre, Naturglauben, christlichem Glauben einordnen sollten), seine Streitschriften Aufsehen und Anstoß bei den herrschenden Institutionen, da sie relevante Themen (Rechtswesen, Herrschaftsanspruch, Scholastik, Mönchtum) in entschieden formulierter, rhetorisch brillanter Kritik aufgriffen. Doch fand er endlich Unterkommen bei König Alfonso von Aragon in Neapel, der ihn auch vor dem (von den Franziskanern betriebenen) Ketzerei-Verfahren schützte. Hier schrieb Valla 1440 sein bekanntestes Werk *De falso credita et ementita Constantini donatione*, in dem er die Konstantinische Schenkung (nicht als erster, aber zum ersten Mal «modern» textkritisch) als Fälschung erwies – und damit das Fundament zerstörte, auf dem die weltliche Gewalt des Papsttums beruhte, auch die Herrschaft über Rom selbst.[153] Die Schrift endet mit Sätzen von einer Schärfe und Grundsätzlichkeit, daß dem Leser noch heute Hören und Sehen vergeht: «Freiwillig sind wir zu Dir gekommen, o Papst, daß Du uns regierest; freiwillig gehen wir nun wieder von Dir weg, damit Du uns nicht länger regierest … Aber Du willst uns gegen unsern Willen regieren, als seien wir unmündige Kinder – dabei könnten wir vielleicht vernünftiger Dich regieren (*sapientius gubernare*) … Nun: Hast Du unsern Staat ausgepreßt? Du hast ihn ausgepreßt! … Hast Du in Rom Bürgerblut vergossen? Du hast es vergossen! Und das sollen wir ertragen?» Ulrich von Hutten wird Vallas Schrift 1517 mit boshafter Widmung an Papst Leo X. herausbringen und Luther sie gleich in seiner frühen Schrift «An den christlichen Adel deutscher Nation» verwerten.

Doch wird Valla, dem eine Stelle in Rom über alles ging, nach Aussöhnung des Königs mit Eugen IV., dem Papst für eine Anstellung demütig eine Rechtfertigung und mehr (*ut siquid retractatione opus est et quasi oblutione, en tibi nudum offerro*) anbieten. Leichter Hand die Seiten zu wechseln ist vielen Humanisten und Condottieri damals nicht schwergefallen. So kam Valla, durch seine Kommentare und Übersetzungen lateinischer und griechischer Autoren längst bekannt, erst spät, unter Nikolaus V., an die römische Kurie, 1448 Skriptor, 1455 Sekretär, seit 1450 auch Professor für Rhetorik an der Universität. Sogar dieser Humanist, der mit seinem Frontalangriff (und das auch noch kurz nach der Vertreibung Eugens IV. 1434, kurz vor der Porcari-Verschwörung 1453!) die weltlichen Grundlagen des Papsttums derart radikal in Frage gestellt hatte, wurde in den päpstlichen Dienst aufgenommen.

Es ist bemerkenswert, daß die Kirche in der Berufung solcher Männer offensichtlich eher eine Stabilisierung als eine Gefährdung ihrer Position sah. Dabei standen neben ‹heidnischen› (oder sich heidnisch gebenden) Humanisten ja auch solche bewußt christlichen Bekenntnisses – wie Giannozzo Manetti oder Ambrogio Traversari – zur Verfügung. Aber in einer Zeit, in der die Angriffe auf die Papstkirche aus immer neuen Richtungen mit immer neuen Argumenten zunahmen und alle Auseinandersetzungen von immer angeseheneren Namen, immer gewandteren Geistern, immer brillanteren Stilisten in die öffentliche Meinung getragen wurden und schon die Sprache der päpstlichen Verlautbarungen ins Gewicht fiel, mußte auch die Kirche mithalten und zu ihrer Verteidigung ihrerseits Humanisten von Rang in ihren Dienst nehmen, mochten diese Männer nun mit Überzeugung dahinterstehen oder nicht. Wenigstens konnte man sie so zum Schweigen bringen.

Für die neue Wahrnehmung des antiken Rom von größter Bedeutung war Flavio Biondo aus Forlì (1392–1463). Seit 1432 an der Kurie und schon 1434 päpstlicher Sekretär, war er Eugen IV., der ihn auch in diplomatischen Missionen einsetzte, in diesen Jahren schwierigster Entscheidungen in Rom und Florenz sehr nahe. Nach zeitweiliger Entfremdung von Nikolaus V. kehrte er wieder als Sekretär an die Kurie zurück, ohne aber noch an den päpstlichen Breven mitzuarbeiten. Umso mehr widmete er sich seinen Schriften, mit denen er, zunächst an Leonardo Bruni orientiert, früh hervorgetreten war. Sie brachten neue Ansätze im Blick auf die römische Ruinenwelt, überhaupt auf historische Landschaft, und taten ihre Wirkung im Kreis der päpstlichen Sekretäre und im Kreis um Kardinal Prospero Colonna.[154]

In einem Brief vom November 1444 an Lionello d'Este beschreibt Biondo lebhaft einen seiner ausgedehnten Ausflüge mit dem Kardinal: Wie er zunächst während einer Fuchsjagd mit Borso d'Este und dem Kardinal in der römischen Campagna zwischen Via Latina und Via Appia die Aquädukte und Villenruinen in Augenschein nahm (daß man diese technischen Leistungen wie Straßen und Aquädukte dem Zauberer Vergil zuschreibe, belustigt ihn sehr); das Colonna-Schloß Marino wird berührt, Ciceros *Tusculanum* aufgesucht, zwischen Obstbäumen hinabgestiegen zum Nemi-See mit seinem römischen Emissar und die versunkene römische Prachtbarke bestaunt: schon hatte der Kardinal einige Metallteile herausholen lassen. Dann nach Albano, usw. Ruinenausflüge mit Biondo wird dann Pius II. beschreiben.

Am nachhaltigsten wirkte seine *Roma instaurata*, veröffentlicht 1446, eine neue Darstellung der antiken Monumente und der Topographie Roms, die weite Verbreitung fand (51 Handschriften, unter anderem aus dem Besitz von Nikolaus von Kues und Poggio Bracciolini). Weitere – fachliche, nicht rhetorische – Leistungen waren eine römische Altertumskunde mit systematischer Behandlung der heidnischen Religion, von Rechts- und Kriegswesen (*Roma triumphans*), und eine Abhandlung über die Weiterentwicklung der lateinischen Sprache. Anziehend und innovativ ist seine *Italia illustrata* (1453), eine historische Topographie einiger Regionen Italiens. Sehr lesbar in ihrer fast erzählenden Darstellung, gibt sie – etwa die Via Flaminia, die Via Cassia entlang – zu den Orten am Wege das Wichtigste: ob bei Livius oder Vergil oder Plinius genannt, den Wandel seit der Antike, gegebenenfalls falsche Identifizierung korrigierend; aber auch Berge, Landesprodukte, die Brücken der überquerten Flüsse. Und immer wieder Autopsie («als ich mit Kardinal Prospero Colonna die Ruinen von Anzio durchstreifte, fanden wir in einem nahen Wald ...», I 57). Auch in diesem Werk zeigt Biondo aufs schönste, daß es nicht damit getan sein kann, den Blick ausschließlich auf die Antike zu richten: eine antiquarische, ahistorische Fokussierung, auf die sich manche Humanisten etwas einbildeten. In seinen *Historiarum ab inclinatione Romanorum imperii decades* (1453), einer Geschichte seit dem Ende des römischen Reiches, ist er Geschichtsschreiber vor allem seiner Gegenwart, denn allein die Hälfte des Werkes gilt den Jahren 1400–1440.

Humanisten, die sich dem Griechischen zuwandten, fanden an der Kurie einen Förderer in Kardinal Bessarion. Die Frage der Kirchenunion gab dem Griechischen Aktualität, der Exodus griechischer Gelehrter nach der Eroberung von Konstantinopel und von Mistra führte zu noch dichterer Begegnung, das Interesse für die klassischen griechischen Autoren war in Florenz längst erwacht. Bessarion umgab sich mit einer kleinen Akademie, sein Sekretär Niccolò Perotti übersetzte Polybius, Plutarch, Epiktet ins Lateinische.[155]

Endlich ein weiteres Humanistenbild, ein Gruppenbild um den römischen Gelehrten Pomponio Leto, auch hier im Bildhintergrund neben dem Kapitol unvermeidlich die Kurie. Pomponio (Julius Pomponius Laetus, ca. 1428–1498), illegitimer Sproß der süditalienischen Adelsfamilie Sanseverino, lehrte wie sein Meister Lorenzo Valla Rhetorik an der römischen Universität. In reiner Sprache und erlesener Handschrift um die Herausgabe und Kommentierung klassischer Autoren bemüht und alles Römische – Monumente, Skulpturen, Inschriften, Topographie – mit einem Enthusiasmus erkundend, der über Gelehrsamkeit weit hinausging, machte er sich, mit unvermeidlich sonderbaren Zügen, auch in seiner Lebensführung die Antike ganz zu eigen. Er zog viele Hörer an (darunter Deutsche – wie er seinerseits auf einer Reise auch Süddeutschland kennengelernt hatte) und hatte viele Schüler. Was wir von Pomponio über Monumente und Topographie des antiken Rom erfahren, stammt aus Notizen oder Nachschriften von Besuchern («als er auf einem Spaziergang einem Herrn von jenseits der Alpen die Ruinen von Rom zeigte») und von Schülern, die sich, um 1470, an der Lokalisierung römischer Monumente versuchten: Doch enthalten diese Texte Banalitäten und horrende Fehler, die man Pomponio nicht zuschreiben möchte.[156]

Vor allem aber sammelte Pomponio in seinem Haus vorn auf dem Quirinal gleichgesinnte Freunde um sich, die in ihrer Antikenbegeisterung mehr als nur eine Diskussionsrunde, vielmehr eine *sodalitas*, ein

Freundeskreis sein wollten. Das ist die erste römische «Akademie», die bald Ansehen gewann. Seine Freunde, darunter am bekanntesten Bartolomeo Sacchi gen. Platina und Filippo Bonaccorsi (‹Callimachus›), legten wie er ihre christlichen Namen ab (ihre gewählten antiken Namen findet man als Graffiti in den Katakomben!), besangen in ihren Schriften und Epigrammen Fürsten, Künstler, schöne Knaben, zelebrierten heidnische Riten unter Pomponio als *Pontifex maximus*, datierten *ab Urbe condita*, ab Gründung der Stadt, bekannten laut republikanisch-antimonarchische (und somit antipäpstliche) Ideen. Pomponios Antikengärtchen an den Konstantinsthermen sah die Diskussionen, Freundschaftsrituale, Bankette, Rezitationen, Totengedenken der *accademici*, die sich hier zwischen Weinlaub, Lorbeerbäumen und Inschriftenfragmenten zusammenfanden: Das war nicht museal ausgestellte, sondern angeeignete, gelebte Antike, zwischen der man das nachempfand, was man von Platons Akademie zu wissen glaubte. Die Antikenschwärmerei dieser neuen Generation von Humanisten konnte leicht als sittenloses Heidentum und gefährlicher Republikanismus ausgelegt werden.

Was Pomponios römische Akademie in den Blick von Mitwelt und Nachwelt geraten ließ, war, mehr noch als ihre Leistungen, der Konflikt mit Papst Paul II. Dieser Konflikt war von so grundsätzlicher Natur, daß er – da wir bei unserem Thema immer zu fragen haben, ob Derartiges zu Anfang des Jahrhunderts bereits denkbar gewesen wäre – hier darzustellen ist.

Erster Anlaß zur Konfrontation war, daß Paul II., gleich zu Anfang das Kolleg der (für Konzept und Kontrolle päpstlicher Schreiben zuständigen) Kanzlei-Abbreviatoren reformierend, eine humanistenfreundliche Erweiterung seines Vorgängers aufhob. Das kostete zahlreiche Abbreviatoren das eben erst verliehene oder erkaufte Amt. Darunter waren namhafte und stimmgewaltige Humanisten wie Bartolomeo Platina, der mit lautstarker Entrüstung reagierte, ja, man denke, mit der Androhung eines Konzils! Das wiederum brachte den Papst derart in Rage, daß er, ohnehin gereizt durch das ostentativ heidnische Gehabe dieser Männer, den kursierenden Gerüchten Glauben schenkte, Platina und der Kreis der Akademie planten eine republikanische Verschwörung mit Anschlag auf das Leben des Papstes. Nach der Porcari-Verschwörung schien alles möglich, nur daß unter den Verdächtigten diesmal keine führenden Römer waren. Paul II. ließ einige der Akademiemitglieder wie Platina und Pomponio Leto in der Engelsburg inhaftieren und unter Folter verhören. Aber gegen Humanisten war nicht mehr leicht anzukommen, ihr zwischen Antikenbegeisterung und heidnischen Anflügen schillerndes Auftreten war nicht mit den erprobten Schemata zu erfassen, mit denen die Kirche Häretiker auf längst vorverurteilten Positionen festnageln und schuldig sprechen konnte. Und auch die Verschwörung, die *laesa maiestas*, ließ sich den Verhafteten nicht nachweisen, so daß sie schließlich freigelassen wurden. Platina verfaßte devote Rechtfertigungsschreiben, die wenig erbaulich zu lesen sind. Die Akademie wurde geschlossen und blieb es bis 1478.

Der genannte Platina, eigentlich Bartolomeo Sacchi (1421–1481, Platina nach seinem Geburtsort Piadena bei Cremona), in jungen Jahren Söldner unter Francesco Sforza und Niccolò Piccinino, war dann Hauslehrer bei den Gonzaga in Mantua gewesen und durch den jungen Kardinal Francesco Gonzaga nach Rom gekommen, wo er eine Anstellung als Abbreviator fand und sich Pomponio Leto und seiner römischen Akademie anschloß: Hier zeigt sich wieder, wie die humanistischen Netzwerke miteinander verwoben waren, und welche Rolle Rom zunehmend darin spielte. Als der heftige Konflikt mit Paul II. endlich überstanden war, begannen für Platina unter dem neuen Papst noch einmal Jahre produktiver Tätigkeit. Sixtus IV. ernannte ihn 1475 zum ersten Präfekten der damals eröffneten Vatikanischen Bibliothek, Platinas charakteristische Handschrift findet sich in vielen Einträgen des ersten Ausleihregisters.[157]

Damals schloß Platina auch ein großes Werk ab, den *Liber de vita Christi ac omnium pontificum*, eine (durchaus auch kritische) Papstgeschichte bis in die Anfänge Sixtus' IV., der ihn mit der Abfassung betraut hatte: für die letzten, selbständigen (nicht vom *Liber pontificalis* abhängigen) Teile eine durchaus originelle Leistung. Aber sie prägte durch ihr gehässiges Urteil über Paul II., obwohl Platina es durch Selbstzensur bereits gemildert hatte, dessen Bild bis heute. Das Werk geriet im 16. Jahrhundert in das Schußfeld der nachtridentinischen Zensur, die nun seine Darstellung der Päpste kritisierte: «nicht ihre Leben, sondern ihre Laster hat Platina beschrieben, darum muß er gesäubert werden» (*non vitas sed vitia eorum Platina scripsit, ideo purgandus*). Bonifaz IX. verkaufte Ablässe: streichen; Paul II. ganz zu streichen, weil oft falsch und beleidigend; und so fort (immerhin, wurde anerkannt, kritisiere Platina von 220 Päpsten nur 40). Nicht anders also als die kirchliche Zensur damals mit den *Commentarii* Pius' II. verfahren war und alles entfernt hatte, was für uns die Frische der Frührenaissance ausmacht, und aus dem Papst, der Pius II. wirklich gewesen war, den Papst zurechtschnitt, wie er nach den Vorstellungen der katholischen Reform sein sollte. Was das 16. Jahrhundert am 15. Jahrhundert befremdete, ist für die Kennzeichnung des 15. Jahrhunderts ebenso wichtig zu wissen wie das Neue, das wir im Wandel vom 14. zum 15. Jahrhundert entstehen sahen.

Platina verfaßte sogar ein Kochbuch «Über erlaubtes [Ess-]Vergnügen und Gesundheit», *De honesta voluptate et valetudine*, dessen von *maestro* Martinus, einem angesehenen Hofkoch, übernommene und aus dessen Küchenlatein in Humanistenlatein gebrachte Rezepte eingebettet sind in allgemeine Ratschläge zu maßvoller, eben honester Lebensführung. Insofern ist das Werk durchaus mehr als ein bloßes Kochbuch und zeigt einen neuen, sensibleren Umgang mit der Speise. Rezepte gibt es viele und appetitliche: Wie bereitet man Fleischravioli in Safranbrühe? Oder Huhn mit Rosinen, «das bekam ich oft bei Poggio, sehr gesund!» (daß man an der Speise eher das Gesunde als das Schmackhafte rühmte, wird noch lange gelten). Oder Holunderblüten frittiert. Überhaupt sei Gastronomie das einzige Gebiet, in dem wir von den Alten *nicht* übertroffen würden. Das Kochbuch wurde sofort gedruckt, die Papstgeschichte etwas später.

Wenn hier mehrmals von der bewußten, erlesenen Handschrift der Humanisten die Rede war, so ist das ein weiteres – kleines, aber kennzeichnendes – Element im allgemeinen Wandel dieses Jahrhunderts. Doch muß man Gebrauch und Entwicklung der Schrift im Rom des Quattrocento sehr differenziert sehen: differenziert nach Textgattungen (Briefe, Notarsimbreviaturen, Register, Graffiti), nach den verschiedenen Berufen (ob Gelehrte, professionelle Kopisten, Gerichts- und Zollschreiber), den verschiedenen Alphabetisierungsgraden (autographe Einträge im Ausleihregister der Vatikanischen Bibliothek, in der Buchführung kleiner Händler wie jener Maddalena pizzicarola), den verschiedenen Nationalitäten (katalanische Höflinge, florentinische Bankiers, deutsche Buchdrucker schreiben nicht dieselbe Schrift). Mönche und Notare schreiben in *semigotica*, Professoren und Kuriale bevorzugen die Humanistenschrift, die *mercantesca* ist in Rom sehr selten.[158]

Mehrere der genannten Humanisten sahen wir als Professoren an der römischen Universität. In der reichen Universitäts-Landschaft Italiens war Rom ein Sonderfall. Denn hier gab es zwei Universitäten, das *studium Curiae* und das *studium Urbis,* und man stößt immer wieder auf Studenten, die an der einen oder an der anderen Universität oder gar an beiden studiert hatten: eine Verdoppelung, die in ihrem oft schwer durchschaubaren Nebeneinander (ob vollkommen getrennt oder unter gemeinsamer Leitung, ob konkurrierend oder einander ergänzend, ob gleichermaßen ausstrahlend oder unterschiedlich provinziell) die Forschung immer schon beschäftigt hat, ohne daß die gute Quellenlage anderer Universitäten zur Verfügung stünde. Hinzu kamen noch die Generalstudien der Bettelorden.

DIE UNIVERSITÄT. Auf der einen Seite also die Universität der Kurie. Sie war Teil des päpstlichen Hofes und folgte dem Papst, wo immer er hinzog, und solche (unfreiwilligen) Abwesenheiten waren in der ersten Hälfte dieses 15. Jahrhunderts sehr häufig. Es war also eine wandernde Universität, und auch sonst mit dem mittelalterlichen Universitäts-Modell schwer zu erfassen. Und dort, wo dieses *studium Curiae* mit dem Papst hinwanderte, nach Florenz, Bologna, Siena usw., dort *war* oft schon eine Universität![159]

Auf der anderen Seite die stadtrömische Universität, das *studium Urbis*, das immer in Rom blieb. Innozenz VII. hatte 1406 mit der Bulle *Ad exaltationem Romanae urbis,* die in eindrucksvoller (dem neuen Sekretär Leonardo Bruni verdankter) Sprache die kulturelle Bedeutung und Verantwortung Roms hervorhob, eine Belebung, eine regelrechte Neugründung der römischen Universität ins Auge gefaßt, mit Theologie, beiden Rechten, Medizin, den *Artes*, und ausdrücklich auch der Pflege der griechischen Sprache. Aber sein kurzer, turbulenter und unbedeutender Pontifikat bewirkte nichts. Unter Martin V. kam es dann 1423 zur engen organisatorischen Verbindung beider Universitäten, sein Nachfolger sorgte 1431 für eine finanzielle Ausstattung, indem er den Ertrag der Weinimport-Steuer für die Besoldung der Professoren bestimmte (so nannte man die *gabella vini forensis* fortan *gabella studii*). Mit Eugens IV.

Flucht nach Florenz 1434 traten beide Universitäten zeitweilig wieder auseinander. In solcher Zeit versuchte die Kommune, mehr Autonomie für die stadtrömische Universität zu gewinnen, die sie durchaus als die ihre empfand. Doch kam sie damit nicht weit. War die Kurie dann wieder in Rom, schwoll der Zustrom der Studenten auch zu dieser Universität an, mehrten sich aber auch die direkten Eingriffe des Papstes, der als Herr der Stadt natürlich auch über das *studium Urbis* bestimmte. Mit abnehmender Bedeutung der Kurienuniversität folgte endlich unter Leo X. 1513 die Vereinigung beider Universitäten als *Sapienza.*

Während die Kurienuniversität im Ambiente des Hofes untergebracht war, lebte die Stadtuniversität in verschiedenen Räumlichkeiten zwischen Piazza Navona und Pantheon. Hier im rione S. Eustachio war im 15. Jahrhundert Roms *Quartier latin* (Lorenzo Valla schildert in einem Brief an Giovanni Tortelli 1449 witzig und anschaulich seinen Unterrichtsraum dort), in S. Eustachio selbst fanden auch große Vorlesungen und Promotionen statt, hier wird ab Alexander VI. auch ein Zentralgebäude errichtet werden. Die Stiftung von Kollegienhäusern (Collegio Capranica, Collegio Nardini) diente auch in Rom der Organisation der Lehre, der Unterbringung und der Studiendisziplinierung.[160]

Die stadtrömische Universität hatte, wie die 1473 einsetzenden Gehaltslisten zeigen, 1474 20 Juristen für beide Rechte (Zivilistik wurde überwiegend von Konsistorialadvokaten und Richtern der Kuriengerichte gelehrt), 7 Professoren der Rhetorik, 4 der Philosophie, 10 der Medizin, 2 der Theologie. Recht und Rhetorik (mit bekannten Humanisten wie Gaspare da Verona, Lorenzo Valla, Georgios von Trapezunt, Pomponio Leto) waren anscheinend die meistgehörten Fächer. Inzwischen sind, wegen der schlechten Überlieferungslage ebenso unvollständig wie die Dozenten, auch die Studierenden erfaßt worden, einigermaßen vollständig die Deutschen durch das Repertorium Germanicum der vatikanischen Archivalien: Hunderte Namen von Studenten (und Dozenten) beider Universitäten, aus deren biographischen Daten hervorgeht, was aus ihnen geworden ist. Denn es ist wichtig zu wissen, was man mit einem Studienabschluß in Rom werden konnte. Meist waren es Personen, die an der Kurie Fuß gefaßt hatten oder fassen wollten – sonst ging man lieber an eine norditalienische Universität. Auch die Römer selbst taten das.

MUSIK IN ROM. Wie die bildenden Künste und die Wissenschaften, so entwickelte sich im Rom des Quattrocento auch die Musik im Umkreis des Hofes. Die päpstliche Kapelle war immer schon tonangebend, in Avignon hatte der Hof, vor und während des Schismas, vor allem Sänger aus den Kathedralkapiteln und den Kollegiatkirchen Nordfrankreichs und der südlichen Niederlande (dem heutigen Belgien) berufen, vor allem aus den Diözesen Lüttich, Tournai, Cambrai, Thérouanne. Und als das Papsttum, endlich geeint, wieder nach Rom zurückkehrte, blieb es bei diesem Rekrutierungsgebiet, kamen die päpstlichen Sänger (und ihr polyphoner Stil, ihr Repertoire) weiterhin vielfach von dort. Am Hof Urbans VI. hören wir sogar aktuelle Ereignisse des Schismas in Motetten besungen: Gregors XI. Rückkehr aus Avignon, Urbans VI. Konflikt mit Neapel, der Einigungswunsch der geteilten Christenheit.[161]

Daß das Konzil von Konstanz so auch für die Musikgeschichte zu einem wichtigen Ereignis wurde, erklärt sich leicht: Das Konzil führte nicht nur die entzweiten Teile der Christenheit zusammen, sondern auch die Musiker, Höflinge oder nicht, «many hundreds of professional musicians», ließ sie vier Jahre lang in nahen Umgang untereinander und mit potentiellen hohen Förderern treten, und gab ihnen in den zahllosen – geistlichen und profanen – Zeremonien dieser Weltversammlung Gelegenheit auch zu öffentlicher Musikausübung. So wurde, wie gerade die neuere Forschung hervorhebt, das Konzil von Konstanz, alle geistlichen und geistigen Kräfte Europas bündelnd, zu einem wichtigen Ausgangspunkt für alles, was folgte.

Mit der Rückkehr des Papsttums nach Rom bessert sich auch die römische Quellenlage, lassen sich deutlicher Individuen erkennen, ihre Stellung an der Kurie, ihre Karriere. Schon unter Bonifaz IX. gab es päpstliche Sänger, die zugleich Skriptoren an der Kanzlei waren, wie der bekannte Komponist Antonio Zacara da Teramo. Nun aber sind sie hier besser zu verfolgen. Etwa der große Guillaume Dufay (ca. 1400–1474), an der Kurie in Rom 1428–33 und dann mit Eugen IV. in Florenz, mit Motetten auf die Krönung Eugens, die Kaiserkrönung Sigismunds in Rom, auf die Weihe des Florentiner Doms nach Fertigstellung von Brunelleschis Kuppel (*Nuper rosarum flores*). Dieser lange Aufenthalt erst Martins V., nun Eugens IV. in Florenz, das selbst ein Zentrum intensiven

Musiklebens war (wie auch Roms südlicher Nachbar, Neapel), gilt als wichtige Phase in der Geschichte der päpstlichen Kapelle.

Die Auszahlungsanordnungen für die Gehälter der einzelnen Sänger Monat um Monat geben dann ein präzises Bild von der Zusammensetzung der päpstlichen Kapelle, darunter etwa der bekannte Johannes Saureux: Seit Dezember 1450 erscheint er regelmäßig mit 8 flor. monatlich in der Gehaltsliste. Er kam aus der Region, aus der man die päpstlichen Sänger auch erwartet, aus Lüttich, denn er ließ sich zugleich von seinen Verpflichtungen gegenüber dem dortigen Domkapitel lösen.[162] Eine ungewöhnlich persönliche Quelle für die päpstlichen Sänger werden dann die Graffiti sein, mit denen sie schon gleich nach Fertigstellung der Sixtinischen Kapelle 1483 an der Wand der Sängerkanzel ihre Namen einritzten.

Nicht selten findet man die *cantores capelle pape* zugleich als Studierende in Rom bei der Erwerbung eines akademischen Grades. Das war gewiß als Zukunftssicherung gedacht für eine Karriere an der Kurie bei altersbedingtem Ausscheiden aus der Kapelle: Da sieht man sie dann als Schreiber oder Abbreviator in der Kanzlei, als Notar in der Kammer, untergekommen in der *familia* eines Kardinals, erfolgreich bei der Bewerbung um bessere Pfründen. So studierte Guillaume Dufay an der Kurienuniversität Kirchenrecht und erwarb den Grad eines *baccalarius* (vor Mai 1437). Wie die Humanisten, wechselten auch die Sänger als begehrte Leute womöglich zwischen den Höfen, etwa dem römischen und dem burgundischen, in beiden Richtungen. Bei dieser Bevorzugung nordfranzösisch-niederländischer Sänger sei in Erinnerung gerufen, daß auch die flämisch-niederländische Malerei im Italien des 15. Jahrhunderts hoch geschätzt wurde, daß die Handelsbeziehungen Italiens (sogar Roms) zu dieser Region besonders eng waren, und daß Kaufleute, allen voran die Florentiner, bekanntlich nicht nur Waren aus aller Welt besorgten, sondern auch Fachleute: Kunsthandwerker, Architekten, Sänger.

Seit den späten 1460er Jahren gibt eine neue Generation Medici, Sforza, Este der Entwicklung in Italien neue Impulse, von ihnen und von Sixtus IV. weiß man, wie und wen sie als Sänger anwarben. Kein Papst dieses Jahrhunderts hat die päpstliche Kapelle, für ihre liturgischen und zeremoniellen Dienste, so entschieden gefördert wie Sixtus IV. In vier Bullen sicherte er ihre Privilegien, erhöhte die Zahl von 14 auf 24 Sänger und zog neue Kräfte heran, von denen einige nachweislich von den Höfen der Sforza und Este kamen und die päpstliche Kapelle auf die dort inzwischen erreichten Standards polyphonen Gesangs hoben.[163]

Polyphones Musizieren, das lange Zeit Vokalmusik war, ergreift nun auch die – der Vokalmusik lange untergeordnete – Instrumentalmusik. Eine erstaunliche Vielfalt von Instrumenten aus dem Rom dieser Zeit, nämlich Blas-, Streich-, Schlag-, Zupf- und Tasteninstrumente, findet sich schon in S. Francesca Romanas Tor de' Specchi (Abb. 27). Daneben haben wir für Rom wieder die ungewöhnliche Quelle der Zollregister, die zwischen 1445 und 1485 einen bemerkenswerten Import von Musikinstrumenten nach Rom erkennen lassen. Da wird auf einem Schiff aus Gaeta ein Clavicembalo angeliefert (übrigens die erste Nennung dieses Instruments in italienischer Sprache). Das Clavicembalo, erst gegen 1400 in Oberitalien erfunden und dann seit den 1460er Jahren in den Zollregistern immer wieder genannt, ermöglichte polyphones Musizieren für eine Person und auch das Zusammenspiel mit anderen Instrumenten. Hier wird es, neben Wein, Orangen, Schinken, aber auch Hausrat, Büchern, Bildteppichen – *cose tutte use*, also wohl Umzugsgut – zusammen mit einem *liuto* und einem *organetto* ausgeladen, einer Laute und einem Portativ. Zwischen 1452 und 1481 kommen mindestens 4 *clavecinbali* zu Schiff und 3 zu Land (durch die Spannocchi-Bank) und 8 *manacordi*. Gaeta war für Rom Umschlaghafen, läßt also die Provenienz der Güter nicht erkennen (oder allenfalls durch die Beifracht).[164]

Auch das Clavichord, in leiserer und begrenzter Form für einen kleineren Hörerkreis gedacht, wird damals nach Rom importiert unter verschiedenen Namen, z. B. *manacordo* – eben so, wie man es dem nicht kompetenten Zollbeamten benannte. An Tasteninstrumenten erscheint im Import auch die Orgel, *organo* oder *organetto*, wohl Portative, denn es müssen transportable Instrumente gewesen sein und nicht eine größere Orgel, wie sie schon für St. Peter (vor 1447) bezeugt ist. Einmal wird sogar *1 cassa da artefici da far organi*, «1 Werkzeugkasten für Orgelbauer» eingeführt.

Ungewöhnlich groß ist, wie aus den Zollregistern hervorgeht, der Bestand an Lauten. Auf diesem inzwischen weit verbreiteten Instrument konnte man, außer dem Zusammenspiel, auch individuell mehrere Stimmen polyphon nebeneinander führen. Obwohl diese Instrumente gewiß

Abb. 27. Die ganze Vielfalt der im damaligen Rom verfügbaren – und nachweislich auch von auswärts importierten – Musikinstrumente zeigt dieses Engelskonzert am Sterbebett von S. Francesca Romana (Ausschnitt). Tor de' Specchi, Freskenzyklus von 1468.

auch in Rom hergestellt wurden, scheint der Anteil der Import-Lauten doch beträchtlich. Sie kommen in aller Regel zu Lande, einige mit Futteral (*con capsa*), und werden fast immer von Deutschen eingeführt: von den zwischen 1450 und 1482 insgesamt 94 genannten Lauten werden nicht weniger als 75 von deutschsprachigen Importeuren geliefert. Einer von ihnen, Johanni della Magna, also Hans von Deutschland, führt sogar «15 besaitete Lauten» auf einmal ein, das Stück zu knapp 1 duc. Sogar Holz für Lauten, *legname da liuti*, wird von einem Deutschen geliefert. In einigen Fällen sind die Preise feststellbar. All diese Lauten zahlen Zoll, sind also nicht für Angehörige der Kurie bestimmt. Was der Hof an Lauten einführte, geht, bei Landimport, aus den Zollregistern nicht hervor. Doch sind vielleicht auch die Lauten in den Händen von Raffaels Engeln deutsche Fabrikate. Auch die zugehörigen Saiten werden öfters von Deutschen geliefert, kommen aber in der Regel aus den Abruzzen, wo die Bergschafe gute Därme liefern: als Herkunft wird z. B. Caramanico genannt, wo noch heute eine bekannte Firma bis vor kurzem Darmsaiten fertigte, jetzt hauptsächlich aus demselben Material Operationsfaden herstellt.

Im Gebrauch sehen wir diese Instrumente in einer Quelle, den Absolutionsgesuchen an die Pönitentiarie, die Musikinstrumente nur nennt, wenn es darüber zum Konflikt kommt (ein teures Clavichord geht bei einer Schlägerei zu Bruch, Ständchen mit Bläsern oder mit «sogenannten Violen» verärgern die Nachbarn, usw.). So auch in Rom, etwa die Episode, wie zwei in Rom wohnhafte Nordfranzosen und ihr Begleiter «mit seiner Laute im Futteral» (*lutinam in quadam capsa reclusam*) in den nächtlichen Straßen von Rom vier anderen mit einem Gitarren-Spieler begegnen, der den Lautenspieler zum gemeinsamen Musizieren auffordert; aber der mag nicht mehr, die Laute sei ja schon eingepackt; da faßt den Gitarrenspieler die Wut und er zerschlägt die Laute samt Kasten.

X.

DIE NEUE WAHRNEHMUNG DES ANTIKEN ROM. ERSTE ANTIKENSAMMLUNGEN

EIN NEUER BLICK AUF ROM. Zu den kennzeichnendsten Merkmalen des Wandels, den das Quattrocento brachte, gehört die neue Wahrnehmung des antiken Rom. Sie wurde von Humanisten entwickelt, wie sie im vorigen Kapitel vorgestellt wurden. Einige von ihnen taten sich in der Erforschung von Topographie und Monumenten besonders hervor – keineswegs alle, denn es gab Humanisten ohne jeden Blick für die Monumente (Richard Krautheimer hat das treffend beschrieben), die die Antike rein literarisch, nur über die Autoren, nur durch das Medium des Textes aufzunehmen verstanden. Anders als unter der Vorherrschaft der Mirabilien sah man jetzt erst einmal selber hin, fragte kritisch (und hier ist dieses Wort wirklich am Platze) nach Bedeutung und typologischer Einordnung des Monuments, nach Bauzeit und Auftraggeber: ein Ansatz, der uns heute selbstverständlich ist, damals aber ganz neu war.[165]

Neben dieser sozusagen wissenschaftlichen Behandlung des antiken Rom, die hier im Vordergrund stehen soll, und der Sehweise der Mirabilien, gab es weitere Haltungen, das antike im gegenwärtigen Rom wahrzunehmen. Etwa die – für den Blick auf Rom immer schon charakteristische – ‹Ruinenelegie›, die aus dem Vergleich zwischen dem jetzigen und dem ursprünglichen Zustand der antiken Monumente ihr Gefälle bezieht und, ohne topographischen Anspruch auch bei präziser Benennung der einzelnen Bauten, das antike Rom auf Kosten des gegenwärtigen Rom rühmt und sich dabei zu hohen Reflexionen aufschwingt. Aus diesen Jahren ist besonders originell die Ruinenelegie des römischen Notars Paolo Spinoso († 1481). Er läßt den Porphyrsarkophag von Konstantins Tochter Costanza, den Paul II. von S. Agnese an der Via Nomentana zu seinem Palast bei S. Marco hatte schaffen lassen, klagend den Weg beschreiben, den er, der Sarkophag, nun zurück in die Stadt nimmt und dabei mit Schrecken sieht, wie Rom, dessen er sich noch (sozusagen vom Hinweg) erinnert, nun verstümmelt daliegt: die Thermen, die Triumphbögen, die Brücken.

Man konnte die Ruinenwelt des antiken Rom auch ganz anders sehen – wenn man sie nämlich bewohnen und sich in ihr einrichten mußte: Diese Stadt sei «eine Ruine auf tausendmal tausend Ruinen», *una rovina sopra mille milia rovine*, schreibt ein Florentiner, die Mühen seiner Einrichtung in Rom rechtfertigend, 1443 an die Medici. Und weiter über diese Stadt, «ungeeignet, unbewohnt», eben in tausend Ruinen.[166] Diese Ruinen nun anders zu sehen, sie nicht als Trümmermasse abzutun, sondern sich ihnen einzeln zuzuwenden, war – man sieht es – auch für Florentiner nicht selbstverständlich. Darum zurück zur neuen Wahrnehmung des antiken Rom durch die Humanisten.

Zu den Humanisten, die im zweiten Viertel des Quattrocento neuen Zugang zu den antiken Monumenten gewannen, gehören Poggio Bracciolini und vor allem Flavio Biondo, die wir bereits als päpstliche Sekretäre an der Kurie kennengelernt haben. Biondos *Roma instaurata*, geschrieben 1444–1446, wird für Rom die eigentliche Wende bringen, wahrhaft innovativ in ihrer spezifischen Verbindung von Kenntnis antiker Autoren, Heranziehung zugehöriger Inschriften, Beherrschung der antiken Fachsprache, und eigener Beobachtung. Davon wird noch die Rede sein.

Weniger systematisch und mehr erlebnishaft schreibt Poggio Bracciolini (und man muß sich immer wieder in Erinnerung rufen, daß dieser Florentiner schon 1403 an die Kurie kam! Aber in Rom ließ sich vor Martin V. nichts zünden). Poggio schildert einen Blick vom Kapitol über das antike Rom: ein Panorama datiert in das letzte Lebensjahr Martins V. (1430, aber erst 1448 veröffentlicht). Die Sommerpause der Kurie läßt ihm und dem Freund Antonio Loschi Zeit, so reiten die beiden päpstlichen Sekretäre aufs Kapitol und blicken hinab. Ein Blick voll von Ruinen-Elegie (zerbrochene Säulen, überwucherndes Gebüsch, an der Stelle der Senatorensessel nun Weinberge und Müllberge), dazu die obligaten literarischen Zitate, um das Generalthema des Spaziergangs, «Von der

Wechselhaftigkeit des Glücks» (*De varietate fortunae*), recht deutlich zu machen. Dann aber werden bestimmte Bauwerke genau in den Blick genommen: die Arkaden des antiken Tabulariums, mit Erwähnung der Inschrift, nun im Senatorenpalast aufgehoben und Salzlager der Kommune; das Pompeiustheater *privatis aedificiis occupata*, von Wohnbauten durchsetzt; in S. Lorenzo in Miranda steckend der Antoninus- und Faustina-Tempel; die ältesten Mauerteile der Kirche SS. Cosma e Damiano ursprünglich dem Romulus-Tempel zugehörig und an der Quaderstruktur erkennbar, *quadrato lapide* (Kirchen sieht er überhaupt nur noch, soweit sie antike Monumente enthalten). Und die Cestius-Pyramide: Wie konnte Petrarca sie als «Grab des Romulus» bezeichnen, wo der Name doch dransteht![167]

Inschriften, antike Autoren, eigener Augenschein: Das sind die Ingredienzien einer neuen Annäherung an die Antike, die die Mirabilien endlich hinter sich läßt. Und ob der Spaziergang nun real oder fiktiv war (es werden auch Monumente einbezogen, die vom Kapitol nicht zu sehen waren), es ist noch nicht der spätere antiquarische Lexikonstil, der etwa die Umstände der Auffindung nicht mehr für berichtenswert hält, sondern ganz persönliche Begegnung mit der Antike:

> «Daneben ist eine riesige Porticus bedeckt von Trümmern, wo ich viele umgestürzte Säulen sah, als neulich Steine fürs Kalkbrennen aus dem Erdboden gegraben wurden. Bei der Porticus der Minerva ist die Statue eines Liegenden, der Kopf mit vollständigem Gesicht, und von solcher Größe, daß er alle Statuen der Stadt übertrifft. Einer entdeckte das, als er Gruben zum Einpflanzen von Bäumen aushob. Um die Statue zu sehen, kamen jeden Tag mehr Leute; verärgert über den Lärm und die Belästigung durch den Zulauf, deckte der Gartenbesitzer sie wieder mit Erde zu. Direkt beim Kapitol, gegen das Forum, steht die Säulenstellung des Concordia-Tempels noch aufrecht; als ich das erste Mal nach Rom kam, sah ich sie noch fast vollständig, schönes Marmorwerk. Dann haben die Römer den Tempel ganz und die Säulen zum Teil zum Kalkbrennen abgerissen, indem sie die Säulen umwarfen.»

Auch bei diesem Thema wollen wir, wie immer, in der Breite und nicht nur an der Spitze ansetzen und fragen, wie bald dieser neue Blick auf das antike Rom auch in nicht humanistische Kreise eindrang, hohen und niederen Rombesuchern vermittelt wurde, und sich überhaupt gegen die Mirabilien durchsetzen konnte. Als König Sigismund 1433 zu seiner

Kaiserkrönung nach Rom kam, da soll er von Ciriaco d'Ancona (ca. 1391–1452) über das Forum Romanum geführt worden sein. Für einen Besucher, der es sich schon aus kaiserlicher Ideologie schuldig war, den Bauwerken seiner angeblichen Vorgänger demonstrativ Aufmerksamkeit zu widmen, war Ciriaco gewiß ein ausgezeichneter Führer (wenn auch nicht vom Rang eines Flavio Biondo, und in Griechenland mehr zu Hause als in Rom), kompetent und auch emotional: Er konnte losweinen, wenn er an das Ende des römischen Reiches dachte – vielleicht beeindruckte das einen deutschen Fürsten mehr als einen Poggio Bracciolini oder Antonio Loschi, die sich darüber lustig machten. Als 1468 Kaiser Friedrich III. ein zweites Mal Rom aufsuchte, besuchte natürlich auch er, neben zahllosen Kirchen, «eifrig auch die Ruinen der antiken Bauten», wie Agostino Patrizi berichtet. In diesen 35 Jahren zwischen 1433 und 1468 war in der Wahrnehmung antiker Monumente vieles geschehen, und man wüßte gern, wie nun dieser Kaiser das Forum erklärt bekam, und wie er es sich erklärt wünschte: ob noch nach Art der *Mirabilia*, oder ob schon nach Art der *Roma instaurata*.[168]

Was es heißt, Antike wahrzunehmen nach der einen oder aber nach der anderen Art, würde am deutlichsten hervortreten, wenn wir mehrere Personen gleichzeitig vor dasselbe Bauwerk führen und sie erzählen lassen könnten, was sie sehen. Tatsächlich läßt sich eine solche Versuchsanordnung organisieren. Denn das Pantheon in Rom beschreiben uns drei Beobachter beinahe gleichzeitig: der Nürnberger Ratsherr Nikolaus Muffel 1452, der Florentiner Kaufmann Giovanni Rucellai 1450, und jener päpstliche Sekretär Flavio Biondo um 1445.[169]

Der Nürnberger Ratsherr ist ganz erfüllt von dem, was sein römischer Führer ihm erzählt hatte. Zwar sieht er, daß der Bau rund ist, sieht Säulen, erzene Türen und kupferverkleidete Balken. Aber schon für das Loch oben in der Kuppel findet er architektonisch keine Erklärung: Ein Loch im Gewölbe kann ja wohl nicht Absicht gewesen sein, vielmehr entstand es dadurch, daß die Teufel den kupfernen Pinienzapfen, nun vor St. Peter, dort oben abbrachen und forttrugen. Und dort oben, wo nun das Loch ist, *zumittelst auf dem loch ist Pantheon der apgot des mers und die apgöttin Diana, die ein aptgöttin des gaydes* [Jagd] *gewesen ist, gestanden.* Und da in solcher Auffassung von Antike ein Monument oder eine Statue nicht einfach sich selbst bedeuten kann, sondern alles eine magische

Funktion gehabt haben muß, werden die Statuen in den Nischen des Innern als Repräsentanten der einzelnen römischen Provinzen gedacht, die sich bei Gefährdung der Provinz bewegten (eine Fabel, die hier vom Kapitol aufs Pantheon übertragen wird). Reiseberichte, die doch die persönliche Begegnung mit dem antiken Monument erwarten lassen, enttäuschen darin oft. Denn natürlich geraten die Fremden in die Fänge der lokalen Ciceroni und damit in die Sehweise der *Mirabilia*. Und die sehen aus den antiken Monumenten nicht Geschichte heraus, sondern Sinn hinein. «Wahrnehmung» ist ja nicht ein bloß optischer, sozusagen photographischer Vorgang, nicht eine Sache nur der Netzhaut, sondern sieht Bedeutungen und Bezüge, ahnt magische Kräfte, erkennt Verwendbarkeiten und Verwertbarkeiten.

Ganz anders als dieser deutsche Rompilger nun Flavio Biondo wenige Jahre zuvor in seiner *Roma instaurata*. Die *Mirabilia* werden nicht einmal polemisch beiseite geschoben, sondern stillschweigend übergangen. Denn Quellenwert hat nur, was antike Autoren oder antike Inschriften dazu überliefern, und was man mit eigenen Augen sehen kann. Erbaut ist das Pantheon von Agrippa: es steht doch dran, *titulus in frontispicio adhuc ostendit*! Biondo erkennt nicht nur diese große (dem Mittelalter gleichgültige) Bauinschrift, sondern sogar die kleinere, noch heute meist übersehene severianische Restaurierungs-Inschrift auf dem Architrav. Dann die Autoren: Plinius über die Säulenkapitelle, Spartianus über die Restaurierung durch Hadrian, Macrobius über die Ausstattung der Venus-Statue. Aber auch die nachantiken Schicksale des Baus: Umwandlung in eine Kirche im frühen 7. Jahrhundert, letzte Reparaturen unter Eugen IV., in die Interkolumnien der Vorhalle hatten sich Verkaufsbuden eingenistet, die erst jüngst wieder entfernt wurden, usw. Und das ist bemerkenswert, denn die nachantiken Transformationen werden, weil demütigend für ein antikes Monument, von Humanisten gern übergangen: Humanisten sind oft bloße Antiquare, sind nicht Historiker wie Flavio Biondo.

Endlich der Florentiner. Giovanni Rucellai ist kein Gelehrter mit archäologisch geschultem Auge wie Flavio Biondo, aber an Architektur zutiefst interessiert (schließlich ist er der wichtigste Auftraggeber von Leon Battista Alberti in Florenz) und begabt mit dem wachen Blick des Florentiner Kaufmanns, der zunächst einmal selber hinschaut, bevor er

Autoritäten folgt. Und so auch hier: wie ist die Wölbung der Kuppel gestaltet (natürlich hatte er die Florentiner Dom-Kuppel vor Augen, die er unter Brunelleschis Händen hatte wachsen sehen), wie sind die Ausmaße des Innenraums, in welcher Höhe ist der Kuppelansatz? Er notiert Maße (wie Brunelleschi die Maße des Pantheons genommen hatte), merkt, daß die Höhe des Kuppelansatzes der Hälfte des Durchmessers entspricht, und erkennt, daß das Loch oben von Anfang an als einzige Lichtquelle gedacht war.

Flavio Biondo wurde von den Humanisten rezipiert, aber natürlich nicht von der Masse der Pilger. Das galt erst recht für weitere humanistische Rom-Beschreibungen (wie Maffeo Vegio, Giovanni Tortelli, Bartolomeo Fonzio, die hier nicht berücksichtigt werden können). Um Nebeneinander und Wesensunterschiede der beiden Sehweisen noch einmal deutlich hervortreten zu lassen, sei – in diesen gleichen Jahren, um 1450 – ein Pilger vor die antiken Monumente geführt, der vom Antikenverständnis der Humanisten noch unberührt ist: der bereits genannte englische Augustinereremit John Capgrave in seinem Pilgerführer *Ye Solace of Pilgrimes.*[170]

Sein Bericht ist nicht einfach aus Mirabilien-Büchern abgeschrieben, ist keine Reise am Schreibtisch. Hin und wieder läßt Capgrave ausdrücklich erkennen, daß er sich Rom erwandert hat, daß er die Stadtmauern ein ganzes Stück entlanggelaufen ist, daß er in die verschütteten Substruktionen der Kaiser-Paläste auf dem Palatin und in die Ruinen der riesigen Zisterne *Sette Sale* hineingeschaut hat. Aber die eigene Beobachtung setzt sich gegen das Katalogisieren des Mirabilien-Schemas (die Mauern, die Tore, die Brücken, usw.) selten durch und ist dann ohne antiquarische Einsichten. Die Deutung des Scherbenbergs als Anhäufung von mit Erde gefüllten Gefäßen, die dem Senat zum Zeichen der Unterwerfung dargeboten worden seien, ist das Übliche, aber immerhin ergänzt um eine kritische Beschreibung des dort auf dem Monte Testaccio selbst erlebten, mit blutiger Schweinehatz gefeierten römischen Karnevals.

In den meisten Fällen aber sind die antiken Monumente bei Capgrave nicht eigentlich wahrgenommen in ihrer Gestalt, sondern bloß Anlaß zu Erzählung und Ausdeutung in der gewohnten phantastischen Mischung aus Etymologischem, Allegorischem, Heilsgeschichtlichem. Auch die

Triumphbögen werden nicht als Architektur gesehen, sondern dienen nur dazu, Fabulöses über ihre Errichtung oder den Geehrten zu erzählen. Immerhin benutzt und zitiert Capgrave auch antike (Varro, Ovid, Lukan) und mittelalterliche Autoren (die Weltchronik des Martin von Troppau, Gervasius von Tilbury). Daß ihn die Umwandlung antiker Tempel in christliche Kirchen interessiert (*Of dyvers templis of fals goddis turnyd to servyse of seyntis*), ist natürlich nicht architekturgeschichtliche Beobachtung, sondern Triumphgedanke (und im übrigen auch einfach falsch, denn in Rom wurden mehr Zivilbauten als Kultbauten in christliche Kirchen verwandelt). Ebenso ist seine Bemerkung, dieses oder jenes antike Stück sei dann in mittelalterlicher Kirche wiederverwendet worden, nicht eigene Beobachtung, nicht Spolienforschung, sondern ihm erzählt, weil Indiz für den Triumph des Christentums über das Heidentum: *chaunge on to bettir* [!] *use*. Denn hier ist nichts, was einfach sich selbst bedeutet: Alles hat seine über sich selbst hinausweisende Bedeutung.

Und doch gibt es einige wenige Bauwerke, an deren Beschreibung in eigenen Worten er sich versucht, ihrer ungewöhnlichen Gestalt wegen.[171] Neben dem Kolosseum das Pantheon, zu dem er Phantastisches über den Bau der Kuppel berichtet, die über einem zuvor eigens dafür (sozusagen als Lehrgerüst) aufgeschütteten Hügel errichtet sei, der dann darunter wieder abgetragen wurde vom Volk, das man durch die absichtsvoll unter die Erde gemischten Münzen arbeitswillig gemacht habe. Während Capgrave sich noch diese seltsame Erklärung gab, hatte Brunelleschi sich die Konstruktion bereits technisch, nicht magisch erklärt und soeben, nach dem Vorbild des Pantheon, die Domkuppel von Florenz eingewölbt!

Einigermaßen selbständig ist die Beschreibung des damals noch aufrecht stehenden *Septizonium*. In Ermangelung eines Begriffs wie «Schaufassade» oder «Fassaden-Konstruktion», der sogleich ein Ganzes vor Augen gestellt hätte, wird auch dieses seltsame Bauwerk (in dem 1241 das erste Konklave der Papstgeschichte stattfand) ganz additiv beschrieben, nicht gerade rekonstruierbar, aber wiedererkennbar («Marmorsäulen mit 7 Thronsesseln dazwischen, und darüber nochmal 7, und darüber nochmal 7»). An seiner Ausdeutung des Namens (die Siebenzahl trägt ihn natürlich kurios in die Weite) ist interessant nur, daß er als Informanten einen englischen Mönch im nahen Kloster S. Gregorio nennt.

Er beschreibt freilich auch Monumente, die er eingestandenermaßen gar nicht gesehen hat wie den Circus Maximus. Von einem Aquädukt weiß Capgrave, daß dieser dem Kaiserpalast neben Wasser auch Wein und Öl zuführte. Und wo er sich Wasserführung nicht technisch mit einem Rohrnetz erklären kann, dann eben magisch mit Simon Magus – als es längst hydraulische Traktate gab, auch nördlich der Alpen. Wie er sich in den Diokletiansthermen das römische Badeleben erklärt, ist zwar bar jeder Altertumskunde, hat aber wenigstens seine Logik: Im Sommer wuschen sich die Römer im Keller kalt, im Winter im Erdgeschoß heiß. Immerhin nimmt er die vielen eindrucksvollen Gewölbe wahr. So enthält Capgraves Text zwar immer wieder einmal Spurenelemente persönlicher Wahrnehmung – aber der Abstand zu den Beobachtungen der zeitgenössischen italienischen Protoarchäologen bleibt immens und läßt erkennen, wie revolutionär deren neuer Ansatz war.

Natürlich waren Hilflosigkeit und Befremden vor dem antiken Monument gradweise verschieden. Den befremdlichsten Anblick bot zweifellos ein Amphitheater: so etwas seltsam Kolossales hatten nordische Reisende noch nicht gesehen, in ihren Reiseberichten ringen sie nach Worten, um Bautyp und Funktion begreiflich zu machen. Etwa der Luzerner Ratsherr Hans Schürpf, als er auf seiner Jerusalemfahrt 1497 in Pula vor seinem ersten Amphitheater steht. Er hält den Bau für einen Palast Karls des Großen, in der Mitte ein Turnierplatz mit hölzernen Tribünen, die Gewölbe der Substruktionen gedacht als kühle Räume gegen die Sommerhitze. Aber auch dieser Anblick wird noch im 15. Jahrhundert sprachlich bewältigt, zunächst in Rom (*Quid sit amphitheatrum*; *De amphitheatro quod nunc Colosseum*: Flavio Biondo), dann aber auch sonst in Italien, etwa in der Beschreibung der Arena von Verona durch den Notar Pietro Donato Avogaro. Allein mit dem Begriff ‹Amphitheater› führt er dem kundigen Leser bereits alles Wesentliche vor Augen (den elliptischen Grundriß, die ansteigenden Sitzstufen usw.). Und so sehen wir, wie die aus Vitruv oder Plinius wieder angeeignete Begrifflichkeit die bloße Anschauung, die oft nur additiv beschreiben kann (Bogenreihe über Bogenreihe über Bogenreihe), allmählich ersetzte. Die Wahrnehmung der antiken Monumente gewinnt an Präzision und verliert an Farbigkeit.[172]

Wie die antiken Bauten Roms nicht nur in verbaler Beschreibung,

Abb. 28. Rom-Miniatur einer Sallust-Handschrift, gegen 1420. Privatbesitz.

sondern auch in zeichnerischer Wiedergabe im Laufe des 15. Jahrhunderts neu gesehen wurden, sei am Vergleich zweier Rom-Ansichten gezeigt: einer Miniatur, die gegen 1420 gemalt ist (aber nicht einen aktuellen Stand wiedergeben will); und dem Rom-Plan des Alessandro Strozzi von 1474 (Abb. 28 u. 29). Die Stadt ist jeweils von Norden gesehen (das ist die damals noch vorherrschende Blickrichtung, schon deshalb ist der Blick von Westen über die Peterskirche auf die Stadt in Abb. 25 so ungewöhnlich), darum vorn die Porta del Popolo und die Engelsburg mit dem Vatikan. Gehen wir von der Engelsbrücke zum Kapitol und identifizieren, was wir links und rechts des Weges an antiken (und den wichtigsten nachantiken) Bauten zu sehen bekommen. Begonnen sei jeweils mit dem Strozzi-Plan.[173]

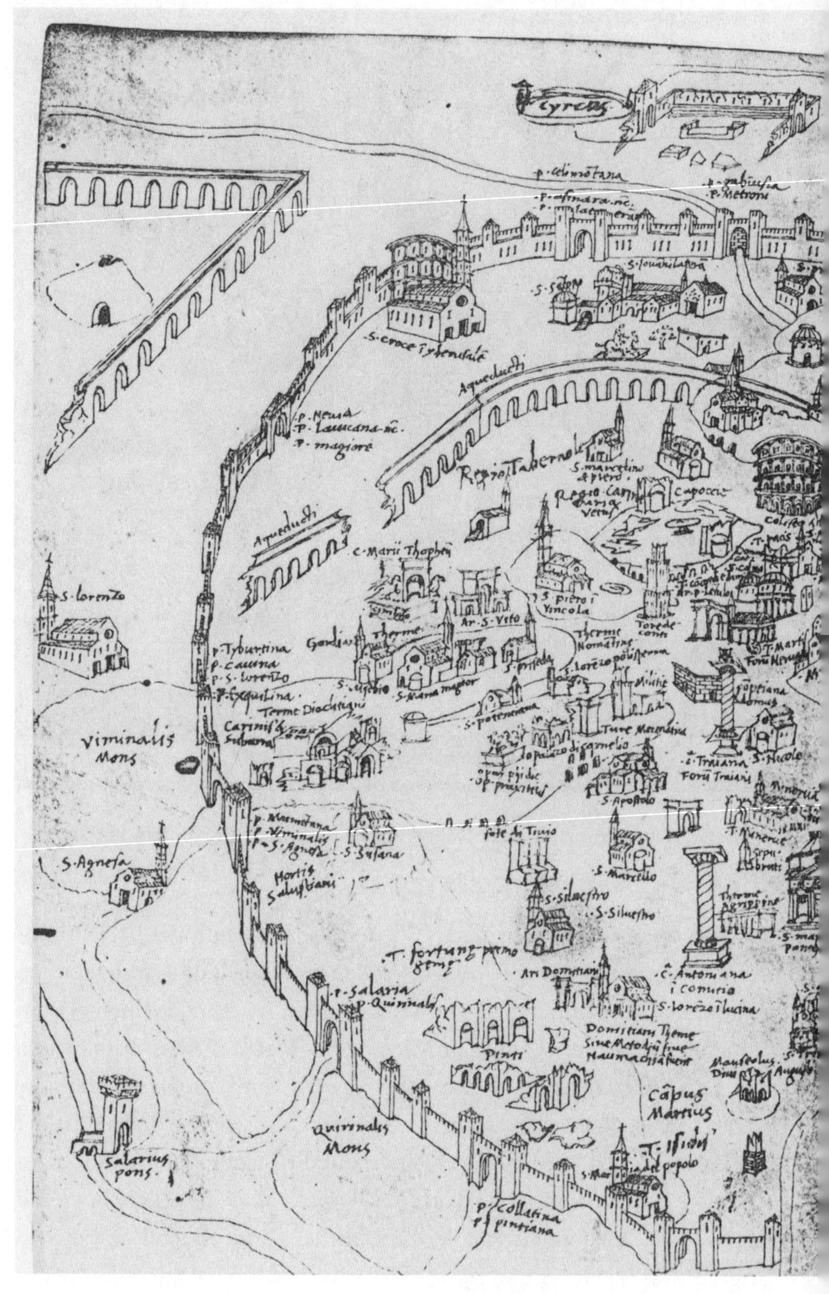

Abb. 29. Plan des Alessandro Strozzi von 1474. Firenze, Bibl. Laurenziana, Cod. Redi fol. 7v–8r.

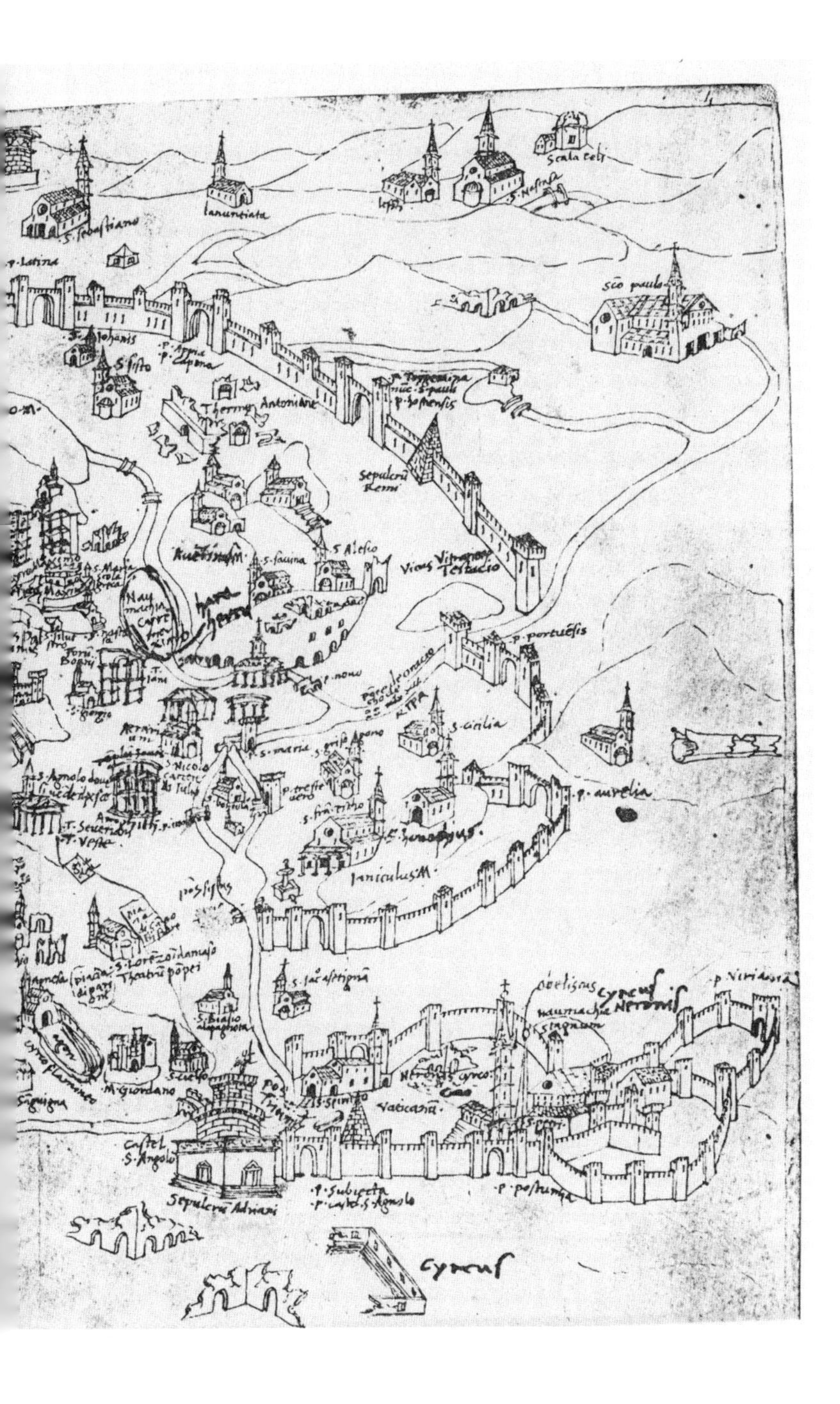
Scala celi
lanuntiata
S. Sebastiano
p. Latina
sco paulo
S. Sisto
p. Appia
S. Alesio
S. Savina
p. portuēsis
S. Cicilia
p. aurelia
Janiculus M.
Vaticanu
M. Giordano
Castel
S. Angelo
Sepulcru Adriani
p. posterula
Cyrcus
Sepulcru
Remi

Die Engelsburg, beschriftet *Castel S.Angelo/Sepulcrum Adriani*, hat auf beiden Darstellungen die unverwechselbare Abfolge quadratisch-rund-quadratisch, bei Strozzi ist sogar der Fries des unteren Mauergevierts wiedergegeben. Gleich jenseits der Engelsbrücke auf einer Erhebung die Orsini-Festung des *Monte Giordano* und rechts (westlich) davon *S. Cielso*, damals die Kirche der Florentiner im Bankenviertel. Als nächstes die Piazza Navona, *agon*, als Stadion mit angedeuteten Sitzstufen und der eingebauten Kirche *S. Agnesa* (*cyrco flamineo* ist falsch, die korrekte Lokalisierung des Circus Flaminius beim Marcellustheater wird erst im 20. Jahrhundert gelingen). Auf der früheren Ansicht scheint die Piazza Navona eine unverstandene Anhäufung von Gebäuden, vielleicht will die breite Treppe Reste von Sitzstufen anzeigen. Dann, jenseits des Viertels mit *S. Agostino/S. Trifone, S. Apollinare* und der *Torre* der Familie Sanguigni, das unter Sixtus IV. – also eben damals – seine Aufwertung als Quartier von Kardinälen und Nepoten erfährt, das *Mausoleum Divi Augusti* über rundem Grundriß: Auf der Ansicht von 1420 wird das Augustusmausoleum als Kuppelbau rekonstruiert! Jenseits der Piazza Navona das Pantheon, *S. Maria rotonda*, mit recht gut gezeichneter Vorhalle, im Giebel sogar die Inschrift des Agrippa: In der Darstellung von 1420 hingegen hat der Tambour sogar Fensteröffnungen (eine solche Absurdität wird nach dem Quattrocento niemandem mehr unterlaufen)! Östlich davon auf beiden Ansichten die Mark Aurels-Säule und Reste der *Therme Agrippine* (richtig: *Agrippe*), der zerstörte Rundbau auf dem früheren Plan vielleicht Rest von deren Rundsaal (heute Arco della Ciambella), durch den später eine Straße geführt wurde. Überhaupt muß man bei solchen Identifizierungen eine Vorstellung vom Monumentenbestand des 15. Jahrhunderts haben, der erheblich größer war als heute. So stand bei S. Maria sopra Minerva noch der große Janusbogen (und der kleinere Arco di Camigliano, der eine abgetragen, der andere verbaut), und der mag auf dem Strozzi-Plan beim *Templum Minerve* angedeutet sein.

Geht man von der Engelsbrücke, statt in Richtung Piazza Navona/Pantheon, auf direkterem Wege zum Kapitol, entweder über die via papalis mit der *piaza di Parione* (heute Piazza di Pasquino) oder über die Via del Pellegrino mit der *piaza di campo di Fiore* (man beachte, daß nun sogar Straßen und Plätze eingetragen sind), so trifft man dort auf das *Theatrum Pompei*. Das Pompeiustheater, verbaut zu Wohnquartier und

Orsini-Festung, war als Theater nicht zu erkennen und ist darum auf der Ansicht von 1420 als wirrer Gebäudekomplex dargestellt, auf dem Strozzi-Plan nur lokalisiert und nicht gezeichnet. Von hier ein kurzer Blick zum Tiber: Der Ponte Sisto, damals im Bau, ist schon eingetragen, aber noch nicht dargestellt. Geht man vom Campo dei Fiori die eingetragene Straße weiter zur [*piaza*] *Giudia* beim nachmaligen Ghetto, steht man bald zur Linken vor der – schön gezeichneten, wegen seiner severianischen Restaurierungsinschrift als *templum Severiani* mißdeuteten – Porticus der Octavia, in die sich S. Angelo in Pescheria (hier: *dove si vende il pesce*) hineingesetzt hatte; und hat zur Rechten, auf der Höhe der Tiberinsel mit dem Ponte Cestio, das Marcellus-Theater (*Amphitheatrum*, doch ‹Amphi› ist es nicht, und ein *templum Veste* ist hier nicht unterzubringen), auf beiden Ansichten als monumentaler Arkadenbau dargestellt.

So stehen wir endlich am Fuße des Kapitols. Der Strozzi-Plan gibt eine markante Erhebung, die große Treppe führt hinauf nach S. Maria in Aracoeli mit ihrer charakteristischen Fassadenbekrönung. Zur Rechten der Kirche der Senatorenpalast mit zweien der von Bonifaz IX. und Martin V. angefügten Ecktürme. Die ältere Ansicht ist so genau nicht, dafür zeigt sie kennzeichnenderweise die Rechtszeichen der Kommune: den Galgen oben, den Pranger unten beim Markt.

Tatsächlich war damals noch wenig auf dem Kapitol zu sehen. Der südliche Teil des Hügels gegen den Tarpejischen Felsen war noch unbebaut, ein Blick von dort auf den Kapitolsplatz (aus den 1530er Jahren, aber noch vor der päpstlichen Neuausstattung des Kapitols) zeigt den Senatorenpalast mit Ecktürmen und Glockenturm (Abb. 30); links davor der noch unbefestigte Kapitolsplatz mit der flachen Freitreppe in den Palast und dem Obelisken vor dem Aufgang in den Franziskanerkonvent (der Turm im Hintergrund ist irrtümlich als *tor del conte* statt *delle Milizie* bezeichnet); links anschließend S. Maria in Aracoeli mit ihrer nackten Ziegelfassade, davor der Konservatorenpalast von hinten mit den unterschiedlichen Baubestandteilen seiner Rückseite. Zur Linken unten Palazzo Venezia, S. Marco und Mark Aurels-Säule. Wie markant der Kapitolshügel damals, vor Errichtung des Nationaldenkmals, noch im 19. Jahrhundert über Forum und Innenstadt aufragte, zeigt ein Blick aus der Gegenrichtung, aus der Richtung des Palazzo Venezia auf Kirche und

Abb. 30. Das Kapitol. Blick von der damals noch unbebauten südlichen Höhe des Kapitolshügels auf Senatorenpalast und S. Maria in Aracoeli. Rom-Panorama von Marten van Heemskerck, um 1534–36 (Ausschnitt). Berlin, Kupferstichkabinett, 79 D 2A, fol. 91v.

Konvent von S. Maria in Aracoeli (Abb. 31, die massive Torre di Paolo III oben vor dem Konvent hat man sich für das Quattrocento wegzudenken).[174]

Wie es hinter dem Kapitol weiterging, zeigt ein Blick von S. Maria in Aracoeli wenige Jahre später (*veduta d'ara celi*, Abb. 32). In der Mitte die hohe Torre dei Conti, einst Festung der Familie Innozenz' III., direkt davor die Front des Minerva-Tempels, auf den, von rechts, mit Resten seiner Umfassungsmauer das schmale Nerva-Forum (oder *forum transitorium*, nämlich ‹Durchgang› vom Forum in die Subura) zuführt, das schon im frühen Mittelalter besiedelt wurde (Abb. 6), während beiderseits die Areale von Cäsar- und Vespasians-Forum unbebaut sind. Zur Linken dieser Torre dei Conti der Glockenturm von SS. Quirico e Giulitta, dann der höhere von S. Basilio eingebaut ins Augustus-Forum (die Glokkenseile wurden durch Löcher in der antiken Kassettendecke geführt), dessen riesige Rückwand links anschließt.[175] Die Kirchenbauten verbanden sich innig mit den monumentalen antiken Resten: Das Kirchlein S. Maria Spoglia Christi (später S. Maria in Campo Carleo) hängte seine Glocken einfach an ein noch aufrecht stehendes Gebälk an der Ostecke des Trajansforums (Abb. 33).

Noch ein Blick vom Kapitol des Strozzi-Plans rings über die nächsten antiken Monumente: Man erkennt die Trajanssäule, die Bauten des

Abb. 31. Das Kapitol vor Errichtung des Nationaldenkmals noch markant über der Innenstadt aufragend, gesehen aus der Richtung des Palazzo Venezia. Edmund Hottenroth (1804–89), Ausschnitt. Privatbesitz.

Forum Romanum, den Janusbogen, in der Ferne das Kolosseum, dahinter die Arkaden der Aqua Claudia-Abzweigung zum Celio. Auf der Ansicht von 1420 ist vom Forum nur gerade die Maxentius-Basilika zu identifizieren. Noch ein Jahrzehnt, und Poggio wird von hier, vom Kapitol aus Rom neu sehen lehren.

Daß eine neue Generation sich der Antike nun in ihrer ganzen materiellen Hinterlassenschaft zuwandte und nicht nur die Glanzlichter von Architektur und Skulptur wahrnahm, sei an der Aufmerksamkeit gezeigt, mit der man sich nun sogar der bloßen, dekorationslosen Mauer – vor allem der Stadtmauer Roms – widmete, ihrer Mauerwerksstruktur, ihrer materiellen und historischen Zusammensetzung: untrügliches Zeichen für die neue Breite und Tiefe des Verlangens, die Antike in allen ihren Äußerungen aufzunehmen und aus ihrer Vorbildlichkeit womöglich praktischen Nutzen zu ziehen. Man konnte antike technische Leistung zugleich technisch begreifen und ästhetisch betrachten, wie der Floren-

Abb. 32. Blick vom Kapitol (*veduta d'araceli*) über die Kaiserforen auf die Torre dei Conti und die Bauten des Esquilin. Codex Escurialensis, fol. 40v (Ende 15. Jh.).

tiner Gesandte Giovanni Lanfredini 1484 dem Künstler Antonio Pollaiuolo bloßes römisches Straßenpflaster beschrieb: «Die Qualität und Festigkeit des Gesteins, die Größe der Steine, die Zusammensetzung, fast alle gleich groß, wie bei Fischschuppen ein Stein in den anderen verfugt, und wenn man bedenkt, daß das Gestein gar nicht vom Ort ist ...»

Beeindruckt hatte ein antiker Mauerverband natürlich schon im Mittelalter durch seine ansehnlichen, akkurat geschnittenen, fast fugenlos versetzten Quadern. Wenn solche Wahrnehmung in Worte gefaßt wurde, galt sie fast immer dem Gesamteindruck: daß eine solche römische Mauer «die Schäbigkeit der jetzigen bloßstelle», formuliert eine französische Chronik des 12. Jahrhunderts; «wie auf ewig gebaut» sagt von solcher Quadermauer in Italien Hermann von Reichenau; «fugenlos kompakt» urteilt Rahewin; «unersetzlich» betonen die Colonna im Prozeß gegen Bonifaz VIII.[176]

Jetzt aber sieht man genauer hin. Frühe Humanisten wie Coluccio Salutati (1331–1406) trauen sich zu, antike Mauerreste, auch wenn sie im Verband mit mittelalterlichen Gebäuden stehen, nach Material und Gestalt für unzweifelhaft römisch zu erklären. Ciriaco d'Ancona wird auf

Abb. 33.
Gebälk des Trajansforums mittelalterlich verbaut und behängt mit den Glocken des Kirchleins S. Maria Spolia Christi (später ‹in Campo Carleo›). Firenze, Biblioteca Nazionale, Cod. Magl. II. I. 429 fol. 50v.

seinen griechischen Reisen seit den 1420er Jahren ganze antike Stadtmauern abgehen und, obwohl nicht Architekt, sogar ihren unterschiedlichen (polygonalen, isodomen, trapezförmigen) Steinschnitt zeichnen.[177] Und so beginnt der neue Blick auf antike Mauern endlich auch in Rom, das zwar, anders als Florenz, über einen gewaltigen Bestand antiker Mauern verfügte, nicht aber über Menschen, die bereit und fähig gewesen wären, historische Mauern mit Neugier und Kompetenz zu untersuchen. Tatsächlich ist unter den Autoren, deren Äußerungen zum Thema hier vorgeführt seien, kein einziger Römer. Die Römer sahen ihre imposante Aurelianische Stadtmauer noch nach Art der Mirabilien («hat 361 Türme, 12 Tore, 6900 Zinnen»), wobei nicht einmal diese Zahlen selber gezählt waren.

Das wird nun völlig anders. Leon Battista Alberti, 1431–34 und dann wieder ab 1443 in Rom mit einem Amt an der Kurie, setzt mit seiner *Descriptio urbis Romae* neue Maßstäbe.[178] Die römische Stadtmauer ist nun nicht mehr das symbolische Rund der Rom-Tondi noch des frühen Quattrocento, seine Vermessung der Stadt ergibt nicht mehr ein Stadt*bild*, sondern einen Stadt*plan*. Aber es ist nicht nur der Mauerverlauf, sondern auch der Mauerverband, der Alberti beschäftigt, und es liegt nahe, dieses Interesse im Zusammenhang mit der intensiven Bautätigkeit Papst Nikolaus' V. und der umfassenden Reparatur der römischen Stadtmauer zu sehen, an der fortan die Wappen und Inschriften nicht mehr der Kommune, sondern der Päpste erscheinen, zahlreich gerade die Wappen Nikolaus' V.

Inwieweit Leon Battista Alberti an den Bauvorhaben Nikolaus' V. beteiligt war, ist – innerhalb des großen Themas Alberti und Rom – eine vieldiskutierte, unter Kunsthistorikern weiterhin strittige Frage.[179] Einen Bau in Rom hinterließ er jedenfalls nicht, und sein Prinzip, dem christlichen Kirchenbau die Gestalt eines heidnischen Tempels zu geben, werden manche hohen Prälaten am Hofe mit Mißbilligung gesehen haben. Aber es geht hier nicht um den Grad von Albertis Beteiligung an den päpstlichen Bauvorhaben – von der Peterskirche bis zur Stadtmauer – , sondern um seine Beobachtungen an antikem, an historischem Mauerwerk, wie sie in seinem (1452 Nikolaus V. gewidmeten) Werk *De re aedificatoria* ihren Ausdruck finden. Schließlich waren es mehrere Jahrzehnte seines Lebens, die Alberti in Rom verbrachte: Gelegenheit genug, bei seinen Streifzügen durch die römische Ruinenwelt – ausgehend vom Florentiner-Viertel an der Engelsbrücke wie schon Brunelleschi, Donatello, Ghiberti – seine Beobachtungen zu machen. «An den Gebäuden der Alten bemerkte ich ...», heißt es immer wieder, und dann die entsprechende Beobachtung zum Technischen wie zum Stofflichen des Mauerwerks: was sich etwa über die Beimischung der Ziegel, was sich über die Politur marmorner Verkleidungsplatten feststellen lasse. Oder zum inneren Gefüge von Quadermauern, ihrer Verbindung durch Metallklammern mit Bleiverguß (und immer gleich die Nutzanwendung: Blei nicht zu heiß einfüllen). Daß römisches *opus reticulatum*, anders als Quader- oder Ziegelwerk, von späteren Zeiten nicht wiederzuverwenden sei und darum antike Bauten in dieser Mauerwerkstechnik eine größere Überlebens-Chance hatten, ist eine treffende Beobachtung, in der sich praktischer und historischer Sinn aufs schönste verbinden.

Überhaupt die Wirkung der Zeit, und was sie einer Mauer anhaben kann. Wie der Feigenbaum Mauern zersprengt; wie sich Marmor gegen Regenwasser verhält. Seine Aussagen über Eignung und Dauerhaftigkeit von Holzarten, wenn sie Wasser ausgesetzt sind, belegt er sogar mit persönlicher Beobachtung an den römischen Schiffsresten auf dem Grunde des Nemi-Sees, die Kardinal Prospero Colonna damals mit seiner Hilfe untersuchen ließ. Und weiter: Was muß man wissen, wenn man alte mit neuer Mauer verbinden will? Die Beobachtungen, die er in Rom an antiken Bauten macht, werden bisweilen genau lokalisiert: Da er über Fundamente in den antiken Fachschriftstellern nichts gefunden habe, *nichil invenio apud veteres*, beobachtet er den konkreten Befund an der Engelsburg, beim Forum Boarium, beim Comitium, beim Vespasianstempel.[180]

Und wie Alberti die antiken Monumente in den Blick nahm, so eben auch die Stadtmauer. Was ist über die Mauerwerksstruktur antiker Stadtmauern zu wissen, was beim Mauerverlauf zu bedenken? Und wie ist das in Rom: Abstand der Türme, Höhe der Laufgänge, Ausstattung. Ob er unmittelbaren Anteil an der umfassenden Wiederherstellung der Aurelianischen Mauer unter Nikolaus V. hatte, läßt sich nicht sagen, doch sind die anfallenden Probleme (wie flickt man eine monumentale römische Ziegelmauer, wie verstärkt man einen Wehrturm?) unvermeidlich auch in seiner Gegenwart diskutiert worden. Bei Alberti war das natürlich mehr als der bloße praktische Einblick in die Zusammensetzung antiken Mauerwerks. Denn den hatte jeder römische Bauunternehmer längst auch ohne Alberti. Schließlich waren in Rom immer schon antike Bauwerke demontiert worden, um ihr Material gleich wiederzuverwenden oder in ganzen Schiffsladungen zu exportieren – da sollte man wohl wissen, wo in antikem Quaderwerk die Metallklammern zu finden sind, wie Ziegelbögen auf Tuffmauern aufsitzen, und wie sich antikes Mauerwerk anfaßt. Freilich: Wer antike Mauern nur mit verwertendem Blick sieht, wird es darüber hinaus nicht bringen. Rezipiert, überliefert, gemalt wird nicht, was Giovanni *muratore* gesehen, sondern was Leon Battista Alberti geschaut hat.

Ganz historisch wird es wieder, wenn Alberti über das Verhältnis von Ehrenbogen und Stadttor spricht, über ihre Gestalt und ihren möglichen Funktionswandel: Stadttore seien, durch Ausweitung des Pomerium (und der Stadtmauer), ins Stadtinnere geraten und, an ihrer hervorgehobenen Verkehrslage belassen, bisweilen zu Siegesbögen ausgestaltet worden. Daß, umgekehrt, Ehrenbögen in spät- oder nachantiker Zeit zu Stadttoren umfunktioniert worden waren, war natürlich auch Alberti bekannt – und eben das werden wir dann bei Mantegna gemalt sehen! Ein durchaus historischer Gedankengang ist auch Albertis Bemerkung, in den letzten 200 Jahren habe es geradezu eine «Turmbau-Krankheit» (*morbus turrium astruendarum*) gegeben, selbst im letzten Nest habe keine Familie auf ihren Turm verzichten wollen, darum diese «Wälder von Türmen» (auch Rom war damals noch eine Stadt der Türme und nicht der Kuppeln); die zwei Jahrhunderte davor hingegen eine Kirchenbau-Manie![181]

Aus all den Beobachtungen Albertis spricht jedenfalls das Bewußtsein, daß der Durchgang durch die Zeit mit Augen zu greifen sei, mit den eigenen Augen und nicht nur mit denen des Aristoteles; daß es möglich sei, zu erkennen, daß dieses Stück Mauerwerk hier antik ist, und jenes dort nicht, oder ein Konglomerat verschiedener Zeiten. Und so liegt die Frage nahe: Sollte das jetzt nicht auch ein verständiger Maler sehen können und dann entsprechend darstellen wollen, sei es aus Interesse an den historischen Baunähten, sei es aus Freude an der *varietas* der verwendeten Baustoffe? Riesige Ziegelwände, deren einziger Schmuck ihre Monumentalität sei (wie es sich dem von Alberti geführten jungen Bernardo Rucellai einprägte): Sollte das einen empfänglichen Maler nicht reizen?

Historisches Bewußtsein beim Blick auf die Monumente und Mauern Roms tritt bei den Humanisten unterschiedlich hervor. Nicht sehr deutlich bei Poggio Bracciolini, der bei seinem elegischen Blick vom Kapitol für die mittelalterlichen Transformationen der antiken Bauten wenig Verständnis zeigt. Er muß sie, unwillig, in den Blick nehmen, um sie, darin mehr Antiquar als Historiker, sogleich zu subtrahieren. Bemerkenswert ist seine Aufmerksamkeit für die Aurelianische Stadtmauer, deren umfassende Wiederherstellung durch Nikolaus V. (dem er 1448 seine Schrift widmete) damals unmittelbar bevorsteht. Seine Beobachtungen sind bisweilen grundfalsch: so wenn er die Ziegelmauern Aurelians (und Honorius') weitgehend für frühmittelalterlich hält, weil er sich die antike Mauer ganz in Quaderwerk dachte und die Integrierung antiker Bauten in die Mauer als Indiz für nachantik (statt spätantik) nahm. Immerhin ist es eigene Beobachtung, die beim Gang um die Mauern Roms das Nebeneinander, ja Ineinander der verschiedenen Bauphasen beschreibt und begründet, oft falsch aber doch methodisch neu: Wo sieht man spätere Verkürzungen, wo führt die Mauer über ältere Gebäudereste hinweg? An der Porta Maggiore sei der Aquädukt des Claudius zur Stadtmauer umfunktioniert worden, stellenweise seien ganze Hausfassaden in die Stadtmauer inkorporiert, wie vermauerte Tür- und Fensteröffnungen zu erkennen gäben (denn der Mauerbau mußte unter Aurelian angesichts der akuten Germanengefahr rasch vorangetrieben werden, und da machte man es wie beim Mauerbau 1961 in Berlin in der Bernauer Straße: Fenster vermauern und rasch weiter). Wo Zerfall Einblick erlaubt, untersucht Poggio die Zusammensetzung des ganz unterschiedlichen Füllmaterials und schließt daraus, die Mauer könne nicht in einem Zuge, *non uno tempore*, gebaut worden sein, die Technik sei nicht überall dieselbe. Indizien sind ihm auch die Vermauerung früherer Öffnungen, die Einbeziehung von Aquäduktbögen, die Anbauten und Flickstellen – und genau das werden wir dann in der Darstellung antiker Mauern bei Mantegna mit malerischen Mitteln ins Visuelle übersetzt finden.[182]

Endlich Flavio Biondo, der ganz aus seiner Gegenwart auf das antike Rom sah, ja nach eigenem Bekenntnis nicht zu dem großen Haufen der Humanisten gehören wollte, die das nachantike Schicksal römischer Monumente einfach wegdachten und noch in den mittelalterlichen Gassen ihrer Gegenwart die Vision klassischer Bauwerke vor Augen hatten: «Nein, ich gehöre nicht zu denen, die für den gegenwärtigen Zustand Roms nichts als Verachtung und Geringschätzung übrig haben.» Das war damals, noch vor dem durch Nikolaus V. eingeleiteten urbanistischen Aufbruch, tapfer gesagt. Aber es offenbart auch einen charakteristischen Zug, der ihn von vielen Humanisten abhebt: historisches Verständnis und nicht nur antiquarisches Interesse. In Biondos Topographie wird mittelalterliche Umwandlung und gegenwärtiger Zustand antiker Monumente nicht verschwiegen (bisweilen natürlich auch beklagt), die gegenseitige Durchdringung der historischen Epochen immer sichtbar gelassen und vor Augen geführt: Über dem antiken Tabularium erhebe sich nun der (schäbige) Ziegelbau von Bonifaz' IX. Senatorenpalast; auf mächtigen antiken Gewölben bei S. Lorenzo in Lucina ruhe der Kardinalspalast, in dem jetzt der französische Kardinal Jean Juvenis wohne; auf dem Gelände der Agrippa-Thermen wohnen Cincio dei Rustici und

Abb. 34.
Der Zeichner hatte die Ursachen der Beschädigungen – die Entnahme der begehrten Metallklammern – begriffen und setzte die Löcher darum, unschön aber korrekt, alle in die Quaderfugen. Codex Escurialensis fol. 57v, Nervaforum mit Tor dei Conti (Ausschnitt).

andere meiner Kollegen: Antike buchstäblich «ver-gegenwärtigt»! Verschleppung und Wiederverwendung antiker Marmore wird nicht bloß bejammert, sondern womöglich auch der Weg von der ersten zur zweiten Verwendung, von einer antiken Grabpyramide in den Fußboden der Vorhalle von St. Peter verfolgt, und solcher Spoliierung und dem Kalkbrennen die Hauptverantwortung an der Vernichtung antiker Stücke zugeschrieben und nicht, «wie gemeinhin behauptet wird, dem Alter und den Goten». Daß antike Ruinen einmal nicht rein als Antike gesehen (und nur deswegen überhaupt wahrgenommen) wurden, sondern in ihrer Gemengelage verschiedener Zeiten, hatte also seine seltenen Ausnahmen: Biondo sah es so.

Biondos historisches Verständnis, von den Fabeln der *Mirabilia* und dem antiquarischen Purismus vieler Humanisten gleich weit entfernt, beläßt die antiken Monumente, nachdem es sie zunächst aufs Kompetenteste identifiziert hatte, doch in den Zusammenhängen, in die sie im Laufe der Jahrhunderte geraten waren. Und solche historischen Konglomerate konnte, wer wollte, auch malen.

Nach dem Blick des Gelehrten darum nun der Blick des Malers, nach der verbalen die visuelle Beschreibung alter Mauer.[183]

Abb. 35.
Zeichnungen nach der Antike: Architektur, Skulpturen, Inschriften. Römischer Ehrenbogen einmal nicht in kahlem Aufriß, sondern bedeckt und zersprengt von üppiger Vegetation, so wie es Pius II. auf seinen Ausflügen beschreibt. Zeichnung wohl des Konstantinsbogens, 2. Hälfte 15. Jh. Firenze, Biblioteca della Soprintendenza.

Nachdem lange Zeit die einheitliche, monochrom geschlossene Mauerfläche vorherrschend war, werden seit dem frühen 15. Jahrhundert zunehmend verschiedene Arten von Mauerwerk absichtsvoll gegeneinander abgehoben: Quadern gegen Rustika gegen Diamantquadern wie in Gentile da Fabrianos *Darbringung im Tempel* (1423), Rosa gegen Grün gegen Weiß wie in Fra Angelicos *Nikolauslegende* (1437), Ziegel gegen Marmor wie in Benozzo Gozzolis *Turmbau zu Babel* (nach 1468). Man hatte nun eine Vorstellung davon, wie Mauer *all'antica* darzustellen sei. Wie in den Schriftquellen der *lapis quadratus,* so bezeichnet in der Malerei nun Quaderwerk – vor allem der Bossenquader mit Randschlag – antike Arbeit. Und solche Quadern konnte man dann geborsten, bestoßen, zersprungen sein lassen, um zeitlichen Abstand, Verfall, Ärmlichkeit (das Christuskind geboren in römischer Prachtarchitektur – aber dann mußte sie verfallen sein) oder Vergänglichkeit vor Augen zu stellen.

Daß nicht irgendeine Stadtmauer dargestellt ist, sondern die Aurelianische Mauer von Rom (auch wenn Jerusalem gemeint ist), erkennt man

Abb. 36. Mauern bei Mantegna. Die Stadtmauer eines imaginären Rom in ihrer materiellen und historischen Zusammensetzung: als Palimpsest aus Quaderwerk und Ziegelmauer, geflickten Breschen und vermauerten Toren. Hintergrund von Andrea Mantegnas ‹Begegnungsszene› in der Camera degli Sposi, Mantua (Ausschnitt).

in Fra Angelicos Stephanus-Fresko (1447–50) in der Kapelle Nikolaus' V. an einem unverwechselbaren Merkmal: die Arkadenpfeiler auf der Innenseite haben Durchlässe, um den Wehrgang durchgehend begehbar zu machen. Und daß der Künstler nicht irgendeine vage Kennzeichnung von Alter und Brüchigkeit andeutet, sondern spezifische Einsicht in die – von Alberti und Poggio erkannten – Bedingungen des Verfalls antiker Mauer hatte, ersieht man beim *Codex Escurialensis* (Ende 15. Jh.) aus einem unscheinbaren Detail: Die riesigen Löcher, die viele römische Quadermauern häßlich überziehen und dadurch entstanden, daß das Frühmittelalter in seinem Metallhunger die Quadern aufmeißelte, um an die verbindenden Metallklammern und ihren Bleiverguß zu kommen, dürfen nicht (wozu ein Maler neigen würde) beliebig-dekorativ über die Mauerfläche verteilt, sondern müssen unschön-regelmäßig immer in die Quaderfugen gesetzt werden. Der Zeichner des *Escurialensis* hatte den Befund begriffen (Abb. 34). Und während Skizzenbücher in der Regel römische Bauten in ihrem kahlen Aufriß (und vor allem, oft mit präzisen Maßangaben, in ihren einzelnen Elementen) abbilden, gibt es doch auch Zeichnungen, die Monumente bedeckt und zersprengt von üppiger Vegetation zeigen, so wie es Pius II. auf seinen Ausflügen beschreibt (Abb. 35).

Wie alte Mauern von der Geschichte allmählich mit Narben gezeich-

Abb. 37. Gemalte Spolien. Bossenquader mit Randschlag und zwei Inschriften (s. Pfeile) als Spolien verbaut in einer Mauer. Hintergrund von Andrea Mantegnas Hl. Sebastian. Paris, Louvre.

net werden; wie antikes und nachantikes Mauerwerk miteinander verwachsen; was die Jahrhunderte dem Stein antun, und daß die eigentümlichen Verletzungen von Ziegelwänden dann anders sind als die von Quaderwerk – all das ist im Quattrocento bei niemandem mit mehr Einfühlung und Beobachtungstreue vor Augen geführt worden als bei Andrea Mantegna (1431–1506). Es geht hier nicht um die – im Vordergrund seiner Bilder immer schon beachtete – archäologisch korrekte Wiedergabe römischer Waffen, Kleidung, Inschriften, Architektur, sondern um die (meist den Hintergrund bildende) Darstellung von Stadtmauern. Da sieht man Baunähte zwischen älteren und jüngeren Mauerpartien, frische noch triefende Kalkspuren, Quaderwerk im Verband mit Ziegelmauerwerk, geflickte Breschen einer früheren Belagerung, in die Mauer inkorporierte Vorgängerbauten, zugemauerte Bögen, ja sogar vermauerte Spolien.[184]

Man kann Mantegnas Stadtmauern entlanggehen, so wie wir schon Ciriaco d'Ancona, Alberti, Poggio antike Stadtmauern abgehen sahen. Etwa in der sogenannten «Begegnungsszene» der *Camera degli Sposi* in Mantua (der junge Kardinal Francesco Gonzaga, auf dem Wege nach

Rom oder von Rom, begegnet seinem Vater Markgraf Lodovico Gonzaga) im Hintergrund oben die imposante Stadtmauer eines imaginären Rom (ca. 1470–74, Abb. 36). Man erkennt, links beginnend, einen zum Stadttor umfunktionierten römischen Triumphbogen mit mehrfigurigem, halb weggebrochenem Relief; auf der einen Seite Ziegelmauer, auf der anderen eine Mauerpartie aus mächtigen Bossenquadern mit deutlichem Randschlag. Dann folgt ein regelrechter Mauer-Palimpsest: zuunterst antikes Quaderwerk, darüber ein Stück älterer Ziegel- oder Bruchsteinmauer, die mit helleren, nämlich neueren Ziegeln bis zur Mauerkrone aufgemauert ist. Dann ein Turm, dessen Fuß zur Verstärkung vorgespreizt ist (so empfahl es Alberti für die ganze Stadtmauer Roms, doch machte man es dort im 15. Jahrhundert nur an den Turmfüßen). Anschließend ein weiteres Mauerstück mit geflickten Breschen, die von Mantegna durch hellere Tönung absichtsvoll sichtbar belassen werden, da sie ja nicht nur eine historische Aussage, sondern auch einen malerischen Effekt ergeben. Dann ein zugemauertes Tor, auf dessen ursprüngliche Funktion das Wappen außen und die ansteigende Gasse innen aufmerksam machen. Das ist Mauer in ihrer stofflichen und historischen Zusammensetzung, Mauer als Ergebnis eines historischen Prozesses. Geschichte projiziert auf eine Mauerfläche.

Ähnlich andere seiner Stadtmauern: im *Christus am Ölberg* in London gewaltige Ziegelflächen mit allen Schattierungen einer historischen Wand; beim *Hl. Sebastian* im Louvre ein antiker Aquädukt durch Vermauerung seiner Bögen zur Stadtmauer, seine schön ausgestaltete Überführung über die Straße zum Stadttor geworden (wie bei der Porta Maggiore in Rom), ja man sieht eine Mauer unter Verwendung von Stücken, die sich eindeutig als Spolien zu erkennen geben (Abb. 37)! Kurz: all das, was Mantegna, mit seinen humanistischen Freunden auf Ausflügen (wie der bekannten Exkursion zum Gardasee im Herbst 1464) auch den unscheinbaren antiken Stücken nachgehend, überall in Italien und vor allem in Rom (das er spätestens 1488–90 aufsuchte, um die Villa des Belvedere auszumalen) selber sehen, aus Skizzenbüchern aufnehmen, bei Poggio oder Alberti lesen, von Freunden erfahren konnte.[185] Stoff genug für die Einbildungskraft eines Künstlers, der für das Gespräch mit Gelehrten empfänglich war und verbal Vermitteltes ins Visuelle umzusetzen verstand. Mantegnas Mauern sind gemalter Biondo, gemalter Alberti.

All das wäre zu Anfang des Jahrhunderts noch undenkbar gewesen. Das antike Rom als Ganzes und in seinen Teilen, vom erhabenen Monument bis zur schmucklosen Stadtmauer, nicht mehr mit dem befangenen Blick der Mirabilien, sondern mit dem verständigen Auge des Humanisten zu sehen, war ein unerhörter Schritt. Im Quattrocento wurde innerhalb weniger Jahrzehnte auch dieser Schritt getan.

ERSTE ANTIKENSAMMLUNGEN. Zu Anfang des Jahres 1445 legte im römischen Tiberhafen beim Aventin eine Barke aus Nettuno an und lud, neben Getreide und getrockneten Trauben, zwei *ymagines marmoreas*, zwei Marmorstatuen an Land. Die Herkunft der Barke läßt vermuten, daß die Statuen aus einer der zahlreichen römischen Meeresvillen um Anzio und Nettuno stammten, etwa aus der großen kaiserlichen Villa von Anzio (in der Nero geboren wurde), die mehrere prachtvolle Stücke wie das ‹Mädchen von Anzio› und den ‹Borghesischen Fechter› hergegeben hat. Die Statuen waren, wie ein Vermerk des Zollbeamten besagt (Abb. 38), für den Kardinal Prospero Colonna bestimmt, der nur wenige Monate später hier im Hafen die von ihm in Florenz in Auftrag gegebene bronzene Grabplatte seines Onkels Papst Martins V. in Empfang nehmen konnte.[186]

Der unscheinbare Eintrag im Zollregister hat seine Bedeutung. Kardinal Prospero Colonna († 1463) hatte im Familienpalast bei SS. Apostoli oder in dessen Garten am Südwesthang des Quirinal, überragt von den Giebelresten des gewaltigen Serapis-Tempels und begrenzt von den Substruktionen der Tempeltreppe (Abb. 39, bei der heutigen Università Gregoriana), eine Antikensammlung angelegt, die als die erste ihrer Art in Rom gilt. Wahrscheinlich gehörte der prächtige Torso vom Belvedere dazu (daß er etwas später in der Werkstatt des Bildhauers Andrea Bregno genannt wird, muß dem nicht widersprechen), jedenfalls eine Gruppe der Drei Grazien, und weitere Statuen und Reliefs.[187] Daneben Inschriften – und nun gewiß auch die beiden eingangs genannten Statuen aus der Barke von Nettuno. Wie Prospero Colonna die Küste von Anzio aufsuchte und in Begleitung von Flavio Biondo dort persönlich die römischen Ruinen durchstreifte, erzählt Biondo selbst. Daß dieser hochangesehene Colonna-Kardinal allerdings nicht nur ans Antikensammeln und die Hebung römischer Schiffe im Nemi-See zu denken, sondern

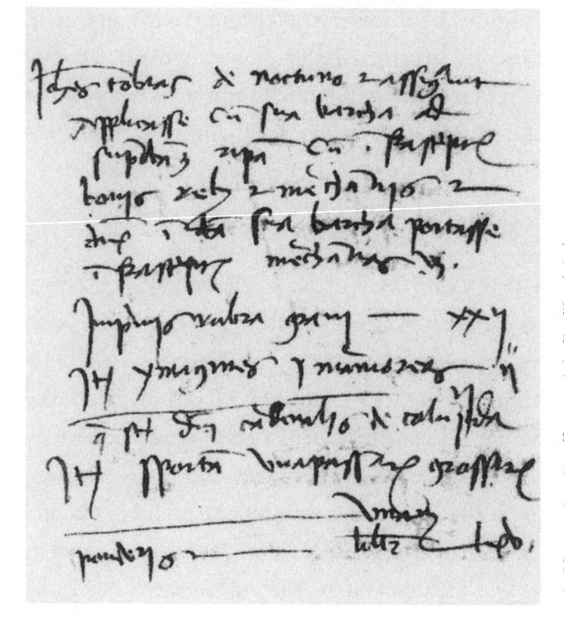

Abb. 38.
Eintrag im Hafenzollregister 1445. Eine Barke aus Nettuno bringt für Kardinal Colonna zwei (antike) Marmorstatuen: *Item ymagines marmoreas II, que sunt domini cardenalis de Columpna.* Archivio di Stato Roma, Cam. Urbis, reg. 121 fol. 10r.

auch für die politische Position seiner Familie zu kämpfen hatte, ersehen wir aus seinen massiven Waffenkäufen.

Um das, was mit dem Sammeln von Statuen damals begann, recht einschätzen zu können, muß man sich zunächst klarmachen, wie das Mittelalter mit antiken Statuen umgegangen, und: was an Statuen damals überhaupt sichtbar und verfügbar war. Die Statuenwälder in unseren Museen lassen glauben, die antike Statue habe im Mittelalter ein massenhaftes Nachleben gehabt. Aber so war es nicht, diese Statuen kamen fast alle erst in nachmittelalterlichen Grabungen ans Licht, ein Nach*leben* ist dieses unterirdische Überdauern nicht. Über der Erde war die Überlebens-Chance antiker Statuen im Mittelalter verschwindend gering. Denn die Statue, vor allem die nackte, galt als Symbol des Heidentums schlechthin, als *idolum*, vor dem die Märtyrer zum Opfer gezwungen worden waren und das darum umgestürzt und zerschlagen werden mußte, wie es auf Fresken und Mosaiken dargestellt wurde, wobei schamlose Nacktheit, betonter Kontrapost und ausladende Gestik dazu dienten, die Statue als heidnisch kenntlich zu machen.

Darum wurden Statuen vorsätzlich vernichtet, exorzisiert, verstüm-

Abb. 39. Früher Teil des Colonna-Palastes, in dessen Loggia vermutlich Prospero Colonnas Antikensammlung untergebracht war, eingebaut zwischen die Substruktionen der monumentalen Freitreppe hinauf zum Serapis-Tempel, dessen Giebel (im Mittelalter *frontispicium Neronis*, ‹Giebel Neros› genannt) vorn auf dem Quirinal das Ganze überragt. Kreis um Marten van Heemskerck. Kunstmuseum Düsseldorf.

melt, vergraben, gesteinigt. Manche Statuen retteten sich durch *interpretatio christiana*: ein Pan konnte als Johannes der Täufer (auch er ja von wüstem Aussehen) mißdeutet, ein schlafender Endymion konnte zum ruhenden Jonas umgedeutet werden. Nur so verloren sie ihre Fremdheit und ihren Schrecken, nur so ließ sich mit ihnen leben. Sogar in Rom selbst blieb von der unvorstellbar großen Statuenpopulation nur so wenig übrig, daß man einige nicht beseitigte Statuen mit Namen benannte und sie später zu den Lebenden durch angeheftete kritische Zettel sprechen ließ: die sechs *statue parlanti* wie Pasquino (Menelaos mit dem Leichnam des Patroklos), Madama Lucrezia, Abate Luigi. Aber nicht nur das: der ursprüngliche Statuenbestand war nicht einfach verringert, sondern in seiner Zusammensetzung, seinen Proportionen, ein völlig anderer geworden: nicht «von jedem ein bißchen», sondern in spezifisch mittelalterlicher Auslese, nichts Nacktes, nichts sichtlich Heidnisches, nichts Undeutbares.[188]

Das aber heißt: die Renaissance mußte zunächst von einem Antiken-Bestand ausgehen, den ihr das odiose Mittelalter ausgelesen hatte. Und eben das wird die Frührenaissance jetzt ändern. Daß antike Statuen dem Künstler zum Vorbild wurden, ihre Nachbildungen nun wenigstens christliche Tugenden darstellen durften und schließlich um die Wende zum Quattrocento an der *Porta della Mandorla* des Florentiner Doms ganz ohne *interpretatio christiana* auskamen, war eben in Pisa und Florenz und nicht in Rom geschehen, die neue Empfänglichkeit für die Antike nicht in Rom gewachsen.

Was Kardinal Prospero Colonna begonnen hatte, das wollten nun auch andere: sich mit *antichità* umgeben, sei es aus echtem Verlangen oder aus modischer Repräsentation. Literarische Quellen, Nachlaßinventare, vor allem aber die Sammlungen von Inschriften-Kopien (die sogenannten Syllogen, beginnend mit Niccolò Signorili um 1425, im Kern vielleicht auf Cola di Rienzo zurückgehend, und der Inschriftensammlung Poggios) und erste Zeichnungen nennen frühen Skulpturen- und Inschriften-Besitz, und es mag kennzeichnend sein, daß das Interesse für das epigraphische Schriftzeugnis, für den historischen Text, dem Interesse für das Kunstwerk (und da war es zunächst die Kleinkunst) voraufging. Hier kann es nur um die frühen Sammlungen des Quattrocento gehen.[189]

Aus diesen Quellen wissen wir in der zweiten Jahrhunderthälfte von Inschriften «beim Palast des Vizekanzlers», also des Kardinals Rodrigo Borgia, *in domo domini Philippi de Valle* oder *post domum vice cancellarii* (Abb. 40), und von einer bedichteten Nymphe (draußen in Civita Castellana, von ihm zur Borgia-Festung ausgebaut, ließ Borgia sich einen aus Spolien zusammengefügten Ehrenbogen errichten); wissen von Inschriften bei den Kardinälen Domenico und Angelo Capranica, beim Kardinal Bessarion natürlich auch griechische; wissen von Inschriften und Skulpturen bei den Kardinälen Latino und Giovan Battista Orsini auf ihrem Monte Giordano und beim Orsini-Palast am Campo dei Fiori, oder beim Kardinal Pönitentiar (seit 1480) Giovan Battista Savelli im Garten seines Marcellustheaters. Kardinal Francesco Piccolomini erwarb die Grazien-Gruppe Prospero Colonnas; Kardinal Domenico della Rovere, der Akademie Pomponio Letos zugetan, hatte eine schlafende Nymphe (bedichtet als *Huius nympha loci*) in seinem Garten; Kardinal Oliviero Carafa ließ an seinem Palast nahe der Piazza Navona die Statuengruppe des soge-

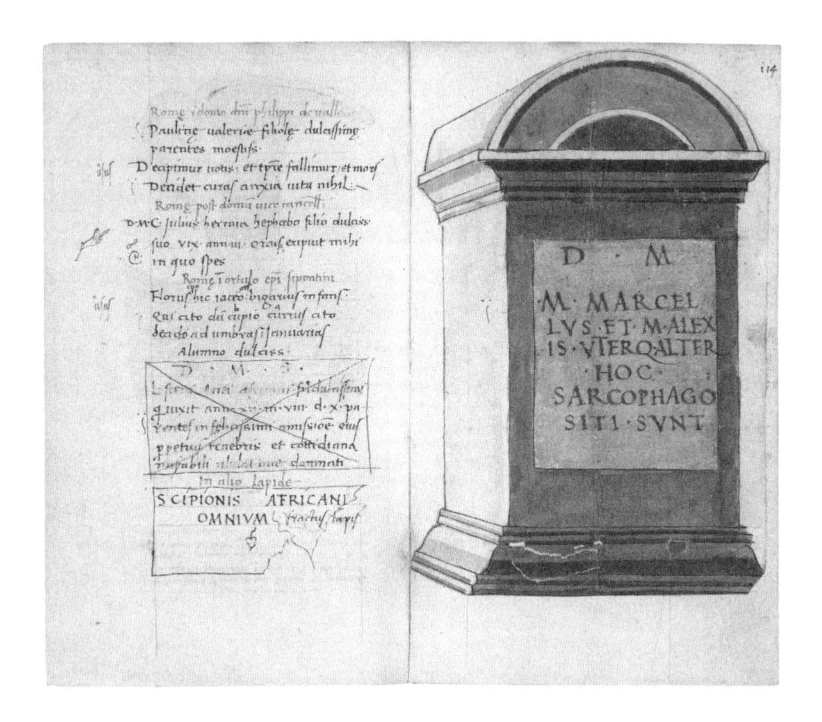

Abb. 40. Kopierte antike Inschriften mit Lokalisierung «im Haus des Filippo Della Valle», «hinter dem Haus des Vizekanzlers», also Rodrigo Borgias. Beispiel einer Inschriftensammlung: Michele Fabrizio Ferrarino, um 1477. Paris, Bibl. Nat., Ms lat. 6128 fol. 113v.

nannten *Pasquino* aufstellen (eine der sogenannten *statue parlanti*, die auch gleich zu sprechen begann: das erste «Pasquill», Spottverse auf Alexander VI., ist für 1501 bezeugt). Ansehnliche Statuen besaß, im Neubau seiner Cancelleria, Kardinal Raffaele Riario, darunter einen *Cupido*, den ihm der junge Michelangelo als antik verkauft hatte. Schon der Boom der Palastneubauten lud dazu ein, sie nun auch mit antiken Requisiten auszustatten.[190]

Der weitaus bedeutendste Sammler aber war Pietro Barbo, als Kardinal und als Papst (1464–71). Was er an Antiken sammelte, waren nicht so sehr Inschriften und Großplastik, sondern Kleinkunst: Das Inventar des Palazzo di S. Marco, das 1457 in seiner Gegenwart aufgenommen wurde, enthält eine gewaltige Zahl von antiken Münzen, Medaillen, geschnittenen Steinen, Kleinbronzen. Ein solch großer Antikenschatz muß aus vielen Richtungen zusammengeflossen sein, auch aus Byzanz, und dafür (und für die byzantinischen Ikonen in seiner Sammlung) war Barbos Heimatstadt Venedig die geeignete Drehscheibe. Und er sammelte nicht nur, die Stücke beschäftigten ihn auch: Tags habe er geschlafen, und nachts seine Gemmen und Perlen betastet (*attrestare*), behauptet Platina böse wie immer. Die Bestandsaufnahme dieser Statuetten gibt, neben der Beschreibung der Figur und ihrer Attribute, sogar Bewertungen der Qualität (*opus non multum bonum; opus optimum*), des Erhaltungszustands («vollständig», «makellos», «früher vergoldet»), und einen nachträglich beigefügten Schätzwert (Barbos 7 Herkulesse liegen zwischen 3 und 15 duc.), etwa:

> «Bärtiger Greis, stehend, vollständig erhalten außer daß einige Finger der rechten Hand gebrochen sind, die Linke über den Schenkel gestreckt, die Beine gekreuzt, eines davon gebrochen aber mit Blei gut angesetzt; auf dem Kopf hat er einen spitzen Hut; ist aus Bronze, ausgezeichnete Arbeit, Höhe 1 Faustspanne, Wert 8 duc.»

Barbos immense Sammlung wurde bei seinem Tode zerstreut, einiges durfte Lorenzo de' Medici bei seiner Gratulationsgesandtschaft zu Sixtus IV. 1471 zu Vorzugspreisen (*aut nullo aut parvo pretio*) erwerben. Barbo wollte daneben – um seinem zum Papstpalast gewordenen Kardinalspalast in jeder Hinsicht mehr Zentralität zu geben – sogar Mark Aurel und die Rossebändiger hierherschaffen. *Madama Lucrezia*, die monumentale Büste einer Isispriesterin noch heute an seinem Palast, trug damals Barbos Wappen.[191]

Am gewöhnlichen Beispiel eines jungen Kardinals, später nicht einmal ein besonderer Antikensammler, sei gezeigt, wie man eingeführt wurde. Francesco Gonzaga (dem vom Mantuaner Hof her die Antike schon nicht gerade fremd war) wurde, als er 1462 achtzehnjährig nach Rom an die Kurie kam, von Kardinal Prospero Colonna sogleich in seinen antikenhaltigen Palast eingeladen, von Kardinal Pietro Barbo mit seiner reichen Antikensammlung bekannt gemacht und von dem Humanisten Porcellio Pandoni mit einem antiken Frauenkopf beschenkt. Bald schon konnte er einen Maultier-Zug mit antiken Köpfen dem Vater nach Mantua schicken, später ein *vasetto antiquo* an die Mutter. Unter seinen Ausflügen führt ihn einer an die Küste nach Nettuno mit ihren ausgedehnten *antiquitatis vestigia* (wie sein Begleiter schreibt), den statuenreichen Meeresvillen: Da wird man ihm wohl erzählt haben, wieviele Statuenfunde gerade diese Villenruinen – auch für Kardinal Colonna – hergegeben hatten. Auch epigraphisch war er gerüstet: In seiner Bibliothek hatte er die *Commentarii* mit der Inschriften-Sammlung des Cyriacus von Ancona. Doch sammelte er, wie sein Nachlaßinventar von 1483 zeigt, vor allem Kleinkunst wie Pietro Barbo/Paul II., aus dessen Nachlaß er wohl einige Stücke erwarb. 1472 wünschte er mit Andrea Mantegna über seine Antikensammlung zu sprechen: *monstrarli miei camaini e figure de bronzo et altre belle cose antique.*

Kardinal Giuliano della Rovere, der als Julius II. in der Präsentation von Antiken neue Maßstäbe setzen wird, begann mit dem Sammeln noch zu Lebzeiten Sixtus' IV. Seit 1474 neben seinem Kardinalstitel S. Pietro in Vincoli auch Kommendatar von SS. Apostoli und fortan dort residierend und bauend, hatte er in seinem «wunderschönen Garten» (*viridiarium pulcherrimum*) schließlich Statuen, Reliefs, Sarkophage, 31 Inschriften, viel wohl aus den Territorien seiner Kardinalstitel (darunter seit 1483 das ergiebige Ostia). Über das Hauptportal von SS. Apostoli setzte er das große Relief mit dem Adler im Eichen-(*Rovere*-)Kranz. Als 1489 auf einem nahen Grundstück des Klosters S. Lorenzo in Panisperna, neben einigen *fauni* und *faunetti*, die Statue des Apollo (‹vom Belvedere›) zutage kam und fast schon durch den gewandten Antiken-Agenten Giovanni Ciampolini für Lorenzo de' Medici gewonnen war, schritt Giuliano della Rovere bei den Nonnen ein, beanspruchte die Statue für sich und setzte sich natürlich sofort durch, wie aus Briefen von Nofri Tornabuoni (Bruder und damals Vertreter des Leiters der römischen Medici-Bank, Giovanni Tornabuoni) an Lorenzo hervorgeht: «Natürlich erfährt er das, wird die Statue haben wollen, und niemand würde wagen, sie ihm wegzunehmen» (*è forza che lo sappi San Piero a Vinchola, el quale la vorrà, e nessuno non ardirebbe tracciegli*). Bald wird dieser Apollo, der sogleich, bis zur Auffindung des Laokoon 1506, als der spektakulärste Statuenfund überhaupt galt und zunächst mit anderen Antiken im Garten von Giulianos Palast bei SS. Apostoli stand, Kernstück von Julius' II. Statuenhof im Belvedere sein.[192]

Frühe Antikensammlungen bei Kardinälen, Prälaten, gebildeten päpstlichen Beamten. Aber auch bei römischen Bürgern. Auch deren Sammlungen seien hier aufgesucht und beachtet, weil dabei, erstens, ein anders akzentuiertes, mehr munizipales als päpstliches Rombild maßgebend gewesen sein könnte; weil, zweitens, womöglich eine persönlichere Motivation im Spiele war, wenn nämlich namhafte Familien den Ehrgeiz hatten, sich direkt auf altrömische Familien zurückzuführen (etwa die Massimo auf Quintus Fabius Maximus Cunctator), und diese angebliche Abkunft dann mit antiken Fundstücken beglaubigen wollten; und weil wir, drittens, in dieser Geschichte Roms jede neue Regung nicht nur in ihren Spitzen, sondern auch in ihrer Breite, an ihrer Basis verfolgen wollen.

Was die Statuensammlungen außerhalb der kurialen Sphäre angeht, so hatte Papst Sixtus IV. gleich zu Anfang seines Pontifikats die antiken Großbronzen, die im Mittelalter beim Lateran standen und dort zum Teil als hoheitliche Gerichtssymbole gedient hatten, den Römern in großer Geste aufs Kapitol gestiftet: die Wölfin, Kopf und Hand mit Globus vom Bronzekoloß des Constantin oder Constantius, der sog. Camillus und der Dornauszieher, sie alle standen nun unter den Bögen des Konservatorenpalastes. Daß Sixtus diese Statuen-Schenkung großmütig als Rückgabe an das römische Volk als legitimen Erben deklarierte (*restituendas censuit*), mag manche Römer bewegt haben: politisch eine versöhnliche Geste, antiquarisch eine Rückführung an den «richtigen» Platz. Aber es war eben doch eine päpstliche Initiative, die sich der Papst angesichts seiner faktischen Oberhoheit über das kommunale Kapitol (das architektonisch auszustatten die Päpste im 15. Jahrhundert allerdings noch kein Interesse zeigten) lässig leisten konnte; war eine päpstliche Gnade, und erfüllte den führenden römischen Geschlechtern nun nicht mehr das Verlangen, sich selbst zum Ruhm der Stadt und der eigenen Familie ansehnliche antike Stücke zu beschaffen – ganz abgesehen davon, daß sich das Verhältnis zwischen dem Papst und der Kommune bald drastisch verschlechterte: der römische Senatssekretär Stefano Infessura, Hauptchronist dieser Jahre, wird Sixtus' Statuenstiftung mit keinem Wort erwähnen.[193]

So entwickelten die römischen Familien, in Rivalität untereinander, einen neuen Sammeleifer. Die größte Inschriftensammlung hatten wohl die Porcari, die Familie des republikanischen Verschwörers von 1452 (eine Skulptur aus seinem Besitz endete dann beim Kardinal Barbo). Statt auf Schweinehirten führten sich die Porcari lieber auf die *gens Porcia* und den großen Zensor Marcus Porcius Cato zurück, sammelten aber nun doch Schweine, wenn sie nur antik waren wie die Lavinische Sau oder Wildschweinjagd-Sarkophagreliefs. Aus dem Nachlaßinventar von Francesco di Giuliano Porcari von 1482 ersieht man beim Gang durch sein Haus im rione Pigna, in welchen Räumen man auf seine antiken Stücke traf: in seinem *studio* «13 Marmorköpfe, 5 teils heile teils zerbrochene Marmorfiguren, und viele andere Fragmente von Köpfen und anderen Gliedmaßen aus Marmor»; in einem weiteren Raum finden sich zwischen Hacken, Spaten, Forken «viele Bruchstücke von marmornen Inschriften», woanders noch «ein marmorner Kopf». Und selbst ein kleiner Notar hatte daheim noch *una testa de Cleopatra antiqua de marmo.*[194]

Inschriften und oft auch Skulpturen werden schon in der zweiten Hälfte des Quattrocento bei Angehörigen der Familien Caffarelli, Capodiferro, Del Bufalo, Della Valle, Mattei, Mellini, Rustici genannt, bei den Massimo und den Santacroce (beide Familien erst in diesem Jahrhundert aus dem Kaufmannsstand in den Stadtadel aufsteigend). Bei den Santacroce sogar, noch im 15. Jahrhundert, ein Fragment der kapitolinischen Konsularfasten, da man, neben S. Maria in Publicolis wohnend, einen dort genannten Publius Valerius Poplicola als Vorfahren beanspruchte, und ein prachtvoller Venus-Torso vom Typ Knidische Aphrodite (das *bella e tonda* der Beischrift könnte auf die von Plinius 36,20 gerühmte Rundum-Ansichtigkeit anspielen und wäre dann Humanistenwissen, Abb. 41). So fanden sich jetzt Skulpturen bei vielen römischen Familien: gezeichnet *in diversi loghi c[i]oe in casa de gentilomini romani*, bezeichnet Amico Aspertini ein Blatt mit mehreren Skulpturen. Giovanni Alberini († 1476) läßt sich in S. Maria sopra Minerva in einem Herakles-Sarkophag bestatten, den man lange für eine Kopie hielt, der aber ein originaler griechischer (!) Sarkophag ist. Am Haus des Lorenzo Manili an der Piazza Giudia, der mit einer eigenen monumentalen Inschrift in klassischen Lettern 1468 ein programmatisches Bekenntnis zum antiken (munizipalen) Rom ablegt, ist die Antikensammlung sozusagen in der Fassade vermauert. Zu den *Romani di Roma* kamen dann noch die im 15. Jahrhundert zahlreich von außen zuströmenden, den Dienst an der Kurie suchenden (und auf ihre Integration bedachten) Familien wie die Maffei von Verona.

Ein unerhört reicher Skulpturenbesitz, ja der früheste gut dokumen-

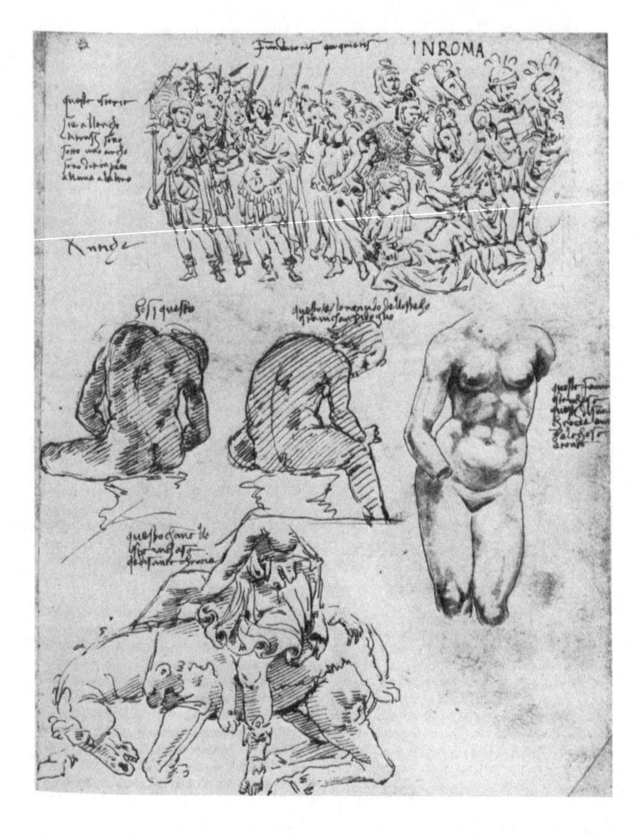

Abb. 41. In Rom gezeichnete Reliefs und Skulpturen, darunter rechts der Venus-Torso bei den Santacroce: *questa femina sta in chasa questa de santa chrocie*; ebendort lokalisiert auch die vom Pferd springende Amazone unten. Skizzenbuch von Holkham Hall fol. 34v, um 1500.

tierte überhaupt, wird im Nachlaß eines weiteren *patricius Romanus* genannt, von Gabriele de' Rossi aus angesehener Kaufmannsfamilie, dessen Haus (beim heutigen S. Ignazio) schon unter dem Vorbesitzer, seinem Onkel Marco, 1454 als *casa della statua* bezeichnet ist. Gabriele verpflichtete testamentarisch seine Erben, die Skulpturensammlung (die überwiegend schon im 15. Jahrhundert zusammengekommen sein muß und darum hier noch einbezogen sei) beisammenzuhalten und keinesfalls zu veräußern; notfalls sollten die Statuen und Büsten vor fremdem Zugriff zu den Konservatoren aufs Kapitol geschafft und in deren Palast so «in der

Mauer angebracht werden, daß sie nicht mehr entfernt werden können, zu Zierde und ewigem Gedächtnis der Familie de' Rossi» – zweifellos wieder ein Zeugnis bürgerlichen, munizipalen Antikensinns, den es neben dem der kurialen Humanisten immer zu beachten gilt. Schon im Jahre darauf, 1518, befahl Leo X. Raffael – sozusagen dem Soprintendenten über die Altertümer Roms – «entgegen den Anordnungen des Testators» die schon weit bekannte Sammlung bereits jetzt in den Konservatorenpalast zu schaffen. Doch scheint das nicht gelungen zu sein, denn einige Stücke endeten damals nachweislich in römischen Privatsammlungen, etwa bei den Della Valle, andere waren schon im Jahr darauf verschwunden, denn die Nachfrage war nun groß. Das Inventar von Oktober 1517 nennt an die 90 antike Stücke, weit überwiegend Statuen und Büsten (was angesichts der anfänglichen Bevorzugung von Inschriften und Kleinkunst auffällt), und nun genau beschrieben: «Figur eines Mannes, nackt, mit einem Hund bei Fuß, der Hund ohne Kopf, auf seinem Sockel» (also wohl ein Meleager); oder Büsten «ähnlich wie Antoninus Pius», «wie Hadrian», «als Octavius bezeichnet». So hat man in dieser Sammlung die Diana von Ephesus (dann von Raffael gleich in den Loggien gemalt) identifizieren können.[195]

Die Quellen geben durch ihre genaue Lokalisierung von Skulpturen und Inschriften das nahe tägliche Zusammenleben wieder: «in der Hauswand vermauert», «an der Ecke des Hauses», «im Hof liegend», «in der Fassade», «hinter dem Stall», «im Garten». Denn zur Aufnahme des antiken Stückes gehört nun auch, ganz professionell, die genaue Angabe seines Standorts, ja auf einem in das Haus der Manilier eingemauerten Freigelassenen-Grabstein, einer jener meist unbesehen abtransportierten Spolien, wird nun sogar Herkunft und Datum eingemeißelt: [VIA]E APPIE IN LUCEM VENIMUS 1478, «an der Via Appia kamen wir 1478 ans Licht». Ein mittelalterlicher Römer hätte das gar nicht wissen wollen. Das war nun anders geworden.

Nun, da man auf sie achtete, traten Statuen überall zutage: in der vom Bauboom zerwühlten Stadt, in der eigenen Vigna, dem eigenen Grundbesitz draußen in der Campagna wie bei den Della Valle; da sie, einige von ihnen *bovattieri*, für ihre Herden ausgedehnte Weideflächen in der Campagna hatten, wurden sie auch dort fündig wie bei den «6 Meilen vor Rom» gefundenen Faun-Statuen. Und doch überstieg die rasant wachsende Nachfrage allmählich die verfügbaren Funde, zumal nun auch außerrömische Interessenten am römischen Antikenmarkt auftraten.

Anfangs waren die antiken Stücke wohl einfach in den engen Haushöfen aufgehäuft und an die Wand gelehnt worden, wie es noch die Skizzenbücher Martens van Heemskerk für den Skulpturenbesitz römischer Familien zeigen. In diesen Höfen entstehen viele frühe Zeichnungen nach antiker Vollplastik! (Codex Escurialensis, Codex Wolfegg, sog. Umbrisches Skizzenbuch, Holkham Hall Album, um nur die frühen Skizzenbücher zu nennen, etwa Abb. 41). Die großen, anspruchsvoll arrangierten Antikensammlungen und Antikengärten mit zunehmendem Anteil an Vollplastik in programmatischer Aufstellung nehmen erst nach dem Quattrocento zu, die Einrichtung des Statuenhofs im Belvedere durch Julius II. 1508 wird eine neue Epoche heraufführen.

Doch wird der anziehende Fall eines intimen Antikengärtchens schon im Pontifikat Sixtus' IV. berichtet: Pomponio Letos kleiner Garten – den wir schon betreten haben – bei seinem Haus auf dem Quirinal, vorn bei den Ruinen der Konstantins-Thermen, mit einer großen Sammlung von Inschriften und Architekturstücken (aber wohl nicht Statuen), ja man hat sogar die Wachstumsphasen seiner Sammlung aus den verschiedenen datierbaren Syllogen rekonstruieren können.[196]

Und da Archäologie, Historiographie, Philologie, Dichtung noch nicht, wie später, zu getrennten Fachdisziplinen geworden waren, wurden in solchen Zirkeln die antiken Inschriften und Statuen, die Loggien und Gärten bevölkerten (etwa Quellnymphen am Brunnen) von allen begutachtet, bewundert, bedichtet: ließ der Anblick antiker Statuen nun viele Epigramme sprießen, in denen die Statuen gern selbst das Wort ergriffen. Und so lebten die steinernen und die lebenden Römer endlich so miteinander, wie es die frühen Humanisten des 14. Jahrhunderts zornig angemahnt hatten.

XI.

ENEA SILVIO PICCOLOMINI ALS PIUS II.

SEIN WEG VON BASEL NACH ROM. Aus dem Konklave, das zehn Tage nach Calixts III. Tod begann, ging bereits am dritten Tag, dem 19. August 1458, ein neuer Papst hervor: Enea Silvio Piccolomini als Papst Pius II. Wie bei Nikolaus V. sei auch hier zunächst ein Bild seiner Persönlichkeit gegeben, denn bei beiden Päpsten lohnt es sich in besonderer Weise. Und bei Pius II. durchläuft man, in der Entwicklung seiner Persönlichkeit, den Weg, den, in Großprojektion, die Kirche damals nahm: vom Konziliarismus zur Restauration, vom Konstanzer Dekret *Frequens* zu Pius' II. Bulle *Execrabilis*.[197]

Enea Silvio Piccolomini hatte, als er 1458 zum Papst erhoben wurde, einen Weg hinter sich, der lange Zeit nicht in diese Richtung zu führen schien. 1405 in Corsignano (seit 1462 Pienza) geboren aus entmachteter und dadurch verarmter Sieneser Adels- und Kaufmannsfamilie, widmete er sich in Siena und Florenz intensiven Studien, die ihn zu einem der hervorragendsten Humanisten seiner Zeit werden ließen. 1432 begleitet er den Kardinal Domenico Capranica zum Reformkonzil nach Basel, wo er mit den Großen von Kirche und Reich bekannt wird. Die zunehmend antirömische Linie des Konzils und die Idee des Konziliarismus eifernd in Wort und Schrift verfechtend, wird er sogar Sekretär des Basler Gegenpapstes Felix V. und vom Konzil mit wichtigen Aufgaben betraut. Die Entsendung 1442 zum Frankfurter Reichstag bringt ihn Friedrich III. nahe, der ihn zum Sekretär der kaiserlichen Kanzlei ernennt.

Da lassen ihn, auf der Mitte seines Lebensweges, persönlicher Sinneswandel und wohl auch Karriere-Kalkül sein freizügiges Leben aufgeben: noch 1443 der Brief an den Vater, worin er die Zeugung eines Sohnes, mit einer Engländerin in Straßburg, für das Natürlichste auf der Welt erklärt; noch 1444 die Liebesnovelle *Euryalus et Lucretia* – nun 1446 der Eintritt in die höheren Weihen. Er geht, wie andere, vom Konzil zu Eugen IV. über und wirkt fortan, im diplomatischen Dienst Friedrichs III., entschieden und gewandt für die Konkordate von König und Kurfürsten mit dem römischen Papst. Nach förmlicher Aussöhnung mit Rom 1445 wird er in Anerkennung seiner Verdienste 1447 Bischof von Triest, 1450 von Siena, 1456 Kardinal.

Seine Wahl zum Papst 1458 konfrontierte ihn mit den großen Problemen, die dem gewandten Kuriendiplomaten längst vertraut waren, nun in neuer Weise. Vor allem mußte er – das wurde von den Zeitgenossen auch eingefordert – seinen Sinneswandel glaubhaft machen. In jugendlicher Empfänglichkeit für jeden großen ‹modernen› Gedanken und in der berechnenden Meinung, auf der Seite der Zukunft zu stehen, hat er in Basel, gegen die absolute Stellung des Papstes argumentierend, dezidierte Äußerungen getan, die man als republikanisch, ja ‹demokratisch› bezeichnet hat. Doch daß ein politischer Gesinnungswandel früh angelegt war, deutet sich schon in seinen Traktaten an: aus Radikalisierung und Debakel des Konzils Konsequenzen ziehend, findet er vom Konziliarismus, dem er, in sonst spürbarer Abneigung des Aristokraten gegen das daheim siegreiche Volksregime, wohl nur zeitweilig angehangen hatte, zur Anerkennung der monarchischen Gewalt erst des Kaisers, dann des Papstes zurück.[198] «Verwerft Enea, haltet Euch an Pius»: Auf diese Formel bringt es die sogenannte Retraktationsbulle *In minoribus agentes*, sein persönlicher Widerruf. Die Identität von Enea und Pius (im wörtlichen Sinne als Frage nach der Übereinstimmung beider) ist eines der Kernprobleme der Pius-Forschung, entsprechend disparat sind die über Pius entworfenen Charakterbilder: Wie sehr ist Pius immer noch Enea?

Früh läßt sich ein Argumentationsstil erkennen, der ihn auch später noch in seinen Reden und den *Commentarii* kennzeichnet: das ungeniert Subjektive in Auswahl und Arrangement der Argumente, die alles auf eine suggestive Gedankenführung abstellen. Seiner Neigung zu politischer und historischer, nicht dogmatischer und juristischer Argumentation entspricht die früh hervorgekehrte Abneigung gegen den Typ des Juristen. Schon im *Libellus dialogorum de concilii generalis auctoritate* von 1440 spielt er gegen die Jurisprudenz die Rhetorik aus, gegen den Juristen, der «wie Elster und Papagei» doch nur große Rechtsgelehrte herunterplappere, stellt er die Figur des Sekretärs, der auf der Höhe der aktuellen Situation ist, weil er mit Sprachbeherrschung, Menschenkenntnis, Herrschaftswissen das Notwendige selbständig zu erkennen und suggestiv durchzusetzen vermag: eben den Typ des humanistischen *secretarius* im Staatsdienst. Und das ist er natürlich selbst. Und nicht nur daß er so gesehen sein wollte, tatsächlich argumentiert Pius auch so in der konkreten politischen Entscheidung, etwa in seiner großen Mantuaner Rede zur Thronfolgefrage in Neapel, wenn er da Verhalten, Vorgehen, Entscheidungen nicht einfach als rechtlich vorgegeben konstatiert, sondern aus konkreten Situationen in suggestiver Gedankenführung zwingend ableitet.[199]

Nach den Turbulenzen von Schisma und Reformkonzilien hatte er nun, entgegen früher demonstrierter Haltung, die Position des Papsttums wieder zu konsolidieren und den Konziliarismus zurückzudämmen: so durch die Bulle *Execrabilis* von 1460 gegen den «Mißbrauch» der Appellation an ein allgemeines Konzil. Nicht Öffnung und Reformen also, wie es Konzilsbeschlüsse und Wahlkapitulationen erwarteten, sondern Abschließung, Verhärtung, Restauration, wenn auch nicht in dem Maße wie seine unmittelbaren Nachfolger. Vor allem auch: Rückzug in das Gehäuse des Kirchenstaates, Hinwendung zu territorialstaatlichen Aufgaben. Dieses restaurative Papsttum besinnt sich gewissermaßen auf seinen Leib: der Papst, auch der Papst, wird ein Fürst in seinem Territorialstaat, dem Kirchenstaat, auf den ihn übrigens die Konzilien auch ausdrücklich verwiesen hatten. Von den weltlichen Einkünften seines Kirchenstaates sollte das Papsttum künftig in erster Linie leben, nicht von Geldern der Christenheit, und tatsächlich werden die Einkünfte der Apostolischen Kammer, die um 1375 noch zu rund drei Vierteln aus dem *Spirituale* flossen, um 1475 bereits (vorläufig wenigstens) zu rund drei Vierteln aus dem *Temporale*, dem Kirchenstaat fließen. Der Papst wird also auch von den Konzilien, von den Reformern immer stärker in diese Rolle, und das heißt: in den Kirchenstaat hineingedrängt, und dem entspricht zugleich die Tendenz der Zeit – dem Druck entspricht der Sog, nämlich: zum Fürsten, zum Territorialfürsten zu werden so wie die anderen Mächte in diesem sogenannten Zeitalter des Prinzipats.

In der großen Politik suchte er vor allem den Einfluß des französischen Königs auf Italien und die Kirche einzugrenzen (im Thronfolgestreit um Neapel darum die Entscheidung für Ferrante von Aragon gegen die französischen Anjou), in steter Furcht vor den Unabhängigkeitsgelüsten von König und Kirche (sog. ‹Gallikanismus›) und der möglichen Einberufung eines (nach Konstanz und Basel: dritten) Konzils im Bunde mit der deutschen Fürstenopposition. Ein weiteres Konzil, wie es das Reformdekret *Frequens* von 1417 doch vorsah, *durfte* nicht sein: Seine eigene konziliare Vergangenheit ließ ihn nicht los und stellte ihm vor Augen, was er da – nun selber Papst – gegebenenfalls zu erwarten hatte.

Dabei war es ihm mit der Reform ernst: eine früh einberufene Kommission erarbeitete Reformentwürfe (Nikolaus von Kues, Domenico dei Domenichi, Pius selbst), die tatsächlich beim Haupt und nicht nur bei den Gliedern beginnen wollten, die umzusetzen der gute Wille eines Pontifikats aber nicht reichte – den Luxus und die Repräsentationssucht der Kardinäle zurückschneiden zu wollen ist ein schöner Vorsatz, aber jetzt ging es damit doch überhaupt erst richtig los! Einem Kardinal bloß 20 Familiaren vorzuschreiben (wie Pius vorhatte): so etwas kann man mit einem Nikolaus von Kues machen, aber einem französischen Kardinal von Geblüt kann man damit nicht kommen. So änderte sich praktisch nichts, und auch die pastorale Strenge, mit der Pius seinen Kardinälen verschiedentlich ins Gewissen redete und auf die er sich in seinen *Commentarii* viel zugute hielt, richtete nichts aus: Der vielzitierte scharfe Brief, den der junge Kardinal Borgia nach einem rauschenden Sommerfest – mit schönen Frauen und ausgesperrten Ehemännern – vom Papst erhielt, wird den Borgia denn auch nicht daran hindern, der zu werden, der er wurde.

In dieser reinen Männergesellschaft der Kurie gab es Frauen eben nur im Hintergrund, aber es gab sie. Wir hörten von Bonifaz' IX. einflußreicher Mutter, Pius II. nennt seine Schwestern, in späteren Pontifikaten werden auch die weniger ehrbaren Verhältnisse beim Namen genannt: die vier Kinder jenes Kardinals und künftigen Papstes Rodrigo Borgia sind zwischen 1476 und 1482 geboren, in Rom weiß man das und kennt (auch weil der Borgia selbst seine Zuneigung nicht verheimlicht) die Mutter, Vannozza Cattanei, die später, durch die jüngere und schönere Giulia Farnese ersetzt, in Rom Herbergen betreibt, darunter die *Osteria della Vacca,* das «Gasthaus zur Kuh» am Campo dei Fiori, an dem man noch heute den Borgia-Stier im Wappen bemerkt. Gewiß hat auch der freie Blick der Humanisten an der Kurie, denen nichts verborgen blieb und die nichts verbergen wollten, zu dieser Offenheit beigetragen; natürlich hatten auch sie ihre Frauen, geheiratet oder nicht.

Viel beachtet die zahlreichen Prostituierten. In deren untere Welt, die der gewöhnlichen Prostitution, gibt *Lozana Andalusa* lebhaften Einblick. In Lozanas Begleitung kann man in regelrechten Itineraren die ganze *Roma putana* durchstreifen, von der Engelsbrücke durch die *Banchi,* über die *Dogana*, den Campo dei Fiori usw. bis zum Hafenviertel Ripa (wo die Prostituierten, heißt es da, im Alter gerne wohnen), und erhält dabei auch noch die Eigentümlichkeiten der Viertel erzählt mit ihren spezifischen Gewerben, Diensten, Immigranten.[200] In der gehobeneren Welt der Prostitution brachten es einige zu beträchtlichem Ansehen: die *cortigiane* (schon der Begriff enthält den Bezug zum Hof), deren Milieu gern beschrieben worden ist. Der päpstliche Zeremonienmeister Johannes Burcardus meinte 1498 noch, den Begriff mit einem ‹Das heißt› erklären zu sollen: *quedam cortegiana, hoc est meretrix honesta,* nämlich eine sozial geachtete Prostituierte. Die besseren ‹Kurtisanen› erscheinen als *Pantasilea* oder *Imperia* oder mit ähnlich dröhnenden Namen (ihren *noms de guerre*, auf die sie gewiß nicht getauft waren) in verschiedenen Quellen, die allerschönsten auch in literarischen. Doch hat die Imperia als horrende Statue in Konstanz nichts (oder erst durch Balzacs *Contes drôlatiques*) mit dem Konzil zu tun.

Zurück zu Pius II., seinem Familiensinn und seiner Personalpolitik. Seine nepotistischen Neigungen waren nicht so gering, seine Kardinalserhebungen nicht so eindrucksvoll, wie seine erklärten Maßstäbe erwarten ließen.[201] Von ausgezählten 820 Ernennungen galten nicht weniger als 15% Verwandten oder Sienesen. Und man wünschte sich diese seine Leute und auch den Kardinals-Schub von 1461 einmal von Pius' Feder porträtiert zu sehen, wenn sie nicht von ihm, sondern von einem andern erhoben worden wären.

Kennzeichnend für Pius waren sein bewußter Führungs- und Repräsentationsstil, anspruchsvoll und doch ohne Aufwand, und der demonstrative Einsatz der eigenen Person, wie man sie diesem kleinen, zierlichen Mann (klein «genauso wie sein Familienname sagt», bemerkt einer seiner damaligen Biographen), von schwächlicher Konstitution, gichtkrank und mit früh vergreisten Gesichtszügen, nicht zugetraut hätte (Abb. 42).

Hoher Anspruch und geringe Mittel setzten seinem Repräsentationswillen und seinem Mäzenatentum Grenzen. Auch bei der Umgestaltung seines Geburtsorts zur «Pius-Stadt» *Pienza*, für die erst einmal 38 der rund 320 Häuser des Ortes angekauft wurden (was den Bewohnern nicht so erfreulich war, wie Pius es darstellt), trug er selbst nur Kathedrale, Rathaus und Familienpalast bei, dazu ein Dutzend schlichte Reihenhäuser wohl auch für die, denen unversehens ihre Wohnungen enteignet worden waren. Die alte Kirche wurde abgerissen, der Neubau um 90° in die Sichtachse des Monte Amiata gedreht und zur Kathedrale erhoben (aus den Diözesen Chiusi und Arezzo eine neue Diözese geschnitten), der Platz vor der Kirche durch Modernisierung der Bauten zur Linken und Bernardo Rosselinos Palazzo Piccolomini zur Rechten zu einer zentralen Piazza ausgestaltet.[202] Familienpalast und Kathedrale, der er die (ihm aus Süddeutschland vertraute) Gestalt der Hallenkirche geben ließ, beschreibt Pius in seinen *Commentarii* in allen Details bis hin zu Fensterformen, Lichteinfall in den Räumen, Ausblick, Bildausstattung, Regenrinnen, Bauausgaben und ihre Angemessenheit. Doch verstand er es, vier Kardinäle und andere Kuriale so zu bearbeiten, daß auch sie dort Bauten übernahmen, obwohl sie doch – wenn überhaupt – lieber in Rom bauen wollten, da sie ja schon wußten, daß sie nach des Papstes baldigem Tod dieses Nest nicht mehr betreten würden. Aber der Papst ließ nicht lokker, ja terrorisierte die Zögernden (*questo bon papa tuto lo zorno non fa altro*), wie wir aus der Gonzaga-Korrespondenz wissen. Aber andere zu Aufträgen anzustiften, auch das ist Mäzenatentum.

Vor allem seine *Commentarii* zeigen eine überlegte Selbstdarstellung vor Mitwelt und Nachwelt. Humanisten, Literaten, Poeten hatten darum in seinem Pontifikat einen anderen Stellenwert, weil Pius, für die Darstellung seiner Person selbst zuständig, ihnen ihre Funktion genauer zuzumessen wußte als andere Päpste: kompetent fördernd, kompetent ignorierend. Unter den – auffallend wenigen – geförderten Humanisten waren Flavio Biondo, Agostino Patrizi, Giovanantonio Campano.

Seine *Commentarii*, einzige überlieferte Selbstdarstellung eines Papstes, wurden bei ihrer Erstveröffentlichung 1584 kirchlich zensuriert, da man die darin zahlreich enthaltenen freimütigen Äußerungen dem gläubigen Leser nicht zumuten mochte.[203] Diese Zensur, ganz im Geiste der nachtridentinischen Zeit, wäre nur eine Kuriosität, wenn sie uns nicht

Abb. 42.
Pius II. Piccolomini.
Porträtmedaille des Andrea
Guazzalotti. Medagliere
Vaticano.

den ganzen Abstand zwischen dem Frührenaissance-Papst Pius II., wie er war, und dem Papst, wie er nachtridentinisch zu sein hatte, in handgreiflicher Weise vor Augen führen würde. Was da weggeschnitten wurde, war gerade das Frische, Undoktrinäre, Frührenaissancehafte; die Streichungen zeigen gerade das Spezifische an diesem Text, wenn sie die individuellen Konturen von Pius' Selbstporträt, wo sie über das Normbild «des» Papstes hinausragen, wegretuschieren.

Tatsächlich ist seine Art der Darstellung äußerst weltzugewandt, subjektiv, stimmungshaft, und man erwartet in der Tat nicht gerade, von einem Papst detailliert erzählt zu bekommen, wie eine Muskete funktioniert, oder wie das Hündchen *Musetta* aus einem Fenster des Apostolischen Palastes stürzt, oder wo der beste toskanische Käse herkommt. Gestrichen wurde natürlich fast der ganze Bericht über das Konklave von 1458 mit den schonungslosen Porträts seiner Mitbewerber (Kardinäle die für eine Stimme das Blaue vom Himmel versprechen und dann noch beim Stimmen-Auszählen mogeln. «d'Estouteville war wie versteinert als er merkte, daß Enea ihn überhole», I 36). Gestrichen wurden harte Urteile («glücklich der Papst, der nie einen Franzosen an seiner Kurie sah», III 3); gestrichen manche politische Argumentation, Szenen menschlichen Verhaltens; Beobachtungen über das Make-Up der Florentinerinnen, über Kaliber und Scherznamen von Kanonen – denn mit so etwas hat ein Papst sich nicht zu befassen; gestrichen sogar (und hier wird die

Zensur kleinkariert) die 20 000 Hühner aus der Beute des Feldzugs gegen L'Aquila – das war wohl nicht erhaben genug, ein päpstliches Heer erbeutet nur Großvieh: *boves, iumenta, mulos, greges* wurden nicht gestrichen, dürfen auch weiterhin erbeutet werden. Oder da stand: Der Papst lachte und verabschiedete ihn: ‹lachte› wird, mit dem voraufgehenden Scherz, gestrichen – und das ist ein tiefer Eingriff in das Charakterbild des Papstes, denn bei Pius wird viel gelacht, nicht nur im Selbstporträt der *Commentarii*, sondern auch in der Kennzeichnung durch die Beobachter.

Aus keinem anderen Pontifikat wissen wir so viel über das Verhältnis des Papstes zu seinen Kardinälen – und das auch noch aus dem Munde des Papstes selbst. Darum einige Worte über die Stellung des Kardinalskollegs in diesem schwierigen Übergang von konziliarer zu nachkonziliarer Zeit.[204]

Es lag nahe, daß die Konzilien in ihren Debatten über das Verhältnis von konziliarer und päpstlicher Gewalt auch Vorstellungen entwickelten von der «Verfaßtheit der Kirche neben und unter dem Papst» (Dendorfer/Märtl). Die Stellung des Kardinalskollegs wurde völlig neu aufgefaßt. Es sollte, gewissermaßen als Vertretung der Christenheit, an der Regierung der Kirche verbindlich beteiligt werden, verbindlich und nicht fallweise nach Belieben des Papstes. Eine reiche Traktatliteratur *De cardinalatu* durchdachte die korporativen Rechte des Kardinalats und deren Legitimierung gegenüber dem Papst. Der neue Rang der Kardinäle und das daraus erwachsende Selbstbewußtsein ist, auch im Hinblick auf Rom, unbedingt zu beachten und wird im folgenden deutlich hervortreten.

Zunächst schienen sich die Kardinäle mit ihrem neuen Selbstverständnis tatsächlich durchzusetzen. Die den Päpsten abverlangten Wahlkapitulationen (1431, seit 1458 immer) konnten in ihren Forderungen und Reformverlangen sehr weit gehen. Für die Kardinalskreationen wurden Anforderungsprofile vorgegeben (Mindestalter 30 Jahre, abgeschlossenes Studium), ausgewogene Verteilung auf die Nationen verlangt, Eindämmung von Fürstenvorschlägen, Begrenzung des Kollegs (eine alte Forderung), vor allem aber Zustimmung bei der Ernennung neuer Kardinäle (und zwar nicht einzeln eingeholt, sondern im versammelten Kolleg). Und tatsächlich ließen sich die Päpste – der eine mehr, der andere weniger – zunächst auf diese Linie ein (dafür sah man bei

Papstnepoten nicht so genau hin, wenn es um Alter und Studium ging), sogar die geforderte Internationalisierung des Kollegs wurde durchgeführt: sie erreichte beim Tode Nikolaus' V. (1454) – mit nur 6 italienischen von 21 Kardinälen bei 5 französischen – einen zuvor und danach nie gekannten Grad. Erst dann kam es, mit der nach Calixt III. nicht mehr abreißenden Serie italienischer Päpste und ihrem Hineinwachsen in die italienische Politik (denn Kardinalserhebungen hatten meist politische Motive, bei italienischen wie bei nichtitalienischen Kandidaten), zu einer stetigen Italianisierung des Kollegs; beim Tode Pauls II. 1471 waren es bereits 16 von 25, bei immer noch 5 Kardinälen aus Frankreich bzw. Burgund.

Wie die grundsätzlich zugestandene Beteiligung der Kardinäle konkret aussah, wenn sie im Konsistorium mit dem Papst zusammentraten, und wie freimütig und nachdrücklich man sich da äußerte, hing bei aller Theorie doch weiterhin vom Charakter des Kardinals und des Papstes ab: bei Martin V. und Paul II. ließ man es lieber bleiben. Aufzeichnungen aus nichtöffentlichen Konsistorien Pius' II. zeigen den sensiblen Nikolaus von Kues dann doch eine offene, ja schroffe Sprache führen, mehr als man das aus Pius' Darstellung erwartet hätte: «Er beklagte die Schuld des Heiligen Stuhls»; «Dann handeln wir ohne Würde und zum Skandal des Volkes!» und ähnlich direkte anklagende Äußerungen.[205] Und natürlich muß man, wie noch heute, die Personen nicht zählen sondern wiegen: Der eine Kardinal wird, durch das Gewicht seiner Persönlichkeit, eben eher als der andere zum Legaten ernannt, oder zum Berichterstatter bei der Vergabe der guten Konsistorialpfründen, bei der Leitung wichtiger kurialer Behörden (Kanzlei, Kammer, Pönitentiarie), oder in der Regierung des Kirchenstaats. Interessant darum die Kurzcharakteristiken von Kardinälen, ja von Kardinalsgruppen (die Kardinäle auf dem Kongreß in Mantua, die Kardinäle Pauls II., Sixtus' IV. usw.), wie sie damals aufkamen. «Im Kopf hat er nicht Jesus Christus, sondern sein eigenes Interesse ...; ist in allem gewandt, großzügig, schlagfertig und bei seiner mäßigen Bildung doch redegewandt», beschreibt Jacopo da Volterra in seinem römischen Tagebuch etwa den Kardinal Rodrigo Borgia elf Jahre vor seiner Wahl zum Papst; und Giuliano della Rovere 23 Jahre vor seiner Wahl: «Ist von ziemlich harter Natur (*naturae duriusculae*), scharfer Intelligenz, mäßiger Bildung.»[206]

Daß das Kardinalskolleg im übrigen nicht so monolithisch war wie es als Korporation vorgab, wird sich im folgenden (und nicht nur in den Konklaven) immer wieder erweisen, und man glaubt es gern, wenn man diese Persönlichkeiten, von denen sich mehrere für *papabile* halten durften, als Legaten, als Parteihäupter, als Protektoren, als Bauherrn agieren sieht.

Schon mit Paul II. und zumal mit Sixtus IV. wird für das Kardinalskolleg das Wetter vom konziliaren Hoch zum papalistischen Tief umschlagen. Wie Paul mit seiner Wahlkapitulation umging, und ebenso Sixtus, der bald einen brüsken, die Kardinäle zurechtweisenden Führungsstil hervorkehrte, mußte alarmieren. Alle vorgelegten Bedingungen zu wahren hatte Sixtus vor dem Konklave geschworen, «bei Strafe von Meineid und Kirchenbann, wovon weder ich mich selbst noch mich durch einen anderen absolvieren werde». Das wurde nun alles beiseite geschoben. Traktate bewiesen nun das Gegenteil von vorher und hoben den Papst wieder hoch über das Kardinalskolleg. Soweit sind wir unter Pius noch nicht. Aber die von ihm kreierten und seinen Stil gewohnten Kardinäle, die *pieschi*, mochten unter den beiden Nachfolgern bereits ahnen, wohin der Weg ging.

Aber zurück zur Person dieses Papstes. Zu Rom und den Römern scheint Pius ein eher zwiespältiges Verhältnis gehabt zu haben, was an einem Humanistenpapst auffallen mag. Doch haben Humanisten noch immer – und immer polemisch – zwischen dem Rom ihrer Zeit und dem alten Rom unterschieden. Es ist offensichtlich, daß er sich die Römer vom Leibe hält, ihre ideologischen Ansprüche redimensioniert. Die Reden, die er an sie richtet, sind wenig entgegenkommend. Etwa bei seiner Rückkehr im Herbst 1460, damals freilich auch gereizt durch den Aufstand des Tiburzio, eines Neffen Stefano Porcaris, mit monatelanger Stadtguerilla, die sich zeitweilig sogar im Pantheon einnistete. Da wird den Römern nachdrücklich vor Augen gestellt, wie abhängig sie vom Papst sind, und wie gut sie es haben, nicht bloß irgendeinem Markgrafen, Herzog, König oder Kaiser untertan zu sein; und obendrein wird ihnen, bis hin zu den Mietzinseinnahmen, noch vorgerechnet, was für wirtschaftliche Vorteile die Anwesenheit der Kurie bringe. Das war tatsächlich so (wie noch gezeigt werden wird), und man mußte es den Römern nicht eigens noch sagen.

Daß er dieser Stadt – dem bewohnten Rom seiner Tage, nicht dem überzeitlichen Rom – etwas abgewonnen hätte, ist nicht zu erkennen. An urbanistischen Projekten hat sein Pontifikat hier denn auch wenig bewegt: weniger jedenfalls als Nikolaus V. vor ihm, als Sixtus IV. nach ihm. Diese Zurückhaltung mag sich aus seiner langen Abwesenheit oder aus seinen Bauvorhaben in Pienza erklären. Doch hatte er eine Neugestaltung wenigstens des Petersplatzes im Auge. Die Benediktions-Loggia, die über die gesamte Breite der Peterskirche geplant war (Fassadengliederung nach dem Vorbild von Tabularium oder Kolosseum, unter Verwendung von Spoliensäulen aus der Porticus der Octavia), aber nur in vier von elf Jochen ausgeführt wurde (Abb. 43), sollte als Platz-Architektur im städtebaulichen Sinn den noch ungestalteten Raum vor der Kirche gegen Westen abschließen: Die Rechnungsbücher lassen erkennen, «wie einheitlich das Projekt aufgefaßt war und mit welcher Dringlichkeit es betrieben wurde» (Frommel).[207]

Im übrigen setzte in dieser Zeit bereits eine Entwicklung ein, die zu markanten Umgestaltungen auch unabhängig vom Bauwillen des Papstes führte: die Bautätigkeit der Kardinäle, gewissermaßen der Übergang vom Palazzo Capranica zum Palazzo Venezia (oder persönlicher gesagt: von Eneas väterlichem Protektor Domenico Capranica zu seinem Rivalen und Nachfolger Pietro Barbo). Doch wird davon noch die Rede sein. Um diese Kardinalspaläste gruppiert sich eine höfische Gesellschaft, wie sie noch ein halbes Jahrhundert zuvor, etwa unter Bonifaz IX., in diesem Rom schwerlich zu denken war, die aber nun in Pius' Darstellung mit scharfen Konturen hervortritt.

Ansprüche und Erwartungen waren gestiegen, und sich in diesem Rom einrichten zu müssen, fanden nicht nur große Kardinäle, sondern auch kleine Höflinge einfach unzumutbar, so sehr übertraf die Lebensqualität kleiner Residenzstädte noch die in Rom angetroffenen Wohn- und Versorgungsverhältnisse. Hier ein Brief datiert *ex mala Roma*, «aus dem miesen Rom», 20. Januar 1461:

> «Die Hofleute (schreibt einer von ihnen nach Mantua) klagen und sagen, das seien keine Häuser wie in Mantua (*non sono le casse de Mantua*) und keine Versorgung wie in Mantua ... In der Tat sind die Häuser kümmerlich (*tristissime*), und bis heute habe ich noch kein Haus finden können, wo ich auch nur halbwegs logieren könnte (*mezanamente alozare*) ... Die Miete ist sehr teuer und die

Abb. 43. Der Petersplatz gesehen aus der (von Alexander VI. geschaffenen) Via Alessandrina. Zur Linken der Giebel von Alt-St. Peter, davor Pius' II. Benediktionsloggia über der großen Freitreppe. Rechts der Haupteingang in den Apostolischen Palast, darüber im Hintergrund Sixtus' IV. Sixtinische Kapelle, rechts oben der (erst unter Julius II. und Leo X. errichtete) Loggientrakt des Palastes. Marten van Heemskerck. Berlin, Kupferstichkabinett.

> Matratzen so teuer, daß mich jedes Zimmer, ohne Tische und andere Möbel, mehr als 10 duc. kostet. Und ich habe nur zwei helle Zimmer, die andern sind ganz dunkel. Das Wasser ist miserabel, beim Korn kosten 2 Sack 1 1/2 duc. [folgen Preise von Wein, Holz, Brot, Schuhen, Gerste], das Wasser ist schlammig, von der Luft kann man nur Schlimmes sagen ... Wenn Rom zu verlassen im Belieben der Hofleute stünde, dann würden, zweifelt nicht daran, hier nur wenige bleiben».[208]

Höfische Gesellschaft mit dieser *mala Roma* zufriedenzustellen war schlechthin unmöglich, man denke allein an die disparate Zusammensetzung dieser Gesellschaft in Rang, Ansprüchen, Herkunft: unter den Kardinälen der Gelehrte, der Condottiere, das Fürstensöhnchen, der arrogante Repräsentant seines Königs, der Kardinal-Nepot; unter den Kurialen der einflußreiche päpstliche Sekretär, die einfachen Kanzleischreiber, die sich doch etwas Besseres dünkten als jeder kapitolinische Notar; die Florentiner Hofbankiers, von der Apostolischen Kammer wie von einzelnen Kurialen dauernd um Kredite angegangen und entsprechend selbstbewußt. Und das alles nicht Typen, sondern Persönlichkeiten (Abb. 44–49)!

Die päpstliche Umgebung einmal näher in den Blick zu nehmen, dazu gibt dieser Pontifikat besondere Gelegenheit: nicht so förmlich, wie es Hofämter-Verzeichnisse, Gehaltslisten, Zeremonienbücher wiedergeben, sondern aus geringerer Distanz. Denn die Beobachtungslust und die Neigungen des Papstes, aber auch die reicher fließenden Quellen erlauben eine Schilderung des täglichen Umgangs, ja der Ausflüge, Sommeraufenthalte und Picknicks im Grünen.

Höfische Gesellschaft beschreibt uns Pius einmal von unten und einmal von oben: im Traktat ‹Vom Elend der Hofleute› (1444) von unten, mit dem gereizten Blick des empfindsamen Höflings, der die besten Bratenstücke immer nur an sich vorbeigetragen sieht zum Tisch des Fürsten und Reisen, Feste, Musik immer nur dann erlebt, wenn es dem Fürsten danach zumute ist, nicht wenn er selbst dazu aufgelegt ist; in den *Commentarii* dann, als Papst, von oben, mit dem gereizten Blick des Dienstherrn, der auch versteckte Kritik sehr wohl wahrnimmt. Natürlich waren die Vorteile und Gefährdungen des Hoflebens auch schon von anderen Humanisten wie Lapo di Castilionchio oder Poggio Bracciolini aus eigener Erfahrung beschrieben worden, und Enea Silvio hat aus solchen Schriften auch geschöpft – was seine Darstellung so ungewöhnlich macht, ist eben die doppelte Blickrichtung, die zweifache Erfahrung erst von unten und dann von oben.[209]

Die sehr persönliche Art, die Dinge aufzufassen und den eigenen Führungsstil darzustellen, führt zu zahlreichen Kurzporträts. Auch die politischen Probleme haben bei ihm gewissermaßen alle ein menschliches Gesicht, sie treten ihm nicht nur in Form von Programmen, sondern in Gestalt von Menschen gegenüber, mit denen man reden, mit denen man ringen muß. So zeichnet er seine Kardinäle in den *Commentarii* nicht in abgelösten Charakterstudien, sondern in ihren Reaktionen auf seine, des Papstes, Entscheidungen und auf seinen Führungsstil. Pius findet immer wieder Gelegenheit, die Kardinäle nach ihrer Fügsamkeit zu sortieren: der frechste Kardinal in Mantua; der zweitfrechste Kardinal

Abb. 44 (links). Der Kardinal-Condottiere. Ludovico Trevisan, Bildnis von Andrea Mantegna. Staatliche Museen Berlin, Gemäldegalerie.

Abb. 45 (Mitte). Der gelehrte Kardinal. Nikolaus von Kues, Grabrelief in S. Pietro in Vincoli, vielleicht Andrea Bregno.

Abb. 46 (rechts). Der Kardinal-Nepot (und künftige Papst) Giuliano Della Rovere. Melozzo da Forlì, Ernennung Platinas (Ausschnitt). Pinacoteca Vaticana.

in Mantua; der allerfrechste überhaupt, der Franzose Jean Jouffroy, erhält darüber hinaus ein eigenes Großporträt, seitenlang und gehässig: ein widerwärtiger Intrigant, ein lächerlicher Halbgebildeter voll unpassender Klassikerzitate, ein unbeherrschter Trinker, der im Jähzorn bei Tisch mit Tellern wirft. Und immer wieder läßt er uns dabei wissen, wie man mit diesen mächtigen Kirchenfürsten umzugehen habe: mit dem rüden Kardinal Alain de Coetivy eben anders als mit dem empfindsamen Nikolaus von Kues.

Unterhalb der Kardinäle dann die Ebene der anonymen Renitenz, die Masse der Kurialen: die spezifische Mischung von Dienstfertigkeit und hinhaltendem Widerstand, der von so einem Apparat ausgehen kann. Wir sehen den Papst immer als den monarchischsten aller Monarchen und vergessen darüber leicht, daß er in all seinem Handeln von einer Masse umgeben ist, der Kurie, die seine Bewegungen nicht nur effizienter machen, sondern durchaus auch verlangsamen und sabotieren kann. Pius hat sich keine Illusionen darüber gemacht, was die, die ihn da gerade so freundlich starr anlächeln, im Grunde ihrer Herzen über ihn dachten (Hände küssend, die sie am liebsten abgehackt sähen, wie er früher einmal gesagt

Abb. 47 (links). Der päpstliche Sekretär. Poggio Bracciolini, im Dienst mehrerer Päpste bis 1453. Miniatur in seinem Werk *De varietate fortunae.*

Abb. 48 (Mitte). Der Hofbankier. Giovanni Tornabuoni, Leiter der Medici-Filiale in Rom 1464–94. Domenico Ghirlandaio, Stifterbildnis in S. Maria Novella.

Abb. 49 (rechts). Der Hoflieferant. Niccolò Strozzi, Kaufmann in Neapel und Rom. Porträtbüste (Rom 1454) von Mino da Fiesole. Berlin, Bode-Museum.

hatte): Kardinäle, die auf seinen Tod hoffen; Höflinge, die Unmögliches erwarten und dem Papst gerecht werden nur, wenn sie – eine zeitlos treffende Bemerkung – den Nachfolger noch gräßlicher finden.

Der Umgang des Papstes mit Kardinälen und Höflingen bekam unter Pius II. einen besonderen Zug, da er sich mit ihnen nicht nur im Gehäuse des Vatikans, sondern auch auf seinen Ausflügen und Landaufenthalten umgab. Diese Ausflüge in freie Landschaft sind für ihn ungemein kennzeichnend, ausführlich kommt er auch in seinen *Commentarii* darauf zu sprechen. Während er in seinen geographischen Abhandlungen ganze Länder beschrieb, verstand er es in den *Commentarii* auch, begrenzte Landschaften in den Blick zu nehmen, Natur von nahem zu beobachten und mit allen Sinnen aufzunehmen.

Es sind Zweifel daran geäußert worden, ob die von ihm beschriebenen Naturszenarien leibhaftig so erlebt, das darin ausgedrückte Naturgefühl wirklich so empfunden seien. Man traut es dem vor-modernen Menschen eigentlich nicht zu, sich so mit der Landschaft einzulassen, und da man in seinen Schilderungen Klassikerzitate aufspürte, meinte man, Pius habe mit den Worten wohl auch die Empfindungen anderer entliehen, zumal die Beteuerung von Naturgenuß damals zunehmend Bestandteil humanistischen Lebensgefühls wird.[210]

Aber seine Naturschilderungen sind keine angelesene Bukolik vom Schreibtisch. Sein Landschaftserlebnis hinter Vergil-Zitaten verschwinden zu lassen («Jedes Geschehen dieser schönen Zeit [auf dem Monte Amiata] erlebt er in erster Linie aus der Realität der klassischen Literatur») führt bei Pius zu gar nichts. Daß er, der gichtkranke Mann, dem jede Bewegung Schmerzen machte, sich tatsächlich in ungebahntes Gelände tragen ließ, weil ihm diese Naturerfahrung viel bedeutete; daß er tatsächlich Konsistorium im Freien abhielt, Unterschriften «mal unter diesem, mal unter jenem Baum» leistete, Panoramablickpunkte aufsuchte, entlegene antike Ruinen besichtigte, zum Picknick an Bächen lagerte, und andere Gruppenbilder unter Bäumen: das bestätigen uns, wenn wir seinen Selbstzeugnissen nicht glauben wollten, die Briefe seiner Begleiter, die Datumszeilen seiner Schreiben, die Ausgabenvermerke des päpstlichen Haushalts.[211] Nicht daß man Ausflüge und Picknicks im Freien nicht gekannt hätte (Abb. 50). Aber sie nahmen Formen an, die seiner Umgebung ganz ungewohnt waren. Sogar in Rom ließ sich der Papst gern aus der Stadt (die beim Vatikan damals ja auch schon endete) hinaustragen unter irgendwelche Bäume: «Es vergeht eigentlich keine Woche, daß er sich nicht zwei oder drei Meilen irgendwo nach draußen in einen Wald tragen läßt, und da wird dann auch das Essen hingebracht, und abends kommt er wieder nach Hause.»

Einige seiner Begleiter, vor allem die Mitarbeiter des jungen Kardinals Francesco Gonzaga, den Pius gern um sich hatte, große Briefschreiber wie ihr Herr, teilten die Neigungen des Papstes: «Kaum ist man aus der Tür hinaus, betritt man einen Kastanienwald … Der Waldboden ist grasbewachsen und sauber wie eine gemähte Wiese»; «An diesem Tag aß man bei einer Quelle mitten im Wald, und nach dem Essen ruhte man in diesem Schatten auf diesem Gras, das schön frisch und feucht war». Andere freilich hatten für diese spontanen Aufbrüche, frugalen Essen und unbequemen Notunterkünfte überhaupt kein Verständnis: «Für Tivoli ist das Haus schön, aber nach Mantuaner Maßstäben wäre es ein schöner Stall unten und oben ein Heuschuppen»; «Das Brot schlecht, der Wein schlecht, das Wasser schlecht». Und das Bett des Kardinals in einem Schulzimmer «neben dem Lehrerpult».

Gerade diese kritischen Stimmen sind ein unverdächtiges Zeugnis für die improvisierten, bedürfnislosen Villeggiaturen des Papstes. Und die Kritik ist verständlich: Akten und Tinte auch hoch oben im Bergwald parat zu haben war ja tatsächlich nicht einfach, des Papstes Naturliebe und Spontaneität erforderten eine Logistik, in der die Höflinge nicht geübt waren. Selbst die Grundversorgung mußte hier fern von städtischen Märkten beschafft werden, die Kurialen – lebhaftes höfisches Leben gewohnt – fühlten sich da draußen von allem abgeschnitten und schüttelten den Kopf auch über das als ganz unstädtisch empfundene Pienza. Aber sie hatten keine Wahl, mußten mit hinein in die Landschaft – und aßen nun dasselbe wie der Papst, freilich: nicht ebenso Gutes, sondern ebenso Schlichtes, wie aus den bescheidenen Ausgaben der Rechnungsbücher hervorgeht. Denn die Buchführung des Palastes und der *familia*, der «Privatkasse» des Papstes, der päpstlichen Küche (*Tesoreria segreta, Spese del maggiordomo, Spese minute*) läßt uns viel höfischen Alltag erkennen, auch auf Reisen. Da ersieht man sogar die hohe Nachkaufrate an Eßgeschirr, denn bei diesem Papst mit seinen zahllosen Reisen und Ausflügen ging anscheinend vieles zu Bruch. Nur ein Gedanke versöhnte die Hofleute mit diesen entlegenen Plätzen: Sie schienen sogar für die Pest unerreichbar. Lange werden sie das nicht ertragen müssen, denn schon der Nachfolger kehrte zur Seltenheit und Gemessenheit päpstlicher Fortbewegung zurück.

Von besonderem Reiz ist bei Pius die Schilderung seiner Antiken-Exkursionen. Wie schon bei den Ausflügen zur Villa Adriana und den Aquädukten während des Sommeraufenthaltes in Tivoli 1461 ging er bei der Exkursion in die Monti Albani im Mai 1463 in der Landschaft geradezu auf Antiken-Suche. Was dabei im Vergleich zu Beschreibungen anderer Autoren auffällt, ist, daß Pius II. die antiken Bauten nicht mit den Augen des Antiquars beschreibt, nicht isoliert in ihrem rein antiken Charakter ohne die nachantiken Transformationen, sondern daß er sie, wie der Zeitgenosse Flavio Biondo, in ihrem gegenwärtigen Zustand und in ihrer natürlichen Umgebung wahrnimmt.[212]

Man merkt den *Commentarii* seine Freude an, antiken Monumenten gerade in freier Landschaft zu begegnen, spürt seine Empfänglichkeit für das Ensemble von Natur und Antike, von Pflanze und Stein: das von Efeu verhangene römische Relief an der Felswand beim Kloster Palaz-

Abb. 50.
Picnic am See aus einer Weidentruhe. Bracciano, Castello Orsini-Odescalchi, Fresko Ende 15. Jh. (stark restauriert).

zolo über dem Albaner See, in der Nähe eine Grotte mit Quelle, in deren schattiger Kühle man im Sommer Tische aufstellen und sein *pranzo* einnehmen könne; die Sitzreihen des Amphitheaters von Albano kaum erkennbar unter überwucherndem Dornengebüsch; die römischen Zisternen, von denen Leon Battista Alberti dort, «zwischen Dornen und Gebüsch», mehr als 30 aufgespürt, und von denen er, Pius, dann vier aufgesucht habe. Oder die in den Felsen geschlagene Mündung des (von den Römern durch den Kraterrand des Albaner Sees getriebenen) Emissars, beschrieben als Grotte von Baumnymphen – immer wird, geradezu genießerisch, das antike Monument mit seiner Vegetation zusammen gesehen. Ja die Via Appia, die er dann in Richtung Lago di Nemi nimmt, sei jetzt, «immer noch mit ihrer Pflasterung, an vielen Stellen noch schöner als zur Blütezeit des Römischen Reiches …, weil sie von dicht belaubten und noch im Mai grünenden Haselnußbäumen von oben und an den Seiten beschattet ist».

Eine anziehende Art, Landschaft mit allen Sinnen in sich aufzunehmen und die antiken Reste darin integriert sein zu lassen: ein Verlangen, ein Zug, der in dieser Zeit neu, aber nicht einmalig ist, Flavio Biondo, Prospero Colonna, Andrea Mantegna dachten ebenso. Flavio Biondo, der selbst einen solchen Ausflug mit Pius beschreibt, wurde dann in Lokalisierungsfragen herangezogen und wußte die riesigen Aquäduktreste zu unterscheiden, deren Wasserkanäle den Berg durchstoßen, und wenn man in sie eindringe (dieses Vergnügen kann man zwischen Tivoli und Gallicano noch heute haben), sehe man in den Stollen von *Anio Vetus* und *Anio Novus* die verkrusteten Kalkablagerungen wie Marmor. Und so weiter.

So werden, mit und ohne Antike, die Sommeraufenthalte in Tivoli, am Bolsener See, auf dem Monte Amiata beschrieben, die Ausflüge nach Subiaco (Abb. 51), nach Ostia, in die Albaner Berge mit Fernblick vom Monte Cavo (eine Perspektive, wie sie damals auch in der Malerei aufkam), mit anziehenden Landschaftsschilderungen von der Hand des Papstes. Immer wieder die schwelgerische Beschreibung lebendigen, fließenden Wassers; das Gelb des Ginsters, das Himmelblau von Flachsfeldern, die Abfolge der Vegetationszonen, das Farbenspiel eines Hanges im Frühling. Dazu, wie bei Italienern immer, die Nutzbarkeit der Landschaft: für die Textil- und die Bauindustrie, die Entdeckung von Alaunvorkommen, der Fang von Zugvögeln in Zahlen, und anderes Verwertbare mehr. Dieses Landschaftserlebnis ist nicht literarische Fiktion, nicht Arkadien: Es ist, inmitten bedrängender politischer Sorgen und in einem Alltag, der sich vom Goldenen Zeitalter weit entfernt weiß, in topographisch exakt beschriebenem Gelände das Erlebnis und das Glück eines Mannes, von dem Jacob Burckhardt gesagt hat, «daß wenige andere dem Normalmenschen der Frührenaissance so nahe kommen» wie Pius II.[213]

Unter den großen politischen Aufgaben seines Pontifikats war, wie schon bei seinem Vorgänger, der unbeirrbar verfolgte Plan eines Kreuzzugs gegen den Eroberer Konstantinopels, Mehmed II. Er gab dem sogleich erste Priorität durch Einberufung eines Kongresses nach Mantua. Es mag dabei eine Nebenabsicht gewesen sein, die Christenheit auf bessere Gedanken zu bringen als die Einberufung eines Konzils. Der energisch betriebene, langdauernde Türkenkriegs-Kongreß scheiterte jedoch an den unannehmbar hohen politischen Gegenforderungen der einzelnen Fürsten, die sich von des Papstes brillanter Rhetorik nicht beeindrucken ließen.[214] So setzte sich Pius endlich persönlich an die Spitze einer venezianischen Flotte, starb aber bei deren Eintreffen in Ancona.

Pius starb 59jährig nach sechsjährigem schwierigem Pontifikat. Zeitweilig sah er sich bis zur Verzagtheit von Problemen umstellt, die – Kon-

Abb. 51.
Eine ungewöhnliche Quelle für die ausgedehnten Ausflüge Pius' II.: «Am 16. September war Papst Pius hier», Graffito im Kloster Sacro Speco bei Subiaco eingeritzt in das Wandfresko mit dem frühen Bildnis des Hl. Franziskus.

ziliarismus, Frankreich, Schisma, Fürsten, Türken – untergründig miteinander verbunden schienen wie kommunizierende Röhren. Man wird ihm im Nachhinein zubilligen müssen, daß man den Horizont tatsächlich so düster sehen konnte, wie er es im März 1462 in vertraulichem Gespräch mit dem Sforza-Gesandten tat: der französische König als der große Widersacher, der überall seine Agenten sitzen hat und, wo er einmal entgegenkommt, dafür gleich die Rechnung präsentiert; der zu allem fähig ist, auch: ein neues Schisma, oder fast ebenso schlimm: ein neues Konzil als Hebel einzusetzen. Spanien, Burgund, Savoyen alle im Schlepptau Frankreichs. Unter den deutschen Fürsten unerfreuliche Typen wie der mächtige Mainzer, *è mala bestia*. Das einzig befreundete Mailand selbst bedroht, Florenz hält sich bedeckt, die Venezianer gesinnungslos wie immer, in Neapel die vom Papst gestützte aragonesische Dynastie im Lande verhaßt. Und das Papsttum? Alles zerrüttet, *tutto frachasato così in temporale come in spirituale*. Was läßt sich denn überhaupt mit unseren kümmerlichen 150 000 duc. machen, weltliche und geistliche Einkünfte zusammengenommen! Ein angewiderter Blick über den Kirchenstaat, auf Rom mit seiner ewigen Parteiung Colonna-Orsini. Und so fort.[215]

Das ist einmal Herrschaftspraxis ohne Selbstdarstellung. Nur ein halbes Jahr noch, und der düstere politische Horizont wird sich aufhellen. Nicht daß Pius alles richtig gesehen hätte (die Gefahr einer französischen Invasion ist überschätzt, Burgund im Schlepptau Frankreichs stimmt nicht, der Kampfeswille der Venezianer ist unterschätzt). Aber der Spielraum war tatsächlich gering – wenn man Grundsätze zu haben versuchte und wenn man etwas tun wollte. Man mußte ja nichts tun, man konnte ja auch im Papstpalast sitzen und antike Gemmen anschauen. Aber dieser Papst wollte handeln, und er wollte sofort handeln, wohl auch ahnend, daß ihm für verantwortliches Handeln und für die Übermittlung seines Bildes an die Nachwelt nicht mehr viel Lebenszeit zur Verfügung sein werde. Geistiger Rang, Aufrichtigkeit und persönlicher Einsatz machen Enea-Pius zu einer der anziehendsten Persönlichkeiten seiner Zeit.

XII.

DIE WIRTSCHAFT

DAS UNTERSCHIEDLICHE GEWICHT DER DREI WIRTSCHAFTLICHEN SEKTOREN. Daß in der Wirtschaft Roms andere Faktoren wirken als in anderen Städten, ist von vornherein zu erwarten. Das Rom des Quattrocento ist eine Residenzstadt und doch viel mehr; ist keine Gewerbestadt und doch auf seine Weise sehr produktiv; ist besonders eng mit seiner agrarischen Umwelt verbunden und doch mit der ganzen damaligen Welt vernetzt. Rom hat eben eine zusätzliche, eine geistliche Dimension, die auch im Wirtschaftsleben dieser ungewöhnlichen Stadt wirkt. Oder um es auf die elementare Frage zu reduzieren: Was produziert Rom, und was konsumiert Rom? Dabei werden wir zunächst das Rom der Päpste und das Rom der Römer auseinanderhalten müssen, bevor wir sie wieder zusammenführen. Was also ist die spezifische Produktion des päpstlichen Rom?

Das päpstliche Rom produziert nicht Tuche oder Metallwaren, sondern Güter von anderer Dimension: kostspielige Privilegien, Pfründeinnahmen, Ernennungsgebühren, Ablässe. Eine Produktivität besonderer Art, gewiß: aber Produktivität im wirtschaftlichen Sinne ist auch das, und leben konnte man davon nicht weniger als ein Fürst von seinen territorialen Einkünften. Aber auch das ist der Papst, ja er wird – im Zuge der spätmittelalterlichen Ausbildung des Fürstenstaates – im 15. Jahrhundert immer mehr zum Territorialfürsten, und die Reformkonzilien verweisen ihn nachdrücklich darauf, künftig mehr aus den weltlichen Einkünften seines Kirchenstaates zu leben statt aus den geistlichen Einkünften der Christenheit.[216]

Das Problem war nur, an diese in der Ferne – von Portugal bis Schweden, von Irland bis Zypern – produzierten Einkünfte heranzukommen. Daß das Papsttum dafür auf die guten Dienste toskanischer Bankfirmen angewiesen war, wurde bereits gezeigt. Diese *merchant-bankers* nutzten ihre im Geld-Transfer bewiesene Unentbehrlichkeit nun aber auch im Warenhandel. Denn wo Geld fließt, da fließt auch Ware. So begegnen wir – sozusagen kurzgeschlossen – oft den gleichen Namen in der Apostolischen Kammer und am römischen Zoll: als Bankiers, als Importeure, als Gläubiger. Man muß, um römische Wirtschaft zu verstehen, erst einmal diese großen Zusammenhänge und geschlossenen Kreisläufe vor Augen haben. Denn «bei Wirtschaftskreisläufen geht es wie bei Stromkreisläufen: sie funktionieren nur, wenn sie geschlossen sind» (Braudel).

Das ist am Beispiel Nordwesteuropas gut zu beobachten, denn die Gelder an den Papst aus Nordwest-, Nord- und Osteuropa liefen weit überwiegend über Brügge, zogen Güterimport nach sich und sind darum Gegenstand nicht nur der päpstlichen Finanz, sondern auch der römischen Wirtschaft. Das eigentliche Problem war der Zahlungsbilanz-Ausgleich zwischen Nord und Süd. Denn die italienischen Kaufleute verkauften dort oben mehr als sie einkauften (das wird sich im 16. Jahrhundert drastisch ändern, als die Gewürze des Orients nicht mehr über Ägypten-Venedig, sondern über Lissabon-Antwerpen nach Europa hereinkamen). Zu dieser Unausgeglichenheit trugen die von dort an die Apostolische Kammer gehenden Gelder zusätzlich bei, denn die römische Kurie «lieferte» ja sozusagen Ablässe, Pfründen, kirchliche Ämter und Privilegien an den Norden: Die dafür zu zahlenden Summen vermehrten nur den Geldabfluß aus dem Norden und vergrößerten das Problem.[217]

Und es waren ja ausschließlich Italiener, vor allem Florentiner, die den Zahlungsverkehr zwischen dem Norden und Rom besorgten und diese Probleme zu spüren bekamen. Daß für den deutschen Raum deutsche Kaufleute diese Aufgabe übernommen hätten, ist eine naheliegende, aber falsche Annahme: nur als Korrespondenten großer Florentiner Firmen wurden sie eingeschaltet (so die Nürnberger Pirckheimer für die Medici), den direkten Zugang zur Apostolischen Kammer schafften erst die Fugger. Und sie hatten sich dem anzupassen: *ci scrive in tedescho*, «der schreibt uns doch tatsächlich auf deutsch!», bemerkt der Florentiner Papstbankier Tommaso Spinelli unwillig über einen deutschen Geschäftspartner.

Zwar wirkte Brügge als Clearing-Stelle, indem es Schulden hier gegen Guthaben dort verrechnete.[218] Aber der Ausgleich der Bilanz blieb schwierig und erklärt zum Teil die starken Importe aus Flandern und Brabant nach Rom und die häufige Nennung derselben Kaufleute sowohl in der Apostolischen Kammer als auch am römischen Zoll. Was von dort an Tuchen, Mützen, Messingleuchtern, Messern, russischen Pelzen, Madonnenbildern usw. massenhaft nach Rom hereinkam, war allerdings auch begehrt, wie am Beispiel der flämischen Kunst noch zu zeigen sein wird.

Soviel, um an den untergründigen Zusammenhängen zwischen Papstfinanz und Warenhandel eine spezifische Eigenart römischer Wirtschaft aufzuzeigen. Zurück in die Stadt. Das Rom der Päpste war, ökonomisch gesehen, zunächst einmal Hofwirtschaft, und schon das ist etwas anderes als Stadtwirtschaft.[219] Denn ein Hof hat seine eigenen wirtschaftlichen Erfordernisse und Leistungen, nutzt Mittel und Güter auch ohne strikte kaufmännische Kalkulation zu Herrschaft und Selbstdarstellung und ist durch seine privilegierte Stellung nicht durchweg auf den freien Markt angewiesen. Der römische Hof ist nun aber auch innerhalb der Hofwirtschaft ein Sonderfall. Denn daß bei der päpstlichen Residenz in der Hauptstadt der Christenheit das Spiel von Angebot und Nachfrage noch andere Faktoren enthält als in gewöhnlichen Residenzstädten, ist von Anfang an zu erwarten. Es war gewiß auch nicht die schon für damalige Begriffe nicht eben große Einwohnerzahl (vielleicht 25 000 um 1400, um 1500 aber wohl schon 50 000), die Rom dem Handel interessant machte, sondern der Hof und die Pilger. Hier war eine eigene Dimension im Spiele, mit eigenen Leistungen, Konjunkturen, Gewinnerwartungen. Das war bereits dem Mittelalter bewußt, vor allem in Gestalt vorreformatorischer Kritik, der hier nicht gefolgt sei. Wir wollen uns stattdessen fragen, ob und inwieweit sich im Wirtschaftsleben Roms das Gewicht der geistlichen Dimension erkennen oder gar messen lasse.

Dabei kommt eine Quelle zu Hilfe, die in der dürftigen Quellenlage, wie sie für das Rom der Römer zu beklagen ist, auffallen muß, und über die nicht einmal Großmächte archivalischer Überlieferung wie Florenz oder Venedig verfügen: die römischen Zollregister. Sie sind für vier Jahrzehnte, von 1445 bis 1485, ziemlich vollständig erhalten und geben – weit über die wirtschaftlichen Aspekte hinaus – tiefen Einblick in das Leben der Stadt gerade in der Phase, in der sich nach langer Lethargie hier endlich alles in Bewegung setzte. Nicht um den Zoll als Institution geht es (die Behörde war, wie die ganze *Camera Urbis*, inzwischen völlig unter die Kontrolle der Apostolischen Kammer geraten), sondern um das, was er uns sehen läßt: was da Schiff um Schiff, Wagen um Wagen täglich an Kohl und Apfelsinen, Fisch und Wein, Tuchen und Keramik, Balken und Marmor, Büchern und Bildern und Musikinstrumenten und Papageien hereinkam, registriert wurde und so Aufschluß über Bedarf und Konsum der Stadt gibt: das Rom der Frührenaissance gesehen in seinen Importen.[220]

Das Material, mit jährlich rund 4500 Lieferungen zu Lande und 600 Frachten zu Schiff so umfangreich, daß es lange Zeit unbearbeitet blieb, gibt Aufschluß nicht nur über das breite Spektrum der eingeführten Waren, sondern auch über ihre Herkunft und die Importeure: von Landleuten der römischen Campagna mit ihren Agrarprodukten bis hin zum Großkaufmann aus Florenz oder aus Flandern, der in einer einzigen Lieferung Waren im Wert von 2000 duc. verzollt.

Auch hier sogleich die Frage, die diese Wirtschaftsdaten auf das Wesentliche einengt: Haben Import und Export Züge, die für Rom eigentümlich sind? Und weiter: Werden Rohstoffe und Halbfabrikate eingeführt, so daß auf Verarbeitung in der Stadt selbst geschlossen werden kann? Ist bei Abwesenheit des Papstes ein Absinken des Importvolumens zu beobachten?

Zunächst der Export, der gleichfalls in den Zollregistern erscheint – und eine Stadt womöglich noch näher kennzeichnet als der Import. Was Rom exportiert, ist wenig, eigentlich nur Kälber und Käse – also die Produkte jener *bovattieri*, die wir, mit ihren ausgedehnten Weideländern und Weidepachten in der Campagna, bereits als respektable Glieder der römischen Führungsschicht kennengelernt haben, während sie von den Florentinern verächtlich als Kuhhirten, *vaccari*, abgetan wurden. Immerhin sind es Namen wie Astalli, Capodiferro, Massimo, Cenci, die da ihre Büffelkälber via Velletri ins Königreich Neapel exportieren, und aus Steuerlisten ist zu ersehen, daß Angehörige des Stadtadels wie Paolo Santacroce oder Angelo del Bufalo 1463 Schlachtvieh im Wert von 2000–2700 duc. verkauften, Pietro Margano oder Stefano dei Crescenzi 1464 den Besitz von 3000 bzw. 4500 Schafen deklarierten (Schafherden die auch die Wolle für eine – in Rom freilich nicht sehr gewichtige –

Tuchindustrie lieferten).[221] Die wachsende Bevölkerung und der immer anspruchsvollere Hof führten sowohl in Rom wie in Neapel zu steigender Nachfrage nach Schlachtvieh in Menge wie Qualität. Das ließ einige *bovattieri*-Familien zu beträchtlichem Reichtum kommen, der sich unter anderem in Rentenkäufen ausdrückte. Andere hingegen schafften es auf Dauer nicht und erscheinen dann auf der andern Seite, der Seite der Renten*ver*käufer.

Rinder und Käse also erscheinen regelmäßig im römischen Export. Das ist aber auch schon alles, was Rom an Materiellem produzierte. Daß Rom nur konsumiere und nicht auch produziere, nur Bauch und nicht auch Hand sei, ist ein Vorurteil von der Antike bis heute. Doch ist Konsum nicht an sich schon etwas Unproduktives, kann Nachfrage selbst ein produktiver Faktor sein, vorausgesetzt, daß interessierte Kapitalinhaber in der Nähe sind und darauf antworten. Es ist mit Recht darauf hingewiesen worden, daß es gerade beim gesteigerten Konsum im Rom der Renaissance ökonomisch wenig sinnvoll sei, ihn als «parasitär» zu bezeichnen, statt im Sog dieser Nachfrage das dynamische Element, den wirtschaftlichen Stimulus zu erkennen und als produktiv zu begreifen – wenn die aus aller Christenheit einkommenden Gelder produktiv in Rom selbst investiert wurden.

Stark war Rom immer im primären, dem agrarischen Sektor, und so auch hier. Schwach immer im sekundären, dem industriellen Sektor. Er war gewiß etwas stärker ausgebildet als bisher angenommen, denn eine gewisse Tuchproduktion läßt sich durchaus nachweisen; doch hatte sie angesichts des massenhaften Tuchimports wenig Entwicklungsspielraum, und das toskanische Kapital hat gewiß nicht darein investiert. Und auch Importe von Wolle, Metall noch in Barren, Asche «zur Glasherstellung», Tuche «zum Färben», Nähnadeln usw., all das deutet auf Fabrikation oder Weiterverarbeitung vor Ort. Aber das war wohl nur für den Eigenbedarf bestimmt, im Export erscheint davon nichts außer etwas Sackleinen. Eine Exportgewerbestadt ist Rom nie gewesen.[222]

Daß Gewerbe und Produktion in Rom so wenig hervortreten, hat aber auch mit der römischen Quellenlage zu tun. Auch im Bereich der römischen Arbeitswelt – im Rom der Römer und nicht im besser dokumentierten Gewerbe um den Hof – haben erst die lange Zeit wenig beachteten Notarsprotokolle den Blick geöffnet. Denn Notarsverträge reichen tiefer in die Praxis hinab als die normativen Texte von Statuten (ja sie nehmen bemerkenswerterweise hier nicht einmal Bezug auf die Zunftstatuten, nur allgemein auf *consuetudines*). Arbeitsverträge, Werkverträge, Gesellschaftsverträge, Lehrlingsverträge geben Einblick in die Organisation der *botteghe*, in Arbeitsverhältnisse und Arbeitsmarkt; die Zählung von 1526/27 macht Verteilung bzw. Konzentration in den einzelnen Vierteln sichtbar (die Gerber natürlich nahe am Wasser, am Tiber im rione Regola, die Faßmacher in der Nähe des Hafens, die Barbiere natürlich überall verteilt). Einzelstudien haben immer weitere Sparten in den Blick treten lassen, von der Wolltuchfabrikation bis zum Kunsthandwerk, von schlichten Werftarbeitern bis zu angesehenen Gewürzhändlern und Drogisten, von Kalkbrennern bis zu Bauarbeitern. Produktiv war das gewiß (wie am Beispiel des Baubooms noch zu zeigen sein wird), aber nicht zum Exportieren.[223]

Der tertiäre, der Dienstleistungs-Sektor hingegen war in Rom stark ausgebildet, ja vorherrschend wie in keiner anderen Stadt. Denn der Bedarf war groß: Scharen von Pilgern waren zu versorgen, die Geschäftsträger hochrangiger Petenten angemessen zu begleiten, die großen Haushalte der Kurienkardinäle zu beliefern, das Catering von Gesandten und anderen repräsentationspflichtigen Persönlichkeiten zu besorgen, und das alles womöglich gegenseitig hochzusteigern. Rechnet man zu diesem Sektor auch die guten Dienste der Bankfirmen in der Papstfinanz, dann erkennt man erst recht, daß die spezifische Produktivität des päpstlichen Rom eben hier liegt. Sieht man nämlich, wie die Rom-Filiale der Medici zunächst mehr als die Hälfte der gesamten Firmen-Gewinne machte, ohne auch nur mit Kapital ausgestattet werden zu müssen (dafür genügten die Einlagen der Hofleute), ja Kapitallieferant der anderen Medici-Filialen wurde; sieht man aus den vertraulichen Briefen des Bankiers Gabione Gozzadini, wie er bei einem Pfründengeschäft in Zusammenarbeit mit dem Papst das Fünffache der Investition herausholt – dann erscheint, in solch großen Zusammenhängen gesehen, das päpstliche Rom geradezu als Kapital-Exporteur.[224]

Und das ist die Stunde der Florentiner (um die Beobachtungen zur Bedeutung der Florentiner in Rom hier wieder aufzugreifen und weiterzuführen). Seien es die Transaktionen der Papstfinanz oder nun die Warenimporte nach Rom, man stößt immer auf Florentiner. Oder vereinfacht gesagt: Die zehn größten florentinischen Importeure bringen allein schon mehr als ein Viertel des gesamten registrierten Imports auf, und die florentinischen Wolltuche allein bilden die Hälfte aller importierten Wolltuche insgesamt! Rom war für die florentinische Wolltuchindustrie ein äußerst lohnender Absatzmarkt, gut ein Zehntel der gesamten Jahresproduktion ging damals, im dritten Viertel des Quattrocento, nach Rom und in den Kirchenstaat. Und es waren vor allem die teuren, mit *Kermes* (Schildlaus) gefärbten Luxustuche, die man in Rom absetzen konnte.[225]

Aber auch in der Einfuhr von Seide, Samt, Goldbrokat erweisen sich die Florentiner Firmen als führend, und gerade daran hatte Rom Bedarf. Der Aufwand, der mit Luxustuchen und Prachtkleidung getrieben wurde (und am päpstlichen Hof auch lange vor der Renaissance schon getrieben worden war) und keineswegs nur die liturgische Kleidung der Kardinäle betraf, war beträchtlich, war erwartete Herrschaftsrepräsentation, Garderobe eingesetzt zur Sichtbarmachung des eigenen Ranges. Kostbare Stoffe getragen, geschenkt, geliehen, dazu Raumausstattung gleichfalls mit kostspieligen dekorativen Stoffen[226] – hier in den Zollregistern findet man denn auch die edelsten Stoffe: *taffeta cambiante*, «changierender Taft», *damaschino bianco con fior de oro* «weißer Damast mit Goldblumen-Muster», die *canna* zu 10 ½ duc., und andere Herrlichkeiten. Einige Kardinäle kleideten ihre Familiaren bereits uniformiert in Livreen, entsprechend groß war der Tuchbedarf.

Dabei war es in Rom nicht nur der Hof, der diese kostspieligen Stoffe aufnahm. Die für den Hof bestimmte Einfuhr wird vom Landzoll gar nicht registriert, da der Hof zollfrei importierte. Den hier verzeichneten Importen, deren Wert sich aus dem gezahlten Zollsatz (5 % des Warenwerts beim Landzoll, 6½ % beim Hafenzoll) errechnen läßt, wäre also noch eine erhebliche Menge von Importen an den Hof hinzuzufügen, die wir teilweise in der Buchführung von Kammer und Tesoreria zu fassen kriegen. Allein schon für die Trauerfeierlichkeiten Nikolaus' V. und die Krönung seines Nachfolgers Calixts III. 1455 haben nur zwei toskanische Firmen im Laufe von nur vier Wochen Tuche im Wert von 24 000 flor. geliefert, von den teuersten Qualitäten bis hinunter zu den billigsten Sorten *ad ponendum circum columpnas*, «um die Säulen zu umwickeln» (wie man das ja noch heute in römischen Kirchen sehen kann).

Mit Kleinzeug haben sich Firmen wie Medici, Pazzi, Spinelli, Strozzi gar nicht erst abgegeben: ihr Waren-Sortiment war nicht besonders breit, aber auf Großes gerichtet. Daß die Pazzi etwa am Import von Feigen beteiligt sein könnten, ist denn auch schwer vorstellbar; und doch scheint es einmal so – doch da klärt ein Nachtrag des Zollbeamten auf: *cassa perchè foro denari coperti de fichi*, «gestrichen weil es Geld war, mit Feigen zugedeckt»!

Mochten die Florentiner im Warenhandel alle anderen übertreffen, so waren die Gewinne, die sie aus den Geldgeschäften des Hofes zogen, doch noch weit größer, wie ihre Steuerklärungen im *Catasto* verraten. Was sie außer Luxustuchen nach Rom einführten, war gleichfalls nicht alltäglich, etwa Kardinalshüte, Bücher (*uno libro de Tulio de offitiis*, also ein Cicero), Brillen, Intarsienkästchen, Bilder; und da sich im Rom des 15. Jahrhunderts neben dem Würfelspiel auch das Kartenspiel durchsetzte: große Mengen gewöhnlicher und kunstvoller Spielkarten.[227] Das Sortiment, das da an verzolltem Import hereinkam, wird man sich ähnlich auch für den Hof vorstellen dürfen. Jedenfalls nahm die Nachfrage nach Luxusgütern im Laufe des Jahrhunderts entschieden zu (wie bescheiden dagegen der Luxuskonsum zur Zeit des Schismas war, wagt man sich gar nicht auszumalen), und wurde von den Florentinern leicht befriedigt.

Daß unter den importierenden Kaufleuten auch die Römer selbst erscheinen, führt mit einigen Namen zurück in die römische Führungsschicht. Hier seien nur Massimo, Santacroce und Boccamazza genannt, die sich im Warenhandel beinahe sogar mit den Florentinern messen konnten, sich am Markt aber völlig anders verhielten als jene. Massimo di Lello Cecco de' Massimi handelte – und all das unterscheidet ihn von den Florentinern in Rom – mit einem extrem breiten Sortiment, importierte mit vollen Händen auch bei Abwesenheit des Papstes, lieferte, Kaufmann-*bovattiere* der er war, Kälber für den Hof; Heu, Anker, Kanonen für Calixts III. Kreuzzugsflotte; Unmengen Wachs für Nikolaus' V. Begräbnis.[228] Bemerkenswert das Spektrum von Gewürzen, Drogen, Mineralien, Farben, aber auch von Metallen jeder Art und in jedem Verarbeitungsgrad. Und natürlich führte er auch das, was die deutschen Frühdrucker Pannartz und Sweynheym, denen die Massimo als erste eine Werkstatt zur Verfügung stellten, für ihr Gewerbe benötigten: Blei, Zinn,

Papier. Ein Kramladen also, aber ein großer. Noch stehen Massimo und Santacroce hinter dem Ladentisch und sind sich für den Detailhandel nicht zu schade: Nur noch eine, zwei Generationen, und sie werden den rasanten Aufstieg in den Stadtadel geschafft haben und den Handel hinter sich lassen.

Auch vom Nahhandel und der Einbettung der Stadt in ihr Umland vermitteln die Zollregister ein lebhaftes Bild. Denn sie verzeichnen jede Bäuerin und jeden Kleinhändler mit Namen und Herkunft, und was sie je nach Jahreszeit an Feigen, Flachs, Hanf, Talg in die Stadt bringen. Meist kommen sie in Gruppen, etwa Catalina, Ceccha, Lucia, Sanucia und Bartolomea alle aus Campagnano – solche Gruppenbilder am römischen Zoll kann man immer wieder sehen, an ein und demselben Tag zehn Personen aus Castelnuovo, elf aus Anguillara. Unter diesen kleinen Nahhändlern sind auch Juden: Aron, Habraham, Isahac, Mele und andere bringen Hanf, Flachs, Rohgarn (*filo crudo*), Rohseide, Altmetall, ein Moise aus Viterbo erscheint zehnmal im Laufe eines Jahres am römischen Zoll immer mit «rohem und gefärbtem Garn».

Dazu eine kleine sprachgeschichtliche Beobachtung. An der Namensgebung in dieser ländlichen Umgebung Roms ist auffallend der Bezug zum trojanischen Sagenkreis auch bei den unscheinbarsten Personen. *Priamo* von Tivoli liefert Altpapier, *Hectore* delle Aste bringt Schrott, *Parisse* von Bassano Wachs, *Cassandra* von Nepi Flachs, *Pullidoro* von Calvi Feigen. Soweit die Priamos-Söhne. Aber weiter: *Ulisse* von Mazzano bringt Flachs, *Palamede* von Velletri Käse, *Diomede* … usw. Man glaubt sich im Trojanischen Krieg. Einer ‹Wiederbesinnung auf die Antike› gehört diese Namensgebung gewiß nicht an, sondern einer älteren Schicht, der des *Liber Ystoriarum Romanorum* oder der *Historia destructionis Troiae* des Guido de Columnis – was nicht heißen muß, daß man *Liber* und *Historia* oder ihre Vulgarisierungen damals in Tivoli, Mazzano oder Nepi las oder rezitiert hörte. Aber was mag Priamus von Tivoli über Priamus von Troja gewußt haben? Wir können nur konstatieren, daß der trojanische Sagenstoff jedenfalls auch in ländlichen Zonen auf dieser niederen sozialen Ebene angekommen ist. Man wird klassische Namen am ehesten im großen römischen Adel erwarten. Aber auch da erscheinen sie eigentlich erst um 1400, besonders bei den Orsini, und es sind vor allem römische Namen. Hier aber sind wir, und sogar mit Troja-Namen, auf einer ganz anderen sozialen Ebene. Erstaunlich auch *Taliarco* von Magliano, der uralten Käse (*triste e vechissimo*) durch den Zoll bringt: Dieser sonst nie genannte Name kann nur *Thaliarchus* in Horaz, Ode I 9 sein, wo er beim Anblick des schneebedeckten Soracte kräftig einheizt, während er hier auf dem Tiber nach Magliano, also gleich am Soracte vorbei, seinen verdorbenen Käse verschifft (*trasse per fiume*).[229]

Aus dem Umkreis des römischen Handels zurück in die Weite des Fernhandels. Sein Radius ist enorm, wie etwa die Einfuhr von Tuchen zeigt, Tuche aller Qualitäten – auch für jene Bevölkerungsschichten, die nicht in Samt und Seide gingen – und aller Provenienzen: aus Ober- und Mittelitalien, aber auch aus Nordwesteuropa, Frankreich, dem Reich (Flandern, London, Rouen, Perpignan, Konstanz, St. Gallen usw.). Noch weiter in die Ferne führen Hermeline, Straußenfedern und andere Exotica, wie noch zu zeigen sein wird.

Unter den nichtitalienischen Kaufleuten – Franzosen, Spaniern, Polen – sind am meisten genannt die Deutschen, die nicht durch ein großes Volumen, aber doch durch ein spezifisches Sortiment auffallen. Daß deutsche Kaufleute über Mailand, Genua, Venedig hinaus bis nach Rom handelten, wird erst aus diesen Zollregistern bekannt, ja war bisher sogar in Zweifel gezogen worden. Mit den Florentinern konnten sie sich natürlich nicht messen, aber das spätmittelalterliche Deutschland hatte doch einiges zu bieten, was selbst für die verwöhnten Italiener interessant war. Dazu gehörte, neben Leinwand und Fellen, viel Metallgerät (neben *tenaglie* auch *tenagliuzze*, *kleine* Zangen, *kleine* Scheren, sozusagen Feinmechanik) und ein breites Sortiment von Zinn- und Messingfabrikaten. Aber auch fortschrittliche Technologie wie gezogener Draht, Uhren, modernes Kriegsgerät von der stählernen Armbrust bis zur Feuerwaffe, geliefert und auch gewartet von Deutschen. Daneben große Mengen von Brillen, Holzschnitten, den größten Teil der verzeichneten Bücher (überwiegend wohl deutsche Frühdrucke), und fast alle damals eingeführten Lauten. Als Herkunft der Waren werden manchmal Köln und Nürnberg genannt, Gold- und Silberfaden «von Köln» für die Seidenstickerei; und vor allem *merze de Norimberga*, gewiß die italienische Übersetzung von «Nürnberger Tand», überwiegend Messingartikel. Daß der Zollschreiber die Herkunft hinzusetzte, war bei Tuchen üblich, bei anderen Artikeln ungewöhnlich. Köln und Nürnberg waren wohl auch die einzigen deutschen Städte, von denen man in Rom vielleicht schon einmal gehört hatte: Nürnberg mit seinen faßweise importierten Messern und seinen Innovationen in Metallurgie, Feinmechanik, Feuerwaffen, Kartographie, Bildreproduktion, Nürnberg beeindruckte sogar Rom, das von Deutschland wenig wußte und auch nicht wissen wollte.[230]

Der Teil des Imports, der zu Schiff nach Rom hereinkam, wird von den Hafenzoll-Registern erfaßt, die gleichfalls für diese Jahrzehnte weitgehend erhalten sind. Man vergißt leicht, daß Rom halbwegs am Meer liegt. Flußgängige Schiffe konnten den Tiber aufwärts die *Ripa Grande* erreichen, den römischen Hafen gegenüber dem Aventin, wo ihre Waren entladen, registriert und zu 6½ % vom Warenwert verzollt wurden. Von Hafenbetrieb und Zollstätte geben ein lebhaftes Bild eine Zeichnung im *Codex Escurialensis* und der Hintergrund eines Filippino Lippi-Freskos in der Carafa-Kapelle von S. Maria sopra Minerva (dem Kardinal Carafa bedeutete der Hafen etwas, da von dort 1472 die von ihm kommandierte Türken-Flotte auslief). Man vergleiche Rampe und Treppenaufstieg im Vordergrund, Baum und Loggia der Zollstätte, die Gestalt der Kirche (S. Maria in Turri) und der beiden Geschlechtertürme und wird erkennen, daß Filippino Lippi den damaligen Anblick des Hafens photographisch genau dargestellt hat (Abb. 52[a], 52[b]).[231]

Was da an Schiffen einlief und verzeichnet wurde, zeigt allein schon in seinen Zahlen die wachsende Nachfrage einer wachsenden Stadt: in den 1450er Jahren um die 400 Schiffe, in den 60er Jahren rund 500, in den 70er Jahren rund 600 Schiffe jährlich, mit Spitzen jeweils im Frühjahr und, weit weniger, im Herbst. Schiffe von größerer Tonnage löschten ihre Fracht für Rom in Civitavecchia oder luden sie in Gaeta oder Livorno auf kleinere Schiffe um. Die Frachtwerte gingen bei Wein bis zu 2500 flor., bei *roba* oder Lebensmitteln bis zu 3600 flor.: nicht viel für eine venezianische Gewürz-Galeere oder ein genuesisches Rundschiff, aber doch ganz schön für ein Schiff, das mitten in Rom anlegen konnte. Neben gemischten Frachten ganze Gemüseschiffe, ganze Waffenschiffe, ganze Weinschiffe, denen malerisch noch zusätzliche Fässer unter Bug und Heck hängen konnten (*una bote a popa, una bote a prua*), andere mit wenig Fracht weil «wegen Sturm über Bord geworfen». Die Register nennen auch den Typ des Schiffes (von der *barca* über die *saettia* und den *liudo* bis zum *navilio*, selten eine Galeere oder eine Karavelle), den Patron und seine Herkunft. Daraus ergibt sich ein Einzugsgebiet, das im wesentlichen von Palermo bis Ventimiglia reicht, mit häufiger Nennung von Trapani, Neapel, Gaeta, Sperlonga, Pisa, Portovenere.

Die Warenseite zeigt teilweise ein anderes Sortiment von Gütern als der Import zu Lande. Auf dem Wasserwege kommen vor allem Massenkonsumgüter wie der Wein (Getreide wurde nicht hier registriert), kommen Produkte aus der Ferne, aus Nordwesteuropa, aus Spanien (Thunfisch, Leder, Maiolica) und dem Orient (Gewürze aus Arabien und Fernost, von venezianischen Galeeren in Civitavecchia ausgeladen). Die Hafenzollregister sind nämlich sehr genau. Wir betreten sozusagen mit den Zollbeamten die am Kai liegenden Schiffe und inspizieren ihre Ladung, die da nun Packen um Packen an Land geschafft wird. Und das konnte sehr viel sein: 50, 70, ja sogar 80 Einträge pro Schiff, und alles detailliert verzeichnet.[232]

Dabei registrierte der Hafenzoll, anders als der Landzoll, auch den für den Hof bestimmten Import. Da es für den zollfreien Bezug aber eines namentlichen Mandats der Kammer bedurfte (1452 gibt es auf 371 Schiffe 312 solcher Mandate!), erfahren wir auch den Namen des Empfängers: *per llo vicecancelliere* (Kardinal Rodrigo Borgia), *per Monsignor de Roano* (den Kardinal d'Estouteville), «für den Leibarzt», «für den Konvent von S. Paolo», «für die Schwester des Papstes» – so daß sich erkennen läßt, welche Waffen und wieviel Balken ein Kardinal bezog; daß Kardinal Oliviero Carafa nicht auf das Rosenwasser aus seinem Neapel verzichtete, und welche Weinqualität Giuliano della Rovere bevorzugte.

Ein Blick auf die detaillierten Frachtlisten zeigt, woran Rom vor allem Nachfrage hatte. Man kann zunächst einmal grob sortieren: Konsumgüter kommen nach Rom vor allem aus dem Süden, Investitionsgüter und Halbfabrikate aus dem Norden. Aus dem Süden also Zucker und Thunfisch, beides teuer, Orangen zu Zehntausenden (zunächst mehr Bitter- als Süßorangen), Käse, Marzipan, Spaghetti (*vermicelli*); aus größerer Nähe Gemüse und Hülsenfrüchte in Barken aus Sperlonga und Gaeta. Dazu viel Wein, vor allem der teurere *greco* (eine Sorte, keine Provenienz) und der billigere *latino*. Aus dem Norden, neben Tuchen und Bauholz, viel Metall in allen Verarbeitungsgraden, vom Eisenbarren aus Elba und Piombino, «verzinntem Eisen», «Stahl» über Baubeschläge und Nägel für den beträchtlichen Bauboom jener Jahre bis zu Waffen: «60 Bal-

Abb. 52a. Der römische Tiberhafen Ripa Grande gesehen vom Aventin (Codex Escurialensis fol. 56v) und als Hintergrundszene in Filippino Lippis *Trionfo di S. Tommaso* (S. Maria sopra Minerva, Cappella Carafa), beides Ende 15. Jh. Ein Vergleich der abgebildeten Bauten zeigt Filippino Lippis Detailtreue bei der Darstellung des Hafens.

Abb. 52 b. Die Zollstätte der Ripa Grande gesehen vom Fuß des Aventin, im Hintergrund von Filippino Lippis *Trionfo di S. Tommaso*. Man vergleiche auf beiden Darstellungen die 2 Arkaden der Zollstätte und den Baum davor, die vom Kai zum Zoll hinaufführende Rampe und den Treppenaufgang vorn, die Kirche (S. Maria in Turri) mit Campanile und Rundbogenfenster und die beiden Geschlechtertürme dahinter.

len Waffen», «240 Panzer», «6 Bombarden», ganze Arsenale für den Kampf nicht gegen außen, sondern im Innern der Stadt, darum Waffen auch für die Kardinäle.

Und Spezielleres: eine Kiste Bücher für Kardinal Bessarion, und rechtzeitig zum Heiligen Jahr 1475 mit seinem erhöhten Druckbedarf sogar *2 stromenti che sse operano da fare libri de stampa*, zwei Druckerpressen! Oder Musikinstrumente wie Clavicembali, *manacordi*, Orgeln.

Exotisches führt bis an die Ränder der Welt und zeigt die Hauptstadt der Christenheit vernetzt mit dem ganzen Erdkreis: die Haut des Walrosses, das (Winter-)Fell sibirischer Eichhörnchen, Straußenfeder, Leopardenfell und Elefantenzahn (*dente de alinfante*: das Tier als Ganzes hatte der Zollbeamte wohl noch nicht gesehen). Und natürlich Papageien, der Papst hatte immer ein solches Tier um sich, darum die *Camera pappagalli* im Papstpalast in Rom und in Avignon, und das Papageienfutter unter den Ausgaben. Aber jetzt will auch ein Kardinal einen Papageien.[233]

Es fällt auf, daß unter diesen fremdartigen Dingen nicht nur der Orient mit seinen Gewürzen vertreten ist, sondern nun auch der Süden. Die Portugiesen hatten auf Initiative Heinrichs des Seefahrers, der sich dazu von den Päpsten mit zahlreichen Bullen ausstatten ließ, inzwischen begonnen, sich auf der Suche nach dem Seeweg nach Indien die westafrikanische Küste entlang zu tasten – und eben das schlägt sich nun im römischen Import nieder. Eine Karavelle (schon dieser Schiffstyp weist auf Portugal), die im Januar 1475 in Rom anlegt, setzt neben Unmengen von Salzfisch auch Exotisches an Land: 98 Papageien, 3 Meerkatzen, 1 schwarzen Sklaven. Meerkatzen kommen von südlich der Sahara, zwei dieser drei Affen nimmt der Kardinal Francesco Gonzaga (der sich vielleicht für die Entdeckungen interessierte, jedenfalls hatte er in seiner Bibliothek einen *Marco Polo in papiro* und eine *carta da navigare*, Marco Polos Reisebericht und eine Seekarte). Und aus Schwarzafrika ist auch der Sklave: mit Sklavenjagden finanzierten die Portugiesen diese Expeditionen, und seit – mit dem Verlust von Konstantinopel – der Zugang zum wichtigsten Sklavenmarkt, der Nordküste des Schwarzen Meeres, versperrt war, mehren sich die schwarzen Sklaven in den römischen Zollregistern und in der italienischen Malerei.

Daß Güter aus dem fernen Westen, dem soeben entdeckten Amerika, in dieser Quelle nicht erscheinen, liegt daran, daß die Register (bis auf einen dürftigen Band Okt. 1492-Mai 1493) nach 1483 nicht erhalten sind. Es wäre eine reizvolle Vorstellung, am römischen Hafenzoll der Karavelle *Niña* zu begegnen, Columbus' Lieblingsschiff, denn sie wurde (wie wir aus den *Pleitos de Colón* wissen, dem Rechtsstreit von Columbus' Erben mit der Krone von Kastilien) zwischen der zweiten und der dritten Überfahrt, also vermutlich 1497, von ihrem Besitzer gegen Columbus' Willen für eine Fahrt nach Rom verchartert; oder dem Kapitän der *Pinta* Martín Alonso Pinzón (und der Name des Schiffsführers wäre ja registriert worden), der von sich behauptet, schon vor der ersten Fahrt in Rom gewesen zu sein. Aber dazu ist, soweit man den Aussagen überhaupt trauen darf, in Rom nichts dokumentiert.

Man wußte in Rom sehr wohl, worum es ging: Die Demarkationslinie zwischen portugiesischen und spanischen Entdeckungen wurde ja von Papst Alexander VI. gezogen, Weltkarten kamen mehrere durch den römischen Zoll (aus Genua, aus Nürnberg, und sicherlich modernere als der mittelalterliche Weltkartentyp), Östliches erwartete man nun aus dem Westen (*versus Occidentem aut Meridiem navigantes ad partes Orientales*, wie eine Bulle Alexanders VI. von 1493 das Paradox formuliert). Und gewiß hat man im römischen Hafen bald die Klagen venezianischer Kaufleute gehört über die absehbaren Folgen der portugiesischen Umseglung Afrikas, die das Mittelmeer und damit auch Rom aus dem Zentrum rückten und so in den geopolitischen Windschatten geraten ließen (da Venezianer global zu denken verstanden, fiel ihnen schon damals das Projekt eines Suez-Kanals ein), und gewiß hat man im römischen Hafen die fremdartigen Produkte aus Amerika bestaunt. Aber nicht in den für diese Jahre verlorenen Zollregistern sind sie in Rom ein erstes Mal dokumentiert, sondern in den Deckengemälden der Farnesina, dem Palast des Papstbankiers Agostino Chigi: Mais, Sonnenblume und Kürbis um 1518 in den Festons der Loggia.[234]

Ein wichtiges Segment im Güterimport einer Residenzstadt betrifft den Luxuskonsum: nicht nur die bereits genannten Tuche, und nicht nur den Luxuskonsum des Hofes selbst, sondern auch den anderer Personen in der Stadt, die darauf angewiesen waren, in Lebensstil und Repräsentation mit dem Hof mitzuhalten. Dazu gehören die erwähnten exotischen Dinge, gehören die (an anderer Stelle zu behandelnden) Kunstgegenstände wie Bilder, Skulpturen, Kleinkunst für Schreibtisch und Regal; gehört Ausstattung wie die Maiolica-Ware von Valencia, von der die zahlreichen Katalanen des Borgia-Clans gewiß lieber aßen als von den irdenen Tellern aus dem nördlichen Latium;[235] gehören Taubentränken, Weinkühler, Parfümkugeln und anderes entbehrliche aber schöne Kleinzeug.

Um die Fragen an die Quelle noch weiter auf die spezifisch römische Situation einzuengen, seien endlich drei Aspekte des römischen Wirtschaftslebens untersucht: 1. Ist ein jahreszeitlicher Rhythmus festzustellen, und hat er mit dem jährlichen Auf und Ab des Pilgerzustroms zu tun? Im besonderen Fall: findet ein Heiliges Jahr, in Menge und Zusammensetzung der Nachfrage, in den Importen einen Niederschlag? 2. Läßt sich der Anteil der Kurie am Gesamtimport annäherungsweise bestimmen? 3. Wie reagiert die Wirtschaft auf Abwesenheit des Papstes, und läßt sich das an den Importbewegungen ablesen? Denn die engere Umgebung des Papstes, die durch Zahl, Kaufkraft, Anspruch, Konsumneigung ein gewisses Gewicht darstellte und Leitfunktion für Konsum- und Kaufverhalten der städtischen Oberschicht hatte, muß, wenn man sie von der Waage herunternimmt, doch eigentlich zu spürbaren Ausschlägen führen.

Erstens, Landzoll und Hafenzoll stimmen darin überein, daß die Importe nach Rom, sowohl gezählt wie gewogen, ihren Höhepunkt im Frühjahr hatten; dann sinken die Werte im Hochsommer stark ab, um im Herbst eine zweite, etwas niedrigere Spitze zu erreichen.[236] Diese Atembewegungen des römischen Wirtschaftslebens entsprechen einigermaßen der jährlichen Kurve des Pilgerzustroms, haben aber nicht ursächlich miteinander zu tun, oder nur insoweit, als natürlich gerade Rom im Rhythmus des kirchlichen Festkalenders lebte und von der Attraktivität vor allem des Ostertermins profitierte. Aber der Wasserstand des Tibers hat mit dem Ostertermin nun einmal nichts zu tun, und die Weinernte nichts mit der Fastenzeit. Daß nach Ostern/Himmelfahrt/Pfingsten auch der Pilgerzustrom nachließ, liegt nicht nur an der sommerlichen Lücke hoher Kirchenfeste, sondern vor allem am agrarischen Produktionszyklus, der die Menschen bis in den Herbst hinein unabkömmlich sein läßt. Was im Rhythmus des Pilgerzustroms sichtbar wird, war also eine Überlagerung von liturgischem und agrarischem Kalender.

Wie stark sich der Pilgerbetrieb auf die römische Wirtschaft auswirkte, müßte in einem Heiligen Jahr, das diese Bedingungen ja ins Große projiziert, besonders deutlich hervortreten. Daß ein Heiliges Jahr besondere Gewinnerwartungen weckte, liegt auf der Hand: Man ersieht das gut aus den Briefen, die die Filialen und Korrespondenten der Firma Datini der Vorbereitung und dem Ablauf des *jubileo* oder *perdono di Roma*, dem Jubeljahr 1400, widmen. Und nicht nur die Kaufleute und die geistlichen Institutionen, sondern auch das gewöhnliche Gewerbe, wie kleine

Verträge zu erkennen geben: da wird in römischen Mietverträgen für den Fall eines Jubeljahres schon eine Mieterhöhung vorgesehen, läßt ein Vermieter den «Mehrwert» des Jubeljahres 1475 (*quod mereretur plus*) schätzen. Daß sogar die Florentiner, ganz gegen ihr übliches Geschäftsgebaren, 1475 im Sommer ihre Importe nicht ruhen ließen, sagt viel. Doch erfüllten sich die Erwartungen nicht, da das Jubeljahr 1475, trotz sorgfältiger Vorbereitung durch den Papst, gegenüber 1450 zur Enttäuschung wurde.

Sieht man das Heilige Jahr 1475 nun aus den Fenstern der römischen Zollstätte (für 1450 sind die Register nicht erhalten), so ist der Fluß der Importe, im Zuge der üblichen Jahreskurve mit ihren beiden Spitzen, zu Lande und zu Wasser tatsächlich größer als in gewöhnlichen Jahren, aber nicht exorbitant, und jedenfalls unterhalb der Erwartungen. Was die Zusammensetzung des Imports angeht, darf man nun, wie schon dargestellt wurde, einen höheren Anteil an Pilgerbedarf erwarten. Das weitaus wichtigste Indiz für den erhöhten Bedarf eines Heiligen Jahres und die Anwesenheit von Pilgermassen aber ist die Nachfrage nach Wein, zumal er hier nicht Luxusgetränk Einzelner, sondern Alltagsgetränk Aller war. Was die Zollregister an Wein-Import für den Höhepunkt dieses Jubeljahres anzeigen, ist, wie bereits gezeigt wurde, mit 4000 Faß oder 2,1 Millionen Litern im Wert von rund 65 000 flor./duc. in einem einzigen Monat (also importierter Wein zusätzlich zum reichlichen lokalen Wein) ein ungewöhnlicher Spitzenwert, der sich, ebenso wie der überdurchschnittliche Wein-Preis, nur aus dem Massenkonsum eines Massenereignisses erklären läßt.

Diesem Bild läßt sich mit einer anderen Quelle noch mehr Relief geben: der Steuer auf den Detailverkauf nichtlokalen Weins (*gabella vini forensis ad minutum*), die auch den weiteren Weg des Imports vom Hafen in die Osterien der Stadt zu verfolgen erlaubt. Die Graphik Abb. 53 zeigt im Vergleich des Weinsteuerertrags von 1475 mit den nächstüberlieferten Jahren 1472 und 1479, daß der Weinverkauf 1475 weit über dem der anderen Jahre liegt; der Getränkekonsum wächst in allen Jahren deutlich mit der warmen Jahreszeit, hat 1475 seine Spitze aber schon in den pilgerreichen Frühlingsmonaten, die für gewöhnlich noch mäßigen Weinverbrauch haben.

Das ist mit dem Heiligen Jahr zu Ende, ist also *Konjunktur.* Aber die

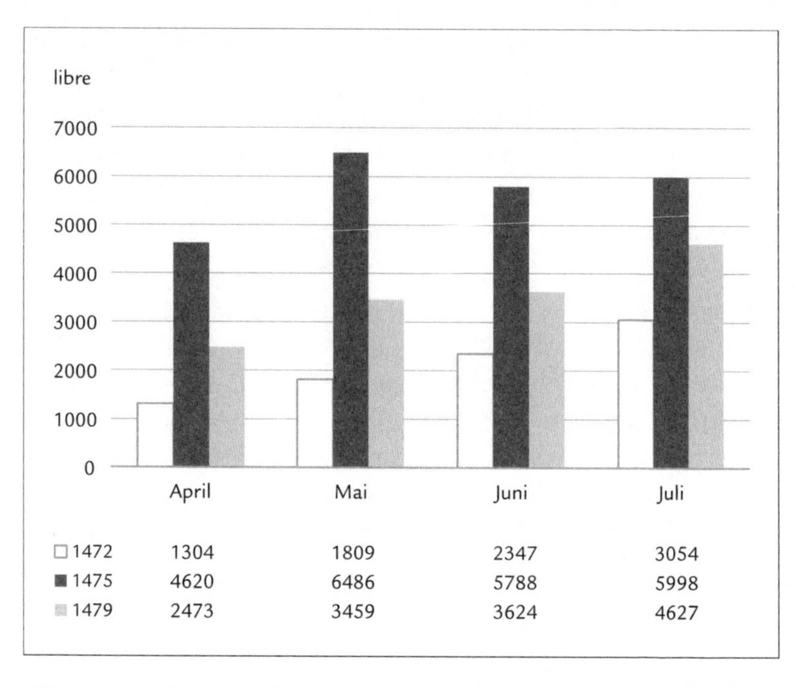

Abb. 53. Weinkonsum außerhalb des Hofes. Ertrag der Verkaufssteuer auf importierten Wein, jeweils April bis Juli 1472, 1475, 1479. Die Säulen zeigen: 1. Anstieg des Getränkekonsums gegen die heißere Jahreszeit; 2. außergewöhnliche Nachfrage im Hl. Jahr 1475 (Konjunktur); 3. allgemeines, kontinuierliches Ansteigen in den 1470er Jahren (Trend).

Werte zeigen auch einen *Trend*: sie steigen kontinuierlich an (Vergleich Säulen 1472 : 1479). Und dieser Trend läßt sich nur demographisch erklären. Auch das Gesamtvolumen der römischen Importe wächst nun stetig: von 122 000 duc. 1479 auf 128 000 duc. 1480 auf 160 000 duc. 1483 auf 190 000 duc. 1484. Und das ist *reales* Wachstum, denn diese zweite Hälfte des Quattrocento ist, wie die relative Stabilität von Getreidepreis und Zinssatz zeigt, keine Zeit nennenswerter Inflation. Endlich beginnt Rom zu wachsen.

Zweitens die Frage, ob sich der Anteil zollfreier Einfuhr am gesamten Import bestimmen lasse.[237] Denn da die Kurie ihre Güter zollfrei bezog, könnte sich aus dem Anteil zollfreien Imports ein grobes Bild des wirtschaftlichen Gewichts ergeben, das die Kurie in Rom hatte.

Das Recht auf zollfreie Einfuhr hatten Papst und Kardinäle mit ihren großen *familiae*, aber auch Konvente wie S. Paolo fuori-le-mura und S. Maria in Aracoeli, Spitäler wie S. Spirito, der Kastellan der Engelsburg, fallweise auch Gesandte und päpstliche Gäste. Vom Landzoll wurden solche Importe, weil zollfrei, gar nicht erst registriert. Eine gewisse Vorstellung vom Volumen der Landtransporte an den Hof (und Florentiner Produkte kamen weit überwiegend zu Land) geben die Auszahlungsanordnungen des Kämmerers und die Zahlungen des Thesaurars: Welch riesige Lieferungen da bei Ereignissen wie Papstbegräbnis und Papstkrönung hereinkommen konnten, ohne im Landzollregister zu erscheinen, wurde bereits gezeigt (angesichts der kurzen Pontifikate dieser betagten Päpste werden die Florentiner Hoflieferanten wohl auch immer Tuche in den passenden Trauer- oder Freudenfarben auf Lager gehabt haben). Alles andere bleibt beim Landzoll Dunkelziffer.

Anders die Hafenzollregister. Sie notieren auch die an den Hof gehenden Lieferungen, fügen die den Berechtigten ausgestellten Zollfreiheitsbescheinigungen (*mandati*, *bullecte*) hinzu, und erlauben so bei einem Massengut wie dem Wein, den kurialen Anteil auch wirklich zu beziffern. Etwa: «Zusammengerechnet 15 Faß Wein Typ *latino* und 5 Faß *greco*, abzüglich 11 Faß *latino* an Kardinal X und 2 Faß *greco* an Kardinal Y, verbleiben für Zollzahlung 4 *latino* und 3 *greco*». Manchmal kauften Kardinalshaushalte ganze Weinschiffe leer, so daß davon für den freien Markt nichts blieb.

Aus solchen Berechnungen ergibt sich ein Anteil zollfreien, an die Kurie gehenden Weinimports von rund 20 %, der aber auch höher liegen (im Jubeljahr 1475 bei 26,5%), bei längerer Abwesenheit der Kurie absinken konnte (1459 12,5 %). Doch ist das nur ein Importsegment, das in das Gesamtbild des folgenden Abschnitts eingefügt werden muß. Interessant am Weinimport ist, Bedarf und Vorlieben der einzelnen Kardinäle in den Blick zu nehmen, denn ein Pietro Barbo führte natürlich ein anderes Haus als ein Nikolaus von Kues. Auch die Haushalte, die da zu tränken waren, hatten recht unterschiedliche Dimensionen, waren aber oft groß, wie sich aus der Zahl der Kardinalsfamiliaren ergibt.

Doch war es nicht nur die Größe der Haushalte, sondern ganz offensichtlich auch der Lebensstil dieser Kardinäle, der den Weinimport bestimmte. Beim jungen Giuliano della Rovere, dem künftigen Julius II., fällt auf, daß er immer die teuren Qualitäten – *vino greco* und *vino corso* –

kaufen ließ, und das in erstaunlichen Mengen: im September 1475 sind es sogar 118 *botti* (62 000 Liter) ausschließlich *greco* im Wert von 2360 flor.! Schwer vorstellbar, daß sein Gefolge das allein ausgetrunken haben sollte (bedenkt man, daß der nicht importierte, lokale Wein ja noch hinzukam). Die Zollfreiheit galt natürlich nur *pro usu eorum*, für den Eigenbedarf. Aber was wollte das schon heißen. Man wird wohl davon ausgehen dürfen, daß das Zollprivileg genutzt wurde, um mit Gewinn an Dritte weiterzuverkaufen.

So kann man den Konsumstil auch von Rodrigo Borgia, Guillaume d'Estouteville und anderen Kardinälen (und natürlich auch des Apostolischen Palastes selbst) miteinander vergleichen. Bescheiden wirkt das Kaufverhalten des römischen Kardinals Latino Orsini, der für seinen mittelgroßen Haushalt vor allem den billigeren *vino latino* bezieht, innerhalb dieser preisgünstigen Kategorie aber die obere Preislage (ein römischer Kardinal hatte wohl auch eigenen Weinbergbesitz). Der vielgenannte Kardinal Francesco Gonzaga bzw. sein Verwalter, deren Haushaltssorgen wir aus der dichten Korrespondenz mit den Eltern in Mantua gut kennen, kaufen am oberen Rand der mittleren Preisklasse.

Endlich, drittens, noch einmal die Frage nach dem wirtschaftlichen Gewicht der Kurie, nun aber mit anderem methodischen Ansatz: nicht über den Anteil zollfreien Imports, sondern, global, über die Bewegungen des gesamten Imports.[238] Die Versuchsanordnung ist einfach: um sein wirtschaftliches Gewicht zu ermitteln, muß man den Papst einmal aus Rom wegnehmen und zusehen, was Rom ohne ihn wiegt. Mit anderen Worten: man muß beobachten, wie die Kurve der Importe ausschlägt, wenn der Papst für längere Zeit aus Rom abwesend ist.

Daß man auch in Rom selbst eine Vorstellung davon hatte, daß An- bzw. Abwesenheit des Papstes ein ökonomischer Faktor sei, ersieht man daraus, daß Mietverträge damals öfter die Klausel enthielten, der Mietzins sei bei Abwesenheit herabzusetzen (wie er, umgekehrt, im Falle eines Jubeljahrs heraufgesetzt werden durfte). Ein Haus, das bei Anwesenheit des Papstes bzw. der Kurie 25 flor. Jahresmiete kostet, soll bei Abwesenheit 17 flor. kosten; oder von 22 auf 12, von 18 auf 9 flor. vermindert werden: *curia presente flor. XVIII, curia vero absente flor. VIIII*. In der Regel ist es eine Herabsetzung auf 50–70 %, meist näher an 50 %. Eine willkürliche Quote kann das nicht gewesen sein, denn bei einem Mietvertrag im Florentinerviertel an der Engelsbrücke konnte man einem Hofbankier und Importkaufmann nichts vormachen: Die hatten ihre Erfahrungswerte und wußten genau, wie sich Abwesenheit der Kurie auf das Wirtschaftsleben hier auswirkte, wobei sie nicht nur an den verzollten Import in die Stadt, sondern auch an ihren Import an die Kurie zu denken hatten.

Wie die Importkurve auf Abwesenheit der Kurie reagierte, läßt sich am besten im Pontifikat Pius' II. (1458–1464) beobachten. Denn von seinen 71 Monaten hat dieser Papst nicht weniger als 38 (53%) außerhalb Roms oder sogar des Kirchenstaates verbracht: Allein für den Kongreß in Mantua war er von Ende Januar 1459 bis Anfang Oktober 1460 aus Rom abwesend, 1462 noch einmal 7 Monate in Orvieto, Pienza, Todi, wobei die Kurie, mit ihren Behörden und Kardinalsfamilien, natürlich auch dann nicht völlig aus Rom verschwand. Tatsächlich bilden sich derart ausgedehnte Abwesenheiten dann auch in den Zollregistern ab. Das Gesamtvolumen der verzollten Importe sinkt auf etwa 60–70% gewöhnlicher Jahre, der Import florentinischer Tuche auf 50–60%, die Zahl der in den Tiber einlaufenden Schiffe auf 60–70%. Auch in ihrer Zusammensetzung werden die Importe ganz provinziell, monatelang erscheinen am Zoll vor allem Agrarprodukte aus der römischen Campagna.

Das ändert sich erst, als die Rückkehr des Papstes nach Rom sicher ist. Die Graphik Abb. 54 gibt davon ein deutliches Bild. 1460 kriecht die Importkurve bis August lethargisch weit unterhalb der üblichen Werte und ist auch auffallend verflacht. Auf die Nachricht von der Rückkehr-Absicht des Papstes aber schnellt sie sogleich in die Höhe, und sogar über die gewöhnlichen Herbst-Werte hinaus, da nun ja auch Nachholbedarf zu befriedigen war. Es ist kennzeichnend, daß die bedeutendsten Importfirmen, die Florentiner, überhaupt erst im September mit der Einfuhr dieses Jahres beginnen: Tommaso Spinelli zu 57%, die Cambini zu 98%, die Pazzi zu 99%, die Medici zu 100%.

In all diesen Werten, daran sei noch einmal erinnert, haben wir aber nur den verzollten, nicht für die Kurie bestimmten Import vor uns. Umso bemerkenswerter, daß sich auch dieser Teil des Imports so deutlich vermindert. Denn gerade das zeigt das wirtschaftliche Gewicht der Kurie: Die Kurie zog mehr Güter nach Rom als sie selbst verbrauchte!

Insgesamt also ein Absinken der verzollten Importe auf zwei Drittel

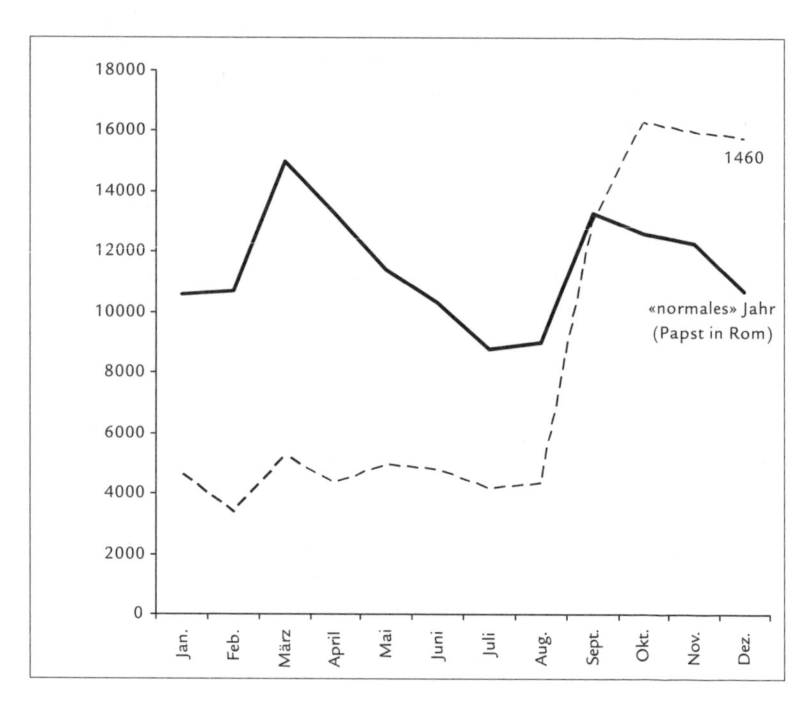

Abb. 54. Kurve der Importe zu Lande im Monatsmittel ‹normaler› Jahre (Spitzen in Frühjahr und Herbst, Zollwerte in duc. di camera) und bei Abwesenheit des Papstes (1460): Erst auf die Nachricht von der baldigen Rückkehr des Papstes schnellt die (bis dahin auffallend niedrige und flache) Importkurve in die Höhe, und sogar, wegen des Nachholbedarfs, über die gewöhnlichen Herbstwerte hinaus.

bis die Hälfte gewöhnlicher Jahre. Und das entspricht ziemlich genau der Quote, die römische Mietverträge *papa absente* vorsahen!

Zuletzt noch ein kurzer Blick auf den römischen Kreditmarkt, denn er gehört zentral zur städtischen Wirtschaft, und erst recht zu einer stark wachsenden, also kapitalhungrigen Wirtschaft wie der römischen in diesem 15. Jahrhundert. Die Wege der Kapitalbeschaffung und Kreditaufnahme von privater und öffentlicher Hand mehrten sich in italienischen Städten und auch in Rom gerade seit dem 15. Jahrhundert sichtlich (Rentenverkauf, bei der öffentlichen Hand Verkauf von Anleihetiteln eines *monte pubblico*, aber auch der Ämterverkauf der Kurie gehört hierher) und hatten dabei das kirchliche Zinsverbot erfindungsreich zu umgehen. Rom mit dem päpstlichen Hof war natürlich auch da ein Sonderfall. Sich um Kredite an die kapitalkräftigen Florentiner Firmen und ihre römischen Agenturen zu wenden, war für Römer wenig aussichtsreich. Nur den Angehörigen des Hofes wurden Kredite gewährt, und auch das nur mit festen Kreditlinien und gegen gute Sicherheiten. Kennzeichnend die Instruktion, die die Medici-Zentrale 1420, bei der Rückkehr der Kurie in die Ewige Stadt, ihrem dortigen Filialleiter Bartolomeo dei Bardi gab: an Kardinäle im Prinzip Kredite bis zu 300 flor., an sonstige Kuriale höchstens 200, nur notfalls an den Papst (der schon genug bekommen habe und hoffentlich erst einmal zurückzahle) bis zu 2000 flor. An römische Händler hingegen keinen Pfennig, auch nicht an römische Barone – also Colonna und Orsini –, nicht einmal gegen Pfand, denn diese Herren respektierten keine Verträge. In der Praxis aber waren die Florentiner, auch die Medici, weit flexibler als in ihren Grundsätzen. Und doch sagen diese Richtlinien viel über die Einschätzung der römischen Verhältnisse durch professionelle Großkaufleute.[239]

Den Römern blieben andere, schmalere Wege. Sie lassen sich, da die Buchführung von Geldhändlern in Rom nicht überliefert ist, nur aus den zahlreichen kleinen Kreditverträgen ersehen, die in den Heften der Notare enthalten sind und dort die Form von Darlehen, Depositen, Termingeschäften, Scheinkäufen haben, um die – vom Kirchenrecht verbotene – Zinsnahme zu tarnen, mit manipulierten (höher oder niedriger angesetzten) Summen, Laufzeiten, Naturalienmengen: eine Akrobatik, die hier nicht näher vorgeführt sei. Alle Stände und Gewerbe treten auf, in erster Linie Kaufleute, aber auch römische Stadtadelige mit kaufmännischem oder unternehmerischem Hintergrund, die einander gegen das Pfand ganzer *casali* auch 500 oder 1000 flor. leihen – bis hinab zu ärmlichen Handwerkern mit kümmerlichen Pfändern, die ihre geliehenen 15 flor. notfalls in Arbeitsleistung begleichen dürfen.

Wie man auch kleine Einkünfte am römischen Kreditmarkt einsetzen konnte, ohne ein professioneller Geldhändler zu sein, zeigen die jüngst gefundenen Hefte eines römischen Pfarrers und Benefiziaten an St. Peter, Ansuino da Anticoli, der seine persönlichen Einnahmen und die aus Haus- und Weinbergbesitz seiner Pfarre S. Lorenzo in Damaso regelmäßig auslieh, zwischen 1468 und 1501 mindestens 400 mal, oft Minimalbeträge von nur 1 duc., zu 95% unter 10 duc., also keine Kapitalien fürs Gewerbe, sondern Aushilfen für augenblicklichen Konsum, oft im Bekanntenkreis; höhere Darlehen wieder gegen Scheinverkäufe (die zeitweilige Nutznießung etwa eines scheinverkauften, dann wieder zurückzuerstattenden Hauses waren die Zinsen, die sich – und das war ja auch gewollt – in den seltensten Fällen berechnen lassen). Interessant wieder die Pfänder, darunter liturgische und juristische Bücher.

Unter den Kreditgebern sind (neben den Medici!) Römer wie Astalli, Capodiferro, Capocci, Ponziani, auch Konvente und Kapitel (gebend und nehmend), mehrmals auch Rinaldo Orsini, und sogar Poggio Bracciolini, der Humanist und päpstliche Sekretär (dem Vespasiano da Bisticci guten Geschäftssinn attestiert): 1452 sehen wir ihn in der Kirche S. Pantaleo nahe der Piazza Navona gegen das Pfand mehrerer Schmuckstücke ein Darlehen von 50 flor. geben. Juden spielen in diesen Quellen am römischen Kreditmarkt auffallenderweise keine Rolle. Bemerkenswert ist, daß Frauen zunehmend am Kreditmarkt auftreten und dabei frei über ihre Mitgift und ihren Schmuck verfügen und das so gewonnene Kapital etwa in das Betreiben von Herbergen oder Osterien stecken.[240]

XIII.

PAUL II. UND SIXTUS IV. FRÜHE URBANISTISCHE EINGRIFFE IN ROM

PAUL II. Ganz anders als der Pontifikat Pius' II. stellt sich in den Gesandtenberichten aus Rom der Pontifikat seines Nachfolgers Pauls II. dar. Der nach kurzem Konklave am 30. August 1464 gewählte Pietro Barbo, Venezianer aus angesehener Kaufmannsfamilie, war ein Neffe Eugens IV., der Pietros kirchliche Laufbahn gefördert und 1440 den erst 23jährigen zum Kardinal erhoben hatte.[241] Als Papst kehrte Barbo bald Züge hervor, die man an seinem gewinnenden, hilfsbereiten Wesen bisher nicht wahrgenommen hatte. So brüskierte er das Kardinalskolleg, das immerhin aus Persönlichkeiten bestand (Torquemada, Carvajal, Bessarion und andere), gleich zu Anfang damit, daß er die im Konklave beschworene Wahlkapitulation beiseite schob, zumal sie neben bekannten Verpflichtungen (Kurienreform, Konzilseinberufung, Zahl und Qualifikation der Kardinäle, Einschränkung des Nepotismus) sogar ein Versammlungsrecht des Kardinalskollegs vorsah, um die Einhaltung der Wahlkapitulation frei überprüfen zu können. Das aber mochte Barbo nicht zugeben. Die im Zeitalter der Reformkonzilien verbreitete konziliaristische Neigung, aus der päpstlichen Monarchie eine Oligarchie zu machen, kam eben jedem Kardinal abhanden, kaum daß er selbst Papst geworden war.

Schon als Kardinal hatte Barbo sich bei seiner Titelkirche S. Marco vor dem Kapitol einen Palazzo errichten lassen, den Palazzo di S. Marco (später Palazzo Venezia): ein ansehnlicher Bau noch mit traditionellen fortifikatorischen Elementen (Zinnen, Turm), auf die der römische Palastbau bald verzichten wird. Hier in der Stadt, mehr als im Apostolischen Palast (wo man zur Gestaltung der eigenen Residenz weniger freie Hand hatte), residierte er 1466–1468 auch als Papst: der Kardinalspalast wurde bedeutend vergrößert (Abb. 55), um die erforderlichen päpstlichen Zerimonialräume erweitert, die alte Kirche S. Marco wurde zur Palastkapelle und mit einer (den Erdgeschoß-Arkaden des Kolosseums nachempfundenen) Benediktionsloggia versehen.[242] Er bemühte sich auch, Gewerbe anzuziehen und so die Umgebung seines Palastes zu einem neuen Mittelpunkt städtischen Lebens zu machen. Seine dazu überlieferten Überlegungen sind sehr aufschlußreich: erst einmal sollten die Florentiner Hofkaufleute und Hofbankiers dort und nicht mehr an der Engelsbrücke Wohnung nehmen (*deinceps habitent loca iuxta ecclesiam et palatium Sancti Marci*), dann würden die Handwerker, die beim Vertrieb ihrer Produkte ja auf die Kaufleute angewiesen seien, von selbst folgen. Und natürlich sollte die zugehörige Piazza repräsentativ ausgestaltet werden. Bartolomeo Marasca, Maggiordomo des Kardinals Francesco Gonzaga, berichtet 1467 der Markgräfin von Mantua von dem bemerkenswerten – dann nicht ausgeführten – Vorhaben des Papstes, die bronzene Reiterstatue Mark Aurels vom Lateran und die Rossebändiger vom Quirinal vor seinen Palast zu versetzen: *lo cavallo de Sancto Ianni … lo vole metere pur a Sancto Marcho. Dicese etiam vole condure le statue de Phidia e Praxitelle che sonno dui cavalli e dui homini.*

Aus den Fenstern dieses Palastes sah er den üblichen Rennen von Pferden, Juden, Alten, Büffeln, Eseln zu, rohen Schauspielen, die er, um edlere Wettrennen erweitert, vom Testaccio und anderen Plätzen des römischen Karnevals auf den letzten Teil der (darum nun *il Corso* genannten) Straßenachse zwischen Porta del Popolo und Kapitol hatte verlegen lassen. Anschließend gab er den römischen Amtsträgern und führenden Bürgern, aber auch dem Volk, vor seinem Palast ein großzügiges Bankett. Ein lebhaftes Bild von solchem Großbankett (und der Ausstattung des Platzes am Palast) gibt 1466 der mailändische Gesandte Agostino Rossi: wie da rund 2000 Personen verköstigt werden und sich aus den herumstehenden Fässern Wein schöpfen, in den Speisen allein 30–40 000 Eier verarbeitet. In einigen Gerichten waren Münzen versteckt, und so nahmen sich die Leute die nicht verzehrten Maccaroni in ihren Taschen, Mützen und Hosen mit nach Hause unter den Augen des vergnügten Papstes, der dann auch noch Geld zum Fenster hinauswarf – denn so habe das ja auch Caesar gemacht. Insgesamt ein Repräsentationsstil weit weniger sublim als der des Vorgängers, darum breiter wir-

Abb. 55. Der Palast bei S. Marco als Kardinalspalast Pietro Barbos 1455, rekonstruiert eingezeichnet in den Papstpalast Pauls II.

kend und geradezu auf den Vergleich mit antik-kaiserlichen Formen zielend. Die Kommune erwiderte mit einem Fest, bei dem es höchst pagan zuging, wie es den Römern selbst ohne humanistische Nachhilfe schwerlich eingefallen wäre: Diana beteuerte Paul II., sie verlasse gern den Himmel und ihre Wälder, wenn sie mit ihrem Gefolge vom Papst gnädiglich als Untertan angenommen würde.[243]

Von der Freiheit der römischen Kommune war nur mehr der Anschein geblieben, und als der Papst 1469 eine sorgfältige Revision der städtischen Statuten von 1363 vornahm, die endlich eine entschärfende Anpassung herbeiführen sollte, war das Gewicht des Faktischen bereits so, daß an dem normativen Text gar nicht viel geändert werden mußte: Senator, Konservatoren, Magistrate und Tribunale, Finanzverwaltung und Versorgungswesen konnten im wesentlichen ja so bleiben, wenn nur der Hof insgesamt die Kontrolle behielt. Natürlich wird *presens popularis status* jetzt durch *status Pauli pape et Sancte Romane Ecclesie* ersetzt, und alle Wahlen durch päpstliche Ernennung. Aber sogar das Festdatum des 20. Mai, das einst dem *popularis status* Colas di Rienzo gegolten hatte, wurde beibehalten, nur einfach zum Tag des Hl. Bernardino von Siena erklärt! Tatsächlich war das Verhältnis zwischen Papst und Römern, die sich von Paul in ihren kommunalen Rechten wenigstens formal respektiert fühlten und seine Fortsetzung der antibaronalen Politik begrüßten (Beseitigung der Grafen von Anguillara), weitgehend konfliktfrei, was man für Sixtus IV. nicht wird sagen können.[244]

Vieles war anders als unter dem Vorgänger – und wollte auch anders sein, denn mit Pius II. hatte Barbo sich nicht gut verstanden, und dessen Kardinäle, die *pieschi*, beobachteten, wie die Briefe des Kardinals Iacopo Ammannati Piccolomini zeigen, weiterhin kritisch diesen Papst, der – prunkliebend, freigebig, seiner schönen Gestalt eitel bewußt und unter besonders reicher Tiara, die er unüblich häufig trug, alle Zeremonien auskostend – sein Amt so anders auffaßte als Pius II.

Die Spannungen zwischen dem neuen Papst und den Kurialen hatten denn auch andere Gründe als bei Pius II. An der Kurie war Ämterkäuflichkeit üblich geworden, bis zu Paul II. bei Stellen, deren Inhaber von Taxen lebten (Skriptoren, Abbreviatoren), dann auch bei solchen Ämtern, deren Inhaber Gehalt empfingen (Kammerkleriker, Kammerrichter), ja Sixtus IV. wird neue käufliche Kollegien mit insgesamt 244 Stellen gründen, und so wird es weitergehen bis in immer höhere Positionen. Diese Ämterkäuflichkeit hatte ihre eigenen Regeln und Tarife, und wer – wie nun Paul II. – in diesen Markt eingriff (Rotation erhöhte die päpstlichen Einnahmen, aber verärgerte die Betroffenen) und das unter seinem Vorgänger mit Humanisten aufgeblähte Abbreviatorenkolleg auflöste, der bekam es mit einer Menge selbstbewußter und wortgewandter Sekretäre, Skriptoren und Abbreviatoren (zuständig für Konzept und Kontrolle der Schreiben) zu tun, die ihre Investition verloren sahen – und im übrigen vor Bildung und intellektuellem Niveau dieses Papstes, der lateinisch nicht sprechen konnte, wenig Respekt hatten. Während Pius II. schon durch seinen geistigen Rang den Schwarm humanistischer Höflinge gelassen auf Abstand gehalten hatte, spürte Paul empfindlich deren kritische Haltung und schlug, als er dahinter eine regelrechte Verschwörung vermutete, entschlossen zu. Die in diese (wirkliche oder angebliche) *Congiura degli Accademici* von 1468 verwickelten Personen, meist humanistische Kuriale aus dem Kreis der Römischen Akademie um Pomponio Leto und überwiegend aus den *familiae* der von Pius II. kreierten Kardinäle, der *pieschi*, wurden verhaftet oder flohen.[245] Die Verfolgung wurde mangels Beweisen endlich aufgegeben, doch werden sich die Humanisten, vor allem Platina, durch ein geschwärztes Bild des Papstes dauerhaft an Paul II. rächen.

Zur Antike hatte dieser Frührenaissance-Papst ein zwiespältiges Verhältnis: ein gutes zur anfaßbaren Antike (wie schon das eindrucksvolle Palastinventar von 1457 zeigt, besaß er die damals weitaus größte Sammlung antiker Gemmen, Kameen und Kleinbronzen), ein schlechtes zur literarischen. Viele heidnische Dichter erklärte er für amoralisch, ja scheint ihre Lektüre in den Schulen Roms verboten zu haben; die heidnische, die «falsche Renaissance» (wie Pastor sich ausdrückt), die er von den Humanisten auch seiner engsten Umgebung (wo einige ihrer Produkte sich tatsächlich seltsam ausnehmen) propagiert wußte, sah er mit Unverständnis und Entrüstung. Doch förderte er durchaus Literaten und Gelehrte seiner Wahl. Neben der Großbaustelle seines Palastes trieb er zuletzt auch Nikolaus' V. Neubau von St. Peter voran, *su li principii et secondo li designi de papa Nicolao* (wie der mailändische Gesandte im Oktober 1468 bemerkt); kurz vor seinem Tod traf noch eine Flotte mit Marmorblöcken für unbezeichnete Bauvorhaben in Rom ein.[246]

In der italienischen Politik kam es zu Konflikten mit den Nachbarmächten, weil Paul, auf der *libertas ecclesiastica* bestehend, die immer häufigere Besteuerung des Klerus nicht hinnehmen wollte. Noch hielt das Gleichgewicht zwischen den fünf Mächten des Friedens von Lodi (Venedig, Mailand, Florenz, Papst, Neapel: 1454) und wurde 1468 und 1470 vom Papst, auch im Blick auf die Türkengefahr, noch einmal offiziell bekräftigt. Aber das Ausgreifen Venedigs in Oberitalien beunruhigte die anderen und ließ es innerhalb dieser allgemeinen Liga zu Teilbündnissen kommen. In Rom spürte man vor allem die Nachbarschaft des Regno. Denn mochte der König von Neapel auch Vasall des Papstes sein: Ferrante wirkte, wo immer er konnte, nach Rom hinein. Vor allem diese Verunsicherung – bemerkt der mailändische Gesandte – bewog Paul II. dann doch, zurück in den Vatikan zu ziehen. Im Kirchenstaat wurde die Nachfolge von Sigismondo Malatesta in Rimini durch das Interesse der Nachbarn zu einem schwerwiegenden politischen Problem; doch wußte Paul sonst den Kirchenstaat zu regieren. In der großen Politik bewegte er wenig. Das Türken-Engagement, das man von ihm, dem Venezianer, schon erwartete, beschränkte sich auf die finanzielle Unterstützung Skanderbegs und die großzügige Hilfe für Türkenflüchtlinge.

Mit Pauls II. überraschendem Tod im Juli 1471 endete ein kurzer, abgebrochener Pontifikat, der von spektakulären Kriegsunternehmungen freigehalten worden war, und in dem Rom und der Kirchenstaat sich einigermaßen gerecht regiert gefühlt hatten. Daß die Nachwelt, stets von Platinas gehässigem Porträt beeinflußt, ihn auch noch zwischen Pius II. und Sixtus IV. sah, mußte seine Gestalt verkleinern.

SIXTUS IV. Der unerwartete Tod Pauls II. mischte die Parteiung unter den ins Konklave eintretenden Kardinälen neu. Im Kolleg, das erstmals seit langem eine eindeutig italienische Mehrheit hatte, betrieben mächtige Namen wie Guillaume d'Estouteville und Latino Orsini in unerhörter Weise ihre eigene Wahl, als *papabili* galten auch Bartolomeo Roverella, Niccolò Forteguerri und Francesco Gonzaga. Aber es kam wieder einmal ganz anders. Zwei Abstimmungslisten, die sich der mailändische Gesandte Nicodemo Tranchedini zu beschaffen wußte, lassen erkennen, wie sich die Stimmen der 18 Wähler am Ende des dreitägigen Konklaves auf Francesco Della Rovere vereinigten, den als hochgelehrt, sittenstreng und durchsetzungsfähig geltenden Ordensgeneral der Franziskaner. Wir ersehen aus diesem vertraulichen Dokument, wem er, und wer ihm seine Stimme gab (doch machte der Gesandte in seinem Begleitschreiben an Galeazzo Maria Sforza weltklug darauf aufmerksam, daß die Kardinäle mit ihrer Stimme mehr die Stimme des Votierten für ihre eigene Wahl erreichen als jenen zum Papst machen wollten). Die zuletzt entscheidenden Stimmen des sogenannten Akzesses, des Übertritts, gaben ihm Borgia, d'Estouteville, Gonzaga, Barbo, und sie hatten es nicht zu bereuen. Am 9. August gewählt, nahm der Rovere, nach dem Heiligen des ersten Konklavetages, den Namen Sixtus an. Wie bei vielen Papstwahlen, begrüßte man den neuen Papst zunächst mit den schönsten Erwartungen, nicht weil man ihn gekannt hätte, sondern weil man den Vorgänger leid war.[247]

Francesco Della Rovere, 1414 bei Savona geboren als Sohn eines Tuchscherers (ob die Familie tatsächlich adeliger Herkunft war, wie dann behauptet wurde, bleibt offen), wurde von den kinderreichen Eltern früh den Franziskanerkonventualen anvertraut und wuchs in deren geistlicher Welt auf. Seine zwei Brüder, sieben Schwestern und deren zahlreiche Kinder behielt er in fürsorgender Erinnerung: sie werden ihm reichlich Gelegenheit geben zu einem Nepotismus, wie ihn Rom seit langem nicht mehr erlebt hatte. Francesco studierte Philosophie in Pavia, Theologie in Bologna und in Padua; hier und in Bologna, Florenz, Perugia, endlich in Rom lehrte er in den folgenden Jahren, mit theologischen Schriften hervortretend, Philosophie und Theologie. 1464 wird er General des Franziskanerordens, 1467 Kardinal wohl auf Betreiben von Bessarion, der ihn hoch schätzte.

Wie zu Beginn jedes Pontifikats, war erst einmal die eigene Position zu den großen italienischen Mächten zu bestimmen. Zu den Sforza in Mailand hatte Sixtus immer schon gute Beziehungen gehabt und tat alles, um sie zu bewahren. Ferrante von Neapel, eigentlich sein Vasall und doch ganz nach eigenen Interessen agierend, wurde entgegenkommend, Venedig wegen seiner Rolle in der Abwehr der Türken pfleglich behandelt. Sixtus bemühte sich anfangs auch um Florenz, doch verschlechterten sich seine Beziehungen zu Lorenzo de' Medici zusehends. Das deutete sich schon in der Behandlung der Medici als Hofkaufleuten an. Depositariat und Alaun-Monopol waren das Beste, was sich eine Firma damals vom Papst erwarten durfte. Die darin verwöhnten Medici mußten nun erfahren, daß ihr Filialleiter in Rom Giovanni Tornabuoni 1474 im Amt des Depositars der Apostolischen Kammer von dem Genuesen Meliaduce Cicala abgelöst wurde (Abb. 48 bzw. 62) – denn nun beginnt, über drei Pontifikate anhaltend, die Stunde der Ligurer, wie zuvor die der Venezianer, der Sienesen, der Spanier. Kränkender noch war, daß der Alaun-Vertrieb zwar bei den Florentinern blieb, aber 1476 den Medici genommen und ihren politischen Gegnern, den Pazzi gegeben wurde.[248] Nur eineinhalb Jahre noch, und dieses hochbrisante innenpolitische Gemisch wird in Florenz explodieren und seine Stoßwellen auch in Rom spüren lassen.

Der Kreuzzug gegen die unaufhaltsam vordringenden Türken wurde mit Energie betrieben, zu seiner Finanzierung sollten die vom Vorgänger angehäuften Kleinodien dienen, die Papst und Kardinäle mit Staunen sogleich in der Engelsburg inspizierten. Kardinallegaten warben in mehreren europäischen Ländern für das Unternehmen, fanden aber nicht das erhoffte Echo. Doch lief im Frühsommer 1472 tatsächlich eine Flotte von 74 venezianischen, neapolitanischen und päpstlichen Schiffen unter Führung des jungen neapolitanischen Kardinals Oliviero Carafa in die

Levante aus. Von dieser Expedition gibt ein (unveröffentlichter) Bericht im Cod. Ottobon. lat. 1938 ein geschöntes Bild. Bei aller humanistischen Eloquenz kann der Verfasser Pietro Ursoleo nicht den Mißerfolg verbergen: hier mal eine griechische Insel mit einigen Fasanen erobert, dort mal eine griechische Insel mit einem Eremiten; Smyrna nur kurz besetzt, in Antalya nicht die Stadt, nur die Hafenketten erobert und stolz in St. Peter aufgehängt.[249] Das war auch schon alles – wahrscheinlich hätte das Flottenunternehmen, an dessen Spitze sich acht Jahre zuvor der sterbende Pius II. setzen wollte, nicht anders geendet.

Stattdessen griffen die Türken – immer noch Mehmed II., der Eroberer von Konstantinopel! – nun sogar auf das italienische Festland über. Fast gleichzeitig mit der Belagerung der Johanniterfestung Rhodos (das militärische Potential der Osmanen schien unerschöpflich) eroberten sie 1480 die apulische Hafenstadt Otranto und richteten unter der Bevölkerung ein Blutbad an (die Seligsprechung der damals um ihres Glaubens willen Hingerichteten war Gegenstand des Konsistoriums, auf dem Benedikt XVI. im Februar 2013 überraschend seinen Rücktritt erklärte). Und doch vermochten die dringenden Aufrufe des Papstes nicht, die europäischen Fürsten gegen die Türken zusammenzuführen. Die Nachricht vom Tod Mehmeds, mit Prozessionen gefeiert, ließ die Bereitschaft der christlichen Mächte schon wieder erkalten, und es blieb im wesentlichen Venedig und dem Ungarnkönig überlassen, dem Vordringen der Türken auf dem Balkan entgegenzutreten.

Ein charakteristischer Zug dieses Pontifikats, der ausufernde Nepotismus, trat schon zu Anfang, gleich mit dem ersten Kardinalsschub, vor aller Augen. In dieser ersten Promotion vom Dezember 1471 erhob Sixtus zwei seiner Nepoten – und nur sie – zu Kardinälen: Pietro Riario, Sohn seiner Schwester Bianca und von Paolo Riario, und Giuliano Della Rovere, Sohn seines Bruders Raffaello. Dieser Schritt erregte sogleich bittere Kritik. Als lächerlich, *ridiculum*, und *contra leges*, gegen die Wahlkapitulation, erklärte Kardinal Jacopo Ammannati Piccolomini ein solches Vorgehen. Auf dem bekannten Fresko von Melozzo da Forlì mit der Ernennung Bartolomeo Platinas zum Bibliothekar sieht man die beiden jungen Kardinäle an der Seite des Papstes, Pietro sitzend, Giuliano stehend (Abb. 46 u. 56). Der eine wird bald an seinem luxuriösen Leben sterben, der andere Papst werden, der Papst Michelangelos.

Die weitaus größere Aufmerksamkeit erregte zu Anfang Pietro Riario (Abb. 56). Was Sixtus sogleich an Pfründen, Ämtern, Gnaden in seinen geliebten Neffen hineinstopfte (er war gleichzeitig Patriarch von Konstantinopel, Erzbischof von Florenz und Sevilla, Bischof von, Abt von, jeweils mit den entsprechenden Einkünften), quoll über in phantastische Ausgaben für fabulöse römische Feste, die in auffallendem Kontrast standen zur weiterhin strengen Lebensweise des Papstes, der seine Nepoten indes immer gewähren ließ. Das bekannteste unter Pietros Festen ist der Empfang, den er im Juni 1473 bei seiner Titelkirche SS. Apostoli für die Neapolitaner Königstochter Leonora auf der Durchreise zu ihrer Hochzeit nach Ferrara machte. Das Fest ist, halb bewundernd halb kopfschüttelnd, in vielen Berichten beschrieben: versteckte Blasebälge als Klimaanlage; rings Damast und Goldbrokat und Tapisserien; eine endlose Folge von üppigen Gängen auch mit dem Auge zu schmecken; dazwischen jubilierende Dichter, dekorierende Künstler, Schauspieler mit mythologischen Szenen; Perseus und Andromeda, Herkules und die Kentauren; die zubereiteten Tiere ein ganzer Zoo; das Brot vergoldet, die Fische versilbert; die nur angeknabberten Konfekt-Burgen und Zukkermandelschiffe dann aus der Loggia unters Volk geworfen – und was einem in sein Gegenteil verdrehten Bettelmönch und seinen Animatoren sonst noch einfallen konnte. Daß diese Festlichkeiten allgemein Eindruck machten und auch die gewöhnlichen Römer mit dem frühen Tod des Kardinals «das Ende unserer Feste» beklagten (*et così fecemo fine alle feste nostre*), ist verständlich.[250]

Nach Pietros Tod war sein Bruder Girolamo Riario zum Lieblingsneffen des Papstes aufgerückt, in Rom bald bekannt durch seinen Ehrgeiz und seine spektakulären Turniere. Aus anderem Holz als diese beiden Riari, in der Gunst des Papstes aber doch im Schatten seines intriganten, allseits verhaßten Vetters, war Kardinal Giuliano Della Rovere. Ein Mann von Auftreten, manchmal heftig, in der maßlosen Anhäufung von Bistümern und Abteien auch er in großem aber nicht anstößigem Stil lebend, schon damals energisch in seiner Kriegsführung als Legat im Kirchenstaat (und die politischen Tollheiten seines Vetters Girolamo wo möglich dämpfend), bewährt auch in außenpolitischer Mission als Legat beim französischen König, ließ Giuliano bereits ahnen, was er als Papst Julius II. zeigen wird.

Abb. 56.
Kardinal Pietro Riario an der Seite Sixtus' IV.
Melozzo da Forlì, Ernennung Platinas, Ausschnitt. Pinacoteca Vaticana.

Und es wurden immer weitere Nepoten nachgeschoben: in der vierten Kardinalspromotion 1477 waren es gleich zwei Rovere, Cristoforo und Girolamo, und ein 17jähriger (!) Riario, Raffaele, die aus dem Nichts in den Purpur erhoben wurden. Waren die Nepoten Laien und nicht Geistliche, verheiratete Sixtus sie, zu außenpolitischen Allianzen, in regierende Fürstenhäuser, nach Neapel, Mailand und Urbino, und verhalf ihnen auf diese Weise auch zu kleinen Territorialherrschaften. So wurde jener Girolamo Riario durch seine Heirat mit Caterina Sforza Herr von Imola und dann auch von Forlì (das Caterina noch gegen Cesare Borgia tapfer verteidigen wird). Nepoten mußten rasch zugreifen, denn sie wußten, daß ihnen nur die Lebenszeit des Papstes blieb, um nach vorn zu kommen. Das konnte nur auf Kosten anderer gehen und brachte viel Unruhe, wie gerade dieser Pontifikat zeigt. Aber eine Wahlmonarchie hat eben andere Mechanismen als eine Erbmonarchie. Wie gegen außen, so wurde auch das innere Gefüge des Kirchenstaates mit Nepoten stabilisiert. Der Papst war im Laufe des 15. Jahrhunderts immer mehr zu einem Territorialherrscher unter anderen geworden, der im Spiel der Bündnisse und Gegenbündnisse mitmachen mußte – Aufgaben, die dem geistlichen Haupt der Christenheit den Horizont empfindlich einschränkten. Und wer sich dann noch zu weltlicher Politik veranlagt glaubte wie Sixtus IV., der trieb diese Entwicklung nur noch weiter voran.

Überwiegend politisch-territorialer Natur war denn zunächst auch die Auseinandersetzung zwischen Sixtus und Lorenzo de' Medici, ein Konflikt, der zeitweilig das ganze italienische, ja internationale Mächtesystem überschatten wird. Der Mordanschlag, den die innere Opposition unter Führung der Pazzi 1478 im Dom von Florenz gegen die Häupter der Medici verübte (Giuliano fiel, Lorenzo entkam), ließ den Konflikt eskalieren, da der Papst als Mitwisser der Verschwörung erkannt wurde. Die Medici wurden exkommuniziert, das Interdikt auf die Stadt gelegt, die Rückzahlung der hohen, von der römischen Medici-Filiale gewährten Kredite eingestellt. Lorenzo antwortete mit unerhörten Anschuldigungen und einer fiktiven Anklage durch den toskanischen Klerus auf einem einzuberufenden Konzil (*Florentina Synodus*). Der Konflikt wurde durch internationale Vermittlung Ende 1480 beigelegt, isolierte aber den Papst, dem, durch einen mutigen Schritt Lorenzos in die Höhle des Löwen Ferrante, in einem *renversement des alliances* der Rückhalt des Königreichs Neapel verlorenging – auf das sich nun, man denke, der Papstnepot Girolamo Riario Hoffnung machen durfte.

Sixtus IV. und Lorenzo de' Medici werden auch nach Beilegung der offenen Auseinandersetzung nicht mehr zusammenfinden. «Nun sind wir schon (wird sich Lorenzo 1487 in einem Brief an Bernardo Rucellai erinnern) seit 12 oder vielleicht 13 Jahren im Konflikt mit der Kirche, die meiste Zeit sogar in offenem Krieg.» Unter dem neuen Pontifikat wird sich die florentinische Position in Rom aber wieder so weit festigen, daß Lorenzo, wie seine dichte Korrespondenz mit Giovanni Lanfredini und Nofri Tornabuoni zeigt, die römischen Dinge bei Innozenz VIII. souverän in der Hand hatte und endlich die Erhebung seines 13jährigen Sohnes Giovanni zum Kardinal erreichte, die den Weg zu den Medici-Pontifikaten öffnete.[251]

Der Konflikt Sixtus' IV. mit König Ferrante von Neapel führte in Rom zu erneutem Aufbrechen des Gegensatzes zwischen Colonna und Orsini mit ihren großen Klientelen: in Rom selbst in wüsten Straßenkämpfen aufeinandertreffend, im Grenzraum zum Regno die Orsini verbündet mit dem Riario, die Colonna (die Linie von Paliano-Genazzano) und Savelli mit König Ferrante. Eine verzweifelte Situation, der der Papst nur mit Hilfe des neuen, zeitweiligen Verbündeten Venedig und des Condottiere Roberto Malatesta endlich 1482 durch den Sieg von Campomorto (beim heutigen Aprilia) über Ferrantes Sohn Alfonso Herr zu werden vermochte.

So tritt, durch das Gewitter dieser Ereignisse erhellt, die Stadt selbst wieder einmal in den Blick der Quellen: die Stadt und das Verhältnis zwischen Papst und Kommune, deren Rechte wir im Laufe des 15. Jahrhunderts wie in fortschreitender Erosion immer mehr hatten schwinden sehen. Und beschrieben von einem Römer, der mit äußerster Sensibilität alles registrierte, was er als päpstlichen Eingriff in die letzten noch verbliebenen Rechte der Kommune empfand: Stefano Infessura, bedeutender Chronist, der endlich einmal dem Rom der Römer gegenüber dem eloquenteren Rom des Hofes Sprache verleiht.

Aus angesehener Familie des Colonna-Viertels Trevi, war Stefano Infessura (ca. 1440–vor 1500), anerkannter Jurist, zum *scribasenatus* aufgestiegen, was ihm, neben seiner Augenzeugenschaft, auch Einblick in die Beschlüsse und Akten des Kapitols gab. Mit der Begriffsschärfe des informierten Amtsträgers und dem Herzen des Römers geschrieben, ist der *Diario della città di Roma* anziehend durch seine Mischung von präziser Information und spontaner Leidenschaftlichkeit. Die spezifischen Züge und Probleme des damaligen Rom treten gut hervor: die Bedeutung des Viehbesitzes (und die entsprechende Verletzlichkeit) der städtischen Führungsschicht; die prekäre Sicherheit der Zugangswege und die Machtlosigkeit gegenüber dem Zugriff der Barone; das völlig unbekümmerte, in keiner Weise beeinflußbare Verhalten der Barone, die auch dem Papst sagen, er solle sie, Colonna und Orsini, ihre Angelegenheiten doch unter sich ausmachen lassen und sich nicht einmischen, *che lasciasse fare a loro*; die Rolle hochgerüsteter Kardinalspaläste im Kampf um die Straße.[252]

Autor und Werk sind ganz durchzogen vom «Heimweh nach dem kommunalen Rom» (Miglio). Er beklagt das Ende der freien römischen Kommune – nicht das Ende des antiken Rom wie die Humanisten seiner Zeit (von deren anspruchsvoller Sprache er weit entfernt ist), sondern die Unterwerfung des munizipalen Rom durch das Papsttum seit Bonifaz IX., und notiert fortan mit Aufmerksamkeit und Beifall jede Erhebung gegen die päpstliche Herrschaft (1405, 1434, 1453). Er leidet sichtlich an seinem gedemütigten, chaotischen Rom und findet Trost mehr in mittelalterlichen Prophezeiungen als in antiken Autoren.

Mit Empfindlichkeit verzeichnet er alle Handlungen, die, nach dem Buchstaben der Statuten, Übergriffe der Kurie *contra libertatem romanam* sind und damit zu weiterer Aushöhlung traditioneller Rechte führen.

Dazu gehört etwa, daß kommunale Ämter nicht mehr durch Wahl oder Los auf dem Kapitol vergeben, sondern verkauft und nach Gutdünken des Papstes besetzt, ja wie Pfründen unter die Kardinäle des Konklaves verteilt werden. Oder: das beeidete Versprechen des Papstes, römische Ämter und Pfründen nur an Römer zu geben, wird dadurch unterlaufen, daß die Kandidaten des Papstes auf seinen Befehl einfach das römische Bürgerrecht erhalten. Er wendet sich auch gegen die dirigistischen Eingriffe des Papsttums in die römische Wirtschaft (insbesondere die Eingriffe Sixtus' IV. in den lokalen Getreidemarkt unter Begünstigung genuesischer Unternehmer), weil er sah, daß die römische Führungsschicht nach der politischen Macht auf diese Weise nun auch noch ihre ökonomische Grundlage verlieren werde (dabei werden die Getreidepreise genau notiert, ihr Auf und Ab begründet). Und der auffallendste Eingriff, die urbanistische Umgestaltung der Stadt? Nicht daß die *renovatio Urbis* von Infessura und den Römern mißbilligt worden wäre. Aber es war nicht die eigene, auch die *magistri aedificiorum Urbis* waren zu päpstlichen Befehlsempfängern geworden, die neue Aufmerksamkeit auf die Straßenzüge wird bei Infessura reduziert auf den militärisch begründeten Rat König Ferrantes, zu besserer Beherrschung der Stadt die mittelalterlichen Gassen zu begradigen und zu verbreitern.

Der Grundzug römischer Gegenwart aber, der hier am stärksten hervortritt, ist der Parteienhaß. Davon ist der *Diario* ganz durchtränkt, im Erleben der Gegenwart wie im Blick auf die Vergangenheit. In seiner Idealisierung der kommunalen Vergangenheit schien es dem Chronisten sogar, als habe die römische Kommune vor Sixtus IV. eine ernsthafte innere Parteiung nicht einmal gekannt (*mai ad mei dì fu in Roma conosciuta parte alcuna, nè guelfa nè ghibellina, nè Ursina nè Colonnese*). Infessura ist mit Leidenschaft auf Seiten der Colonna gegen die Orsini, bezeichnet die Partei Colonna (oder *ghibellina*) auch offen als *parte nostra*, und läßt in seiner Darstellung das Geflecht der Familien, die zu dieser innerstädtischen Klientel gehören, deutlich hervortreten, so daß sich dieser Grundkonflikt auf allen Ebenen (etwa Della Valle gegen Santacroce bei den Stellvertreterkriegen in der Stadt) bis in die Kapillaren der römischen Gesellschaft verfolgen läßt.

Daß der Konflikt zwischen Colonna und Orsini, zwischen Colonna und Papsttum mit Sixtus IV. einen Höhepunkt erreichte, hat dem Bild dieses Papstes bei Infessura die düstersten Farben verliehen. Als Parteigänger der Colonna gibt er mit Bitterkeit, Haß und Sarkasmus ein radikal negatives Porträt, schildert mit tiefer Anteilnahme den letzten Ritt Lorenzo Colonnas zum Papst, die Leiche mit den Spuren der Folterung (*et io Stefano scrittore con li miei occhi lo veddi, et con le mie mani lo sepelii*), das haßerfüllte Abhauen von Bäumen im Garten des Colonna-Palastes. Infessuras Darstellung ist nicht falsch, aber einseitig, den Leistungen Sixtus' IV. wird er nicht gerecht und wollte es auch gar nicht.

Das ist Rom beschrieben ohne (oder gar gegen) das Renaissance-Papsttum – eine Augenhöhe, die ungewollt den kümmerlichen Maßstab dieser ‹römischen› Schlachten preisgibt: die Colonna-Burg aus deren Tor die Schweine drängen, beschossen mit Kugeln verfertigt aus einer antiken Ruine. Dieser offene Konflikt zwischen Colonna und Orsini sollte 1484 noch weiter eskalieren, beide Seiten werden von ihren befestigten Palästen aus ihre stadtrömischen Klientelen aufeinanderhetzen – bis tief in den nächsten, schwachen Pontifikat Innozenz' VIII. hinein, und nun zeitweilig mit verkehrten Fronten, die Colonna mit dem neuen Papst, die Orsini mit Neapel im Bunde. Der Nachruf, den dieser Römer Infessura dem Papst widmet, ist ein einziger Haßgesang, vermehrt um (gewiß übertriebene) moralische Infamien, wie man sie damals vielen Großen nachwarf.

Die Finanzen der Kommune waren inzwischen in Kontrolle und Verfügung der Papstfinanz übergegangen. Dem erhöhten Bedarf an Mitteln diente eine Reform der Apostolischen Kammer, die Steigerung des üblich gewordenen Ämterverkaufs (auch fiktiver Ämter), der immer erfindungsreichere Umgang der Dataria mit ihren Möglichkeiten z. B. bei der Aushandlung von Strafsummen (Kompositionen) und anderes mehr. Doch blieb das erreichte Ergebnis, mit damals etwa 240 000 oder höchstens 290 000 duc. päpstlicher Einkünfte im Jahr (denen man allerdings noch das Aufkommen von Pfründen und Ämtern zuschlagen müßte, aus denen das ‹Personal›, vom Skriptor bis zum Kardinal, bezahlt wurde), deutlich unter den Staatsfinanzen von Königreichen wie Frankreich oder England.[253]

Allein die enorme Bautätigkeit verschlang große Summen. Mit S. Maria del Popolo entsteht ab 1472 der erste große Kirchenbau der Renaissance in Rom, mit der Sixtinischen Kapelle ab 1473 (an der Stelle der *Cappella magna* des Apostolischen Palastes, Ausmalung seit 1481) ein erster Innenraum von unvergleichlichem Rang, mit dem Spital von S. Spirito in Sassia ab 1473 der modernste Spitalbau seiner Zeit (noch 1970, nun aber doch sichtlich zurückgeblieben, konnte man die Kranken zuhauf in den beiden riesigen Sälen liegen sehen). Zahlreiche Restaurierungen und Umbauten galten ausdrücklich der Vorbereitung des Heiligen Jahres von 1475: S. Vitale, SS. Nereo und Achilleo, SS. Quirico e Giulitta, S. Cosimato; weitere wurden wenn nicht auf seine Initiative, so doch in seiner Zeit begonnen (S. Pietro in Montorio). Aber auch nach dem Heiligen Jahr gingen seine Bautätigkeit (S. Maria della Pace, ab 1482) und seine urbanistischen Eingriffe – von denen noch die Rede sein wird – sichtbar weiter, sie alle in großen Inschriften, klassisch in Sprache und Lettern, programmatisch erläutert.[254]

Von programmatischer Bedeutung und anhaltender Wirkung war auch seine Sorge für die päpstliche Bibliothek. Ansätze Nikolaus' V. weiterführend, gab Sixtus IV. der Bibliothek einen geräumigen Sitz, Personal und die erforderlichen Mittel, vermehrte rasch ihren Bestand (der bis 1481 auf rund 3500 Bände anwuchs) und öffnete sie einem weiteren Kreis. So gilt das Jahr 1475 als offizielles Geburtsdatum der Vatikanischen Bibliothek. Die ältesten Ausleihregister sind erhalten und geben hochinteressanten Einblick in das Lektüre-Interesse dieser höfischen Gesellschaft (Abb. 57). Da leiht sich 1475 ein Höfling Homers Ilias, Pomponio Leto einen Appian, der deutsche Frühdrucker Arnold Pannartz die Jüdische Altertumskunde des Flavius Josephus, der päpstliche Leibkoch eine kleine Bibel und ein Pontificale (und so geht es nach Sixtus' Tod weiter: der künftige Erzbischof von Florenz leiht sich eine griechische Stilkunde und den Koran, der Sekretär von Cesare Borgia den Alexanderzug Arrians, usw.). Ausleihe und Rückgabe jeweils eingetragen von Bartolomeo Platina, dem von Sixtus zum Hofbibliothekar ernannten Humanisten (das bekannte Fresko von Melozzo da Forlì zeigt die Ernennungsszene) und nun auch offiziellem Biographen, der der Nachwelt, wie von Paul II. ein gehässiges, so von Sixtus IV. ein vorteilhaftes Bild vermitteln wird.[255]

Das Spiel der weltlichen Kräfte, das – aus Zwang und auch aus Neigung – Sixtus' Aufmerksamkeit so sehr in Anspruch nahm, hat ihn seine eigentlichen, kirchlichen Aufgaben nicht ganz vergessen lassen. Den Franziskaner-Konventualen bestätigte und vermehrte ihr einstiger

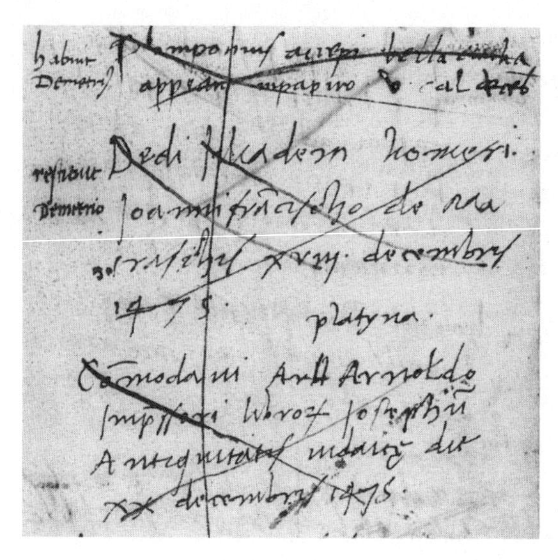

Abb. 57.
Höfische Gesellschaft im Spiegel des ersten Ausleihregisters der Vatikanischen Bibliothek: bei Platina entleiht im Dez. 1475 Pomponio Leto Appians *bella civilia*, ein Höfling Homers Ilias, der deutsche Frühdrukker Arnold Pannartz die jüdische Altertumskunde des Flavius Josephus. Cod. Vat. lat. 3964 fol. 5r.

Ordensgeneral sogleich die Privilegien (sog. *Mare magnum*), förderte sie und die Dominikaner auch weiterhin in auffallender Weise, und suchte die Konflikte zwischen den Bettelorden und zwischen Welt- und Ordensklerus zu befrieden. Er steigerte Zahl und Wert der vollkommenen Ablässe (die man nun auch den Seelen im Fegefeuer zuwenden konnte); was die Römer von seinen geistlichen Aktivitäten am unmittelbarsten wahrnahmen, war das (bereits beschriebene) Heilige Jahr 1475 und die Attraktivität seines Ablasses.

Sixtus wahrte die Rechte der Kirche wo er konnte, gab allerdings gegenüber mehreren Nationen darin nach, daß die Besetzung der Pfründen ein Vorrecht der Krone wurde. Im selbstbewußten Spanien Ferdinands und Isabellas war bald kein Bischofsstuhl mehr vom Papst zu besetzen, das neue Staatskirchentum zeigte sich vor allem in der Inquisition, deren hartes, auch den weltlichen Zielen des Herrscherpaares dienendes Vorgehen vom Papst wo möglich gemildert oder wenigstens geregelt wurde: mit Tomás de Torquemada beginnt 1483 das dauerhafte Amt des Großinquisitors, und die Register der Apostolischen Pönitentiarie werden bald voll sein von Spaniern, die terrorisiert nach Rom gehen.[256]

Eine Kirchenreform – falls Sixtus IV. sie ernsthaft vorhatte – war mit so viel Nepoten an der Kurie und dem Absterben alter charaktervoller Kardinäle (Torquemada 1468, Carvajal 1469, Bessarion 1472, Roverella

1476, Capranica 1478), denen überwiegend nicht Männer gleichen geistigen und moralischen Ranges, sondern Fürsten-Protégés nachrückten, nicht zu machen.

Noch vor Sixtus' IV. Tod im August 1484 zeigten die chaotischen Zustände in Rom und den südlichen Provinzen wieder einmal die Gefährdung des Kirchenstaates, die der Papst selbst noch vermehrt hatte, indem er durch die Beschaffung von Herrschaften für die Nepoten die Nachbarmächte beunruhigte. Noch ein Jahrzehnt, und der Einmarsch des französischen Königs Karls VIII. 1494 wird das instabile Gleichgewicht der fünf italienischen Mächte – Machiavellis *Italia bilanciata* – mit einem einzigen Stoß über den Haufen werfen und das (bei aller virtuosen Staatskunst und Diplomatie) geringe Eigengewicht dieser italienischen Mächte bloßlegen.

FRÜHE URBANISTISCHE EINGRIFFE. Was den Eindruck des Wandels unübersehbar machte und das neue Bild der Stadt schon in Umrissen entstehen ließ, waren nicht nur die Bauten, die Sixtus IV. großzügig gerade an vielfrequentierten Punkten der Stadt errichtete oder neu gestaltete (S. Maria del Popolo am nördlichen Zutritt in die Stadt, das Spital S. Spirito am Eingang zum vatikanischen Borgo, Ponte Sisto als neuer Tiberübergang): es waren auch die neuen Ideen zur Erschließung und Kontrolle des wirren mittelalterlichen Siedlungsgewebes, von dem man sich im heutigen Rom keine Vorstellung mehr macht. Zur Veranschaulichung ein Blick aus der Vorhalle der Porticus der Octavia (in die sich früh die Kirche S. Angelo in Pescheria einnistete) die Gasse entlang vor der Demolierung des Ghettos 1888 (Abb. 58). Die Bänke des Fischmarkts – die Marmorplatten meist Spolien, Spolien auch die Tor-Rahmung rechts – verengen noch die Gasse, die nur wenig breiter war als der heutige Bürgersteig und doch eine wichtige Verbindung. Durch solche Straßen zu einer Kaiserkrönung zu ziehen, konnte bei Widerstand schwierig werden, und in solchem Gassengewirr die aufsässigen Römer niederzuhalten, war kaum möglich, wie König Ferrante von Neapel bei seinem Rom-Besuch 1475 zu Sixtus IV. bemerkte: Der Papst «könne nicht Herr dieser Stadt sein, und könne sie nicht in seiner Gewalt haben (*che non li poteva signoreggiare*) wegen all der Portiken und der engen Straßen und der vorspringenden Balkons, die es da gebe...;

Abb. 58. In den Gassen des *Abitato.* Die Via del Portico d'Ottavia gesehen aus der Vorhalle der Porticus in Richtung Arenula vor der Demolierung des Ghettos (zur Linken), mit den Bänken des Fischmarkts. Bei solchem Gassengewirr könne man die Stadt nicht in der Gewalt haben, bemerkte der König von Neapel bei seinem Rom-Besuch zu Sixtus IV.

und er riet ihm, er müsse die Vorsprünge und Portiken niederreißen und die Straßen breiter machen», *che dovesse fare gittare gli mignani et li porticali et allargare le vie.*

Solche Überlegungen mögen in Sixtus' IV. Gedanken mit eingegangen sein. Aber es ging ihm vor allem um bessere Zugänglichkeit (vom Nordtor zur Peterskirche, vom Tiberhafen zur Innenstadt), kurz: um urbanistische Konzeptionen, wie er sie dann tatsächlich umsetzte. Schon Nikolaus V. hatte nach dem tödlichen Verkehrschaos auf der Engelsbrücke im Jubeljahr 1450 sogleich am stadtseitigen Brückenkopf viele Häuser niederlegen, die letzten auf und an der Brücke haftenden Buden entfernen und dort bei S. Celso eine Piazza schaffen lassen. Aber der charakteristische Straßenstern dort, kleinere Version des *Tridente* an der Porta del Popolo, wird erst im 16. Jahrhundert angelegt werden.

So seien am Pontifikat Sixtus' IV. die Anfänge überlegter Urbanistik weiter verfolgt, Ausweitung und Aufwertung des Viertels zwischen Piazza Navona und rione Campo Marzio gegen Norden, Bau des Ponte Sisto zu besserem Zugang des vom Meer kommenden Verkehrs. Dabei sei immer auch die Linie der weiteren Entwicklung kurz ausgezogen, um den Platz Sixtus' IV. in der *renovatio Urbis* genauer zu bezeichnen (Karte Abb. 59).[257]

Eine zentrale Position hatte in Spätmittelalter und Frührenaissance zunehmend der rione Parione um die Piazza Navona gewonnen, ja er wird zum eigentlichen Viertel der Renaissance werden. Hierher wurde 1477 der städtische Markt vom Fuße des Kapitols verlegt, und auch das sagt viel über die neue Attraktivität und Zentralität des Viertels aus. Parione war jetzt das Quartier, in dem Kardinäle, hohe Prälaten und Beamte Wohnung nahmen, stadtrömische Adelsfamilien wie Tosti, Sanguigni, Massimo saßen, sowohl (wie bereits gezeigt wurde) gehobene Zuwanderung aus dem Kirchenstaat wie breitere Immigration aus dem Ausland zuzog, spezialisierte Gewerbe wie Goldschmiede, Kopisten, Buchdrucker arbeiteten, kurz: «bessere» Mieter, was sich hier bald in höheren Mieten ausdrücken wird. Ja, man sieht Kuriale und angesehene Familien damals sogar, innerhalb Roms, in dieses Viertel umziehen. Höhere Mieten, kürzere Vertragszeiten, häufig Untervermietung: alles Indizien auch für zunehmende Siedlungsdichte und absichtsvolle Steigerung der Rendite aus Immobilienbesitz. Zwar war das westlich benachbarte Viertel Ponte, das wie ein Trichter auf der Engelsbrücke saß und allen Verkehr auf diesen Zugang zum Papst leitete, das bevölkerungsstärkste. Aber Parione hatte mit 33 345 Bewohnern auf den Quadratkilometer (1526/27) die größte Bevölkerungsdichte. Man stelle sich, seit der Verlegung des Marktes hierher, aber auch wegen der Nähe der Markt- und Gewerbezonen von Pantheon und Campo dei Fiori, in den engen Gassen ringsum auch das Treiben allein durch die Anlieferung der Waren und Rohstoffe vor, von den Tiberhäfen Ripa und Ripetta und von den

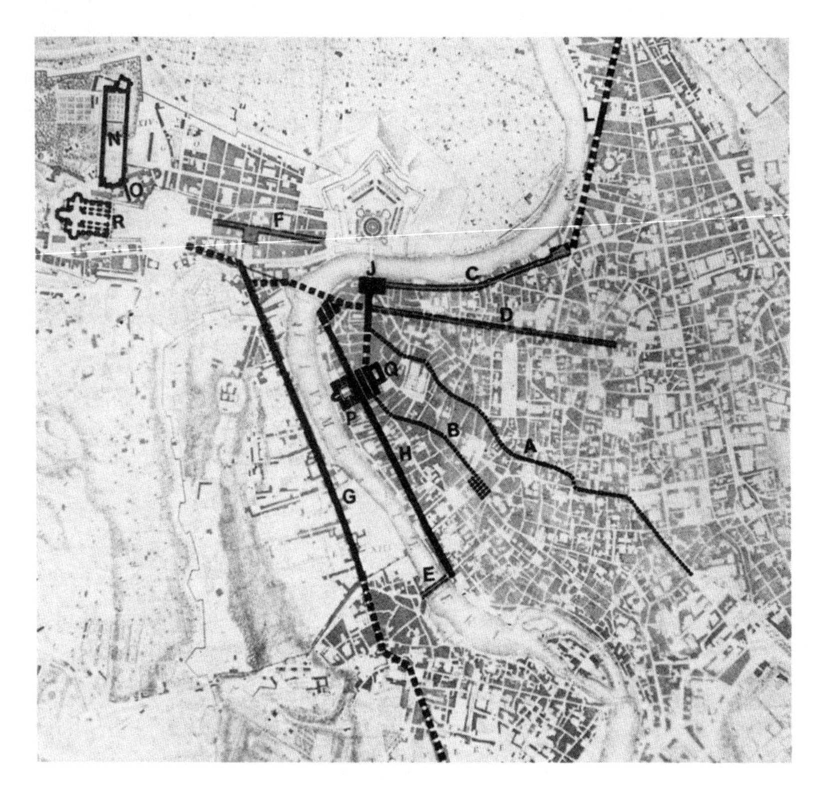

Abb. 59. Die urbanistischen Eingriffe Sixtus' IV. und seiner nächsten Nachfolger (1471–1513) in das mittelalterliche Straßennetz (A *Via Papale*; B *Via Mercatoria* oder *Florea* bis zum Campo dei Fiori und weiter). Sixtus IV.: C Via Sistina, D Via Recta, E Ponte Sisto; Alexander VI.: F Via Alessandrina; Julius II.: G Via della Lungara, H Via Giulia, J Piazza und Canale di Ponte, L Via di Ripetta (und geplant P Palazzo dei Tribunali, Q Erweiterung der Cancelleria Vecchia). (Nach Frommel/Ray/Tafuri)

Toren. Ganz in der Nähe, zwischen Piazza Navona und Pantheon, befand sich denn auch die *Dogana di terra*, die zentrale Zollstelle für alle Importe auf dem Landweg, ganz in der Nähe auch Räumlichkeiten der Universität, des *Studium Urbis*, das hier schon bald, unter Alexander VI., seinen zentralen Sitz erhält.[258]

Die Piazza Navona schaute damals mit ihren Fassaden noch nach außen, wohin sich die – die Zuschauerränge einst tragenden – Arkaden vormals geöffnet hatten (also Kirchen, Läden, Wohneingänge alle nach außen orientiert und nicht, wie heute, nach innen) und hieß darum, als ungestalteter Leerraum zwischen Häuserrückseiten, auch noch nicht ‹Piazza›, sondern einfach ‹Campo›. Das wird nun anders, der *campus* oder *ager* wird durch Sixtus' Marktverlegung zum *forum*, zur *platea*, der sich die Fassaden und Eingänge nun allmählich zukehren werden. So wird der Eingang von S. Giacomo degli Spagnoli, 1458 errichtet, 1498 zur Piazza umorientiert. Aus *retro est campus Agonis* wird bei Hausbeschreibungen nun *ante est platea Agonis*, der Raum wird gewissermaßen umgestülpt.

In diese Nähe zog es nun auch die Crème von Macht und Gesellschaft des sixtinischen Rom. In der Zone zwischen dem nördlichen (halbrunden) Ende der Piazza Navona und dem Tiber, neben S. Apollinare, wohnte seit den 1460er Jahren Kardinal Guillaume d'Estouteville, seit 1446 Protektor des Augustinerordens, seit 1477 apostolischer Kämmerer mit Aufsicht über die (in dieser Entwicklungsphase besonders wichtigen) *maestri di strada*, und errichtete dort seit 1479 den großartigen Frührenaissancebau von S. Agostino; wohnt 1483 – und gleichfalls apostolischer Kämmerer und Protektor des Augustinerordens – der Papstnepot Raffaele Sansoni Riario (bevor er sich den Palazzo della Cancelleria baute); wohnt 1488 der Papstnepot Kardinal Girolamo Basso della Rovere, und schräg gegenüber im nachmaligen Palazzo Altemps der mächtige Papstnepot Graf Girolamo Riario; baut Sixtus' IV. Sekretär Leonardo Griffi. Kardinalspaläste werden auch neben den Titelkirchen SS. Apostoli und S. Pietro in Vincoli errichtet. Mit seiner Bulle *Etsi de cunctarum* von 1480 trug Sixtus IV. zur architektonischen Umgestaltung und Verdichtung unmittelbar bei, indem er – was sich wahrscheinlich beim Bau mehrerer Kardinalspaläste als notwendig erwiesen hatte – Enteignungen und Zwangsverkäufe von Nachbargrundstücken erleichterte und auf diese Weise Bauherrn von Rang die größere Dimensionierung ihrer Bauvorhaben möglich machte (gewöhnliche Hausbesitzer aber vielleicht auch verunsicherte). Unter Berufung auf diese Bulle werden dann die Medici den Bauplatz ihres Palastprojekts (an der Stelle des nachmaligen Palazzo Madama) vergrößern, das die Piazza Navona, die inzwischen, zur Empörung einiger Römer, schon zur Bühne päpstlicher, höfischer Umzüge und Zeremonien geworden war, zum Vorplatz ihres Palastes gemacht hätte.[259]

In diesem nördlichen Grenzraum zwischen den rioni Parione/ S. Eustachio, Ponte und Campo Marzio greift Sixtus IV. mit der Trassierung eines Straßenzuges ein, der diese Randzonen der damaligen Stadt aufwertete und die Bebauung weiterer Flächen vorbereitete. Der eigentliche Zweck dieses Straßenzuges, auf den auch die folgenden Päpste der Renaissance große Aufmerksamkeit verwenden werden, aber war es, den Zugang von der Porta del Popolo zur Peterskirche zu verbessern. Für den vatikannahen Streckenteil bahnte zunächst Sixtus IV., gegen 1480, die *Via Sistina*, die von der Engelsbrücke den Tiber entlang in Richtung Ripetta führte und der heutigen Via Tor di Nona plus Via di Monte Brianzo entspricht: «auf der Straße am Tiber, die auf seinen Befehl neu gepflastert wurde, und die er ‹Via Sistina› genannt wissen wollte» (*Xistinam appellari voluit*), sei Sixtus von einem seiner häufigen Besuche in S. Maria del Popolo, an deren Neubau er ja sehr persönlich Anteil nahm, in den Vatikan zurückgekehrt, berichtet damals Jacopo da Volterra, und mit der Erleichterung des Zugangs nach S. Maria del Popolo für die Bewohner des rione Ponte an der Engelsbrücke wurde von Sixtus' Nachfolger sogar ein Ablaß für die Pflasterung dieser Straßenverbindung begründet. Doch scheint das Volk die neue Gerade nicht *Sistina*, sondern *La Tenta* (wie dort im Namen S. Lucia *della Tinta*) genannt zu haben. Die Arbeiten für die Via Sistina bestanden, den überlieferten Ausgaben zufolge, im wesentlichen in Begradigung und Zusammenfügung bereits vorhandener Straßenstücke.[260]

Das Heilige Jahr mit seinen erforderlichen Investitionen bot dem Papst auch sonst ein gutes Argument für seine Modernisierungspläne. Gewiß hatte Sixtus IV. bei jenem Straßenprojekt auch den Ripetta-Hafen im Blick, so wie der Bau des Ponte Sisto – erster Brückenbau in Rom seit mehr als tausend Jahren! – außer dem Pilgerverkehr auch der besseren Anbindung des Hafens der Ripa Grande an das Stadtzentrum dienen sollte. Vielleicht haben Brückenbau 1475 und Marktverlegung 1477, Ponte Sisto und Piazza Navona sogar miteinander zu tun. Denn so konnte langer Wagentransport auf der *Via Mercatoria* (zwischen Ponte S. Maria/ Ponte Rotto und Engelsbrücke, heute ungefähr Via dei Giubbonari/ Via del Pellegrino, streckenweise auch *Via Florea* genannt), an der sich mehrere Märkte aufreihten (Fischmarkt, Campo dei Fiori, Geflügelmarkt, Pferdemarkt bei S. Lorenzo in Damaso), die aber eben durch dichtbebaute Viertel führte, etwas vermieden werden. Finanziert wurde dieser Brückenbau unter anderem mit einer großen, den deutschen Kurialen für die Auslösung eines verurteilten Kollegen vom Papst abverlangten Summe. Gerühmt wurde auch Sixtus' IV. Eingriff an der *Via Recta* (heute Via dei Coronari), die auf antiker Trasse vom *Canale Pontis* an der Engelsbrücke ostwärts in Richtung Corso zum Nordende der Piazza Navona führte: Sie war der kürzeste Zugang vom Vatikan zur Piazza Navona und konnte, umgekehrt, auch von den durch die Porta del Popolo eintretenden Rombesuchern zur Peterskirche genommen werden (s. Karten Abb. 59 u. Vorsatzblatt). Am Südende der Piazza Navona vorbeistreichend, war die *via papalis* eine weitere viel begangene Verbindung zu Engelsbrücke und Vatikan.[261]

Der genannte sixtinische Straßenzug Via Tor di Nona/ Via di Monte Brianzo, der sich dann in der Linie der Via Condotti fortsetzen wird, stieß in der Gegend der – schon damals sogenannten – *Scrofa* auf die Trasse, die von der Porta del Popolo über den Tiberhafen der Ripetta heranzog und dann von Leo X. (1513–1521) zur *Via Leonina* ausgebaut und zum westlichen Ast des künftigen *Tridente* werden wird: also zwei einigermaßen gerade Straßen-Stücke, die, in stumpfem Winkel zusammengesetzt, einen direkten Zugang von der Porta del Popolo zur Engelsbrücke und somit zum Vatikan gewährleisten (Abb. 59).

Natürlich hatte dieser neue Straßenzug Sistina-Leonina seine Vorläufer: eine Folge unregulierter, unbegradigter, ungepflasterter Straßenstücke, die man, an der Porta del Popolo die Stadt betretend, zum Vatikan hindurch nehmen konnte. Eine präzise Beschreibung dieser Trasse gibt Pius II., als er in seinen *Commentarii* die Prozession schildert, die die Andreas-Reliquie 1462 feierlich einholte. «Der Papst, sagt Pius von sich, bog [von S. Maria del Popolo, wo er übernachtet hatte] nach rechts gegen den Tiber und zog am Flußufer entlang, das Augustus-Mausoleum zur Linken lassend, wobei diese Gegend, die dort sonst viel Platz bietet, an diesem Tage nicht leer, sondern dicht von Menschen besetzt war ...» Also von S. Maria del Popolo zwischen Tiber und Augustus-Mausoleum durch «weiträumige», «leere» (nämlich damals noch weitgehend unbebaute) Gegend «weiter den Fluß entlang, bis man die dichter bebauten Gebiete zur Rechten erreichte» (*donec ventum est ad frequentia Urbis edificia dextro itinere*). Dann aber nicht geraden Wegs zur Peterskirche (wie die neue Via Sistina), sondern über Pantheon und Campo dei Fiori. Daß die

Spitze der Prozession schon die Peterskirche erreichte, als der Papst sich in S. Maria del Popolo noch gar nicht in Bewegung gesetzt hatte, spricht nicht nur für die Menge der Menschen (wie der Papst damit illustrieren will), sondern auch für die schwierigen Verkehrsverhältnisse innerhalb Roms vor den urbanistischen Initiativen Sixtus' IV.

All diese Planungen und Trassierungen waren auf die Porta del Popolo bezogen, den nördlichen Zugang, durch den der meiste Besucherverkehr nach Rom hereinkam. Wer damals die Stadt durch die – noch ganz ungestaltete – Porta del Popolo (Abb. 60) betrat und seinen Blick auf die Stadt richtete, sah zunächst einen breiten Gürtel von Gärten und Vignen, der sich vom Tiber quer den Hang des Pincio hinaufzog. Auch dahinter ging es recht ländlich weiter, so daß man sich fragen konnte, wo denn hier überhaupt die Stadt sei. Aber mochte S. Maria del Popolo auch recht entlegen wirken und noch wenig umbaut sein, so hieß das doch nicht, daß hier nichts los gewesen wäre. Im Gegenteil. Da auch die hohen Besucher überwiegend von Norden kamen und spätestens an der Porta del Popolo feierlich eingeholt werden mußten, sah dieses Tor pompöse Einritte mehr als jedes andere römische Stadttor: Könige, Fürsten, nach Rom zurückkehrende Päpste und Kardinäle. Die Aufwertung, die die Kirche jüngst durch Sixtus IV. erfahren hatte, machte sie zur Grablege ranghöchster Prälaten und Nepoten: als Lebende mochten sie hier nicht wohnen, als Tote kannten sie keinen besseren Platz.[262]

Der ländliche Charakter dieses rione Campo Marzio ging bald verloren, aus den Gärten und Weinbergen wurde Baugrund, wie sich aus den Pacht- und Verkaufsurkunden der nächsten Jahre (hier vor allem der Archivbestände von S. Maria del Popolo und von S. Giacomo *in Augusta*, dem großen Spital am Augustus-Mausoleum, dann *degli Incurabili* genannt) genau verfolgen läßt. So weit ist es unter Sixtus noch nicht, aber seine Via Sistina und sein S. Maria del Popolo wiesen die Richtung, und das neue Bevölkerungswachstum wird die leeren Flächen innerhalb der Stadtmauern hier im Norden weit stärker füllen als im Süden oder Osten der Stadt.

Die starke Bautätigkeit, die in diesem rione Campo Marzio nun bald einsetzte, wurde häufig von organisierten Bautrupps aus der Lombardei getragen, Lombarden sind denn auch – saisonal oder auf Dauer residierend – in dieser Zone stark vertreten, ihnen überläßt Sixtus IV. hier 1474

Abb. 60. Die noch ganz ungestaltete Porta del Popolo, das (auch für zeremoniöse Einritte) vielbenutzte Nordtor der Stadt; daneben die Fassade der unter Sixtus IV. neuerrichteten Kirche S. Maria del Popolo, noch ohne die späteren Eingriffe. Marten van Heemskerck, um 1534/36 (Ausschnitt). Berlin, Kupferstichkabinett.

eine eigene Kirche, das spätere S. Carlo al Corso. Erste repräsentative Kardinalspaläste schieben sich nach Norden hinein wie der Gartenpalast des Rodrigo Borgia (den dieser als Alexander VI. seinem Wahlhelfer Kardinal Ascanio Sforza schenken wird), dessen Gärten von der Ripetta bis zu jener Lombardenkirche, also fast vom Tiber bis zum Corso reichten. Der das Neubauviertel erschließende *Tridente* – der von der Porta del Popolo in den rione Campo Marzio ausfächernde charakteristische Straßenstern – hatte sich noch nicht gebildet: die mittlere Straße von der Porta del Popolo stracks zum Kapitol, die *Via Lata* (seit Pauls II. Pferderennen «il Corso») gab es natürlich immer schon, denn es war die antike Via Flaminia; der östliche Ast zur Piazza di Spagna (die spätere Via del Babuino) wird erst etwas später, unter Clemens VII. (1523–34) und Paul III. (1534–49) trassiert. Der westliche Ast endlich, die heutige Via di Ripetta, führte auf die von Sixtus IV. geschaffene Via Sistina: Diesen Straßenzug muß es, mehr oder weniger deutlich, immer schon gegeben haben, denn er führte vom Nordtor nicht nur am direktesten zur Peterskirche, sondern auch zum Tiberhafen der *Ripetta*.[263]

Dieser zweite, kleinere Flußhafen bediente den Schiffsverkehr tiberaufwärts mit dem Landesinneren, so wie der große Tiberhafen, die *Ripa Grande* gegenüber dem Aventin, den Schiffsverkehr tiberabwärts zum Meer. Um die Ripetta saßen schon damals viele ‹Sclavonier›, Dalmatier, die aus ihrer von den Türken bedrängten Heimat geflohen waren und gleich am Hafen an der Stelle der (ihnen von Nikolaus V. 1453 übergebenen) verfallenen Kirche S. Marina de Posterula die Kirche S. Girolamo *degli Illirici* oder *Schiavoni* errichteten. Hier an der Ripetta, auf Sichtweite von der Porta del Popolo, luden die Barkenführer mit ihren *burchi* aus Magliano, Nazzano, Orte, Narni ihre Waren aus: Wein, Gebrauchskeramik aus dem nördlichen Latium, die Feigen der Sabina, und viel Holz, wie die *gabella lignaminis* zeigt: Bauholz und vor allem Brennholz, an dem die Stadt und der Hof großen Bedarf hatten. Kurz: Was man hier, an der *Ripetta*, beobachten konnte, war Lokalhandel mit Landesprodukten, nicht, wie an der *Ripa*, Fernhandel mit seinen eindrucksvolleren Gütern.

Man könnte nun von hier in einem fiktiven Gang durch die Stadt zur Peterskirche die Gassen, die Monumente, die Eigenheiten der so durchquerten Stadtviertel anschaulich machen. Doch ist der Historiker, dem solche Fiktion widerstrebt, nicht einmal darauf angewiesen: Der *Census* von 1526/27 läßt vielmehr den Weg verfolgen, den damals die Beamten abgingen, um Straße um Straße, Haus um Haus alle Haushalte Roms für eine Bevölkerungszählung (zu praktischen, nicht statistischen Zwecken) aufzunehmen. Man braucht diese Herren nur auf ihrem Gang zu begleiten. Wo sie von der Engelsbrücke den rione Ponte betreten, notieren sie zunächst einen Florentiner Bankier neben dem andern, und in den Hinterhäusern gegen den Tiber Fischer und Flußmüller. So geht es weiter die Straßen entlang. Plötzlich ein Hutmacher neben dem anderen, wir sind anscheinend gerade in der Via dei Cappellari; dann lauter Bekkenmacher, alle aus dem metallverarbeitenden Bergamo: das ist wohl der Vicolo dei Catinari – die charakteristische Konzentration der Gewerbe bildet sich in dieser Quelle auf das natürlichste ab. Ebenso die Häufung der Fremden in einigen Stadtvierteln. Dazwischen Kardinalspaläste mit 150, 200, ja 300 Bediensteten. Und das alles als Gang durch die Stadt ersehen aus der Reihenfolge der Schreibernotizen. Dies nur als Hinweis auf die unbeabsichtigte Aussage einer verfügbaren Quelle.

Auch die Konzentration der Juden im rione S. Angelo schon vor Errichtung des Ghettos wird in dieser und in anderen Quellen deutlich. Ihre Zahl war im 15. Jahrhundert noch nicht sehr groß. Man schätzt die jüdische Gemeinde in der ersten Hälfte des Jahrhunderts auf 700–800 Personen, dann wuchs sie mit der Vertreibung der Juden 1492 aus Spanien und Sizilien, 1497 aus Portugal rasch auf ein Mehrfaches an, vor allem also an sephardischen Juden, die hier nun allein drei ‹Schulen› betrieben. Doch werden auch einige deutsche und französische Juden genannt. Ihre Lage blieb hier und im Kirchenstaat zunächst noch erträglich, wurde im 16. Jahrhundert dann aber empfindlich eingeengt. Ihr Gewerbe war vor allem der Handel mit Altkleidern und Altmetall, die Zollregister nennen sie im Nahhandel mit Flachs und Rohgarn. Daneben gab es auch in Rom unter den Juden angesehene Ärzte, die von den Päpsten konsultiert und mit Achtung behandelt wurden.[264]

Zurück zu Topographie und Urbanistik dieses Pontifikats. Topographische Forschung, wie sie zuvor nur am Beispiel einer lange Zeit wenig beachteten, von Sixtus IV. angeschlossenen Zone angewendet wurde, hat zunehmend die Quellengattung der Notarsimbreviaturen herangezogen. Die Einbeziehung solcher unscheinbaren Privaturkunden führt im günstigen Fall zu Verdichtung und Belebung unseres Bildes kleinster Stadtreviere, ja einzelner Grundstücke. Das gilt auch für den *Disabitato*, die weiten unbesiedelten Trümmerfelder, Viehtriften und Weinberge innerhalb (!) der antiken Stadtmauern, *infra menia Urbis*. Veduten noch des frühen 19. Jahrhunderts zeigen im *Disabitato* einsame Ruinenlandschaften, die von Kunsthistorikern bisweilen fälschlich für Campagna außerhalb der Mauern gehalten werden (Abb. 61), so sehr hatte sich inmitten der Stadt stellenweise der städtische Charakter verflüchtigt.

Solche Weinberge kommen in den Pacht- und Weinlieferverträgen aller Notare vor (manchmal aufgenommen gleich im Weinberg selbst, *actum in dicta vinea*), auch bei jenem deutschen Notar zur Zeit Sixtus' IV. (er selbst besaß einen Weinberg auf dem Kleinen Aventin bei S. Saba). Da verkauft ein Familiar des Kardinals Gonzaga einen Weinberg *in loco qui dicitur Colliseum*, also beim Kolosseum. Genannt wird, als zugehörig, eine *gripta* (also «Grotte») und eine *vascha*, die Wanne zum Weinmachen (oft war das ein antiker Sarkophag) neben der *ecclesia Sanctorum Quadraginta* gleich ostnordöstlich des Amphitheaters. Die *gripta* dürfte, wie hier fast immer, römische Substruktionen bezeichnen, in diesem Fall Unterbauten der Trajansthermen, also vielleicht die *Domus Aurea*, die bald von Malern wie Ghirlandaio und Pinturicchio durchstreift werden: die *gripte* «Grotten» eben der *Domus Aurea* werden wenig später dem «Grotesken»-Stil den Namen geben, weil seine pflanzlich und tierisch seltsam gemischten Stilelemente hier, in den ausgemalten, unter die Erde geratenen Räumen, erstmals wahrgenommen – und dann von Raffael und

Abb. 61. Nicht einen Aquädukt in der Öde der römischen Campagna zeigt diese Ansicht, wie bei dieser und anderen Veduten irrtümlich angenommen wurde, sondern den *Disabitato*, römische Stadtlandschaft *innerhalb* der Mauern, deren den Wehrgang tragende Arkaden der Innenseite oft mit Aquädukten verwechselt werden. Carl Johann Bähr (1801–69), Blick von der Villa Mattei/Celimontana gegen die Porta Appia. Dresden, Gemäldegalerie Neue Meister.

seiner Werkstatt verarbeitet wurden. Weinberge drinnen und Weinberge draußen, etwa an der Via Appia *in loco qui dicitur ‹Domine quo vadis›*. Oder die vor dem Notar in *soccida* (Pacht) gegebenen Bienenvölker, die da draußen ihren Honig an besonders schöner Stelle sammeln, an der Via Appia beim Grab der Caecilia Metella.[265]

XIV.

KUNSTAUFTRÄGE, MÄZENATENTUM, KUNSTIMPORTE

DER AUFBRUCH IN DIE FRÜHRENAISSANCE. Wer an den Wandel Roms vom Mittelalter zur Renaissance denkt, dem treten als erstes die neuen Formen der Kunst vor Augen, die der Stadt im Laufe weniger Jahrzehnte in Architektur, Malerei, Skulptur, urbanistischer Planung ein völlig neues Gepräge gaben. Diese rasante Entwicklung soll hier nicht als Bestandsaufnahme in den einzelnen Kunstgattungen vorgeführt werden (dann würde viel Bekanntes wiederholt, denn für das Rom der Frührenaissance ist die Kunst viel früher und systematischer untersucht worden als etwa die Wirtschaft). Vielmehr sei – um der historischen, integrierenden Fragestellung näher zu bleiben – von den Aufträgen und den Auftraggebern ausgegangen, sei im Kunstauftrag neben dem schönen Vorsatz auch der handfeste Zweck, die Verfügbarkeit der Mittel, das Rivalitätsdenken und der Eigenruhm gesehen. So werden die geistigen, politischen, wirtschaftlichen Zusammenhänge sichtbar, in denen sich das Neue bildete.[266]

An diesem Aufbruch Italiens in die Frührenaissance ist die ungleiche Verteilung über Regionen, Jahrzehnte, Kunstgattungen das historisch Interessante. Es beginnt in Florenz, wo die Kunstaufträge zunächst mehr der Skulptur als dem Tafelbild gelten; folgt in Rom erst später, wobei die einzelnen Gattungen je nach Pontifikat ganz unterschiedlich bedacht werden; und ist in Ligurien in diesem 15. Jahrhundert eigentlich noch gar nicht zu beobachten. Auch die künstlerischen Begabungen sind anscheinend recht ungleich über Raum und Zeit verteilt. Rom in dieses Gesamtbild einzuordnen und den römischen Verhältnissen damit ein kräftigeres Relief zu geben, ist für Kunsthistoriker und Historiker eine wichtige Aufgabe.

Dabei ist darauf zu achten, daß beide zwar zu gemeinsamer Fragestellung finden, nicht aber ihre Methoden vermengen sollten. Die Methoden sind so verschieden, daß viele von vornherein daran zweifeln, zwischen zwei so entfernten Polen wie Wirtschaftsgeschichte und Kunstgeschichte könne sich ein Lichtbogen interdisziplinärer Fragestellung überhaupt bilden. Hat der Historiker es gar mit *historical economists* (und nicht, nach der handlichen Unterscheidung von David Landes, mit *economic historians*) zu tun, kann er mit der Reinheit ihrer Theorien und Modelle wenig anfangen. Denn was der Historiker darin zu bieten hat, ist von vornherein durch Geschichte verunreinigt.

Zunächst seien die wirtschaftlichen Voraussetzungen in den Blick genommen. Nach verbreiteter Meinung erklärt sich die Blüte der römischen Renaissance aus dem Reichtum des Renaissancepapsttums, gehen blühende Kunst und blühende Wirtschaft zusammen, haben übereinstimmende ‹Konjunkturen›. Aber das ist im wörtlichen Sinne ein Kurzschluß. Auch der Historiker, der mit Wirtschafts- und Finanzdaten der Zeit umgeht und, darum ohne Berührungsängste gegenüber dem Marxismus, nicht von vornherein vorhat, Kunst auf einem (angeblich uneingestandenen) ökonomischen Unterbau zu ertappen, kann diese These für das Rom der Frührenaissance so nicht bestätigen. Und auch die Umkehrung stimmt nicht, die der Wirtschaftshistoriker Roberto S. Lopez zur Erklärung vorschlug, als in den 1950er Jahren zeitweilig die Meinung aufkam, die Renaissance sei gar nicht eine Zeit wirtschaftlicher Blüte, sondern wirtschaftlicher Depression gewesen.[267]

So sieht man es heute nicht mehr. Zwar erreichte Italien jetzt allmählich die Grenzen seines unerhörten wirtschaftlichen Wachstums, aber es zeigte doch große Anpassungs- und Widerstandskraft und vermochte Einbußen in einzelnen Wirtschafts-Sektoren oder Regionen anderweitig zu kompensieren. Nach Lopez investiere der Kaufmann, solange die Wirtschaft prosperiere, doch natürlich in sein Unternehmen, und erübrige Geld für Kunst erst in der Rezession, wenn er eine ökonomische Alternative nicht mehr habe. Schließlich hat Kunst sogenannte «elastische Nachfrage» (Rohstoffe haben muß man, einen Donatello haben muß man nicht). Wie alles «Vom Kopf auf die Füße-Stellen» wirkte diese vieldiskutierte Lopez-These sehr erfrischend, ist darum aber doch nicht zutreffend. Es wird sich erweisen, daß bei den meisten Kunstaufträgen «er-übrigen» nicht das richtige Wort ist, und daß zwischen Kunst und

Wirtschaft eine dicke Lage Geistesgeschichte und Sozialgeschichte gepackt werden muß. Nur auf dieser konkreten Ebene sei hier vorgegangen; zwischen der Erfindung der Perspektive in der Malerei und der Erfindung der doppelten Buchführung in der Wirtschaft eine untergründige Entsprechung zu sehen, solcher *macro-approach* sei von vornherein nicht versucht.

Richtig an der Lopez-These ist, daß jede Investition in Kunst im ökonomischen Sinn zunächst etwas Unproduktives ist, eine mutwillige Vernichtung von Kapital, produktiv hingegen die Reinvestition der Gewinne ins Unternehmen. Der Kaufmann weiß das, denn er kennt die Alternativen. Statt einen repräsentativen Palast zu errichten, könnte er mit dem gleichen Geld auch zwei oder drei Handelsschiffe auf Kiel legen, einen oder zwei ausgedehnte Gutsbetriebe kaufen oder mehrere Seidenmanufakturen betreiben. Investition in Kunst hat für den Kaufmann viele Alternativen und ist darum eine Entscheidung, eine Option (außer daß in Kaufmannsfamilien auch damals schon, wie bei den Buddenbrooks, in der dritten Generation oft die Unternehmer-Mentalität abhanden kommt und sie Kapital, weil sie es selbst nicht gebildet haben, in Kunst und dergleichen Plunder ausgeben, schön aber unproduktiv, unproduktiv aber schön). Und der Kaufmann weiß auch, wie das Geld zustande kommt. Papst und Kardinäle müssen das nicht wissen, und die Humanisten, die ihnen die Theorie des Mäzenatentums lieferten, wußten es auch nicht, denn der kruden Realität des Wirtschaftens waren sie nicht ausgesetzt. Wenn vom «Mäzenatentum der Renaissance» die Rede ist, muß man erst einmal diese Unterschiede sehen, bevor man den gemeinsamen Nenner findet.

Auch der rational kalkulierende Kaufmann also wußte offensichtlich, was er tat, wenn er sein Geld in dieser Weise verausgabte und die «Rendite» auf anderer, nichtökonomischer Ebene erwartete: in Form von Prestige und Nachleben. In der Tat: Was wüßten wir von Maecenas oder von den Medici, wenn sie ihr Geld immer nur ökonomisch sinnvoll ausgegeben hätten? Bei großer sozialer Mobilität, wie sie im 15. Jahrhundert in Florenz wie in Rom noch stark zu beobachten ist (im 16. Jahrhundert schon weit weniger, und dann mit dem charakteristischen Rückzug arrivierter Familien aus dem Handel in Grundbesitz und Herrschaftsrechte einhergehend), werden gerade die aufsteigenden Familien das Bedürfnis verspüren, in Prestige zu investieren. Das ergibt die Breitendimension der Nachfrage, die nötig ist, eine neue Entwicklung in Gang zu bringen, denn bei der Renaissance geht es nicht nur um die Höchstleistungen Einzelner, sondern um den Aufbruch Vieler. Der Kunsthistoriker wird dabei mehr vom Angebot (den verfügbaren Künstlern und ihren Arbeiten) ausgehen, der Historiker mehr von der Nachfrage: dem Bedürfnis nach immer mehr Kunstobjekten, immer weiteren Kunstgattungen, immer gehobenerer Wohnungsausstattung.[268]

Daß Nachfrage ein wichtiges auslösendes Moment ist, und Kunstgeschichte nicht eine bloße Abfolge von unverhofft auftretenden Genies, läßt sich leicht begreifen, wenn man sich einmal die Geburtsdaten der großen Künstler im Florenz der Frührenaissance vor Augen führt. Diese Geburtsdaten verteilen sich in auffallender Weise. In dem Jahrzehnt 1375–1385 werden die großen Bildhauer geboren, von Nanni di Banco über Ghiberti bis Donatello: nur Bildhauer und keine Maler. Das übernächste Jahrzehnt (ungefähr 1395–1405) bringt dann die großen Maler hervor, von Paolo Uccello über Masaccio bis Filippo Lippi: alles Maler und kaum ein Bildhauer. Diese seltsame Konzentration auf die verschiedenen Kunstgattungen – erst Skulptur, dann Malerei – läßt sich unmöglich aus biologischen Begabungsschüben erklären. Der Historiker wird vielmehr sagen: nicht daß sie in einem Jahrzehnt geboren sind, nicht ihr Geburtsdatum also konstituiert diese Gruppe von Bildhauern oder Malern, sondern daß sie in einem späteren Jahrzehnt *Aufträge* erhalten – oder noch schärfer: es sind die Aufträge von 1410, die sie 1380 geboren sein lassen!

Was sich darin abzeichnet, ist der Trend von den öffentlichen, kollektiven Aufträgen korporativer Institutionen wie Zunft oder Kommune zur privaten, individuellen Auftragstätigkeit einzelner Personen oder Familien. Mit anderen Worten: es sind die Statuenaufträge von Zünften und Kommune, die in Florenz um 1400 die Bildhauer zum Zuge kommen lassen und die Bildhauerkunst auf neue Wege bringen; und es sind eine Generation später, ab 1425/30, die Bildaufträge einzelner Persönlichkeiten und Familien, die nun die Malbegabungen herausfordern, denn der persönlichen Sphäre und den privaten Bedürfnissen des individuellen Auftraggebers entsprach die (Tafel-) Malerei mehr als die großfigurige Plastik.

In diesem Trend von den öffentlichen zu den privaten Aufträgen aber spiegelt sich für den Historiker wiederum der Weg, den Florenz damals in Gesellschaft und Verfassung gegangen ist: der Weg aus dem Zunftstaat in die Oligarchie.[269] Das korporative Zunftregiment wurde allmählich durch das elitäre, oligarchische Regime erst der Albizzi, dann der Medici ausgehöhlt und abgelöst. Die Lockerung des korporativen Gefüges ließ nun immer mehr Raum für die Auftragstätigkeit einzelner führender Persönlichkeiten, einzelner führender Familien, die in Rivalität untereinander Kunstwerke nun auch in eigenem Namen und zu eigenem Ruhm in Auftrag gaben.[270] Hier tritt auf das einfachste die Herausforderung zutage, die die Verhältnisse auf die Begabung ausüben können – sofern die Begabung da ist und sofern man darüber die Wechselwirkung nicht verkennt: daß nämlich die Begabung dann auch ihrerseits die Entwicklung vorantreibt und bestimmt. Aber ohne Aufträge geht es nicht. Sonst kann man, statt zum Maler Giotto zu werden, auch Schafhirt auf den Hügeln von Colle di Vespignano bleiben oder Landnotar in Caprese statt Michelangelo in Rom sein.

Der Florentiner Boden brachte bald so viele Talente hervor, daß er sie, wie Vasari bemerkt (und es ist interessant zu sehen, wie dieser erste Kunsthistoriker die wirtschaftlichen Implikationen stärker beachtet hat als die meisten seiner Kollegen später), gar nicht mehr ernähren konnte, und sie durch unerhörten Konkurrenzdruck zu immer höheren Leistungen trieb, bis die Künstler schließlich Aufträge auswärts suchen mußten. Diese Aufträge kamen nun vor allem von Fürstenhöfen, auch und gerade aus Rom. Schon damals stellte man sich darum die Frage, was für die Entwicklung und Förderung der Kunst und des Künstlers vorteilhafter sei: die städtische Gesellschaft oder der Hof, Republik oder Fürstentum? Eine wichtige Frage, die uns weiter auf Rom zuführt. Man kann dazu vielleicht sagen, daß für die Bildung des Talents wohl eher der breite harte Wettbewerb hochqualifizierter Handwerker in der städtischen Gesellschaft besser sei, für die stetige Förderung des fertigen Künstlers eher der Hof.[271]

Der Hof konzentrierte zunehmend die Kräfte des Territoriums auf den Fürsten. Der Hof saugt Mittel und Güter an, nutzt sie zu Herrschaft und Selbstdarstellung und verteilt sie zu seinen Zwecken um. Die gesellschaftliche Elite wird immer stärker auf die Person des Fürsten bezogen.

Mit dem Hof kann der Fürst die Herrschaftsausübung kontrollieren, mächtige Familien einbinden und mit Exklusivität belohnen, Karrieremöglichkeiten monopolisieren, Achtungsabstand sichtbar machen. Auch kleinere Signori fühlen sich nun verpflichtet, in Rivalität untereinander einen Hof zu bilden, eine Residenz zu bauen und Mäzenatentum zu demonstrieren.

Daß gerade bei Stadtherrn und Fürsten die Zuwendung zur Kunst auch eine politische Motivation haben konnte und schon deshalb den Einsatz großer finanzieller Mittel rechtfertigte, liegt darum auf der Hand. Bauprogramme schaffen sichtbares Prestige und fördern damit die Akzeptanz, wichtiger Aspekt für eine junge Signorie, die noch nicht die Legitimation eines alten Fürstentums hat; Bauprogramme schaffen Arbeit und wirken damit der schon damals politisch destabilisierenden Wirkung von Arbeitslosigkeit entgegen. Vor allem aber kann, durch bedachten Einsatz künstlerischer Mittel, der Fürst auf «moderne» Weise seiner Auffassung von Herrschaft Ausdruck geben; kann eine Selbstdarstellung inszenieren, wie sie vom Fürsten inzwischen erwartet wird. Und wo einem Fürsten zu großen Bauvorhaben das Geld (oder die Geduld, oder beides) fehlte, konnte er sich seine erträumten Platzanlagen und Fassaden vielleicht wenigstens *malen* lassen.

Woher die Mittel kamen, um solche Bauvorhaben und die Berufung namhafter Künstler zu finanzieren, war die Frage, die sich ihnen allen stellte. Insgesamt wird man sagen dürfen, daß nicht nur ein allgemeines Ansteigen des Reichtums, sondern die zunehmende Konzentration von Reichtum in den Händen Weniger für Aufträge förderlich war. Cosimo Medici, den erst die neuere Forschung aus dem Schatten seines Enkels Lorenzo il Magnifico hervorgeholt hat, machte seine Firmengewinne vor allem mit der Medici-Filiale an der Kurie in Rom, und man hat berechnen können, daß allein seine Bau-Ausgaben die Nettogewinne des Unternehmens zeitweilig jährlich um durchschnittlich ein Drittel überstiegen, die Kunstaufträge also an die Substanz des Unternehmens gingen! Aus ganz anderer Quelle kamen die Mittel in Urbino. Federico da Montefeltro hat die enormen Summen für seinen riesigen Palast (*città in forma di palazzo*, wird Baldassarre Castiglione sagen, für Bauzeugnisse kommunaler Autonomie blieb da gar kein Platz) natürlich nicht aus seinem kleinen Territorium erwirtschaftet, sondern aus den Soldgeldern, die ihm, dem begehrtesten Condottiere seiner Zeit, die großen Mächte – auch der Papst – fürs Kriegführen und sogar fürs Nicht-Kriegführen, fürs Stillhalten zahlten. Der Herzog von Mailand verfügte über eine wohlgeordnete Finanzverwaltung, die sogar schon ein Budget kannte. Kunst fördern muß man freilich auch dann erst einmal *wollen* (von den nichtökonomischen Bedingungen und Antriebskräften wird am römischen Beispiel die Rede sein). Der Herzog schaffte es, das Ospedale Maggiore aus bürgerlichen Mitteln zu erbauen und doch als Auftraggeber zu gelten.[272]

Bei diesen Fürstenhöfen hat man immer zu fragen, ob solche Hofkultur dann auch abstrahlte auf die umgebende Stadt, das umgebende Territorium. Und zwar in zweierlei Sinn: Werden, erstens, nun auch *lokale* künstlerische Begabungen hervorgelockt, nachdem anfangs *auswärtige* Künstler berufen wurden? Und wird, zweitens, nun auch die städtische Gesellschaft *außerhalb* des Hofes zur Kunstförderung angeregt? Federico da Montefeltro berief auswärtige Künstler – aber dann werden sie dort auch geboren: Raffael, Bramante.

Nun also Rom. Wenn Rom hier zunächst im weiteren Rahmen der allgemeinen Entwicklung und mit besonderem Blick auf die Florentiner Verhältnisse gesehen wurde, so deshalb, um die spezifisch römischen Bedingungen deutlicher hervortreten zu lassen. Und weil sowohl die Florentiner Hofkaufleute und Papstbankiers (und das waren Männer, die – wie Florentiner eben – mit Geldern wie mit Künstlern umzugehen verstanden), wie dann die Florentiner Künstler im Rom der Renaissance bestimmend sein werden. In das Rom der Renaissance kommt man nur über Florenz.

Dabei sind im Rom der Renaissance Kunstaufträge aus verschiedenen Kreisen zu erwarten: vom Papst in eigener Person; von seiner engeren Umgebung, vor allem den Kardinälen, aber auch von anderen Angehörigen der Kurie; von Gesandten und anderen zu Repräsentation verpflichteten ranghohen Personen in der weiteren Umgebung des Hofes; und – bei einer Stadt, die zu domestizieren dem Papsttum erst in diesem 15. Jahrhundert gelingt – auch von der kommunalen Führungsschicht, die nun zunehmend in den Bann des Hofes gerät.[273]

Zunächst der Papst. Nachdem in den voraufgehenden anderthalb Jahrhunderten des Spätmittelalters fast gar nichts geschehen war, begann mit Nikolaus V. in Rom – verspätet, aber die dazwischenliegenden Entwicklungsphasen nun einfach überspringend – jetzt alles gleich in unerhörter Neuheit. Neu ist vor allem der Bauwille, die Folgerichtigkeit: nicht hier und da etwas reparieren, nicht hier und da einen Neubau, sondern: den ganzen Borgo neu bauen, die ganze Peterskirche neu bauen; sich in diesem Schutthaufen Rom sein Baukonzept nicht von Trampelpfaden diktieren lassen, sondern im Gegenteil erste Straßendurchbrüche wagen: Sixtus IV. baut eine erste Via Sistina, Alexander VI. eine Via Alessandrina; Julius II. die Via Giulia.

Nicht daß zwischen Martin V. und Nikolaus V. überhaupt nichts geschehen wäre: Gerade Martin V., aus stadtrömischer Familie, hat durchaus bewußt einen Neuanfang zu setzen versucht, und er hat damit auch die gebührende Anerkennung der Zeitgenossen damals und der Kunsthistoriker heute gefunden, schließlich arbeiteten damals in Rom Gentile da Fabriano für den Papst, Masaccio und Masolino für den Kardinal Branda da Castiglione. Aber man stelle sich unter all dem doch nicht zuviel vor: Das war wenig mehr als Reparaturarbeit – hier wurde eine im Schisma verwahrloste Stadt notdürftig wieder wohnlich gemacht, hier wurde nicht Renaissance gebaut, sondern Mittelalter geflickt.

Der äußere Glanz des Renaissance-Papsttums macht glauben, daß große, unerschöpfliche Mittel vorhanden waren. Aber das Gegenteil ist der Fall. Ein Blick auf die Papstfinanz zeigt, daß Sixtus IV. um 1475 nicht mehr, sondern weniger Einnahmen hatte als Gregor XI. um 1375, hundert Jahre zuvor. Und doch baute Sixtus wie keiner seiner Vorgänger.[274]

Innerhalb solch engen Finanzrahmens müssen wir auch Zahlen sehen wie die enormen Bau-Ausgaben eines Nikolaus V., mit dem gegen 1450 die Kunstförderung ihre neue Dynamik und Folgerichtigkeit erhielt – Ausgaben, die den vom Finanzhaushalt eigentlich vorgegebenen Rahmen sprengen und ganz neue Maßstäbe erkennen lassen. Diese Summen wurden nicht in Kunst- und Bauaufträge investiert, weil sie übrig gewesen wären, sondern sie hatten einfach verfügbar zu sein, weil der Papst sie so und nicht anders einsetzen wollte, ohne Rücksicht auf andere Notwendigkeiten und das Budget der Kirche.

Halten wir also für das Papsttum fest: Die Verfügbarkeit von finanziellen Mitteln war es nicht, was die Auftragstätigkeit der Renaissance-Päpste auslöste oder auch nur bedingte. Nein, Mäzenatentum war hier nicht – wie auch sonst meist nicht – eine Sache reichlichen, überschießenden Geldes, sondern eine Entscheidung, und das heißt hier: eine neue Prioritätensetzung.

Diese Prioritätensetzung konnte auch innerhalb der Kunstaufträge ganz eigenwillig, ganz persönlich sein und dementsprechend unterschiedlich ausfallen, wie sich an fünf Päpsten erkennen läßt, die im Laufe von nur einem Vierteljahrhundert, 1447–1471, unmittelbar aufeinander folgten: Nikolaus V. beruft Maler und kaum Bildhauer, Pius II. in Rom fast nur Bildhauer und keine Maler, Paul II. weder Maler noch Bildhauer, sondern Goldschmiede; Sixtus IV. wird allein für die Ausmalung seiner *Cappella Sistina* im Oktober 1481 vier Maler von Rang berufen (Domenico Ghirlandaio, Sandro Botticelli, Pietro Perugino, Cosimo Roselli). Man konnte es auch ganz bleiben lassen: unter Calixt III. bemalen Maler nicht Kirchenwände, sondern Kreuzzugsstandarten. Die verfügbaren finanziellen Mittel wurden also bisweilen ganz einseitig auf nur einen einzigen Sektor geleitet. Das hatte den Effekt, daß das Papsttum der Frührenaissance auf diese Weise, vielleicht mehr als andere Höfe, die einzelnen Kunstgattungen förderte – und zwar in ziemlich rascher Rotation, weil die Amtszeit eines Papstes (da oft erst in fortgeschrittenem Alter gewählt) ja meist kürzer ist als die Amtszeit eines jungen Fürsten, der seinem Vater folgt. Rotation auch im regionalen Sinn, denn die ganz unterschiedliche Herkunft der Päpste (und Kardinäle) kann ganz unterschiedliche Künstler ins Spiel bringen, ein Mantuaner Kardinal wird womöglich Mantuaner Künstler berufen.[275]

In einer Erbdynastie ist das anders. Da stattet dann womöglich eine einzige Familie eine Stadt Generation um Generation kontinuierlich mit Kunst aus. Aber das Papsttum ist eben keine Erbmonarchie, sondern eine Wahlmonarchie, und das hat Folgen. Während Ferrara zwischen 1393 und 1505 von nur zwei Generationen Este regiert und ausgestattet wird, ist im gleichen Zeitraum in Rom die Auftragstätigkeit gestückelt unter mehr als ein Dutzend Päpste mit altersbedingt kurzer Lebenserwartung und durchaus unterschiedlichen (oder gar keinen) Neigungen. Die gewaltigen Projekte, die ein Nikolaus V. unvollendet hinterließ (und die sein zweiter Nachfolger Pius II. regelrecht als «Bauruinen» bezeichnete: *sicut ruinae murorum*), sind ein beredtes Zeugnis für diese eher punktuelle, sprunghafte Auftragstätigkeit.

Diese – manchmal recht diskontinuierliche – Auftragstätigkeit der päpstlichen Wahlmonarchie wurde allerdings ergänzt und ausgeglichen durch eine andere Eigentümlichkeit des päpstlichen Hofes: durch die Bedeutung der Kardinäle.

Auch bei den Kardinälen und ihren Kunstaufträgen geht es nicht einfach darum, wieviel Geld sie übrig hatten, sondern wieviel Geld sie für solche Aufträge verausgaben wollten. Zunächst einmal muß man sich klarmachen, daß, bei drastisch steigenden Repräsentationsausgaben, sich immer mehr Kardinäle in die finanzielle Verfügungsmasse der Kirche teilen mußten, was nun durch Kumulierung von Bischofsämtern (bei deren Vergabe aber oft die Fürsten mitzureden hatten) und Kommenden in der Hand einzelner Kardinäle erfindunsgreich austariert werden mußte. Die nominellen Einkünfte von Kardinälen haben sich in mehreren Fällen berechnen lassen (ob die wirklichen Einkünfte dem entsprachen, ist freilich schon wegen Verpachtung und Transfergebühren bei entfernten Pfründen und Ämtern zweifelhaft). Sie variieren natürlich stark: vom Kardinal an der 4000 Gulden-Grenze, bei deren Unterschreiten der Papst subventionierend eingreifen mußte, um dem armen Kerl mithilfe der sogenannten *piatti cardinalizi* ein gerade noch standesgemäßes Leben zu garantieren (sagen wir: ein Kardinal mit einem Haushalt von 40 Familiaren, in einem Palazzo der nicht Neubau war, kurz: dem man den Kardinal gerade noch ansehen konnte) – bis hin zum Papstnepoten Pietro Riario mit seinen fabulösen Festen, die wiederum viele Menschen ins Brot setzten: Lieferanten und Köche, Tuchfabrikanten und Handwerker, Schauspieler und Poeten, und auch Künstler für die gewaltigen wenn auch vergänglichen Festdekorationen. In den nur zwei Jahren seines Kardinalats 1472/73 soll der Riario mit seinen angeblich 60 000 (und nicht den minimalen 4000) Gulden jährlicher Einkünfte und seinen 500 (und nicht 40) Familiaren 200 000 oder gar 300 000 Gulden durchgebracht haben. Da glaubt man es gern, wenn seine Leichenrede beteuert, er habe Rechnungen gar nicht erst sehen wollen, *nulla computa exigere volebat*. Bemerkenswert ist daran nicht so sehr, daß er das vielleicht tatsächlich nicht getan hat, sondern vor allem, daß so etwas jetzt in einer Leichenrede gerühmt werden kann! Geld ausgeben ohne hinzuschauen war eine Tugend geworden, verschwenderische Investitition in Repräsentation und Mäzenatentum wird als *liberalitas* oder *magnificentia* gerühmt![276]

Das ganze geistige Klima hatte sich geändert. Kardinäle und Kurie gerieten immer mehr in den Sog von Erwartungen, die sich am päpstlichen Hof ausbreiteten: der Erwartung nämlich, daß man in solcher Stellung Geld für Kunst und Repräsentation nicht nur ausgeben darf, sondern ausgeben muß. Nicht Verwendungsdruck des Kapitals, sondern Erwartungssog der Gesellschaft ist der Auslöser. Wenn es aber erst einmal so weit ist, daß die Kardinäle selbst nicht mehr wissen, ob sie wollen oder müssen, dann erzeugt diese Dynamik sozusagen ihre eigene Nachfrage; dann wird auch ökonomisch vieles aktiviert, dann beginnt eine grandiose Drainage von Geldern aus der ganzen Christenheit, um – in Form von Kardinalseinkünften – für die Kunstförderung in Rom eingesetzt zu werden, zumal die Einkünfte der Kardinäle insgesamt noch einmal die Höhe der Einkünfte des Papsttums erreichten: sozusagen ein Recycling geistlicher Einkünfte für Zwecke der Kunst. Und für Wissenschaft, Humanismus, Literatur, deren mäzenatische Förderung ja noch hinzukam; und für die Anschaffung von Buchbeständen, ob man sie nun lesen oder bloß vorweisen wollte. Auch damit verdichtet sich atmosphärisch die Renaissance, dringt sie in die Kapillaren der Zeit ein.

Solche klimatischen Veränderungen am Hofe sind Voraussetzung für die Vorgänge, wie sie hier beschrieben werden. Auch ohne Kunstaufträge und Mäzenatentum: der zunehmend pompösere Stil der Kurie, der nach dem düsteren Anfang des Jahrhunderts besonders auffallen mußte, wurde nun mit erfindungsreicher Argumentation wortreich gerechtfertigt, da man selbst empfand, daß sich die Grenze zwischen ‹erlaubt› und ‹unangemessen› nun dauernd verschob.

Und es waren viele Kardinäle. Bonifaz IX. endete 1404 mit 10 Kardinälen (von denen die Hälfte mit ihm verwandt war); Sixtus IV. begann 1471 mit 25 Kardinälen, die er im Laufe seines Pontifikats, in acht Schüben, um weitere 34 Kardinäle vermehrte (womit er die von Konstanz und den Wahlkapitulationen geforderte Beschränkung auf 24 Kardinäle nun weit überschritt), viele davon in Rom und mit großer *familia*, dem unmittelbaren Gefolge der Kardinäle. Diese *familiae* konnten sehr groß sein, meist größer als die in den Reformvorschlägen vorgesehene Begrenzung auf 40–60 Personen, und das hing natürlich von der Ausstattung und dem Repräsentationswillen der einzelnen Kardinäle ab: 1472 kam Rodrigo Borgia, der Vizekanzler, auf 142(!) Familiaren, d'Estouteville auf 91, Marco

Barbo auf 88, Bessarion auf 83, Latino Orsini auf 54 – und das waren allein die geistlichen ohne die weltlichen Familiaren und Protégés, für die zum Pontifikatsantritt Sixtus' IV. die Kardinäle (und nur daher kennen wir die Zahlen) Pfründen-Anwartschaften beantragten.[277]

Was die Kunstaufträge betrifft, denke man bei solchen Mengen von Kardinälen allein an die Grabmäler, die sie in Auftrag gaben, und die, nach den traditionellen Grabmälern noch zu Anfang des Jahrhunderts, nun in Aufbau und Liegefigur so großartig neue Ansätze zeigen und den bedeutendsten Künstlern anvertraut werden: Mino da Fiesole, Giovanni Dalmata, Andrea Bregno (fallweise auch zusammenarbeitend), Grabmäler für Kardinäle und für Päpste (in der Regel von den Nepoten in Auftrag gegeben), beginnend mit Donatellos bronzener Grabplatte für Martin V. (Abb. 12), dem neuen Grabtyp für Eugen IV. usw. Und die Hofbankiers, soweit sie sich nicht daheim in Florenz oder Genua bestatten ließen, wollten darin natürlich nicht zurückstehen (Abb. 62).

Aber die Selbstdarstellung der Kardinäle drückt sich vor allem in ihrer Bautätigkeit aus. Beginnend mit dem Palazzo Venezia um 1455, rasieren die Kardinalspaläste fortan ganze mittelalterliche Stadtviertel weg und schaffen nun auf Kosten anderer rücksichtslos jenen sichtbaren sozialen Achtungsabstand um sich, den der Palazzo Capranica um 1450 so noch nicht beansprucht hatte. Schon der Platz, an dem der Venezianer Pietro Barbo als Kardinal neben seiner Titelkirche S. Marco seinen Palast errichtete, den er dann als Papst vollendete und zur päpstlichen Residenz machte, war bemerkenswert: fernab vom vatikanischen Palast *in centro Urbis* gelegen (wie die Inschrift sagte), war diese Zentralität durch die Nähe von Via Flaminia und Via Papalis praktisch gegeben, meinte aber eher das Zentrum des *antiken* Rom mit Kapitol und Forum. «Insofern treffen im Palazzo Venezia so zahlreiche Aspekte der beginnenden Renaissance zusammen wie in keinem zweiten Bau dieser Jahrzehnte: Bedürfnis nach Ruhm und individueller Bequemlichkeit wie Streben nach fürstlicher Repräsentation, nach der Darstellung von Größe und Macht; päpstliches Zeremoniell und päpstliche Tradition wie die ganz persönliche Bindung an diesen einen Heiligen; die Erneuerung eines glanzlosen Stadtviertels wie die rücksichtslose Enteignung seiner Bewohner; die topographische wie die formale Antikennähe» (Frommel). Paul II. gedachte sogar, den Platz vor seinem Palast mit antiken Statuen zu schmücken.[278]

Abb. 62.
Grabmal des Hofbankiers Meliaduce Cicala von Genua in S. Giovanni dei Genovesi. Werkstatt Andrea Bregnos (Photo Tobias Daniels).

Oder, auf halbem Wege zwischen Kapitol und Vatikan, der gewaltige Palast, den sich Kardinal Raffaele Riario, Nepot Sixtus' IV., beim Campo dei Fiori errichten ließ (und der, dem bei Leo X. in Ungnade gefallenen Kardinal enteignet, dann zum Sitz der *Cancelleria*, der päpstlichen Kanzlei wurde). Der voraufgehende Kardinalspalast, in den noch Francesco Gonzaga investiert hatte, lag etwas weiter nördlich gegen die (noch nicht vom Corso Vittorio zerteilte) Via dei Leutari, wuchs dann aber in das jetzige Areal hinein, aus dem die Titelkardinäle zunehmend die Kanoniker verdrängten. 1489 faßte der junge Riario dann den Plan eines völligen Neubaus unter Beseitigung der alten Basilika. Binnen sechs Jahren war die gewaltige Fassadenseite des neuen Palastes fertiggestellt (Abb. 63). Der großartige Innenhof mit seinen Galerien war wahrscheinlich auch für Theateraufführungen bestimmt, denen man sich damals neu zuwandte. Die Buchführung des Bauplatzes hat sich in den Akten einer Florentiner Bank erhalten, Grabungen haben die frühchristliche Basilika wieder zutage gefördert, die der Palastbau vollständig hatte verschwinden lassen. Untersuchungen über die Abfolge der Räume in diesem (nach

Abb. 63. Der von Kardinal Raffaello Riario seit 1489 errichtete Palast. Nach 1517 Palazzo della Cancelleria, Sitz der päpstlichen Kanzlei.

Dimensionen und vielleicht auch Intentionen) geradezu päpstlichen Palast haben die Wege des Zeremoniells sichtbar gemacht, Inventare die Innenausstattung hinzugefügt. Und Paolo Cortesis Traktat *De cardinalatu* gibt dem allen den theoretischen Zusammenhalt: wie hat ein Kardinal sich darzustellen, zu wohnen, aufzutreten.[279]

An dem gleichen Straßenzug Via del Pellegrino/Via dei Banchi Vecchi, etwas näher zur Engelsbrücke, hatte bereits Rodrigo Borgia gebaut (Abb. 64). Die 41 Orangenbäumchen, die er 1475 aus einem südlichen Schiff holen ließ, waren aber wohl für seinen Gartenpalast in Campo Marzio bestimmt. Die Orsini bauten auf dem Monte Giordano an der Engelsbrücke und malten den Palast früh aus.

Bei aller Repräsentation waren diese Kardinalspaläste zugleich Stadtburgen, wohlbefestigt und mit Waffen gefüllt. «Alle Kardinäle saßen bewaffnet und wohlversehen in ihren Palästen, als seien es Festungen», bemerkt der römische Chronist Stefano Infessura in der gespannten Situation beim Tode Sixtus' IV., «ja Kardinal Marco Barbo behauptete sogar, sein Palast sei stärker als die Engelsburg» – und man glaubt es ihm gern, wenn man die Kardinäle, den Colonna, den Orsini, d'Estouteville – Waffen importieren sieht. Waffen natürlich nicht für die Verteidigung Roms gegen außen, sondern für die Kämpfe im Innern. Noch die herrliche Fassade der Cancelleria hat, kaum erkennbar, in ihrer Südecke einen Turm in sich. In einem Pönitentiarie-Gesuch aus den gleichen Jahren schildert ein irischer Kleriker, wie er, von der Universität über die *via recta* (die heutige Via Coronari) kommend, in einen Straßenkampf gerät, in dem die eine Seite mit dem Schlachtruf *Borja!* eingreift, und er sich, zwischen Toten und Verwundeten mit seinen Büchern und mit Steinen um sich werfend, dort zum Palast des Kardinals Borgia durchschlägt.

Abb. 64. Der von Kardinal Rodrigo Borgia seit 1458 an der Via del Pellegrino/Banchi Vecchi errichtete Palast (dann Palazzo Sforza Cesarini), Innenhof-Arkaden.

Was die Kardinäle für ihre großen Bauvorhaben an Baumaterialien importierten, ist wiederum aus den Zollregistern zu ersehen. Von einem Transportschiff aus Piombino nimmt 1462 Kardinal Borgia 86 kleine Balken, Kardinal Bessarion den ganzen Rest, der eine vielleicht für seinen neuen Palast in der Via dei Banchi Vecchi, der andere für den seinen neben SS. Apostoli (der Historiker liefert aus seinen Quellen die Balken, der Kunsthistoriker finde dazu den Bauplatz); Kardinal Latino Orsini nimmt 1475, wohl für S. Salvatore in Lauro, in drei Lieferungen 75 Tannenbalken, 2011 Tannenbretter, 8 Körbe metallene Baubeschläge. Und weiter geht es mit Riesenladungen von Balken, Brettern, Eisenhaken für bauwütige Kardinäle wie Carafa, Nardini, d'Estouteville, Della Rovere. Ganze Flottillen mit Marmorblöcken für päpstliche Bauvorhaben legen 1463 und 1471 im römischen Tiberhafen an.[280]

Die nun in rascher Folge errichteten Paläste wollten aber auch ausgestattet sein, verlangten nach anspruchsvollem Mobiliar, beeindruckenden Tapisserien, gemeißelten Türfassungen, schönem Geschirr, kurz: ein solcher Bauboom führt zu Folgeaufträgen, bringt immer weitere Künste und Kunsthandwerke ins Spiel. Und es sind ja nicht nur Kardinäle und Kuriale, die da bauen und ausstatten: Es sind auch führende oder jüngst aufgestiegene römische Familien, die, nach der Zerschlagung der Kommune fortan ohne Alternative, nun in die Hofgesellschaft drängen und irgendwie mithalten müssen, wie oben bereits dargestellt wurde. Der *bourgeois gentilhomme* hat einen besonders großen Nachholbedarf an Selbstdarstellung. So geht die Entwicklung in eine Breite, die, in der Rivalität von Künstlern und Auftraggebern, von *vielen* Künstlern und *vielen* Auftraggebern, auch Quantität in Qualität umschlagen lassen kann.

Schwierig wird es für ärmere Kuriale, bei den neuen Erwartungen mitzuhalten, und das eigentliche Kunststück wird darum dies: Wie konnte man Mäzen sein (oder besser: als Mäzen gelten), wenn man das Geld dazu eigentlich nicht hatte? Daß man sich dieses Problems bewußt war und den Spielraum der Möglichkeiten reflektierte, zeigt sich beispielsweise, wenn Architekturtraktate potentielle Auftraggeber ausdrücklich darauf aufmerksam machen, daß ein bestimmter Stil im Verhältnis zu den aufgewendeten Mitteln viel hermache, daß der Künstler also in der Lage sei, aus wenig Geld viel Eindruck herauszuholen.[281] Und tatsächlich schafften es manche Kardinäle, mehr noch als Mäzen zu gelten, als es wirklich zu sein. Und da sie in der Regel vor Augen hatten, daß ihr Vermögen nach ihrem Tode womöglich an die Kirche falle, zogen manche Kardinäle vielleicht umso mehr vor, das Geld noch unter eigenem Namen auszugeben, nämlich für den eigenen Nachruhm.

Und auch der Begriff des Mäzens wird in diesem Zusammenhang damals bereits verwendet: als *alter nostri saeculi Maecenas*, als «neuen Maecenas unserer Zeit» bezeichnet um 1445 Flavio Biondo den Kardinal Prospero Colonna, der in der Tat Kunst und Wissenschaft lebhaft zugetan war, eine frühe Antikensammlung anlegte, und in Florenz mit seinen dort reichlich verfügbaren Mitteln die bronzene Grabplatte des Colonna-Papstes Martin V. in Auftrag gab (Abb. 11). Denn nicht in Rom bald nach dem Tode des Papstes 1431 wurde das prachtvolle Stück gegossen, wie die Kunsthistoriker – Vasari folgend – annahmen, sondern ein ganzes Jahrzehnt später in Florenz, wie die Registrierung des Imports zu Schiff in den römischen Zollregistern 1445 nun ergeben hat (also im gleichen Jahr, in dem Filaretes Bronzetüren in St. Peter eingehängt wurden) – und ein Jahrzehnt ist im Quattrocento eine lange Zeit. Prospero wandte sich dafür an Cosimo Medici, den gleichen Medici, der bei Donatello und Michelozzo schon das Grab für Martins V. Vorgänger Johannes XXIII. in Auftrag gegeben hatte – und Donatello ist es denn auch, dem nach diesem archivalischen Fund die Kunsthistoriker die Liegefigur der Grabplatte zuschreiben. Persönliche Neigung, Verfügbarkeit von Mitteln am richtigen Ort, Einverständnis mit Persönlichkeiten von Bedeutung: So kommen jetzt Aufträge von Rang zustande. Aber rund wird die Gestalt Prospero Colonnas erst, wenn wir, in den gleichen Zollregistern, diesen kunstfreundlichen Kardinal als Schirmherr seiner mächtigen Familie mit ihrer großen Klientel aufrüsten sehen: 36 Panzer, 80 Helme, 8 Kanonen, 4 Kisten mit Schußbolzen, 4000 Pfeilspitzen, 150 Lanzenspitzen, 25 Musketen im April 1461 in einer einzigen Lieferung![282]

Die großzügige, demonstrative Repräsentation also wird etwas Erlaubtes, ja Gebotenes – nicht als bloßes Geldausgeben, sondern als gezielte Kunstaufträge im Wettstreit untereinander vor den geschmackssicheren Augen eines gebildeten Papstes und einer zusehends kompetenteren Öffentlichkeit. Bloß einen teureren Teppich zum Fenster herauszuhängen als der andere Kardinal, das reichte nicht mehr: Man spürt es aus der Schilderung der Fronleichnamsprozession in Viterbo durch Pius II., die von ihm so ganz anders beschrieben wird als Prozessionen in päpstlichen Zeremonienbüchern, daß er seine Umgebung zur Frührenaissance zu erziehen wußte. Man mußte sich nun schon etwas mehr einfallen lassen. Bloßes Geldgeben hat noch keinen zum Mäzen gemacht, mesquine Auftraggeber werden auf Dauer auch nur mesquine Begabungen finden. Da waren vielmehr Persönlichkeiten, die mit den Künstlern in einem Einverständnis standen, das zur Wechselwirkung wurde, zu gegenseitigem immer wieder neu verhandeltem Geben und Nehmen. Insofern ist es gerecht, daß man zunehmend danach fragt, welchen Anteil an der künstlerischen Schöpfung der Auftraggeber hatte, und nicht einfach dem Auftraggeber bloß das Geld-Geben, dem Künstler ganz das Ideen-Haben zuweist. Wenn Filarete damals sagt, der Auftraggeber sei der Vater, der Architekt die Mutter des Bauwerks, dann wies er damit (das muß man heute vielleicht ausdrücklich dazusagen) dem Auftraggeber keinen geringeren Teil zu.[283] Auch der Auftraggeber und nicht nur der Künstler wird sich zunehmend seiner Rolle bewußt. Wie die Künstler in zunehmender Professionalität miteinander konkurrierten, so konkurrierten die Auftraggeber in zunehmender ästhetischer Kompetenz miteinander. Da war viel echte Kennerschaft. Das sei ausdrücklich gesagt, weil man heute etwas weit geht in der Unterstellung, solche Kunstaufträge seien samt und sonders politisch oder sozial oder wirtschaftlich instrumentalisiert worden. Wir sollten große Mäzene aber nicht auf unsere Ebene herunterziehen, sondern uns an ihrer Größe freuen.

Die wachsende Wertschätzung für den Künstler, und daß er mehr als nur Handwerker sei, drückt sich nicht nur im engeren Einverständnis zwischen Auftraggeber und ausführendem Künstler aus, sondern auch in der Preisbildung. Der Anteil des eigentlichen Honorars am Gesamtpreis – die Zahlung für das Ingenium des Künstlers, *per il suo pennello* – wächst gegenüber Material- und bloßen Verarbeitungskosten.[284] Bei den Goldschmiedearbeiten für die Herstellung der sogenannten Goldenen Rose zahlte um 1440 Eugen IV. den Kunsthandwerkern einen Honoraranteil von einem Siebtel bis einem Fünftel. Das wird sich, wie Verträge des Quattrocento zeigen, nun ändern, ja konnte hundert Jahre später, in Ausnahmefällen, wie Federigo Melis für Cellinis *Perseus* berechnet hat, 70% erreichen (freilich konnte das Prestige des Künstlers damals auch schon unter das Prestige des Auftraggebers geraten und die Nepoten Pauls III. argumentieren lassen, Tizian habe für das Privileg, den Farnese-Papst porträtieren zu dürfen, überhaupt kein Honorar zu erwarten). Eine solche Rangsteigerung künstlerischer Arbeit wurde damals nicht von allen verstanden. Von Schweizer Söldnern, die im frühen Cinquecento in der Lombardei kämpften und dort mit Staunen den Produkten der Mailänder Luxusindustrie begegneten, heißt es in einer zeitgenössischen Quelle, sie hätten sich verwundert gefragt, wieso modische Sandalen doppelt so teuer kommen wie solide Schuhe, und wieso die Arbeit teurer komme als das Material. Sie begriffen die Preisbildung bei italienischen Luxusartikeln nicht. In Rom wurde sie begriffen.

Sicher ist, daß solche Auftragstätigkeit und solches Verständnis zu Anfang des gleichen 15. Jahrhunderts in Rom noch undenkbar gewesen wäre. Wer einen Bonifaz IX. und seine Kardinäle kennt, der weiß: die hätten ihr Geld anders ausgegeben! Wenn man am Ende des Jahrhunderts auf die Idee kommen konnte, den Papst durch Überlassen eines namhaften Künstlers zu einem Entgegenkommen zu veranlassen, so wäre eine solche Geste hundert Jahre zuvor, gegenüber einem Urban VI. oder einem Bonifaz IX., ein absurder Gedanke gewesen, auf den keine der beiden Seiten verfallen wäre.[285] Aber im Laufe dieses einen Jahrhunderts hatten sich in diesem Bereich die Auffassungen völlig geändert. Auch der bescheidene Kardinal darf, auch der arme Kardinal muß, auch der ungebildete Kardinal will jetzt Geld dafür ausgeben.

Endlich ein Blick auf das Rom außerhalb des Hofes. Man erwarte von den führenden Familien in Rom nicht das, was wir die führenden Familien in Florenz zustande bringen sahen. Das kommunale Rom hatte nicht das Zeug dazu, eine vergleichbare Entwicklung in Gang zu bringen. Gewiß hat es von Seiten sowohl alter wie aufsteigender Familien Aufträge gegeben, das zeigen schon Bauten wie der Palazzo Santacroce oder das repräsentative Haus, das sich Lorenzo Manili errichten ließ, mit seiner (sicherlich ganz vom Auftraggeber bestimmten) monumentalen Inschrift von 1468, deren eigenwillige antikisierende Sprache programmatisch das antike republikanische, nicht das päpstliche Rom anspricht. Aber was die – zugegebenermaßen schlechte – römische Quellenlage an Kunstaufträgen verrät, ist nicht eben eindrucksvoll. Man hat vielmehr den Eindruck, als habe diese vom Papsttum endlich entmachtete römische Führungsschicht erst in den Sog des päpstlichen Hofes, seiner Karrieremöglichkeiten, seines Geschmacksdiktats geraten müssen. Wie sehr der päpstliche Hof nun Vorbild auch in Stilfragen wurde, läßt sich aus Details ersehen wie dem ausdrücklichen Verlangen stadtrömischer Auftraggeber, der Söller an ihrem Haus solle «so wie beim Palast des Kardinals Colonna aussehen», oder die Ziegel «so wie beim Vikar des Papstes».[286]

Zweifelsfrei aus dem Milieu der städtischen Gesellschaft ohne Einfluß des Hofes kam der große Auftrag für den Freskenzyklus in Tor de' Specchi (datiert 1468), der die Wunder der eben erst verstorbenen Heiligen Francesca Romana an ihren Mitbürgern zeigt. Da sich die dargestellten Geheilten, durch die Beischriften in Volgare und durch die Aussagen im Heiligsprechungsverfahren, meist identifizieren lassen, kann man mit einiger Wahrscheinlichkeit daraus auch die auftraggebenden Familien erschließen, darunter die für das spätmittelalterliche Rom so kennzeichnenden *bovattieri*, zu neuem Reichtum aufgestiegene Großviehzüchter mit ihren parvenuhaften Bedürfnissen, an ihrer Spitze der bereits genannte Lellus Petrucii. Kunstfördernd wirkte natürlich auch das. Aber Kunstförderung war es gewiß nicht.

Die Ausführung dieses einzigartigen Freskenzyklus wird Antoniazzo Romano und seiner Werkstatt zugeschrieben, dem bedeutendsten römischen Maler der Frührenaissance. Sein umfangreiches Œuvre, neben Fresken zahlreiche Altartafeln mit Madonnen (sichere Werke ab 1464), hatte einen breiten Kreis von Auftraggebern. Seine gutgehende Werkstatt in der Via della Cerasa (heute Piazza Rondanini) beim Pantheon arbeitete für den Apostolischen Palast, für hohe Prälaten, Adelsfamilien (die Caetani in Fondi, die Orsini in Bracciano), römische Kirchen und Bruderschaften, deren Ausgabenbücher bisweilen (wie im Fall von Antoniazzos Bild für die Kapelle der Bruderschaft der SS. Annunziata in S. Maria sopra Minerva) alle Schritte von Beauftragung und Ausführung nachverfolgen läßt.[287] Bruderschaften, mit kollektiven Aufträgen und kollektiver Finanzierung, finden sich bekanntlich auch sonst als Auftraggeber: bescheiden in Rom (*pengniere la figura di essa santa*, gegebenenfalls auf Prozessionsfahnen), groß in den *Scuole grandi* von Venedig.

Wertvollen Einblick in die Nachfrage nach Kunstobjekten und gehobenem Einrichtungsbedarf geben die römischen Zollregister. Denn der Historiker, Allesfresser der er ist, kann zu dieser Thematik auch Quellengattungen beibringen, die dem Kunsthistoriker, weil für seine Fragestellungen meist unergiebig, nicht vertraut sind. Da die Zollregister den zollfrei an die Kurie gehenden Landimport gar nicht erst registrierten, ist davon auszugehen, daß die hereinkommenden Objekte überwiegend an römische Käufer oder an in Rom weilende, bessergestellte (aber nicht zollbefreite) Auswärtige gingen. Das hat zur Folge, daß wir hier einmal Kunstimport *unterhalb* einer gewissen Schwelle in den Blick bekommen, also Kunst, die nicht die Chance hatte, eine Kirche und dann das rettende Museum zu erreichen; Kunst noch als *Ware*, noch nicht *angekommen*. Heiligenstatuetten gleich kistenweise, Madonnenbilder gleich bündelweise, etwa *VIII Cristi picolini de gesso*, 1453; *XXX taolelle de nostra donna pinte*, 1453; *XLI immagini de nostra donna,* 1456; *uno fardeletto de carte pente de nostra donna*, 1457 (so daß dem Zöllner gleich zweimal der Freudsche Fehler unterläuft, *un imagine* nicht *di nostra donna*, sondern *di nostra dogana* zu schreiben). Darunter war, wie die Zollsätze erkennen lassen, viel billiges Zeug, anscheinend auch viel deutsche Holzschnitte, wahrscheinlich Massenware für die vielen Rom-Pilger von nördlich der Alpen, die diese Blätter dann vermutlich auch gleich wieder über die Alpen zurücktrugen. Daneben der Import auch von Skulptur: *1 cassa chon 15 peze de fegure, uno barile de ymagine de alabastro, 3 teste de marmo lavorato*, usw. (Wie

Michelangelos *Christus* nach Rom und dort durch den Zoll kam, wissen wir aus anderen Quellen, aus Michelangelos *Carteggio* und *Ricordi* mit der bitteren Klage: *volevano che Christo paghasse ghabella a entrare in Roma.*)[288]

Neben Stücken serieller Kunstreproduktion, die sich damals allmählich einen zunehmenden Anteil erobert, erscheinen in den Zollregistern auch ansehnlichere und hochtaxierte Einzelstücke (wonach der Zollbeamte, der ja kein Kunstsachverständiger war, solche Bilder taxierte, können wir nur vermuten: Größe, Zahl der Figuren, Verwendung des teuren Blau am Gewand der Madonna, solche Faktoren gingen gewiß in die Preisbildung ein). 1475 kommen *magestate 2 pinte in tavola* herein, also «zwei thronende Madonnen (*maestà*) gemalt auf Tafeln» im Schätzwert von je 6,8 duc., oder «drei Madonnenbilder» zu je 5 1/2 duc., was für solche Bilder, die um 1460 auf 2–4 duc. kommen (Taxwert, nicht notwendig Marktpreis) ein ziemlich hoher Wert ist. Etwas billiger die zwei *immagini de nostra donna dipinte*, die 1477 ein *Lionardo dipintore de Firenze* bringt (wohl nicht Leonardo da Vinci, der aber damals seine ersten Madonnen malt). Bemerkenswert ist, daß Bilder auch von flämischen Kaufleuten angeliefert wurden, wohl tatsächlich direkt aus Flandern, da typisch flandrischen Produkten beigepackt: ein Jacobo Fiamengo 1478 *uno volume de imagine dipente in tela*, also «einen Band (oder Ballen?) von Bildern gemalt auf Leinwand» (nicht auf Holz), ein Pietro de Fiandra 1480 *100 carte pinte*. Die hohe Wertschätzung flämischer Malerei sogar im anspruchsvollen Florenz des Quattrocento ist bekannt, offensichtlich fanden «flämische Bilder» auch in Rom Absatz.[289]

Aber es sind vor allem Florentiner Kaufleute, einige wohl regelrecht darauf spezialisiert, die Bilder nach Rom zu liefern, überwiegend Madonnen oder einfach *immagini*, neben bemalten Truhen, schönen Reisealtären, Schachbrettern, bemalten Tarockkarten (der römische Import solcher Karten hat den Gesamtbestand früher *trionfi* gleich verdoppelt), wohl alles Florentiner Produktion, ja im Arbeitstagebuch der Werkstatt von Neri di Bicci werden sogar Madonnen beschrieben, die Andrea di Biagio *merchatante di Firenze e sta a Roma* (den Zollregistern im Kunstimport wohlbekannt) dann dort absetzte![290] Da Bilder, Statuetten usw. auch von angesehenen römischen Kaufleuten wie Massimo, Santacroce, Cesarini importiert wurden, wird man auch an römische Abnehmer von einem gewissen sozialen Rang denken müssen.

«30 Tafelbilder mit der Madonna», «41 Bilder» usw., solche Mengen – wohl Andachtsbilder fürs Schlafzimmer – waren gewiß nicht Einzelbestellungen. Vielmehr rechneten die florentinischen und flandrischen Kaufleute offensichtlich damit, solche Mengen auch ohne Bestellung in Rom absetzen zu können, kurz: sie rechneten mit einem *Markt*. Das sei doch hervorgehoben, da unter Kunsthistorikern manchmal die Meinung geäußert wird, von einem «Kunstmarkt» könne erst im 16. Jahrhundert die Rede sein.[291] Aber freie Produktion für einen *vermuteten* Bedarf, nicht nur gezielte Produktion für einen *bestimmten* Bedarf, gab es schon im Quattrocento. Natürlich wird man des näheren nach Gattungen differenzieren müssen und nicht generalisieren dürfen. *Imaginette* und *carte pente* werden weit überwiegend billige Blätter für den Markt gewesen sein. Aber nicht anders als so wären wohl auch die Holzschnitte und Kupferstiche Albrecht Dürers bezeichnet worden, die, wie er selber sagt, bis nach Rom vertrieben wurden. Und, ein weiterer Grenzfall: wenn sich «50 Stück bemalten Papiers», die 1462 ein Deutscher wohl aus Nürnberg einführt, als Bestandteil von «15 Weltkarten» erweisen (*L peze de carte pente sono XV mappamondi*): war das auf Bestellung, oder konnte man im beginnenden Zeitalter der Entdeckungen sogar bei Weltkarten in Rom bereits auf großen Absatz spekulieren? Ähnlich vorsichtig muß man bei anderen Gattungen sein. Die hochbegehrte maurisch-spanische Maiolica, die in Rom spätestens mit dem Pontifikat Calixts III. und seiner katalanischen Borgia-Clique Mode wurde, findet sich massenhaft in den römischen Zollregistern (und wurde inzwischen auch in Rom ergraben). Aber sie konnte auch personalisiert geliefert werden, also auf Bestellung mit Einsenden des Familienwappens nach Valencia.[292]

Und was man sonst noch an Kunstobjekten und schönen Kleinigkeiten, wie man sie auf Schreibtisch und Regal des Hl. Hieronymus oder Augustinus von Ghirlandaio, Carpaccio oder Botticelli gemalt sieht, im römischen Import findet: elfenbeinerne Tintenfässer, Intarsienkästchen, Statuetten, Bilder, kunstvolle Gefäße, Musikinstrumente usw. In den römischen Haushalten angekommen sieht man sie dann in anderer, privaterer Quellengattung, in Nachlaßinventaren oder Testamenten, bei Sanguigni oder Porcari oder Caffari, darunter auch einmal *una statua che pare fiorentina* – vielleicht eine glasierte Terrakotta der Della Robbia-Werkstatt, oder was mag einem Römer 1473 an einer Statue «florentinisch geschienen» haben? So kommt Florentinisches nicht nur an den Hof, sondern in die Stadt Rom, kommen Florentiner Andachtsbilder in die Schlafzimmer römischer *bovattieri*.[293]

Mit dem Bau-Boom neuer Paläste ging zugleich eine verstärkte Bautätigkeit im gewöhnlichen Wohnungsbau einher. Daß sich auch im Innern gewöhnlicher Wohnbauten ein Wandel abzeichnet, lassen die *Catasti* des großen Immobilienbesitzes angesehener Bruderschaften erkennen, vor allem wo die Grundform (überwiegend schmale, streifenförmige Grundrisse) vergleichbar ist. Der schlichte Wohnbau der Renaissance verteilt das Innere des umbauten Raums anders als das Mittelalter: schafft Zugänglichkeit durch einen Korridor statt Durchgangszimmern, gibt inneren Treppenaufgängen mehr Raum und Würde, integriert Binnenhöfe in die Wohnung (Abb. 65).

Verstärkte Bautätigkeit im gewöhnlichen Wohnungsbau ist auch aus Notarsakten zu erkennen – und man sieht ein Rom, das nun von Baustellen vibriert. Dieses bewohnte Rom, der damals im Laufe von hundert Jahren auf mindestens die doppelte Einwohnerzahl wachsende *Abitato*, expandiert und verdichtet sich zusehends. Da wird jetzt im Campitelli-Quartier ein bisher als Garten genutztes Grundstück zwischen zwei Häusern bebaut. Man baut enger, und man baut höher: An der Piazza Giudia läßt sich ein Hausbesitzer notariell zusichern, daß sein Gegenüber nicht höher baue als die eigenen Fenster. Da wird, bei Aufnahme eines Nachlasses zur Teilung unter die erbenden Söhne, auch ein Bauplatz beschrieben, die herumliegenden Bauglieder werden inventarisiert. Weniger eindrucksvoll mögen sich die vierzehn *domunculae* ausgenommen haben, die im Herbst 1475 beim Ponte Rotto vermietet werden, davon acht Häuschen hintereinanderweg in der Straße, wo es von dort zum Circus Maximus geht: das war nicht weit vom Tiberhafen der Ripa Grande und darum vielleicht Spekulationsobjekt. Indiz für Bautätigkeit sind auch Kalklieferungen, vor allem aber das auffallend häufige Auftreten von *scarpellini* und von *marmorarii*.

Und so bildet sich noch in diesen schlichten Notarsurkunden unabsichtlich das ab, was erhabenere Quellengattungen wie Gesandtenberichte, humanistische Traktate und päpstliche Geschichtsschreibung absichtsvoll in die Welt rufen: Aus dem schäbigen kleinen Rom des Mittelalters wächst endlich das strahlende Rom der Renaissance. Und

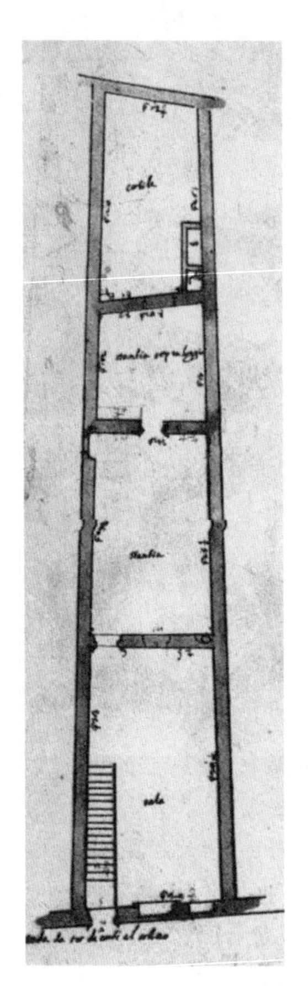

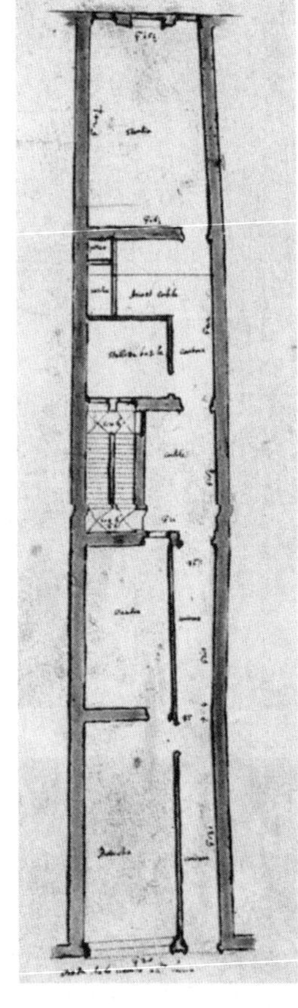

Abb. 65.
Auch im Innern gewöhnlicher Wohnbauten wird der umbaute Raum nun anders gegliedert, wie die Katasterpläne von Immobilienbesitz zeigen: Korridore statt Durchgangszimmer, Ausgestaltung innerer Treppenaufgänge. Confraternita del Salvatore.

so könnte man, statt des üblichen Epochenschnitts 1494 (Einmarsch Karls VIII. von Frankreich in Italien), für Rom auch ein anderes Datum als Epochengrenze wählen: 1496, der junge Michelangelo betritt Rom – denn als er stirbt, ist Rom ein anderes, auch durch ihn ein anderes geworden.

ANHANG

ANMERKUNGEN

1 So DUPRÉ THESEIDER 1952. Zur voraufgehenden Zeit zuletzt C. WICKHAM, Roma medievale. Crisi e stabilità di una città, 900–1150 (Roma 2013); MAIRE VIGUEUR 2010.

2 Frühere Forschung: BURCKHARDT 1860, S. 14 u. 176; K. BURDACH, Rienzo und die geistige Wandlung seiner Zeit (Berlin 1913), S. 33. Neuere Forschung: REHBERG/ MODIGLIANI 2004 (I. REHBERG: Clientele e fazioni nell'azione politica di Cola di Rienzo; II. MODIGLIANI: L'eredità di Cola di Rienzo); COLLINS 2002; DI CARPEGNA FALCONIERI 2002; R. G. MUSTO, Apocalypse in Rome. Cola di Rienzo and the Politics of the New Age (Berkeley 2003); MAIRE VIGUEUR 2010. – Die wichtigste Quelle bleibt: Anonimo Romano, Cronica ed. G. PORTA (Milano 1979); dazu SEIBT 1992; M. MIGLIO/ A. MODIGLIANI, La ‹Cronica› dell'Anonimo romano, in: RR 1992, S. 19–37.

3 Zu den Eigenheiten des römischen Adels CAROCCI 1993 und die Beiträge in La nobiltà romana 2006; MAIRE VIGUEUR 2010; fremden Beobachtern auffallend: A. ESCH, La società urbana. Italia e Germania a confronto, in: L'Italia alla fine del medioevo: i caratteri originali nel quadro europeo, I, a cura di F. SALVESTRINI (Firenze 2006), S. 57–74.

4 Aufbau einer Klientel am Beispiel der Colonna: REHBERG 1999a mit Prosopographie; Orsini-Klientel ebda S. 313 ff. und ALLEGREZZA 1998. – Zur Nachwirkung Colas in den römischen Verfassungstexten REHBERG/ MODIGLIANI 2004 II.

5 Genèse et début 1980, darin H. BRESC zu den Kardinalsparteien, B. GUILLEMAIN zur höfischen Gesellschaft, E.-R. LABANDE zur Haltung von Florenz, M. HARVEY zu England.

6 Zu Person und Pontifikat: Urbano VI in Enciclopedia dei Papi II (2000) S. 561–569 (I. AIT); A. REHBERG, Ein ‹Gegenpapst› wird kreiert. Fakten und Fiktionen in den Zeugenaussagen zur umstrittenen Wahl Urbans VI. (1378), in: Gegenpäpste, hg. von H. MÜLLER u. B. HOTZ (Wien 2012), S. 236–259; Anfänge Urbans und Wandel: ESCH 1972a; Umgang mit Neapel: S. FODALE, La politica napoletana di Urbano VI (Caltanissetta 1973). Zu den prekären Finanzen der Schisma-Päpste FAVIER 1966 (vgl. ESCH in Göttingische Gelehrte Anzeigen 221, 1969, S. 133–159); zur Bedrohung durch Frankreich M. DE BOÜARD, Les origines des guerres d'Italie: la France et l'Italie au temps du Grand Schisme d'Occident (Paris 1936); Rom s. u. S. 42 ff.

7 Zu Person und Pontifikat: Bonifacio IX in Enciclopedia dei Papi II (2000) S. 570–581 (A. ESCH); s. a. unten S. 49 ff. u. 58 ff.

8 Stadtentwicklung zwischen Antike und Mittelalter: KRAUTHEIMER 1987; PANI

Ermini 2001; R. Meneghini/ R. Santangeli Valenzani, Roma nell' alto medioevo: Topografia e urbanistica della città dal V al X sec. (Roma 2004); Esch 2002b (Der Neue Pauly); T. Magnuson, The urban transformation of medieval Rome, 312–1420 (Stockholm 2004). Zu Forum Romanum und Kaiserfora in der voraufgehenden Zeit E. La Rocca bzw. F. A. Bauer in: Der Neue Pauly XV2 (Stuttgart 2002) Sp. 879–904. Zur antiken Besiedlung des Tiberbogens T. P. Wiseman in: Lexicon topographicum urbis Romae, a cura di E. M. Steinby, I (Roma 1993) S. 220–224. Bevölkerungszahlen Gatto 1998; Hubert 1998.

9 Am Beispiel von *theatrum* und *crypta Balbi* jetzt D. Manacorda, Crypta Balbi (Milano 2001), das Modell (in Abb. 2) ebda S. 66; am Beispiel des Domitiansstadiums: Piazza Navona 2014, bes. die Beiträge in Kap. I B u. C.; des Pompeiustheaters: A.M.Capoferro Cencetti in Rivista di archeologia 3(1979) S.72–85. Ursprüngliches Erdgeschoß als Magazin: Abb. 5, Photo Carlo Pavia.

10 Die wichtigen Ergebnisse der Kaiserfora-Grabungen in Meneghini/ Santangeli Valenzani wie Anm. 8, für das 15. Jahrhundert Meneghini 2004. Zum Nachleben der Monumente in Rom allgemein Lanciani 1902–12. Turmwelt: Krautheimer 1987 S. 331 ff. u. 396 f.; Bianchi 1998.

11 A. Esch, Spolien. Zur Wiederverwendung antiker Baustücke und Skulpturen im mittelalterlichen Italien, in: Archiv für Kulturgeschichte 51 (1969), S. 1–64; Memoria dell'antico 1984–86, bes. die Beiträge von C. Frugoni, M. Miglio, M. Greenhalgh, G. Cantino Wataghin, und grundsätzlich S. Settis ebda; Reuse Value. Spolia and appropriation in art and architecture from Constantine to Sherrie Levine, ed. by R. Brilliant and D. Kinney (Ashgate 2011). Archäologischer und historischer Blick: Esch 2005. Instrumentalisierung: Esch 2001a.

12 Wiederverwendung am Beispiel der Caracalla-Thermen: D. Kinney, Spolia from the baths of Caracalla in S. Maria in Trastevere, in: The Art Bulletin 68 (1986), S. 379–397; G. Tedeschi Grisanti, Dalle Terme di Caracalla. Capitelli reimpiegati nel Duomo di Pisa, in: Rendiconti dell'Acc. Naz. dei Lincei, Cl. di Scienze morali IX 1 (1990), S. 161–185; am Beispiel der Portiken P. Pensabene/ M. Pomponi, I portici cosmateschi a Roma, in: Rivista dell'Ist. Naz. di Archeologia e Storia dell'arte 14/15 (1991/92), S. 305–346. Porphyr: S. de Blaauw, Papst und Purpur. Porphyr in frühen Kirchenausstattungen in Rom, in: Tesserae. Festschrift J. Engemann (Münster 1991), S. 36–50. Verarbeitung: P. C. Claussen, Magistri doctissimi romani. Die römischen Marmorkünstler des Mittelalters (Stuttgart 1987).

13 Text lateinisch u. deutsch jetzt in: G. Huber-Rebenich, M. Wallraff, K. Heyden, T. Krönung, Mirabilia Urbis Romae. Die Wunderwerke der Stadt Rom (Freiburg u. a. 2014); zur Überlieferung N. R. Miedema, Die «Mirabilia Romae» (Tübingen 1996). Zur *Graphia*: H. Bloch, Der Autor der «Graphia aureae urbis Romae» in: Deutsches Archiv für Erforschung des Mittelalters 40 (1984), S. 55–175.

14 Sommerlechner 2001; Esch 1996.

15 *Polistoria de virtutibus et dotibus Romanorum*, ed. M. Laureys (Stuttgart/Leipzig 1995). Belege zum Folgenden: Petrarca in: Codice topografico IV S. 6–10, dazu Weiss 1969 Kap. III. Cola di Rienzo: Anonimo Romano S. 143 (*Lex de imperio*: 148 f.); zur Frage seiner Inschriftensammlung I. Calabi Limentani, Epigraphia latina (Milano 1968), S. 132. Leistung: Dies., Sul non saper leggere le epigrafi

classiche nei secoli XII e XIII, in: Annali d. Fac. di Lettere dell'Univ. di Milano 23 (1970), S. 253–282. Dondi: Codice topografico IV S. 65–73.

16 M. Greenhalgh, The survival of Roman antiquities in the Middle Ages (London 1989); dazu A. Esch in QFIAB 70 (1990), S. 556–572. Ghiberti: Commentarii ed. J. v. Schlosser (Wien 1912), S. 61.

17 Humanistische Polemik, Zitat: so Cinzio Romano 1416 an Francesco da Fiano ed. L. Bertalot, Cincius Romanus und seine Briefe, in: QFIAB 21 (1929/30), S. 224. Ganze Bauwerke: Lanciani I S. 45, 46, 47 f. Weiteres s. unten S. 142 ff. u. 205 ff. Zum Folgenden: Manuele Crisolora 2001; dazu A. Rollo in RR 2001, S. 21–37.

18 Zu Ausdehnung und Siedlungsinseln des Disabitato Krautheimer 1987 S. 297–316; zum Anblick der Kaiserforen um 1400 Meneghini 2004.

19 Stadtbild um 1400: Esch 1969, S. 209–214; *via maior* ebda S. 209 f. (1395, 1418); Simoncini 2004 I S. 13–60; Kolosseum Gewölbe vermietet: Krautheimer 1987 S. 328 f.; Vegetation: R. Deakin, Flora of the Colosseum of Rome (London 1855), S. 31 u. 196, und jetzt G. Caneva, *Amphitheatrum naturae*: Il Colosseo. Storia e ambiente letti attraverso la sua flora (Milano 2004). Bevölkerungszahl: Esposito 1998b.

20 Via papalis: Modigliani 1998 S. 150 ff., im Zuge des Possesso s. u. S. 171 f. ; Achsen der Colonna- bzw. Orsini-Klientel Rehberg 1999a S. 301 ff. Für topographische Fragen der einzelnen *rioni* (*rione* = römisch für Region) Gnoli 1939, und immer noch nützlich die Bände von P. Adinolfi, Roma nell'età di mezzo (1857 ff., Nachdruck 1981 ff.); zur kirchlichen Topographie Passigli 1998.

21 Aufbau der Engelsburg Esch 1969 S. 260–262. Ziegen: Man hat dieses Detail, wie manches andere, für eine Ausmalung von Gregorovius gehalten, der aber hat es aus zeitgenössischen Quellen, aus Biondo und Infessura; zu Gregorovius' Arbeitsweise A. Esch, Ferdinand Gregorovius als Geschichtsschreiber der Stadt Rom: sein Spätmittelalter in heutiger Sicht, in: Ferdinand Gregorovius und Italien. Eine kritische Würdigung, hg. von A. Esch u. J. Petersen (BiblDHI 78, Tübingen 1993), S. 131–184. Stände vor St. Peter, Zustand der Häuser nach den *censuali* des Kapitels Esch 1969 S. 263, Wölfe S. 214.

22 Archivalische Belege ebda S. 211 u. 337 f.; Ausverkauf des Kirchen- und Klosterbesitzes ebda S. 226–228; Balken aus Dalmatien S. 338.

23 Anonimo Romano S. 30 f.

24 Die Verfassung der römischen Kommune nach den Statuten: Esch 1969 S. 215 ff., die Verfassungswirklichkeit S. 223 ff. Zur Rolle der Banderesi zuletzt Maire Vigueur 2008.

25 Testaccio: zu den Spielen zuletzt Sommerlechner 1999; Ursprung und Zusammensetzung des Hügels J. Remesal Rodríguez, El monte Testaccio: de vertedero a archivio, in: Rendiconti d. Pontif. Acc. romana di archeologia 85 (2012–13), S. 111–128.

26 Zur Quellenlage Lori Sanfilippo 2001 S. VII u. 3–14, Esch 1995.

27 Überlieferungsverluste: Lori Sanfilippo 2007 S. 111–113. Überlieferung der Stadtratsbeschlüsse: Rehberg 2010; Kriminalakten: Cherubini 2001; Ricordanze: C. Bec, Les marchands écrivains (Paris 1967), für Rom s. unten S. 90 ff. –; Familienarchive: A. Modigliani, Archivi familiari e storia di famiglie della municipalità romana nel basso medioevo. Memoria e rimozione, in: Scritti per Isa 2008, S. 669–683; soweit Teile davon im Vatikanischen Archiv deponiert sind

(Della Valle/Del Bufalo, Santacroce): S. PAGANO, Archivi di famiglie romane e non romane nell'Archivio Segreto Vaticano, in: Roma moderna e contemporanea I, 3 (1993), S. 189–231. Stadtgeschichtsschreibung: s. u. S. 300 ff.

28 Bußenregister: P. CHERUBINI /A. MODIGLIANI/ D. SINISI/ O. VERDI, Un libro di multe per la pulizia delle strade sotto Paolo II, in: ASR 107 (1984), S. 51–274. Anschreibebuch: A. PETRUCCI, Scrittura, alfabetismo ed educazione grafica nella Roma del primo Cinquecento: da un libretto di conti di Maddalena pizzicarola in Trastevere, in: Scrittura e Civiltà 2 (1978), S. 163.

29 GREGOROVIUS 1872; LORI SANFILIPPO 2007; DIES. 2001 S. 433–458; zu Martin V. DIES., Notai e protocolli, in: Alle origini 1992, S. 413–453; VERDI 2005; LOMBARDO 2012; sowie zahlreiche Einzelarbeiten zit. im Folgenden. Über diesen Neuansatz A. ESCH, Un bilancio storiografico della ricerca su Roma in età rinascimentale, in: RR 2007, S. 87–101. – Mutmaßungen über die Zahl gleichzeitig tätiger Notare (neben D. HERLIHY zu Pisa, J. K. HYDE zu Padua, u. a.): A. MEYER, *Felix et inclitus notarius*. Studien zum italienischen Notariat vom 7.-13. Jahrhundert (BiblDHI 92, Tübingen 2000), S. 321 ff.; oft nicht repräsentativ: A. ESCH, Überlieferungs-Chance und Überlieferungs-Zufall als methodisches Problem des Historikers, in: Historische Zeitschrift 240 (1985), S. 529–540, hier: S. 532 ff.

30 Kaufmannsbriefe s. u. S. 54 f. Zunftstatuten: LORI SANFILIPPO 2001; Quellenbestand der Bruderschaften: Storiografia e archivi 1985.

31 GENNARO 1967; MAIRE VIGUEUR 1981; CORTONESI 1995, S. 105–118; LORI SANFILIPPO 2001, S. 95–122. S. a. unten S. 101 f. u. 267 f. – Zu topographischen Fragen, Grundbesitz, Casali der Campagna: TOMASSETTI 1910–1926/ 1979; COSTE 1996; S. CAROCCI/ M. VENDITELLI, L'origine della Campagna Romana. Casali, castelli e villaggi nel XII e XIII sec. (Roma 2004).

32 Bonifaz IX und die römische Kommune: ESCH 1969, bes. Kap. I 4; tägliche Schikanen ebda S. 224 ff., Verträge von 1391 und 1393 S. 228 ff.

33 Parteiung und Prosopographie der Führungsgruppe ebda S. 238 ff.; Zusammenbruch 1398 S. 249 ff. u. 571 ff. Augenzeuge: vgl. SCHIMMELPFENNIG 1973 S. 118.

34 Stabilisierende Maßnahmen ESCH 1969 S. 253 ff. (Engelsburg S. 260–262). Zum Folgenden: Parteien und Klientelen, Wandel der Klientelbeziehungen REHBERG 1999a S. 290, 397 f.

35 Bedeutung der Datini-Korrespondenz für Rom 1398 ESCH 1976/77 (die hier zitierten Briefe ebda S. 238 f. u. 277; eventuelle Florentiner Initiative S. 271 ff.), für Roms Handel um 1400 PALERMO 1979 S. 229–269.

36 Zu Aufstieg, Zusammensetzung und Gewicht des Neapolitaner Familienclans ESCH 1972a. Verlust des Personals: FAVIER 1966 S. 136 ff.

37 Theoderici de Nyem, *De scismate libri tres*, ed. G. ERLER (Leipzig 1890) S. 80.

38 Die einzelnen Familien (und Verwandschafts-Dispense) ESCH 1972a S. 721 ff.; ihre Residenzen in Rom ebda S. 741–744; *ex quo tot tomacelli prodierunt* Poggio Bracciolini, Facezie (wie Anm. 152) Nr. 35.

39 Zu Person und Pontifikat: Giovanni XXIII in Enciclopedia dei Papi II (2000) S. 614–619 (F.-C. UGINET); ESCH 1972a S. 758 ff.; Schwinden ihres Einflusses, Briefe der Cossa-Nepoten im Archivio Mediceo avanti il Principato und Berechnung ihrer Subventionen ebda S. 778–794 u. 799 f.

40 Zur Papstfinanz unter den Bedingungen des Schismas: FAVIER 1966; ESCH 1966.

Florentiner-Verhöre 1377/78: ed. G. PALMIERI in Spicilegio Vaticano di documenti inediti e rari I (1890), S. 35–59, dazu TREXLER 1967.

41 Aufstieg der Medici: G. A. BRUCKER, The Medici in the 14th century, in: Speculum 32 (1957), S. 1–26; DE ROOVER 1966, Kap. III u. IX; HOLMES 1968. Neapolitaner Clan und Florentiner Kapital: ESCH 1972a S. 771–779.

42 Andere Florentiner Firmen: für die Schismazeit vollzählig in ESCH 1966 S. 282–321 u. 374–385; zu einzelnen wichtigen Firmen mit römischen Geschäften etwa TOGNETTI 1999 (Cambini); JACKS/CAFERRO 2001 (Spinelli); E. PLEBANI, I Tornabuoni (Milano 2002). Handel mit Rom GOLDTHWAITE 2009 S. 170 ff. – Ihre Kirche in Rom: G. SEGUI/ C. THOENES/ L. MORTARI, SS. Celso e Giuliano (Le Chiese di Roma illustrate 88, Roma 1966). «12 Päpste»: Consulte e Pratiche 1408 s. P. HERDE, Politische Verhaltensweisen der Florentiner Oligarchie 1382–1402, in: Frankfurter Historische Abhandlungen 5 (1973), S. 190. Selbstbewußtes Verhalten gegenüber den kirchlichen Behörden s. a. DANIELS/ ESCH 2015.

43 Die archivalischen Belege im einzelnen bei ESCH 1972b, mit Prosopographie der ersten Florentiner Quattrocento-Generation in Rom. Zum Florentiner Viertel s. a. M. G. AURIGEMMA, Case di Fiorentini a Roma nell'ultimo decennio del '400, in: Roma di fronte all'Europa 2001, S. 495–520. Für die Folgezeit Kaufleute s. u. S. 269 ff.; Humanisten und Künstler S. 188 ff.; Architekten und *maestranze*: BORSI et al. 1989.

44 Die Florentiner Kolonie im frühen 16. Jahrhundert: M. M. BULLARD, *Mercatores florentini Romanam curiam sequentes* in the early 16th century, in: Journal of Medieval and Renaissance Studies 6 (1976), S. 51–71; I. POLVERINI FOSI, I Fiorentini a Roma nel Cinquecento, in: Roma capitale 1994, S. 389–414; F. GUIDI BRUSCOLI, Benvenuto Olivieri. I *mercatores* fiorentini e la Camera Apostolica nella Roma di Paolo III Farnese (Firenze 2000).

45 G . ERNST, Die Toskanisierung des römischen Dialekts im 15. und 16. Jahrhundert (Tübingen 1970), bzw. ERNST 2011; P. D'ACHILLE, Forschungsbericht in RR 2009, S. 47–63 u. DERS. 2012 zum Volgare am Beispiel der Inschriften. Eine Sammlung unscheinbarer Alltagstexte, um die Sprache auf niederer Ebene zu fassen zu kriegen, bietet TRIFONE 1999.

46 Die römischen Geschehnisse 1404–1418 im einzelnen: GREGOROVIUS, Geschichte S. 826–869; Innozenz VII.: in Enciclopedia dei Papi II (2000) S. 581–584 (A. DE VINCENTIIS); Eingreifen Neapels: A. CUTOLO, Re Ladislao d'Angiò-Durazzo (Napoli [2]1969) Kap. IX-XIII.

47 Gregor XII.: in Enciclopedia dei Papi II (2000) S. 584–593 (G. ORTALLI); zu Person, Herkunft, Nepoten D. GIRGENSOHN, Kirche, Politik und adelige Regierung in der Republik Venedig zu Beginn des 15. Jahrhunderts (Göttingen 1996), Kap. IV-IX; Johannes XXIII s. o. S. 60 ff. Konzil von Pisa: Die Konzilien 2007; Quellensammlungen zum Konzil D. GIRGENSOHN in: Annuarium historiae conciliorum 30 (1998), S. 456–519.

48 DELLO SCHIAVO, Diario: Pietro Mattuzzi S. 90; Schnee S. 106; Auflauf am Kapitol S. 21; Testaccio-Spiele S. 85; Exequien S. 41; Peterskirche verlassen S. 96.

49 BRANDMÜLLER, 1991–1997; Die Konzilien 2007; Das Konstanzer Konzil als europäisches Ereignis, hg. von G. SIGNORI u. B. STUDT (Vorträge u. Forschungen 79, Ostfildern 2014).

50 Zu Person und Pontifikat die Beiträge in: Alle origini 1992; Enciclopedia dei Papi II (2000) S. 619–634 (C. Bianca); Rückkehr nach Rom: M. Dykmans, D'Avignon à Rome: Martin V. et le cortège apostolique, in: Bulletin de l'Inst. historique belge de Rome 39 (1968), S. 203–308, bes. S. 277 ff.

51 Kirchenstaat, erste Maßnahmen: Partner 1958 (zum Instrument des Apostolischen Vikariats: Esch 1969, S. 474–479 u. 590–609); Kirchenstaat im Wandel: s. Forschungsbericht Carocci 1996. Condottieri: M. Mallett, Mercenaries and their masters (London 1974); guten Einblick in diese Welt anhand eines Rechnungsbuchs gibt M. Del Treppo, Gli aspetti organizzativi, economici e sociali di una compagnia di ventura italiana, in: Rivista storica italiana 85 (1973), S. 253–275.

52 Zum Nepotismus Martins V. Rehberg 1992; zum Palazzo Colonna Schelbert 2007.

53 Zusammenführen der drei Kardinalskollegien: Richardson 2009; Kurie: B. Schwarz, L'organizzazione curiale di Martino V e i problemi derivanti dallo Scisma, in: Alle origini 1992 , S. 329–345; Konzil von Pavia: W. Brandmüller, Das Konzil von Pavia-Siena 1423–1424 (Konziliengeschichte A 21, Paderborn 2002).

54 Martin V. und die römische Kommune: Partner 1958, S. 161–169; Alle origini 1992; Rehberg/ Modigliani 2004, II S. 112–114.

55 Erneuerung Roms als Programm: Miglio 1984 u. 2003; McCahill 2013; zu Signorili: P. Pavan in Alle origini 1992 S. 301–309. Maestri delle strade: Verdi 1997 (ebda App. 2 die Bulle *Etsi*) u. 2014. Quellen zu Architektur und Urbanistik seines Pontifikats in Müntz 1878, weitere in Corbo 1969. Malerei, Gentile da Fabriano: A. Cavallaro, La pittura al tempo di Martino V, in: Storia dei Giubilei I S. 312–327; Strinati 2008.

56 Zu Person und Pontifikat: Eugenio IV in Enciclopedia dei Papi II (2000) S. 634–640 (D. Hay); Wahlkapitulation: Krüger 2006; Anfänge: W. Brandmüller, Der Übergang vom Pontifikat Martins V. zu Eugen IV., in: QFIAB 47 (1967), S. 596–629.

57 Helmrath 1987; Die Konzilien 2007.

58 Konflikt mit den Colonna: J. Kirshner, Papa Eugenio IV e il Monte Comune, in: ASI 127 (1969), S. 339–382, hier: 357 ff.; Esch 1992, Rolle Prospero Colonnas bes. S. 634 ff.; Rehberg 1992; Rückkehr Prosperos: C. Bianca, I cardinali al concilio di Firenze, in: Firenze e il concilio del 1439, a cura di P. Viti (Firenze 1994), S. 147–173. Grabplatte s. u. S. 332 f.

59 Zur Flucht von 1434 die Quellen jetzt bei Plebani 2012 (vgl. Dies. in Congiure e conflitti 2014 S. 89–108); L. Boschetto, I fatti del 1434 nel giudizio degli umanisti, in: Congiure e conflitti S. 69–88.

60 Zu Giovanni Vitelleschi jetzt die Beiträge in: I Vitelleschi 1998. Zitate: Petrone, Mesticanza S. 9 f. u. 19 f. regieren, S. 29–36 u. 41 Palestrina, S. 46 Kornpreis, Nerone. Reiterstatue: P. A. Petrini, Memorie Prenestine (Roma 1795), S. 448–452. Dazu A. Esch, Il progetto di statua equestre per il Campidoglio 1436. Il problema della tradizione, in: I Vitelleschi 1998, S. 21 f. Vergleich mit Cesare Borgia: so schon Gregorovius III S. 37. Sein Nachfolger Ludovico Trevisan: D. S. Chambers, Popes, cardinals and wars. The military church in Renaissance and Early Modern Europe (London-New York 2006), S. 42 ff.

61 Zum Aufenthalt Eugens in Florenz und der Bedeutung für beide Seiten BOSCHETTO 2012: Vertrag mit Florenz S. 535–541; erster (1434–36) und zweiter (1439–43) Aufenthalt; Begegnung zwischen Kurialen und Florentiner Humanisten S. 380ff., 485ff. Eugens IV. Itinerar: H. DIENER (†)/ B. SCHWARZ in QFIAB 82 (2002), S. 193–230. Cosimo: N. RUBINSTEIN, The Government of Florence under the Medici, 1434 to 1494 (Oxford 1966); D. KENT in DBI 73 (2009), S. 36–43; Anfänge: R. FUBINI, Il regime di Cosimo de' Medici al suo avvento al potere, in: FUBINI 1994, S. 62–86.

62 Übergang von den Anjou zu den Aragon: G. VITOLO, Il regno angioino, in: Storia del Mezzogiorno, dir. da G. GALASSO e R. ROMEO, IV 1 (Roma 1986), S. 11–86; M. DEL TREPPO, Il regno aragonese, in: ebda S. 89–201; E. PONTIERI, Alfonso il Magnanimo re di Napoli (Napoli 1975); zur Zuwanderung qualifizierter Fremder DEL TREPPO 1989. Anfänge der Borgia: De València a Roma 2006.

63 VESPASIANO DA BISTICCI I S. 24.

64 Zur Mischgattung zwischen Familienbuch und Lokalchronik wäre etwa auch zu rechnen: A. MODIGLIANI, «Faccio recordo io Evangelista ...»: Memorie di un notaio romano alla fine del Quattrocento, in: Roma donne libri 2004, S. 217–257.

65 CAFFARI 2009: Besitz-Inventar ebda S. 79, Dante S. 28, Apfelsinenbäume S. 130 u. 133, Medici S. 231 u. 245, Konzil S. 87, Kerzen S. 107, Löwe S. 94, Marforio S. 194, Colonna S. 117.

66 DELLO MASTRO, *Memoriale*: Wasser ebda S. 85, Dromedar S. 92, Bronzetüren S. 93, Flucht S. 87, Rückkehr S. 91, Hinrichtung S. 91 f., San Bernardino S. 90 (wohl unter falschem Datum).

67 PETRONE, *Mesticanza*: *vedovella* ebda S. 39, «von allem schreiben» S. 6, Testaccio S. 34 u. 38, Konzil S. 42, *capriccioso* S. 62, kein römischer Kardinal S. 43 u. 62, Hinrichtungen S. 39 f. u. 51 f. Zur Person ISOLDI, Prefazione.

68 Zum Ende des Basler Konzils, zu Reformdebatte und Restauration: Nach dem Basler Konzil 2008; DENDORFER/MÄRTL 2011; Ende des konziliaren Zeitalters 2012; MÜLLER 2015; s. a. unten S. 245, 250 f.

69 Una santa tutta romana 1984; und die Beiträge in: Francesca Romana 2009. Edition der Zeugenaussagen: P. T. LUGANO OSB, I processi inediti per Francesca Bussa dei Ponziani (Santa Francesca Romana) 1440–1453 (Studi e Testi 120, Città del Vaticano 1945); eine Neuausgabe plant A. BARTOLOMEI ROMAGNOLI. Die Schriften des Beichtvaters: BARTOLOMEI ROMAGNOLI 1994.

70 Die Zeugenaussagen verwertet als Quelle zur politischen und sozialen Geschichte Roms: ESCH 1973 und DERS., S. Francesca Romana e la società romana del suo tempo, in: Francesca Romana 2009, S. 3–21; ebda im einzelnen zu den im Text zitierten Aussagen.

71 Im einzelnen ebda. Vergleich mit der (ganz anderen) römischen Umwelt der Hl. Birgitte und der Hl. Caterina da Siena: ESCH 1982.

72 Einordnung von Lello Petrucci und den Bussa/Ponziani in Gesellschaft und kommunale Parteiung: ESCH 1973, S. 110–123 und Prosopographie S. 137–151; *bovattieri* s. o. S. 49 f., soziale Mobilität s. u. S. 108 f. Wohnverhältnisse s. a. BROISE/ MAIRE VIGUEUR 1983.

73 Zu den Fresken CAVALLARO 1992 S. 211–216. Die Bildunterschriften in Volgare: P. D'ACHILLE, Le didascalie degli affreschi di S. Francesca Romana, in: F. SABA-

TINI/ S. RAFFAELLI/ P. D'ACHILLE, Il volgare nelle chiese di Roma. Messaggi graffiti, dipinti e incisi dal IX al XVI secolo (Roma 1987), S. 111–183. Identifizierung der abgebildeten Personen: ESCH 1982, S. 92 f.

74 Dazu die Beiträge in: La canonizzazione 2013. Über die Entwicklung des Heiligsprechungsprozesses in den Anfängen VAUCHEZ 1988, S. 39–67; über die (im neuen Verfahren hervorgekehrten) juristischen Aspekte: Procès de canonisation au Moyen Âge. Aspects juridiques et religieux. Medieval Canonisation Processes. Legal and Religious Aspects, sous la direction de G. KLANICZAY (Rome 2004), etwa T. WETZSTEIN, *Iura novit Curia.* Zur Verfahrensnormierung der Kanonisationsprozesse des späten Mittelalters ebda S. 259–288.

75 Die Verfahren von 1440–1451 im Vergleich mit den neuen Anforderungen des Verfahrens von 1602–1608: G. ZARDIN in: La canonizzazione 2013 S. 53–78; BARONE ebda S. 125–137; ESCH S. 39–51; die Unterschiede hervorgehoben in BARONE 1984 S. 60 ff. und BARTOLOMEI ROMAGNOLI 1994 S. 51 f. u. 144 f.; zur Selbstzensur des Beichtvaters ebda S. 42 ff.

76 Grundlegend die Beiträge in: Le confraternite romane 1984; Storiografia e archivi 1985 mit Überblick über die Archivbestände, dazu Inventare zu einzelnen Bruderschaften, etwa PAGANO 1990. Zu den Formen weiblicher Laienfrömmigkeit in Rom vor allem BARONE 1994, ESPOSITO 2004 u. 2009, zu den charakteristischen Quellen DIES., Amministrare la devozione. Note dai libri sociali delle confraternite romane (secc.XV-XVI), in: Il buon fedele. Le confraternite tra medioevo e prima età moderna, a cura di M. ZANGARINI (Roma 1998), S. 195–223; SENSI 2013. Oblaten: G. PICASSO in: Francesca Romana 2009, S. 23–31 und BARTOLOMEI ROMAGNOLI ebda S. 87–160. Aufsässige Terziarierinnen: Beispiele ESPOSITO 2009 S. 160 f.

77 Archivio di Stato Roma, Tribunale criminale del Senatore 4, f. 12r (1481); Testaccio: 1 f. 29r (1454). Zur Quelle CHERUBINI 2001.

78 A. MODIGLIANI, Continuità e trasformazione dell'aristocrazia municipale romana del XV sec., in: Roma medievale 1998, S. 267–279; DIES., «Li nobili huomini di Roma»: comportamenti economici e scelte professionali, in: Roma capitale 1994, S. 345–372; A. ESPOSITO, «Li nobili huomini di Roma». Strategie familiari tra città, curia e municipio, in: ebda S. 373–388. Zum Selbstverständnis der arrivierten und der aufsteigenden Familien s. a. M. MIGLIO, Marco Antonio Altieri e la nostalgia della Roma municipale, in: Effetto Roma. Nostalgia e rimpianto (Roma 1992), S. 9–23; MIGLIO 1995; LORI SANFILIPPO 2006; ESCH 2006. Mitgift-Höhe: ESPOSITO, La normativa suntuaria (wie Anm. 81). Die Grabmäler: GARMS u. a. 1981–94.

79 Namenslisten der Salvator-Prozession bei MODIGLIANI 1994 S. 254–273, dazu S. 251 f.; PAVAN 1980 u. DIES., La confraternita del Salvatore nella società romana del Tre-Quattrocento, in: Le confraternite romane 1984, S. 81–89. Zum Salvator-Bild und seiner Prozession P. HELAS/ G. WOLF, Die Nacht der Bilder. Eine Beschreibung der Prozession zu Mariae Himmelfahrt in Rom aus dem Jahr 1462 (Freiburg/Br. 2011). Vordringen in die Kapitel: REHBERG 1999b S. 172–186, bes. 177.

80 Santacroce: A. ESPOSITO ALIANO, Famiglia, mercanzia e libri nel testamento di Andrea Santacroce (1471), in: Aspetti 1981, S. 197–220; AIT/ ESCH 1993 S. 394–

413; Esch 2007a ad indicem. – Massimo: Modigliani, «Li nobili huomini» (wie Anm. 78); Ait 1996a, S. 53–68; Esch 2007a S. 66–70, 149–152; daß die Massimo sich um kaufmännische Ausbildung bemühten, zeigt ein *Libro d'abaco*: P. Cherubini, Studiare da banchiere nella Roma del Quattrocento (Milano 2007). *Nuptiali*: Miglio 1995. – Margani: I. Ait, I Margani e le miniere d'allume di Tolfa, in: ASI 168 (2010), S. 231–262.

81 Vergabe von Bürgerrecht und Kommunalämtern s. u. S. 111 u. 301; Antiluxus: A. Esposito, La normativa suntuaria romana tra Quattrocento e Cinquecento, in: Economia e società 2005, S. 147–179.

82 Zum religiösen Leben im spätmittelalterlichen Rom Barone 2001; zuletzt der Band ASR 132 (2009) hg. von G. Barone u. A. Esposito (mit wichtiger Einleitung und Zusammenfassung durch S. Boesch Gajano bzw. A. Vauchez über die römischen Eigenheiten im Schatten der stärker beachteten Papstgeschichte): darin T. Di Carpegna Falconieri zum Weltklerus, A. Marini zu den Frauenklöstern, G. Barone zur Laienfrömmigkeit, G. Wolf zu den Andachtsbildern. Zu den Bruderschaften die Sammelbände Le confraternite romane 1984, Storiografia e archivi 1985.

83 Kanoniker Colonna: Rehberg 1999a u. 1999b; Orsini (kurzer Vergleich ebda 1999a S. 313 ff.): Allegrezza 1998. S. Salvatore: s. o. Anm. 79. Wie die Päpste, nach der Verlegung ihrer Residenz zum Vatikan und der Domestizierung der Kommune, mit dem Lateran umgingen, zeigen C. u. A. Nesselrath, Die Wappen der Erzpriester in der Lateranbasilika *oder* Wie Bramante nach Rom kam, in: Italia et Germania 2001, S. 291–317.

84 Zu den Bettelorden in Rom Barone 2001, S. 208 ff. Franziskaner und Bruderschaften: G. Barone, Il movimento francescano e la nascita delle confraternite romane, in: Le confraternite romane 1984, S. 71–80; Franziskaner und Kommune: Brancia di Apricena 2000 bes. S. 82 f. u. 113 f.; Grabsteine in S. Maria in Aracoeli: Garms u. a. 1981–94, I S. 112 ff., II S. 64 ff. – Franziskaner und Colonna: A. Rehberg und A. Marini in: Roma religiosa (Tagung Rom 2014, Veröffentlichung in Vorbereitung); zu den Augustinern und ihrem Viertel A. Mazzon u. A. Esposito ebda.

85 R. Fubini, Poggio Bracciolini e San Bernardino: Temi e motivi di una polemica, in: Maffei/ Nardi 1982, S. 509–540. Zitat: Predica IX.

86 Rom-Erwartung des Wikingers: Dudo de St-Quentin in Migne, Patrologia latina 141, col. 625 (zu 860). Rom-Darstellungen: Augsburg: M. Schawe, Rom in Augsburg. Die Basilikabilder aus dem Katharinenkloster (München 1999); Enguerrand Quarton: J. e Y. Le Pichon, Le mystère du couronnement de la Vierge (Paris 1982), bes. S. 17 f.; Rom-Abbreviaturen: J. Garms, Roma abbreviata: edifici e monumenti come simbolo dell'Urbe, in: Roma veduta, a cura di M. Gori Sassoli (Roma 2000), S. 59–68. Zum realen und vorgestellten Rom Maddalo 1990 u. 1997; Esch 2000b S. 13 ff.

87 Deutsche Pilger in Italien: Schmugge 1995. Eine Typologie der verfügbaren Quellengattungen zum Rom-Weg in A. Esch, Auf der Strasse nach Italien. Alpenübergänge und Wege nach Rom zwischen Antike und Spätmittelalter. Methodische Beobachtungen zu den verfügbaren Quellengattungen, in: Strassen- und Verkehrswesen im hohen und späten Mittelalter, hg. von R. C. Schwinges (Vor-

träge und Forschungen 66, Ostfildern 2007), S. 19–48; zu den Pilgerspitälern ebda, wichtiges Beispiel Siena: G. PICCINNI/ L. TRAVAINI, Il libro del Pellegrino. Affari, uomini, monete nell'Ospedale di S. Maria della Scala (Napoli 2003). Sprachbuch: O. PAUSCH, Das älteste italienisch-deutsche Sprachbuch. Eine Überlieferung aus dem Jahre 1424 nach Georg von Nürnberg (Österr. Akad. d. Wiss., Phil.-hist. Kl., Denkschriften 111, Wien 1972).

88 Etzlaub-Karte: L. BAGROW/ R. A. SKELTON, Kartographie (Berlin 1973), S. 191–193. Rolands-Toponyme an der Via Francigena: R. STOPANI, La Via Francigena. Una strada europea nell'Italia del Medioevo (Firenze 1988), S. 43–52; A. ESCH, Römische Straßen in ihrer Landschaft (Mainz 1997), S. 38 f. Zur Via Francigena eine eigene, seit 1993 erscheinende Zeitschrift ‹De strata Francigena›.

89 Blick auf Rom: s. Abb. 19 mit EGGER 1905/06 I S. 63. Kundenfang: LEE 1978 S. 238 f.

90 Herbergs-Betrieb am Beispiel einer Privatunterkunft 1474/75: AIT/ ESCH 1993; Pilgerhospize und anderes Unterkommen: ROMANI 1948; im Anschluß an die nationalen Kirchen: s. u. S. 150.

91 ESCH 2000c; zu den Preiskategorien ebda S. 454, Lokalisierung und Hotelzonen S. 451–453, Konsum S. 452 f.

92 MIEDEMA 2003 (vgl. MIEDEMA 2001); Frühdrucke: ebda S. 26 ff., vgl. Scrittura 1980 S. 240. Die hochmittelalterlichen Mirabilia s. o. S. 30 ff.; Nachführung: G. BUCCILLI, L'aggiornamento riguardante reliquie e indulgenze in alcune edizioni romane di ‹Libri indulgentiarum› a stampa del sec. XV, in: QFIAB 70 (1990), S. 328–347.

93 S. Giovanni in Laterano: MIEDEMA 2001 S. 166–196 Reliquien, S. 217–231 Ablässe; Reliquien-Diebstahl (u. Zitat) ESCH 2014 S. 252. – Kolosseum: Spottlied nach Florentine Festival Music 1480–1520, ed. by J. J. GALLUCCI (Madison 1981), S. 100; Capgrave: S. u. S. 210 ff.; «schichtig»: MARTIN LUTHER, Ausgewählte Werke hg. von H. H. BORCHERDT, VIII (München 1925), S. 15–21. Beschreibung von Architektur: A. ESCH, Anschauung und Begriff. Die Bewältigung fremder Wirklichkeit durch den Vergleich in Reiseberichten des späten Mittelalters, in: Historische Zeitschrift 253 (1991), S. 281–312.

94 Zu den Heiligen Jahren zuletzt umfassend: Storia dei Giubilei (hier Bd. I u. II); PAGANO 2016. Zum ersten Jubeljahr 1300 A. PARAVICINI BAGLIANI in I S. 168–183; Herabsetzung auf 33 Jahre, Ablaßvergabe durch Bonifaz IX.: ESCH ebda I, S. 278–293; sowie die Beiträge in: I Giubilei nella storia della Chiesa 2000. Zu Problemen und Praxis des Ablasses N. PAULUS, Geschichte des Ablasses im Mittelalter, bes. III (Paderborn 1923), S. 181 ff. u. 330 ff., und zuletzt: Ablasskampagnen des Spätmittelalters, hg. von A. REHBERG (im Druck).

95 Das «avignonesische» Jubeljahr von 1400 und seine Probleme: Storia dei Giubilei I S. 285 ff.; die *Bianchi* G. TOGNETTI, Sul moto dei *Bianchi* nel 1399, in: BISIME 78 (1967), S. 205–343. Kirchenreparaturen s. o. S. 39 f.; Kaufmannsbriefe (informativ wie die Datini-Briefe zu 1398, s. o. S. 54): MELIS 1984; Geldspenden: RUCELLAI 1960, S. 77 f. Zum abgepreßten Jubeljahr von 1413 A. DE VINCENTIIS in Storia dei Giubilei I S. 298 f.

96 Zum Jubeljahr von 1450 M. MIGLIO in Storia dei Giubilei II S. 56–73; Paolo dello Mastro: zu Person u. Chronik s. o. S. 92 f., das Jubeljahr in seiner Chronik S. 93–95.

97 Sein Bericht: RUCELLAI 1960 S. 67–78 (vgl. seine Beschreibung des Pantheon s. u. S. 209 f.). Einnahmen der Medici 1450: VESPASIANO DA BISTICCI S. 56 f.

98 Die deutschen Fälle in SCHMUGGE 2000; die außerdeutschen Fälle in ESCH 2014 S. 251 f.

99 Zum Jubeljahr von 1475 ESCH in Storia dei Giubilei II S. 106–123. Zu den Baumaßnahmen mit ausdrücklichem Bezug auf das Jubeljahr s. u. S. 136, darunter Ponte Sisto; Pflasterung: E. LEE, Workmen and work in Quattrocento Rome, in: Rome in the Renaissance 1982, S. 141–152. Wichtige Mantuaner Quellen zum Besuch Ferrantes in ROTH 1991, S. 511–541.

100 Zu den wirtschaftlichen Aspekten A. ESCH, L'economia nei Giubilei del Quattrocento, in: I Giubilei nella storia della Chiesa 2000, S. 341–358, bes. S. 348; Betrug beim Wein: D. LOMBARDI, «Et per lo peccato de mectere l'aqua nello vino»: le frodi sul vino nella Roma del XV secolo, in: RR 2015, S. 73–92; Mietverträge: CURCIO 1986, S. 711.

101 Importkurve und spezifische Importe 1475: ESCH 2007a, S. 157–167; s. a. unten S. 280 f. Pilgerführer gedruckt: s. o. S. 126.

102 Am Beispiel des Weins (Import, Konsum, Preisbewegung) ESCH 2007a S. 183–190, 194–199. Giovanni di Juzzo: MIGLIO 1998, S. 60.

103 Zuletzt die Beiträge des Sammelbandes Santa Maria dell'Anima 2010. Der *Liber confraternitatis* der Anima in P. EGIDI, Necrologi e libri affini della Provincia di Roma II (Fonti per la storia d'Italia 45, Roma 1914), S. 3–105. Zum Vergleich die Mitgliederlisten des Camposanto: SCHULZ 2002, bes. S. 32 ff. Zum Verständnis von ‹deutsch› im damaligen Wortsinn K. SCHULZ, Was ist deutsch? Zum Selbstverständnis deutscher Bruderschaften im Rom der Renaissance, in: Päpste, Pilger, Pönitentiarie. Festschrift für Ludwig Schmugge, hg. von A. MEYER/ C. RENDTEL/ M. WITTMER-BUTSCH (Tübingen 2004), S. 133–178. Zu den Nationalkirchen jetzt: Identità e rappresentazione 2015.

104 Deutsche Kuriale: SCHUCHARD 1987; für die zweite Hälfte des 15. Jhs. DIES., I tedeschi alla curia pontificia nella seconda metà del Quattrocento, in: Roma capitale 1994, S. 51–71; FRENZ 1986. Studierende: jetzt vollständig erfaßt in B. SCHWARZ 2013a, dort S. 649–762 prosopographischer Anhang von C. SCHUCHARD; zu den Karrieren Einzelner die (von R. C. SCHWINGES initiierte) Datenbank *Repertorium Academicum Germanicum*. Zur Unterscheidung von Kurien- und Stadtuniversität s. u. S. 198 ff.

105 SCHULZ/ SCHUCHARD 2005, Bäcker S. 51 ff., 102 ff., 371 ff., 421 ff.; Schuhmacher ebda S. 79 ff., 115 ff., 399 ff., 427 ff. Gastwirte: Der Briefwechsel des Eneas Silvius Piccolomini, hg. von R. WOLKAN, II. Abt. (Fontes rerum Austriacarum, 2. Abt.: Diplomata et Acta 67, Wien 1912), S. 239; Hotel-Liste 1468 s. S. 124 f. Zur Kolonie insgesamt MAAS 1981.

106 F. GELDNER, Die deutschen Inkunabeldrucker, II (Stuttgart 1970), S. 25–61; die Beiträge in Scrittura, biblioteche e stampa 1980 u. 1983; in Gutenberg e Roma 1997. Zu den ersten Anfängen des römischen Buchdrucks (frühester römischer Druck-Vertrag, 1466!) MODIGLIANI 1989; MIGLIO 2002; A. ESCH, Deutsche Frühdrucker in Rom in den Registern Papst Sixtus' IV., in: Manoscritti, editoria e biblioteche dal medioevo all'età contemporanea. Studi offerti a Domenico Maffei, a cura di M. ASCHERI, G. COLLI, con la collab. di P. MAFFEI, I (Roma 2006),

S. 281–302; ESCH 2007b. Erasmus: *Adagia*, ‹Festina lente›, in: Opera omnia, II (Leiden 1703), col. 403 f.

107 Buchbesitz und Absatz etwa A. SPOTTI TANTILLO, Inventari inediti di interesse librario tratti da protocollo notarili romani (1468–1523), in: ASR 98 (1975), S. 77–94; A. MODIGLIANI, Cittadini romani e libri a stampa, in: Roma di fronte all'Europa 2001, II S. 469–494. A. GAUVAIN, Codici, incunaboli e contesti culturali a confronto in una casa romana del secondo Quattrocento, in: RR 2015, S. 59–71. Zum Profil des römischen Kopisten (darunter noch viele mit vorhumanistischer Schrift) E. CALDELLI, Copisti a Roma nel Quattrocento (Roma 2006). Tranchedini: DAVIES 1997; zu seiner Person SENATORE 1998, S. 64–72. Kommunalstatuten: A. MODIGLIANI, Statuti in tipografia, in: RR 1999, S. 253–256.

108 Buchbestände im Rom des 15. Jahrhunderts: Scrittura, biblioteche e stampa 1980 u. 1983; BIANCA 1997; LOMBARDI 2003. Enea Silvios Brief: E. MEUTHEN, Ein neues frühes Quellenzeugnis (zu Oktober 1454?) für den ältesten Bibeldruck. Enea Silvio Piccolomini am 12. März 1455 aus Wiener Neustadt an Kardinal Juan de Carvajal, in: Gutenberg-Jahrbuch 1982, S. 108–118.

109 Neues vatikanisches Material zu Leben, Status, Pfründbesitz der deutschen Frühdrucker: ESCH 2006 u. 2007; Schätzung der Gesamtzahl MODIGLIANI (wie Anm. 107) S. 469 f.; Klassiker in italienischer Übersetzung: M. B. BLASIO, Il volgarizzamento dei classici nelle edizioni romane, in: Editori ed edizioni 2005, S. 9–22.

110 FRENZ 1986, S. 46 ff. über Anleitungen zum Umgang mit der Kanzlei, S. 53 ff. zum Geschäftsgang, S. 212 ff. zu den Sollizitatoren; SOHN 1997; MEYER 2014; guter Einzelfall C. SCHUCHARD/ K. SCHULZ, Thomas Giese aus Lübeck und sein römisches Notizbuch der Jahre 1507 bis 1526 (Lübeck 2003).

111 ESCH 2007a S. 405 f. (weitere s. u. S. 273 f.); SCHULTE 1904. Soldaten in der Engelsburg: G. ZIPPEL, Documenti per la storia di Castel Sant'Angelo, in: ASR 35 (1912), S. 196–200 (1464).

112 Deutsche in Pönitentiarie-Gesuchen: A. ESCH, Tedeschi nella Roma del Rinascimento. Nuovi dati dai registri della Penitenzieria Apostolica, in: Roma e il papato nel medioevo. Studi in onore di Massimo Miglio, I, a cura di A. DE VINCENTIIS (Storia e Letteratura 275, Roma 2012), S. 389–401.

113 Deutscher Notar: ESCH 2001b; SCHULZ/ SCHUCHARD 2005, S. 149–172. Formen römischer Arbeitsverträge: LORI SANFILIPPO 2001, S. 393–414.

114 ESPOSITO 1995, S. 31–92 Fremde besonders in Parione; in Ponte LEE 1994. Mieter der Anima: L. PALERMO, Il patrimonio immobiliare, la rendita e le finanze di S. Maria dell'Anima nel Rinascimento, in: Santa Maria dell'Anima 2010, S. 279–325; *case sante* und Frauen: A. ESPOSITO, Le donne dell'Anima. Ospizi e «case sante» per le *mulieres theutonice* di Roma (sec. XV-inizi XVI), in: ebda S. 249–278. Census: LEE 1985/ 2006.

115 Der Rombesucher Reuchlin: A. ESCH, Rom als europäischer Erinnerungsort, in: Pforzheimer Reuchlinpreis 1955–2005. Die Reden der Preisträger (Supplemente zu den Schriften der Heidelberger Akad. d. Wiss., Phil.-hist. Kl. 18 (Heidelberg 2007) S. 375–390, hier: 376–379; der Lüneburger Bevollmächtigte Krummediek: BROSIUS 1978.

116 Historia rerum Friderici III imperatoris, in: Analecta Monumentorum omnis aevi Vindobonensia, ed. A. F. KOLLAR II (Vindobonae 1762), Sp. 124 (Juli 1446).

117 *Est presens* in Pönitentiarie-Gesuchen: Repertorium Poenitentiariae Germanicum *ad indicem* ‹presens› (besonders in den letzten Bänden; soweit noch unveröffentlicht, nach freundlichem Hinweis von L. SCHMUGGE); daraus einige Fälle in A. ESCH, Luthers römische Nachbarschaft (wie Anm. 263). Abnehmen deutscher Fälle: SCHUCHARD, I tedeschi (wie Anm. 104) S. 52; TEWES 2001, bes. S. 257 ff.

118 Zu den Engländern im spätmittelalterlichen Rom vor allem HARVEY 1993 u. 1999; die beiden Hospize DIES. 1999 S. 55 ff. u. 77 ff.; der Handel S. 103 ff.; zu den einzelnen Berufen ebda S. 24 ff., 92 ff.

119 Handel England-Rom nach den Zollregistern: ESCH 2007a S. 59, 77, 84 *panni di Londra*; S. 248 Alabaster (und *ad indicem* ‹Londra›, ‹Inghilterra›); Wolle: HARVEY 1999 S. 24–26. Englische Transfers der Papstfinanz: ESCH 1966 S. 292 ff. (Bonifaz IX.), 299 ff. usw.; päpstliche Einkünfte im europäischen Vergleich: SCHUCHARD 2000, S. 137–143.

120 Spital St. Edmund: Supplications from England and Wales in the Registers of the Apostolic Penitentiary, ed. by P. D. CLARKE/ P. N. R. ZUTSHI, I-III (Woodbridge 2013–15), nr. 732. Engländer an der Kurie: HARVEY 1999 S. 132–172; im internationalen Vergleich PARTNER 1990. Humanisten: R. WEISS, Humanism in England during the Fifteenth Century (Oxford [3]1967).

121 Quellen: Notare HARVEY 1999 S. 112 ff., Briefbuch S. 47 f., William Gray S. 8 ff.

122 The Book of Margery Kempe, ed. by S. B. MEECH (Oxford 1940), S. 94–99, ebda zu den Sprachproblemen. Zu den Problemen weiblicher Pilger A. u. D. ESCH, Frauen nach Jerusalem. Weibliche Pilger zum Heiligen Grab in den Registern der Poenitentiaria Apostolica 1439–1479, in: Archiv für Kulturgeschichte 94 (2012), S. 293–311.

123 P. LACROIX, Mémoire historique sur les institutions de la France à Rome (Rome [2]1892); Les Fondations nationales 1981, darin UGINET 1981, mit Wortlaut der Supplik an Pius II. (und genauer Lokalisierung des alten Spitals: Ecke Via del Sudario/ Via Monte della Farina, S. 84 f.). Französische Bruderschaften mit ihren Archiven in: Storiografia e archivi 1985, S. 231 f., 239 f., 266 f., 353 f.

124 Zu d'Estouteville: ESPOSITO 2013 und in DBI 43 (1993) S. 456–460; zu Jouffroy: MÄRTL 1996. Im Urteil Pius' II.: s. u. S. 255 f.

125 In weiteren Ämtern s. FRENZ 1986 Teil II (mit Tabelle S. 241) u. III; PARTNER 1990, S. 189, 209; zu Ämtern, Ernennungspraktiken, Karrieren der Kurie s. a. Offices et papauté 2005. Ämterhandel: B. SCHWARZ 1972 S. 167–185; SCHIMMELPFENNIG 1984; REINHARD 1997 S. 151–178. Französische Familiaren: U. SCHWARZ 1993, S. 323–326; s. a. DERS., Kardinalsfamiliaren im Wettbewerb, in: Kurie und Region 2005, S. 129–149. Für weitere Forschung wichtig die zahlreichen französischen Notare, vgl. L. LESELLIER, Les notaires français à Rome (1407–1625), in: Mélanges d'archéologie et d'histoire 50 (1933), S. 250–275. Zur Bedeutung fremder Notare REHBERG in Identità e rappresentazione 2015, S. 211–231.

126 Französische Kaufleute am römischen Zoll: ESCH 2007a *ad indicem* ‹francesi›; auf Piazza Navona ESPOSITO 1995 S. 91 f.

127 Zur Ankunft der Borgia: De València a Roma 2006; für die Folgezeit T. J. DANDELET, Spanish Rome 1500–1700 (Yale 2001).

128 Zur spanischen Kolonie im Rom des Quattrocento, ihren Quellen und Institutionen vor allem VAQUERO PIÑEIRO 1994; Immobilienbesitz und seine Nutzung: VAQUERO PIÑEIRO 1999. Handel: die Beiträge zit. in Anm. 232; ESCH 2007a S. 26, 76 f., 212 f. u. ö., am Beispiel der Maiolika s. u. S. 338.

129 Zum *Sacco* neues Material in A. ESPOSITO/ M. VAQUERO PIÑEIRO, Rome during the sack: chronicles and testimonies from an occupied city, in: The Pontificate of Clement VII., ed. by K. GOUWENS/ S. E. REISS (Aldershot 2005), S. 125–142; und ESCH 2013.

130 Skandinavier: SALONEN 2010. – Polen: KLOCZOWSKI 1980; Studierende in Rom: B. SCHWARZ 2013a Liste III S. 649–762; Importe: ESCH 2007a S. 77, 140, 380, 396.

131 Albaner, Dalmatier: A. ESPOSITO, Gli albanesi a Roma e nell'area laziale tra '400 e '500: prime indagini, in: Uomini paesaggi storie. Studi di storia medievale per Giovanni Cherubini, a cura di D. BALESTRACCI et al. I (Siena 2012), S. 533–540; Bruderschaft von S. Girolamo: Storiografia e archivi 1985, S. 299 f. J. GUDELJ in: Identità e rappresentazione 2015, S. 297–325. Korsen: ESPOSITO 1995 S. 93–106.

132 REHBERG 2012 S. 17 ff.; S. Alessio: ESCH 2014 S. 253.

133 Indizien für Verweildauer und Eintauchtiefe: am deutschen Beispiel A. ESCH, Deutsche im Rom der Renaissance. Indizien für Verweildauer, Fluktuation, Kontakte zur alten Heimat, in: Kurie und Region 2005, S. 263–276; Frühdrucker s. o. S. 144 ff.; Kuriale: SCHUCHARD 1987 S. 269 ff. (van der Paele: 244 f.); Coutances: ESCH 2014 S. 254.

134 Gestrandet: ESCH 2014 S. 252; nur bis Rom: ebda S. 334, 364, 365; Hebriden: S. 313–316.

135 Forestieri e stranieri 1988; A. ESPOSITO, I *forenses* a Roma nell'età del Rinascimento, in DIES. 1995, S. 75–92 mit weiterer Literatur zu einzelnen rioni; im einzelnen die Zählungen von 1517 u. 1527 in LEE 2006 mit den Einführungen des Herausgebers. Parione: s. S. 307 ff. Landsmannschaftliche italienische Bruderschaften: Le confraternite romane 1984 und Storiografia e archivi 1985; Beispiel Pamphilj: BORELLO 2003. Lombarden am Beispiel der Kurialen: ANSANI 1994; San Salvatore s. Anm. 79.

136 Zu Person und Pontifikat: Niccolò V in Enciclopedia dei Papi II (2000) S. 644–658 (M. MIGLIO); die Beiträge in: Niccolò V 2000; und in: Papato, Stati regionali 2004.

137 Zitate: Wappen: DELLO MASTRO S. 93; attischer Witz: GREGOROVIUS III S. 50; *castrato*: Carteggio 2013 nr. 631. Wiener Konkordat: MEYER 1986.

138 Krönung und *Possesso* nach Zeremonienbüchern (SCHIMMELPFENNIG 1973 S. 434) und anderen Quellen ausführlich am Beispiel von 1458 bei B. SCHIMMELPFENNIG, Die Krönung des Papstes im Mittelalter dargestellt am Beispiel der Krönung Pius' II. (3. 9. 1458), in: QFIAB 54 (1974), S. 192–270; zum Possesso S. 219 ff., zum Verlauf (Via del Governo Vecchio oder Via del Pellegrino) S. 235 f.

139 Nikolaus V. und die römische Kommune, Verschwörung des Stefano Porcari: zuletzt MODIGLIANI 2013 (mit Edition aller Quellen) und die Beiträge von A. MODIGLIANI, M. CHIABÒ, M. GARGANO, P. OSMOND in: Congiure e conflitti 2014. Berührungen mit Vallas Schrift über die Konstantinische Schenkung MIGLIO 2001. Die Römer im Urteil auswärtiger Gesandter: Carteggio 2013 Nr. 189, 482, 542,

543. Daß Colonna und Orsini sogar von mitteleuropäischen Adelsfamilien gern in ihre Vorgeschichte aufgenommen wurden, zeigt PARAVICINI 2016.

140 Die Familie Porcari: MODIGLIANI 1994. Ablauf: sein Geständnis in MODIGLIANI 2013 S. 86–91; Beute-Erwartungen ebda S. 173; Briefe S. 117–147; Urteile S. 61 ff. Letzte Rede des Papstes: IANNOTII MANETTI, De vita, bes. III 14–18. Zur kontroversen Beurteilung dieses «Testaments» zuletzt A. MODIGLIANI in RR 2009, S. 17–22. Die folgende Episode: Archivio della Penitenzieria Apostolica, Reg. Matr. et Div. 13 f. 170v (1463). Republik oder Signorie: MODIGLIANI 2013, S. 68–78.

141 Kaiserkrönung 1452: PASTOR I S. 494–512; P.-J. HEINIG, Kaiser Friedrich III., 1440–1493 (Köln u. a. 1997), Rom-Itinerar S. 1361–1363; BURCKHARDT 1860 S. 17; *gaffe*: INFESSURA S. 51; Empfang durch T. Spinelli: JACKS/ CAFERRO 2001 S. 63 f. Zu den Romzugs-Berichten: MUFFEL 1999 (deutsch u. italienisch); und zuletzt A. T. HACK, Ein anonymer Romzugsbericht von 1452 (Stuttgart 2007).

142 L. E. BOYLE, Niccolò V fondatore della Biblioteca Vaticana, in: Niccolò V 2000, S. 3–8 (zur Bibliothek s. a. S. 303), VESPASIANO DA BISTICCI S. 45. Unter den datierten Handschriften der Vatikanischen Bibliothek mehrere aus Nikolaus' V. Zeit, darunter Thukydides übersetzt von Valla, Diodorus Siculus übersetzt von Poggio: E. CALDELLI, I codici datati nei Vaticani latini 1–2100 (Città del Vaticano 2007), Nr. 147–148 u. 151–153; M. PADE, La fortuna della traduzione di Tucidide di Lorenzo Valla, in: Niccolò V 2000, S. 255–293. Zu den griechischen Handschriften A. MANFREDI, Note preliminari sulla sezione greca nella Biblioteca Vaticana di Niccolò V, in: Niccolò V 2000, S. 49–70. Zur voraufgehenden Zeit PARAVICINI BAGLIANI 2010.

143 Urbanistik: WESTFALL 1974; C. BURROUGHS, Below the Angel: An Urbanistic Project in the Rome of Pope Nicholas V, in: JWCI 45 (1982), S. 94–124; FROMMEL 2003; S. BORSI, Nicolò V e Roma. Alberti, Angelico, Manetti e un grande piano urbano (Firenze 2009). Urbanistik weiter: s. u. S. 305 ff. – St. Peter: C. L. FROMMEL, Il San Pietro di Niccolò V, in: La Roma di L. B. Alberti 2005, S. 104–111; die weiteren Arbeiten im Überblick: THOENES 1995–97. Zur Cappella Nicolina M. CALVESI, Gli affreschi del Beato Angelico nella Cappella Nicolina, in: Il Beato Angelico e la Cappella Nicolina, storia e restauro, a cura di F. BURANELLI (Novara/ Città del Vaticano 2001), S. 45–62 (u. 41–44); und zuletzt A. NESSELRATH, Papst Nikolaus V. in seiner Privatkapelle, in: Caritas. Katalog der Ausstellung Paderborn 2015, hg. von C. STIEGEMANN (Petersberg 2015), S. 256–267; zum Bildprogramm M.-E. KEMPER ebda S. 246–255. Rechtfertigung in letzter Rede: IANNOTII MANETTI III 12.

144 Blick von Westen: Miniatur der Euklid-Handschrift (datiert 1457) Cod. Vat. lat. 2224, dazu MADDALO 1990 S. 183 ff.; die Bauwerke gekennzeichnet in S. MADDALO, I prototipi delle vedute di Roma: dal maestro del Vat. lat. 2224 ad Etienne Dupérac, in: Studi e Testi 331 (1988) S. 170. Hartmann Schedel, Weltchronik 1493; Collage: Neues Testament deutsch von 1523. Vgl. A. CHASTEL, Il Sacco di Roma 1527 (Torino 1983), zu dort Abb. 39.

145 R. FUBINI, Lega Italica e politica dell' «equilibrio» all'avvento di Lorenzo de' Medici al potere, in: FUBINI 1994 S. 185–219; CHITTOLINI 2014.

146 Türkenkrieg: F. BABINGER, Mehmed der Eroberer und seine Zeit (München

1953); zuletzt B. WEBER, Lutter contre les Turcs. Les formes nouvelles de la croisade pontificale au XVe siècle (CEFR 472, Rome 2013). Der Weg der Nachricht nach Venedig und Rom im einzelnen: A. ESCH, 29 giugno 1453. La notizia della caduta di Costantinopoli arriva a Venezia, in: Venezia. I giorni della storia, a cura di U. ISRAEL (Roma-Venezia 2011), S. 123–145. Zur Eroberung von Konstantinopel in den apokalyptischen Prophezeiungen des 15. Jahrhunderts R. RUSCONI, Profezie e profeti alla fine del Medioevo (Roma 1999) S. 189 ff.

147 Zu Person und Pontifikat: Calisto III in Enciclopedia dei Papi II (2000) S. 658–662 (M. E. MALLETT). Türken: Vordringen auf dem Balkan und Rolle des Papsttums: K. M. SETTON, The Papacy and the Levant, II (Philadelphia 1978); WEBER (wie Anm. 146). Skanderbeg: O. J. SCHMITT, Skanderbeg (Regensburg 2009).

148 Einzelschicksale in Pönitentiarie-Suppliken: ESCH 2014 S. 328–341. Die Flotte: ihr Bau s. I. AIT in: Cultura e società nell'Italia medievale. Studi per P. Brezzi, I (Roma 1988), S. 7–25; ihre Ausrüstung ESCH 2007a S. 66 f., 71, 218 f.

149 Aufstieg der Borgia, Nepotismus: De València a Roma 2006; Parteibildung im Kardinalskolleg: PASTOR I S. 757 ff. Wichtig die Sforza-Depeschen bei PASTOR I S. 758 ff. u. Anhang Nr. 84–89 (die Zitate aus Nr. 85, 6, 87).

150 E. WALSER, Poggius Florentinus. Leben und Werke (Leipzig/ Berlin 1914, Nachdruck Hildesheim 1974); Poggio Bracciolini nel VI centenario della nascita, a cura di R. FUBINI e S. CAROTI (Firenze 1980). – Zur Bedeutung des Sekretärs-Amtes B. STUDT, *Tamquam organum nostre mentis*. Das Sekretariat als publizistisches Zentrum der päpstlichen Außenwirkung, in: Kurie und Region 2005, S. 73–92. Die Humanisten vereint in Konstanz: A. PATSCHOVSKY, Der italienische Humanismus auf dem Konstanzer Konzil (Konstanzer Universitätsreden 198, 1999); MÜLLER 2011.

151 POGGIO BRACCIOLINI, Lettere I: Lettere a Niccolò Niccoli, a cura di H. HARTH (Firenze 1984), Nr. 20, 40, u. a. (anders beobachtend NIEHEIM, *De scismate,* wie Anm. 37); *De varietate fortunae* s. u. S. 206 f. mit Anm. 167).

152 *Facezie* ed. M. CICCUTO (Milano 1983): *bugiale ... iocandi gratia* Conclusio; *Tizio* Nr. 104; *Clementine* Nr. 198. Lebenswirklichkeit statt literarischer Ableitung: A. ESCH, Weitere historische Personen in Franco Sacchettis ‹Trecentonovelle›, in: Zeitschrift für romanische Philologie 90 (1974), S. 247–252.

153 Edition von W. SETZ in: Monumenta Germaniae Historica, Quellen zur Geistesgeschichte des Mittelalters 10, Weimar 1976 (die Ausgabe der Tatti-Library 2007 beruht auf Setz); dazu SETZ 1975. Zu Leben und Werk Vallas SETZ ebda; folgendes Zitat: Edition S. 151. Zu den frühen Reaktionen M. MIGLIO, Ideologia curiale e filologia per il *De Constantini donatione* nel Quattrocento, in: La diffusione europea del pensiero del Valla, a cura di M. REGOLIOSI e C. MARSICO, II (Firenze 2013), S. 361–370.

154 Zu Person und Werk R. FUBINI, Biondo Flavio, in DBI 10 (1968), S. 536–559. Brief Ruinenausflug: B. NOGARA, Scritti inediti e rari di Biondo Flavio (Studi e Testi 48, Città del Vaticano 1927), lett. Nr. 5. – *Roma instaurata*: letzte Edition von A. RAFFARIN-DUPUIS in der Reihe Les classiques de l'Humanisme 25, I u. II (Paris 2005–2012); eine weitere in Vorbereitung in der Edizione nazionale delle opere di Biondo Flavio. Zum Druck (schon 1471) MIGLIO 2002, S. 115–128; s. a. unten S. 209. – *Roma triumphans*: Dazu demnächst die Akten der Tagung der Bri-

tish School at Rome 2014. – *Italia illustrata*, ed. and transl. by J. A. WHITE, I (The I Tatti Renaissance Library 20, Cambridge Mass./ London 2005); und zuletzt: a cura di P. PONTARI in der Edizione Nazionale delle opere di Biondo Flavio (Roma 2011–14). – *Decades*: Basileae 1531 (mgh-bibliothek.de). Zur humanistischen Geschichtsschreibung FUBINI 2003, ebda zur «Modernität» von Biondos Schriften.

155 «Inter graecos latinissimus, inter latinos graecissimus». Bessarion zwischen den Kulturen, hg. von C. MÄRTL, C. KAISER u. Th. RICKLIN (Berlin/Boston 2013); Überblick über die neueste Forschung zu Bessarion: C. CORGIATI in RR 2013, S. 105–109; zu Perotti: M. PADE/ C. PLESNER HORSTER (edd.), Niccolò Perotti. The Languages of Humanism and Politics (Renaissance Forum 7, 2011); zur jüngsten Forschung J.-L. CHARLET, La contribution de Niccolò Perotti à l'Humanisme: acquis de la recherche depuis 1981, in: Studi Umanistici Piceni 35 (2015), S. 35–52.

156 Pomponio Leto 2011; M. ACCAME, Pomponio Leto. Vita e insegnamento (Tivoli 2008). Seine Antikensammlung: CHRISTIAN 2010, S. 125–149; persönlich in Nürnberg: W. BRACKE, The ms. Ottob. lat. 1982. A Contribution to the Biography of Pomponius Laetus, in: Rinascimento 29 (1989), S. 297; deutsche Hörer: MATHEUS 2010 bes. S. 138 ff.; Rom-Führungen: *Excerpta a Pomponio dum inter ambulandum cuidam domino ultramontano reliquias ac ruinas Urbis ostenderet*: Codice topografico IV S. 423–436; dazu F. MUECKE, Humanists in the Roman Forum, in: Papers of the British School at Rome 71 (2003), S. 207–233. Die Akademie: Pomponio Leto e la prima accademia romana, a cura di C. CASSIANI e M. CHIABÒ (RR inedita, 37 saggi, Roma 2007); zum Konflikt mit Paul II. zuletzt D. VECCHIA/ C. BIANCA in: Congiure e conflitti 2014 S. 187–201 mit der voraufgehenden Literatur.

157 Platinas Weg nach Rom: D. S. CHAMBERS, Il Platina e il cardinale Francesco Gonzaga, in: Bartolomeo Sacchi il Platina (Convegno Cremona 1981), a cura di A. CAMPANA/ P. MELDIOLI MASOTTI (Padova 1986), S. 9–19. Präfekt der Vatikanischen Bibliothek s. u. S. 303; Papst-Viten: *Liber de vita Christi ac omnium pontificum*, ed. G. GAIDA in: Muratori NEd III 1 (1913–32); Selbstzensur und Zensur: BAUER 2006 S. 96 ff.; nur 40 Päpste: S. 320 f.; weitere konkrete Platina-Zensur s. M. G. BLASIO in RR 2007 S. 25–31 (vgl. Zensur der *Commentarii* s. u. S. 249 f.). – *De honesta voluptate,* ed. and transl. by M. E. MILHAM (Medieval and Renaissance Texts and Studies 1998), die zitierten Rezepte dort S. 332, 276, 392; dazu in weiterem Rahmen LAURIOUX 2006; lieber gesund als schmackhaft: S. EBERT-SCHIFFERER, Mit dem Bauch sehen, Stillleben einverleiben (im Druck).

158 CHERUBINI 2006. Zur Schrift der monumentalen Inschriften KAJANTO 1982. Unbeholfene Handschriften im Anschreibebuch der Maddalena pizzicarola s. A. PETRUCCI (wie Anm. 28).

159 Aus der reichen Literatur sind hervorzuheben: Roma e lo *Studium Urbis* 1992, darin zum Nebeneinander beider *studia* FROVA/ MIGLIO 1992; zu den Humanisten am *studium* R. AVESANI S. 69–87, zur Haltung der Kommune P. PAVAN S. 88–100, zu den römischen Studenten P. CHERUBINI S. 101–132, zum neuen Zentralgebäude A. BEDON S. 471–485. Jetzt grundlegend B. SCHWARZ 2013a, dazu C. FROVA in RR 2013 S. 21–28. – Der weitere Rahmen zu vergleichender Einordnung: Geschichte der Universität in Europa, hg. von W. RÜEGG, I (München

1993); ein knapper Überblick: A. ESCH, Die Anfänge der Universität im Mittelalter (Berner Rektoratsreden 1985).

160 Finanzierung: CHAMBERS 1976b. Die Maßnahmen Eugens IV.: B. SCHWARZ 2013a S. 460 ff.; Lokalitäten ebda S. 210 ff. (Brief Vallas), die Lehrstühle S. 201 ff. Klassiker: CAMPANELLI/ PINCELLI 2000. Kollegien: ESPOSITO/ FROVA 2008; zum Palazzo Capranica zuletzt M. B. BONGIOVANNI, La famiglia Capranica e il suo palazzo romano, in: Arte e committenza a Roma e nel Lazio tra Umanesimo e Rinascimento maturo, a cura di S. COLONNA (Roma 2014), S. 121–137.

161 STROHM 1993 S. 16–19; über die Option der Sänger bei Ausbruch des Schismas J. NÁDAS, The Internationalisation of the Italian Papal Chapels in the Early Quattrocento, in: Cappelle musicali fra corte, stato e chiesa nell'Italia del Rinascimento, a cura di F. PIPERNO et al. (Firenze 2007), S. 247–269. Konstanzer Konzil: STROHM 1993 S. 106–124 (Zitat: S. 106 f.).

162 Archivio di Stato Roma, Camerale I, Mandati camerali 831 f. 174r, 178r, 183v, 189v usw., vgl. Nachlaß H. Diener im Archiv des Deutschen Historischen Instituts in Rom N 11 nr. 32; A. M. CORBO, La Cappella Papale nella prima metà del secolo XV, in DIES., Cantori, artisti e condottieri alla corte dei papi nel secolo XV (Roma 1999), S. 11–36; Lüttich: Repertorium Poenitentiariae Germanicum II 816; STARR 1992 bes. S. 248, und die Beiträge in Papal Music 1998. BÖLLING 2006. Zacara: Antonio Zacara da Teramo e il suo tempo, a cura di F. ZIMEI (Lucca 2005); Dufay: L. LÜTTEKEN in: Die Musik in Geschichte und Gegenwart, Personenteil 5 (Kassel u. a. 2001), Sp. 1510–1550. Graffiti: K. PIETSCHMANN, Die Graffiti auf der Sängerkanzel der Cappella Sistina, in: Institutionalisierung als Prozess. Organisationsformen musikalischer Eliten im 15. u. 16. Jahrhundert, hg. von B. LODES u. L. LÜTTEKEN (Analecta Musicologica 43, 2009), S. 225–273.

163 *Cantores* auch anderweitig tätig: DIENER 1989, bes. S. 121 f.; zu den päpstlichen Pfründenprovisionen für Musiker STARR 1992. (Beziehungen zum flandrisch-niederländischen Raum in Handel und Kunst s. u. S. 337). Die neue Generation: STROHM 1993 S. 602 ff; Sixtus IV. ebda S. 604; seine Sorge für die Sänger A. ROTH, Liturgical (and paraliturgical) music in the papal chapel towards the end of the fifteenth century, in: Papal Music 1998 S. 125–137.

164 Zum Import von Musikinstrumenten im einzelnen D. ESCH 1998 (eine Ergänzung ist in Vorbereitung); clavicembalo ebda S. 55–57 (vgl. STROHM 1993 S. 92 f.; Esch 2007a S. 183); organo ebda S. 57 f. (in St. Peter: C. REYNOLDS, Papal patronage and the music of St. Peter's, Berkeley 1996, S. 61 f.); liuti ebda S. 44–50 (im Text die neuen, höheren Zahlen). Musikinstrumente in Abb. 27: Tor de' Specchi, CAVALLARO 1992 S. 214; in Pönitentiarie-Suppliken: ESCH 2014 S. 83–86 u. 256. Zur Darstellung von Musikinstrumenten im damaligen Rom zuletzt P. HELAS, *Suavibus plena sonis et cantibus* – Musik in der römischen Kunst in der 2. H. des 15. Jhs, in: TROJA. Jahrbuch für Renaissancemusik 11 (2012), S. 45–90.

165 R. KRAUTHEIMER, Humanists and artists, in: DERS., Lorenzo Ghiberti (Princeton 1956), Kap. XIX. Zum neuen Umgang mit der Antike: WEISS 1969; und die Beiträge in: Memoria dell'antico 1984–86; Roma centro ideale 1989; KARMON 2011.

166 Zu Spinoso und seiner *oratio urnae invectae ad S. Marcum* R. BIANCHI, Paolo Spinoso e l'umanesimo romano nel secondo Quattrocento (Roma 2004). Zur Gat-

tung: W. REHM, Europäische Romdichtung (München [2]1960); Poesia e poetica 1987. – *mille milia rovine*: M. BULGARELLI, 1450–1471. Roma e Firenze, in: La Roma di L. B. Alberti 2005, S. 159.

167 POGGIO BRACCIOLINI, *De varietate fortunae*, lib. I, in: Codice topografico IV, S. 230–245; neue Ausgabe (nach der ich hier zitiere) von O. MERISALO (Annales Academiae scientiarum Fennicae, ser. B 265, Helsinki 1993); sowie (Buch I) Le Pogge. Les ruines de Rome (*De varietate fortunae*, livre I), Edition und Übersetzung von J.-Y. BORIAUD, Einleitung und Kommentar von F. COARELLI u. J.-Y. BORIAUD (Les classiques de l'Humanisme 9, Paris 1999) – beide Neuausgaben mit wichtigen Einleitungen. Beschreibung der Porticus (bei S. Maria sopra Minerva) ed. MERISALO S. 94 mit S. 182; Petrarca: S. 93. A. VILLA, Due umanisti sul Campidoglio. La *Descriptio Romae* del *De varietate fortunae* tra storiografia e «archeologia», in: W. CUPPERI (a cura di), Senso delle rovine e riuso dell'antico (Annali della Scuola Normale Superiore di Pisa, ser. 4, Quaderni 14, Pisa 2002), S. 55–76. Loschi: GUALDO 2005 S. 371–390.

168 Die Ruinen besichtigt von Kaiser Sigismund: WEISS 1969 S. 91; von Friedrich III.: PATRIZI in L. A. MURATORI, Rerum Italicarum Scriptores XXIII (Mediolani 1733), Sp. 213; weinend: POGGIO, *Facezie* Nr. 82.

169 MUFFEL 1999 S. 88–91, Pigna S. 46 (oder Codice topografico IV S. 361); RUCELLAI 1960 S. 72; BIONDO *Roma inst.* III 62. Zur frühen bildlichen Darstellung A. NESSELRATH, Impressionen zum Pantheon in der Renaissance, in: Pegasus 10 (2008), S. 37–84; im weiteren Rahmen NESSELRATH 2014.

170 John CAPGRAVE, *Ye Solace of Pilgrimes,* ed. by C. A. MILLS (London 1911); neue italienische Ausgabe a cura di D. GIOSUÈ (Roma nel Rinascimento 1999).

171 Zum Folgenden z. B. Kolosseum Capgrave I 14, Pantheon I 15 u. 20, Septizonium I 18, Thermen II 32, Umbau Tempel I 10.

172 A. ESCH, Staunendes Sehen, gelehrtes Wissen: zwei Beschreibungen römischer Amphitheater aus dem letzten Jahrzehnt des 15. Jahrhunderts, in: Zeitschrift für Kunstgeschichte 50 (1987), S. 385–393. Zum Nachleben der Amphitheater etwa B. WARD-PERKINS, From classical antiquity to the Middle Ages (Oxford 1984), S. 92–118, 203–212.

173 FRUTAZ 1962, II tav. 150 bzw. 159; vgl. Piante di Roma dal Rinascimento ai catasti, a cura di M. BEVILACQUA e M. FAGIOLO (Roma 2012), S. I u. 102. Dazu MADDALO 1990 S. 111 u. 125 (ebda gute Zusammenstellung weiterer Rom-Bilder). Blick von Westen: ebda S. 183–187 (Peterskirche 1457), gewöhnlich von Norden: PARLATO 2001. Zum archäologischen Gehalt des Strozzi-Plans G. SCAGLIA, The origin of an archaeological plan of Rome by Alessandro Strozzi, in: JWCI 27 (1964), S. 137–163; Nähe zu Flavio Biondos *Roma instaurata*: WESTFALL 1974 S. 81.

174 Auf der Heemskerck-Zeichnung ist der eingefriedete, mit Stangen versehene Platz links (unter S. Marco) ein Trockenplatz für Tuche (*tiratoio di panni*). Auf dem Gemälde von Hottenroth vorn Häuser des Viertels, das dem breiten Fuß des Nationaldenkmals weichen mußte.

175 Zu den Kaiserfora im Mittelalter nach den jüngsten Grabungen MENEGHINI/SANTANGELI VALENZANI (wie Anm. 8), im 15. Jh. MENEGHINI 2004. Die Glocken von S. Maria Spoglia Christi so auch in Cod. Escurialensis f. 46r. Der Zeichner von Abb. 33 (nach Frommel: Baldassarre Peruzzi) ist so präzise, daß er sogar die

für das Trajansforum typischen Stufen zwischen den Zähnen des Zahnschnitts wiedergegeben hat (vgl. M. Wegner, Ornamente kaiserzeitlicher Bauten Roms, Köln/Graz 1957 S. 50 f.).

176 Mittelalterliche Urteile über antike Mauer: A. Esch, Antike Mauer im Mittelalter, in: Die Welt des Mittelalters, hg. von J. Fried/ O. B. Rader (München 2011), S. 85–99. – Brief Lanfredinis: E. Borsook, Two letters concerning Antonio Pollaiuolo, in: Burlington Magazine 115 (1973), S. 468 (*spina pesce* «Fischgräte», aber wohl *squama pesce* «Schuppe» gemeint).

177 Antike Mauer beurteilt oder gezeichnet bei Salutati, Ciriaco und anderen: Esch 2008b.

178 Zu L. B. Alberti an der Kurie (*scriptor* und *abbreviator* an der Kanzlei, seit 1449 auch *lector* der *audientia litterarum contradictarum*) jetzt detailliert B. Schwarz 2013b. Seine *Descriptio*: ed. J.-Y. Boriaud/ F. Furlan (Firenze 2005); dazu Grafton 2003 S. 318 ff., Borsi 2003 S. 208 ff.

179 Alberti und Rom s. die Beiträge in: La Roma di L. B. Alberti 2005; L. B. Alberti, Architetture e committenti (Atti Convegni Firenze/ Rimini/ Mantova), a cura di A. Calzona et al. (Firenze 2009), S. 489–615. Wohnung in Rom: *in parochia S. Celsi* (laut Testament 1472). Zur Zusammenarbeit Albertis mit Nikolaus V. Grafton 2003 Kap. IX, Frommel 2003 S. 104 f.; aus der Sicht des Historikers: M. Miglio in La Roma di L. B. Alberti 2005 S. 95 ff. – Auf die Publikationen der zahlreichen, vom Comitato Nazionale per il VI centenario della nascita di L. B. Alberti betreuten Convegni (Mantova 2002 u. 2003, Arezzo 2004, Genova 2004 usw.) sei wenigstens verwiesen.

180 *De re aedificatoria*, a cura di G. Orlandi e P. Portoghesi, I-II (Milano 1966); zur Frage der Datierung (ob das Widmungsdatum 1452, wie bisher angenommen, zugleich das Abschlußdatum ist) zuletzt A. Modigliani in Albertiana 16 (2013), S. 91–110. Beobachtungen: *opus reticulatum* in *De re aed.* VIII 3, Metallklammern III 11, Holz der Nemisee-Schiffe V 12. Zu den Monumenten Roms in Bezug auf Alberti s. die Beiträge in La Roma di L. B. Alberti 2005, z. B. Engelsburg (P. Spagnesi), Pantheon (A. Nesselrath), Kolosseum (C. Denker Nesselrath), Septizonium (M. Tata) usw.; vgl. Borsi 2006; Bruschi 2007. Zur nachantiken Verwendung von *opus reticulatum* Pagliara 1998/99.

181 Zu den Beobachtungen von Alberti, Poggio, Biondo an der römischen Stadtmauer Belege in Esch 2008b. Die Mauern: Mancini 2001. Stadttore/ Ehrenbögen *De re aed.* VIII 6, Turmbau-Krankheit VIII 5; Weiteres in Esch 2008b S. 128–134.

182 Poggio, *De varietate fortunae* ed. Merisalo (wie Anm. 167) S. 99 f. (*lateritia nova sunt…, antiqua moenia ex quadrato lapide*). – Biondo, *Roma instaurata* (wie Anm. 154): *non sumus ex illis* III 84; bewohnt II 14, II 8; Spolie I 52; Weiteres Esch 2008b S. 136–138; H. Günther, L'idea di Roma antica nella «Roma instaurata» di Flavio Biondo, in: Le due Rome. Melozzo, Antoniazzo e la cultura artistica del Quattrocento romano (Roma 1997), S. 380–393; Grafton 2003 S. 301 ff.; Muecke 2011.

183 Zum folgenden A. Esch, Mauern bei Mantegna, in: Zeitschrift für Kunstgeschichte 47 (1984) S. 293–319; Esch 2008b (Darstellung von Mauern vor Mantegna: S. 139–147; Mantegna: S. 148 ff.); J. M. Greenstein, Mantegna and pain-

ting as historical narrative (Chicago 1992); und Alberti: K. Christiansen, Rapporti presunti probabili e (forse anche) effettivi fra Alberti e Mantegna, in: L. B. Alberti, a cura di J. Rykwert e A. Engel (Milano 1994), S. 336–357. Und die Beiträge in: Mantegna e Roma. L'artista davanti all'antico, a cura di T. Calvano et al. (Roma 2010).

184 Fresken der Camera degli Sposi: R. Signorini, *Opus hoc tenue*. La Camera dipinta di Andrea Mantegna (Parma 1985), Begegnungsszene S. 143–170 mit archivalischen Quellen; zur Datierung jetzt die Briefe bei A. Tissoni Benvenuti, Un nuovo documento sulla «Camera degli Sposi» del Mantegna, in: Italia medioevale e umanistica 24 (1981) S. 357–360. Abb.: Begegnungsszene Roettgen 1996/97 II Taf. 9, Ölberg u. Hl. Sebastian im Louvre M. Bellonci/ N. Garavaglia, L'opera completa del Mantegna (Classici dell'arte 8, Milano 1967), tav. XVI u. XXIX. Weitere Fragen mit weiterer Literatur Esch 2008b S. 148 ff.; Mauern der Begegnungsszene des Ölbergs, des Hl. Sebastian ebda S. 149–154. Zu den verschiedenen Elementen des Mauer-Palimpsests (inkorporierte Vorgängerbauten, zugemauerte Tore, Breschen usw.) am römischen Beispiel ebda S. 154–160 mit Abb. 22–27. Zeichnungen antiker Architektur: zuletzt Nesselrath 2014.

185 Zu den Skizzenbüchern Nesselrath 1986; und zuletzt Ders. 2014; Nesselrath, Disegnare Roma, in: La Roma di L. B. Alberti 2005 S. 49 f. zu ihrer Benutzung durch Maler und Miniaturisten. Zur Zuschreibung der Zeichnungen mit ersten Rekonstruktionen römischer Monumente im Codex Marcanova (Bern bzw. Modena) C. Denker Nesselrath ebda S. 209.

186 Zollregister-Eintrag Esch 2007a S. 249 f. (*ymago marmorea* meint Statue, bei einer Bildnisbüste hätte der Zollbeamte *testa* geschrieben); Grabplatte s. u. S. 332 f.

187 P. P. Bober/ R. O. Rubinstein, Renaissance artists and antique sculpture (London 1986) Nr. 60, 63, 102, 132, 165; Magister 1999 S. 160; Christian 2010 S. 48–61 u. 313 f.; zum Torso s. a. S. Maddalo, «Andrea scarpellino» antiquario: lo studio dell'antico nella bottega di Andrea Bregno, in: Roma centro ideale 1989, S. 229–236. Biondo in Anzio: *Italia ill.* I 57. Zur Loggia der Colonna G. Scaglia, Il Frontispizio di Nerone, la casa Colonna e la scala di età romana antica in un disegno nel Metropolitan Museum of Art di New York, in: Bollettino d'Arte ser.6, 72 (1992), S.35–62. Waffenkäufe s. o. S. 333.

188 Zum mittelalterlichen Umgang mit der antiken Statue etwa Settis 1984–86; N. Gramaccini, *Mirabilia*. Das Nachleben antiker Statuen vor der Renaissance (Mainz 1996); V. Wiegartz, Antike Bildwerke im Urteil mittelalterlicher Zeitgenossen (Weimar 2004); Esch 2005 S. 43 ff.; *Statue parlanti*: C. D'Onofrio, Un popolo di statue racconta (Roma 1990). – Zum Antiken-Bestand, der der Renaissance bekannt war, jetzt die Datenbank bei der Berlin-Brandenburgischen Akademie: The Census of Antique Works of Art and Architecture Known in the Renaissance (www.census.de); dazu die von H. Bredekamp und A. Nesselrath herausgegebene Zeitschrift Pegasus.

189 Die Antikensammlungen in Rom sind zuletzt von S. Magister und K. W. Christian gut zusammengestellt worden: Magister 1999 und 2001; Christian 2010; vgl. Collezioni di antichità 2007. Verzeichnis der Schriftquellen, Syllogen, Skizzenbücher in Magister S. 135 f., in Christian S. 251–256 mit Lokalisierung der Sammlungen in Map 1. – Zu den Inschriftensammlungen, mit der jüngsten Bi-

bliographie, M. Buonocore, Dal codice al monumento. L'epigrafia dell'Umanesimo e del Rinascimento, in: Veleia 29 (2012), S. 208–228; in der Vatikanischen Bibliothek: Buonocore 2004.

190 Siehe jeweils das vollständige Repertorium von Magister 1999–2000 bzw. Christian 2010 unter den Namen, z. B. Borgia: Magister S. 150; Ehrenbogen Civita Castellana: Esch, Römische Straßen (wie Anm. 88) S. 72; Francesco Piccolomini S. 180 f.; Oliviero Carafa: E. Parlato, Cultura antiquaria e committenza di Oliviero Carafa, in: Studi Romani 38 (1990), S. 269 ff.; frühestes Pasquill: Johannes Burcardus, Liber notarum, ed. E. Celani in Muratori NEd XXXII 2 (1910–1912), S. 296, zum 13. Aug. 1501.

191 Zur Sammlung Pietro Barbos Christian 2010 S. 91–103 u. 262–265; Inventar ed. Müntz II S. 181–287, darin Kleinbronzen S. 196–200 (Zitat: S. 197). An Lorenzo Medici: in N. Dacos et al., Il tesoro di Lorenzo il Magnifico (Firenze 1980), S. 4. Früher Medaillenbesitz in Rom: Pfisterer 2008. Rossebändiger: s. u. S. 290.

192 Francesco Gonzaga: Chambers 1992 S. 74–83; Mantegna ebda S. 79 f. – Giuliano della Rovere: Magister 2002; Christian 2010 S. 368–372; Apollo: Auffindung L. Fusco, Lorenzo de'Medici, Collector and Antiquarian (Cambridge 2006), docc. Nr. 108–110 u. 112. Aufstellung im Belvedere: Il cortile delle statue. Der Statuenhof des Belvedere im Vatikan, hg. von M. Winner u. B. Andreae (Mainz 1998) S. 211–225 (N. Himmelmann).

193 Statuenstiftung: Buddensieg 1983; C. Parisi Presicce, I grandi bronzi di Sisto IV dal Laterano al Campidoglio, in: Sisto IV 2000, S. 189–200. Zur Bedeutung des *Campus lateranensis* Herklotz 1985. Die Wölfin wurde neuerdings für einen mittelalterlichen Guß erklärt (aus technischen Gründen – doch bleibt das Problem, wie man sie im Hochmittelalter stilistisch unterbringen will): A. M. Carruba, La lupa capitolina: un bronzo medievale (Roma 2006).

194 Antikensammlungen römischer Familien (oft mit Bezugnahme auf altrömische Gentilnamen) wie Massimo, Porcari, Santacroce: Magister 1999 S. 171 f., 182 f., 185 f.; Collezioni di antichità 2007 S. 83 ff. (M. Minasi), 63 ff. (F. Vicarelli); Christian 2010 S. 330 ff., 354 ff., 372 ff. (und generell S. 64–89); *in diversi loghi* ebda Abb. 127, Venus-Torso Abb. 128. Zum Aufstieg dieser Familien s. o. S. 109 ff. Nachlaßinventar 1482 Modigliani 1994 S. 116–124; Cleopatra: Dies. (wie Anm. 64) S. 255. Annio da Viterbo, der sich in seinen *Antiquitates* (Erstdruck durch Eucharius Silber 1498) seine angeblichen vorgriechischen Autoren einer Frühgeschichte des Mittelmeerraums zusammenfälschte, fälschte auch Inschriften: zuletzt V. De Caprio, Annio da Viterbo e i toponimi, in: Nel cantiere degli umanisti. Per Mariangela Regoliosi, a cura di L. Bertolini et al. (Firenze 2014), I S. 475–494.

195 Tomba Alberini: M. Kühlenthal, The Alberini Sarcophagus: Renaissance Copy or Antique? in: The Art Bulletin 56 (1974) S. 414–421. Casa dei Manili: s. u. S. 335. Gabriele de' Rossi: Christian 2010 S. 361–366. Kommunaler (und nicht nur kurialer) Antikensinn: Miglio 1984 u. 2003.

196 *Fauni* Della Valle: Christian 2010 S. 386, vor 1479. Zeichnungen nach antiker Skulptur: A. Schmitt, Römische Antikensammlungen im Spiegel eines Musterbuchs der Renaissance, in: Münchner Jahrbuch der Bildenden Kunst 21 (1970), S. 99–128; Nesselrath 1986 S. 111 ff.; Antikenzeichnung und Antikenstudium in

Renaissance und Frühbarock, hg. von R. HARPRATH u. H. WREDE (Mainz 1989). – Pomponio Leto: S. MAGISTER, Pomponio Leto collezionista di antichità, Addenda, in: Antiquaria a Roma. Intorno a Pomponio Leto e Paolo II (RR inedita, 31 saggi, Roma 2003), S. 51–121.

197 Zu Person und Pontifikat: Pio II in Enciclopedia dei Papi II (2000) S. 663–685 (M. PELLEGRINI). Auf die umfangreiche Literatur (allein zum Jubiläumsjahr 1405/2005 erschienen mehrere Sammelbände) kann hier nur hingewiesen werden, wo sie unsere Darstellung unmittelbar belegt. Ich folge hier stellenweise meinen Beiträgen über Pius' Herrschaftspraxis und Selbstdarstellung und über sein Verhältnis zur Landschaft (ESCH 1989 bzw. 2008, dort die näheren Belege). Letzte deutsche Biographie: REINHARDT 2013.

198 Zur Apostrophierung des Konziliarismus als ‹demokratisch› E. MEUTHEN, Das Basler Konzil als Forschungsproblem der europäischen Geschichte (Rhein.-Westfäl. Akad. d. Wiss., Vorträge G 274, 1985), S. 27 f. Zu den Analogien zwischen weltlicher und kirchlicher Verfassung, die die damalige Auseinandersetzung zwischen Konstitutionalismus und monarchischem Prinzip nachzuweisen versuchte, vor allem BLACK 1970.

199 Argumentationsstil: ESCH 1989 S. 115 ff.; Reformvorhaben R. HAUBST, Der Reformentwurf Pius' II., in: Römische Quartalsschrift 49 (1954), S. 188–242.

200 Der (in erster Fassung 1524 erschienene) Roman von Francisco DELICADO, *Ritratto della Lozana Andalusa*, a cura di T. CIRILLO SIRRI (Roma 1998), bes. Kap. 5, 6, 9, 12, 15, 16, 21 usw.; dazu M. MIGLIO, I luoghi di Lozana. Al margine dell'Alma Roma, in: Studi in onore di S. Tramontana, a cura di E. CUOZZO (Pratola 2004) S. 291–308. Kurtisanen: etwa M. KURZEL-RUNTSCHEINER, Töchter der Venus. Die Kurtisanen im Rom des 16. Jahrhunderts (München 1995); Johannes Burcardus (wie Anm. 190) S. 80.

201 W. REINHARD, Papa Pius. Prolegomena zu einer Sozialgeschichte des Papsttums, in: Reinhard 1997, S. 13–36.

202 E. CARLI, Pienza. La città di Pio II (Roma 1966); A. TÖNNESMANN, Pienza. Städtebau und Humanismus (München 1990); zu den Ankäufen N. ADAMS, The acquisition of Pienza 1459–1464, in: Journal of the Society of Architectural Historians 44 (1985), S. 99–110. Gonzaga: CHAMBERS 1976a, bes. S. 28 ff.

203 Pii II Commentarii in der Edition von A. VAN HECK 1984 (die zensurierten Stellen, von G. CUGNONI 1883 veröffentlicht, sind dort durch Kursivdruck kenntlich gemacht). Zur Zensurierung von 1584 im einzelnen ESCH 1989 S. 138–140.

204 Nach dem Basler Konzil 2008; DENDORFER/ MÄRTL 2011; PELLEGRINI 2011; RICHARDSON 2009. Wahlkapitulationen: BECKER 2008; KRÜGER 2006, ebda S. 315 das Zitat aus Sixtus' IV. Kapitulation. Zur Bedeutung des Eides in den päpstlichen Wahlkapitulationen P. PRODI, Il sacramento del potere (Bologna 1992), S. 188 f.

205 C. MÄRTL, Unbekannte Notizen Kardinal Jacopo Ammanati Piccolominis aus Konsistorien seiner Zeit, in: QFIAB 88 (2008), S. 220–243, hier: S. 235, 239.

206 JACOPO GHERARDI DA VOLTERRA, Diario, in: Muratori NEd XXIII,3 (1904–11) S. 18 f. u. 48 f. – Zum Legatenwesen im 15. Jahrhundert MALECZEK 2003.

207 C. L. FROMMEL, Francesco del Borgo, Architekt Pius' II. und Pauls II., I: Der Petersplatz und weitere römische Bauten Pius' II. Piccolomini, in: Röm. Jahr-

buch für Kunstgeschichte 20 (1983), S. 107–154, jetzt auch italienisch in: FROMMEL 2006, S. 79–157. Verhältnis zu Rom: MODIGLIANI 2003, S. 77–108.

208 Taddeo da Montefiore an Barbara von Brandenburg, in: A. CALZONA, Da Mantova a Roma. La ‹rivincita› dell'Alberti negli ultimi anni del pontificato di Pio II, in: La Roma di L. B. Alberti 2005, S. 147 f.. Weiteres in CHAMBERS 1976a passim.

209 ESCH 1989 S. 130–132. Zu Lapos *De curiae commodis* CELENZA 1999, vgl. DERS., Lapo da Castiglionchio il Giovane, Poggio Bracciolini e e la «Vita curialis». Appunti su due testi umanistici, in: Medioevo e Rinascimento 14 (2000), S. 129–145; POGGIO BRACCIOLINI, *De infelicitate principum*, ed. D. CANFORA (Ediz. naz. di testi umanistici, 2, Roma 1998), u. CANFORA 1996. Kardinalsporträts z. B. Jouffroy: *Commentarii* S. 779–784; MÄRTL 1996.

210 Landschaftsauffassung und Naturgenuß: BURCKHARDT 1860, S. 302 f. ; K. STIERLE, Spectaculum. Der Blick auf die Welt bei Petrarca und Jan van Eyck, in: Der stumme Diskurs der Bilder, hg. von V. von ROSEN u. a. (Berlin 2003), S. 119–138; T. MICHALSKY, «Limes ille Galliarum et Hispaniae, Pirenaeus vertex, inde non cernitur». Zum Verständnis von Land und Landschaft in verschiedenen Medien des italienischen Spätmittelalters, in: Landschaften im Mittelalter, hg. von K.-H. SPIESS (Stuttgart 2006), S. 237–265; M. WARNKE, Politische Landschaft. Zur Kunstgeschichte der Natur (München 1992); und die Beiträge in: ‹Landschaft im Mittelalter›? Augenschein und Literatur, hg. von J. PFEIFFER (Das Mittelalter. Perspektiven mediävistischer Forschung 16, 2011). Das folgende Zitat: N. SEEBER, Enea Vergilianus (Innsbruck 1997), S. 68.

211 Belege im einzelnen bei ESCH 2008a. Zu den Gonzaga-Briefen (vor allem CHAMBERS 1976) ebda S. 25 ff. passim. Zum Alltag an der Kurie quellenreich MÄRTL 2003; «Privatkasse» und Buchführung MÄRTL 2005. Zu Abb. 50 CAVALLARO 2013.

212 Antiken-Exkursionen ESCH 2008a, S. 41 ff. (*Commentarii*); FLAVIO BIONDO: B. NOGARA, Scritti ineditii e rari di Biondo Flavio (Studi e Testi 48, Città del Vaticano 1927), S. 193–202, Nr. 18 (1461 an Gregorio Lolli). Pius und L. B. Alberti: A. BRUSCHI in: La Roma di L. B. Alberti 2005, S. 113–115.

213 BURCKHARDT 1860, S. 308.

214 Zum Kongreß von Mantua zuletzt: Il sogno di Pio II 2003; J. HELMRATH, Pius und die Türken, in: HELMRATH 2013 S. 279–341.

215 Nach dem Bericht des Gesandten in PASTOR 1904, Nr. 125, S. 150–160.

216 Zur spätmittelalterlichen Papstfinanz FAVIER 1966; H. HOBERG, Die Einnahmen der Apostolischen Kammer am Vorabend der Glaubensspaltung (Römische Quartalschrift, Suppl. 35, Freiburg/ Br. 1977); CARAVALE 1994; CASSANDRO 1994; PARTNER 2001.

217 Probleme und Techniken des Geldtransfers: FAVIER 1966; ESCH 1966; W. v. STROMER, Oberdeutsche Hochfinanz 1350–1450 (Wiesbaden 1970); ESCH 1998; SCHUCHARD 2000; s. a. Anm. 218. – Zitat: F. BRAUDEL, Civilisation matérielle, économie et capitalisme, II (Paris [2]1980), S. 117.

218 Zur Rolle von Brügge DE ROOVER 1948; MURRAY 2004; ESCH 2007a Kap. IX; s. a. Hansekaufleute in Brügge, Teil 4, hg. von N. JÖRN/ W. PARAVICINI/ H. WERNICKE (Kieler Werkstücke, Reihe D 13, Frankfurt u.a. 2000). – Zitat: K. WEISSEN, *Ci scrive in tedesco*! The Florentine merchant-banker Tommaso Spinelli and his

German-speaking clients (1435–72), in: The Yale University Library Gazette 74 (2000), S. 112–125; WEISSEN 2011.

219 Zu den Eigenheiten von Hofwirtschaft die Beiträge in: Hofwirtschaft 2008; am Beispiel Rom A. ESCH, Die römische Kurie in der Frührenaissance. Der Hof als Antriebskraft und meßbarer Faktor der Wirtschaft, in: ebda S. 19–35. Einwohnerzahl s. ESPOSITO 1998.

220 Auswertung der römischen Zollregister: ESCH 2007a, zusammenfassend DERS., La Roma del primo Rinascimento vista attraverso i registri doganali (Conferenza dell'Unione internaz. degli Istituti di Archeologia, Storia e Storia dell'Arte in Roma 29, Milano 2012). Wichtige voraufgehende Arbeiten: HOSHINO 1973/ 74; LOMBARDO 1978; PALERMO 1979 u. 1994; AIT 1981; zur dogana minuta M. L. LOMBARDO, La dogana minuta a Roma nel primo Quattrocento (Roma 1983); zunehmende Kontrolle durch die Apostolische Kammer: PALERMO 2014. – Die überlieferten Register: Archivio di Stato Roma, Camerale I, Camera Urbis: 28 Jahrgänge Importe zu Lande 1451–1485; 31 Jahrgänge Importe auf dem Wasserweg [1428 u.] 1444–1483 [u. 1492/93] verzeichnet in ESCH 2007a S. 417–418.

221 Export: ESCH 2007a S. 15–21, 146–149; *bovattieri* s. o. S. 49; *tutti paiono vaccari*: so Alberto degli Alberti 1443 (A. FABRONI, Magni Cosmi Medicei vita, Pisis 1788, S. 166).

222 Luxuskonsum als produktiver Faktor: L. PALERMO, Fattori della produzione e sviluppo economico a Roma nel Rinascimento, in: Roma medievale, aggiornamenti S. 249–265, bes. S. 254 ff.; Tuchindustrie: I. AIT, Aspetti della produzione dei panni a Roma nel basso medioevo, in: Economia e società 2005, S. 33–59; Indizien für Weiterverarbeitung: ESCH 2007a S. 177 f. Ein Überblick: PALERMO 2001.

223 Zu den Gewerben: LORI SANFILIPPO 2001; den Arbeitsverträgen: A. M. CORBO, I contratti di lavoro e di apprendistato nel sec. XV a Roma, in: Studi Romani 21 (1973), S. 469–489; CORBO 1990 bes. Kap. III; A. MODIGLIANI, Le attività lavorative e le forme contrattuali, in: Un pontificato 1986 S. 663–683.

224 Medici: DE ROOVER 1966 S. 47, 55, 69, 206 f.; Gozzadini: A. ESCH, Simonie-Geschäft in Rom 1400: «Kein Papst wird das tun, was dieser tut», in: Vierteljahrschrift für Sozial- und Wirtschaftsgeschichte 61 (1974), S. 433–457; DERS., Gabione Gozzadini da Bologna banchiere papale e la sua gestione d'affari a Roma, in: Studi in onore di L. Palermo (im Druck).

225 Florentiner Tuchimport und Marktanteil: HOSHINO 1973/74, S. 39 f.; TOGNETTI 2002 bes. S. 121 ff.; ESCH 2007a S. 37–45, 57–66, 123–133; GOLDTHWAITE 2009 (Tuchindustrie S. 165 ff., Handel mit Rom S. 170 ff.).

226 Pompa sacra 2010 u. T. ERTL, Stoffspektakel. Zur Funktion von Kleidern und Textilien am spätmittelalterlichen Papsthof, in: QFIAB 87 (2007), S. 139–185.

227 Tuche für Begräbnis und Krönung: ESCH 2007a S. 93; Feigen-Betrug S. 58; Anteil Geld-/ Warengeschäft laut Catasto: S. 58 f.; Cicero, Brillen: S. 50; Spielkarten: M. L. LOMBARDO, I giocatori di dadi e di carte a Roma nel Quattrocento nelle fonti fiscali della Camera Urbis, in: Il gioco nello Stato Pontificio, sec. XV-XIX (Archivi e cultura 41, Roma 2008); A. u. D. ESCH, Aus der Frühgeschichte der Spielkarte. Der Import von *carte da giocare* und *trionfi* nach Rom 1445–1465, in: Gutenberg-Jahrbuch 2013, S. 41–53.

228 ESCH 2007a S. 66–70, 146–156. Die Druckerei, in einem Haus der Massimo, wird

an der Ecke des Campo dei Fiori gegen die Cancelleria vermutet: MODIGLIANI 1998 S. 212 (Nr. 110) u. 245.

229 Nahhandel ESCH 2007a S. 8–10 u. 156 f.; zu den jüdischen Händlern A. ESPOSITO, Mercanti e artigiani ebrei forestieri a Roma tra '400 e '500, in: Mercanti stranieri 2004, S. 57–74. Troja-Namen: A. ESCH, La guerra di Troia nella Campagna Romana. I registri doganali di Roma come fonte per l'onomastica nel Lazio del Quattrocento, in: RR 2006 (Scritture per Massimo Miglio), S. 17–19.

230 Deutsche und ihr Sortiment: ESCH 2007a S. 77–82, 140–146; Lauten: s. o. S. 203 f.; Nürnberg: A. ESCH, Nürnberg und Rom. Nürnbergische und andere deutsche Waren in den römischen Zollregistern der Frührenaissance, in: Anzeiger des Germanischen Nationalmuseums 2002 S. 128–139.

231 Import zu Schiff: LOMBARDO 1978; PALERMO 1979 u. 1994; I. AIT, Roma fra il fiume e il mare: porti e navigazione nel basso medioevo, in: ASR 127 (2004), S. 77–109; ESCH 2007a, Kap. III. – Zur Identifizierung der Hafen-Ansicht BERTELLI 1965 S. 120 (Türken-Kommando Carafas s. u. S. 295 f.).

232 ESCH 2007a, Kap. III; zum Handel zwischen Rom und Spanien die Beiträge von M. L. LOMBARDO, L. PALERMO, M. VAQUERO PIÑEIRO in: Mercanti stranieri 2004. – Getreideversorgung: PALERMO 1994; für die Folgezeit grundlegend V. REINHARDT, Überleben in der frühneuzeitlichen Stadt. Annona und Getreideversorgung in Rom 1563–1797 (BiblDHI 72, Tübingen 1991).

233 Etwa Metallfabrikate und Waffen: ESCH 2007a S. 30 f., 51 f., 173–175, 216–219; Orangen S. 172, Exotica S. 179 f., Baumaterial Kap. VIII.

234 Waren aus portugiesischen und spanischen Entdeckungen: Karavelle von 1475 ESCH 2007a S. 179 f.; Weltkarten S. 180; Niña, Pinzón S. 226. Bulle von 1493: America Pontificia I, ed. J. METZLER (Collectanea Archivi Vaticani 27, 1, 1991), Nr. 5. Suez-Kanal: R. FULIN, Il canale di Suez e la repubblica di Venezia 1504, in: Archivio Veneto 2 (1871), S. 175–213; Farnesina: G. CHERUBINI, Un agricoltura pittorica dopo la scoperta dell' America, in: 1492–1992. Animali e piante dalle Americhe all'Europa, a cura di L. CAPOCACCIA ORSINI/ G. DORIA/ G. DORIA (Genova 1991), S. 89–98 mit Abb. 51 u. 52.

235 Keramik-Import: GÜLL 2003; SPALLANZANI 2006; A.u. D. ESCH, L'importazione di maioliche ispano-moresche nella Roma del primo Rinascimento nei registri doganali 1444–1483, in: Faenza 2014, S. 9–27. Kunstimport s. u. S. 336 ff.

236 Zum Jahresrhythmus von Handels- und Pilgerzustrom: ESCH 2007a S. 111 ff. mit Tab. 2 und Graphik 4 (Landzoll), S. 164 ff. mit Tab. 19 u. Graphik 7 (Hafenzoll); agrarisches und liturgisches Jahr: S. 197 ff.; Heiliges Jahr und Indizien für Massenkonsum: S. 183 ff. Wein-Steuer CHAMBERS 1976b; keine Inflation: L. PALERMO, I mercanti e la moneta a Roma nel primo Rinascimento, in: Economia e società 2005, S. 273 f.

237 Anteil der Kurie am Gesamtimport: ESCH 2007a S. 90 ff.; am Beispiel des Weins S. 94 ff. u. 184 ff.; unterschiedlicher Weinkauf der Kardinäle S. 189–193.

238 Importvolumen bei Abwesenheit der Kurie: ESCH 2007a S. 98–102 mit Graphik 3 u. 4.

239 Kreditmarkt: zusammenfassend VAQUERO PIÑEIRO 2006 (Rom S. 272 ff.); Medici-Instruktion: DE ROOVER 1966 S. 203 f.; Praxis: L. PALERMO, Banchi privati e finanze pubbliche nella Roma del primo Rinascimento, in: Banchi pubblici, ban-

chi privati e monti di pietà nell'Europa preindustriale, I (Genova 1991), S. 433–459.

240 Ansuino da Anticoli: GAUVAIN 2014; Poggio: CORBO 1990 S. 123–128; Frauen: I. AIT, Elementi per la presenza della donna nel mercato del credito a Roma nel bassomedioevo, in: Roma donne libri 2004, S. 119–139.

241 Zu Person und Pontifikat: Paolo II in Enciclopedia dei Papi II (2000) S. 685–701 (A. MODIGLIANI, und DIES. in DBI 81, 2014, S. 93–98 mit der neuesten Bibliographie). Wahlkapitulation: BECKER 2008 S. 343–345.

242 C. L. FROMMEL, Der Palazzo Venezia in Rom (Opladen 1982); FROMMEL 2006, S. 157–313 (die Überlegungen Pauls: S. 257). Zur Frage des Architekten auch M. GARGANO, Paolo II e il Palazzo di Venezia, in: RR 2011 S. 279–302; Mark Aurel und Rossebändiger (und der weitere Rahmen von Pauls II. Bautätigkeit): MODIGLIANI 2009. Zum Bau des Gartenpalastes (Palazzetto Venezia) zuletzt G. MOSCA, Paolo II e il *viridarium* del Palazzo di S. Marco a Roma: Nuove acquisizioni, in: RR 2015, S. 379–400.

243 Bankett von 1466: A. MODIGLIANI, Un ritratto di Paolo II per il duca di Milano: scelte edilizie, feste e politica cittadina, in: RR 2004 S. 255–268, hier S. 264–268; vgl. LAURIOUX 2006, Kap. V; Diana: MODIGLIANI 2011 S. 256.

244 Statuten-Revision: REHBERG/ MODIGLIANI 2004, II S. 111–136. Briefe der *pieschi*: CHERUBINI 1997.

245 Ämterkäuflichkeit: SCHIMMELPFENNIG 1984; Abbreviatorenkolleg: B. SCHWARZ 1972; Konflikt mit den Humanisten s. o. S. 195 f.

246 Antikensammlung s. o. S. 256; PASTOR II S. 337 f.; St. Peter: MODIGLIANI 2011; Marmor-Flotte: ESCH 2007a S. 251f.

247 Zu Person und Pontifikat: Sisto IV in Enciclopedia dei Papi II (2000) S. 701–717 (G. LOMBARDI). Abstimmungslisten: PASTOR II Anhang Nr. 108–109 (eher für die eigene Wahl: ebda S. 455). Der Freskenzyklus in S. Spirito als illustrierte Chronik seines Lebens: HOWE 2005; Míglio 2016, S. 201–214.

248 Zur wachsenden Entfremdung zwischen Sixtus IV. und Lorenzo de' Medici: DE ROOVER 1966 S. 198 f.; FUBINI 1994 S. 108 ff.; DANIELS 2013 S. 14 ff. Zu Giovanni Tornabuoni in Rom PLEBANI (wie Anm. 42) S. 241 ff.

249 Pietro Ursuleo, *Libellus expeditionis classis apostolice in Turcos* (Bibliotheca Apostolica Vaticana, cod. Ottob. lat. 1938 f. 1r-8v); zur Flotte ESCH 2007a S. 218 f. Die Hafenketten heute in der Fabbrica di S. Pietro. – Otranto: La conquista turca di Otranto (1480) tra storia e mito, a cura di H. HOUBEN (Galatina 2008). Noch nach Jahren finden sich in den Akten der Penitenzieria Apostolica Absolutionsgesuche von Otrantinern, die in türkischer Gefangenschaft zum Islam konvertiert waren: Archivio della Penitenzieria Apostolica, Registra matrim. et divers. 39 f. 168v, 230v (1489, 1490).

250 Nepotismus: *ridiculum* CHERUBINI 1997 nr. 514; Pietro Riario: FARENGA 1986; seine Einkünfte s. u. S. 326; das Fest von 1473: PASTOR II S. 484–487; Ende der Feste: INFESSURA S. 78. Girolamo Riario: P. FARENGA, Libri intorno a Girolamo Riario, in: Editori ed edizioni 2005 S. 45–63. Raffaele Riario: s. u. S. 329 f.

251 Zur Pazzi-Verschwörung zuletzt DANIELS 2013; M. SIMONETTA, L'enigma Montesecco: una nuova scoperta sulla congiura dei Pazzi. Sisto IV e i «nuovi tiranni», in: RR 2014 S. 278–298. – Nach dem Frieden: Lorenzo de' Medici, Lettere, X, a

cura di M. M. Bullard (Firenze 2003) S. 162 (dort das Zitat); eindrucksvoll Lorenzos Überblick über die aktuelle politische Lage in: Lettere XVI, a cura di L. Böninger (Firenze 2011), Nr. 1557, 17. Okt. 1489 an Giovanni Lanfredini in Rom. Zur Korrespondenz Giovanni Lanfredinis als Botschafter in Neapel bzw. Rom: Corrispondenza dell' ambasciatore Giovanni Lanfredini, a cura di E. Scarton (Fonti per la storia di Napoli aragonese, 2. ser. 1, Salerno 2005). Lorenzo und Sixtus' IV. Riario-Nepoten: I. Walter, Der Prächtige. Lorenzo de' Medici und seine Zeit (München 2003), S. 144 ff. Die Lage der Medici-Filiale in Rom: Bullard 1994.

252 Infessura, Diario, S. 74–169 (*lasciar fare a loro* S. 126; *nè guelfa nè ghibellina* S. 138; Kugeln aus antikem Stein (den Resten des *pons Theodosius*, wo man 1980 auch noch einige Kugeln fand) S. 147; Infamien S. 155 f.); zum Autor A. Esch, Infessura, in: DBI 62 (2004) S. 348–353. Konflikt Colonna-Orsini: De Vincentiis 2014.

253 Finanzen: C. Bauer 1927; Favier 1966 S. 689 ff. (Vergleich mit anderen Staatsfinanzen); Caravale 1994 S. 94 ff.; Partner 2001; Kontrolle der kommunalen Finanz: Palermo 2014.

254 Benzi 1990; Sisto IV 2000. S. Maria del Popolo 2009; Cappella Sistina: zuletzt U. Pfisterer, Die Sixtinische Kapelle (München 2013); Shearman 1986. S. Spirito: L'antico Ospedale di Santo Spirito dall'istituzione papale alla sanità del terzo millennio. Convegno Roma 2001, in: Il Veltro 46 (2002). Inschriften: Kajanto 1982. Fremde Aufträge: Cantatore 2000. Zu den Kirchenbauten des 15. Jahrhunderts G. Urban, Die Kirchenbaukunst des Quattrocento in Rom, in: Römisches Jahrbuch für Kunstgeschichte 9/10 (1961/62), S. 73–287. Zu den römischen Kirchenbauten allgemein (neben den bekannten Standardwerken von Buchowiecki und Hülsen) eine jüngste illustrative Beschreibung in: Santuari d'Italia. Roma, a cura di S. Boesch Gajano et al. (Roma 2012). Genaue Lokalisierung der inzwischen verschwundenen Kirchen: F. Lombardi 1996.

255 Bibliothek: Manfredi 2010; zu den ersten Räumlichkeiten Ders. in: Studi in onore del Cardinale Raffaele Farina, a cura di A. M. Piazzoni (Studi e Testi 478–479, Città del Vaticano 2013), S. 663–682. Ausleihregister: M. Bertòla, I due primi registri di prestito della Bibl. Apost. Vat., Cod. Vat. lat. 3964, 3966 (Codices e Vaticanis selecti 27, Città del Vaticano 1942), die hier abgebildeten ebda tav. 5. Zu den ersten Bibliothekaren C. M. Grafinger in Aevum 84 (2010) S. 711–732. Zur humanistischen Umgebung: Buchbesitz C. Bianca, In viaggio dentro la Curia: libri e possessori, in: Roma donne libri 2004, S. 343–360; Lee 1978; Stinger 1985; Platina: Piacentini 2009.

256 Kirchliche Maßnahmen: Pastor II S. 607–657; Ablässe: Ablaßkampagnen des Spätmittelalters (Tagung Rom 2015), hg. von A. Rehberg (im Druck); Jubeljahr 1475 s. o. S. 136 ff. – Spanische Inquisition: S. Haliczer, Inquisition and Society in the Kingdom of Valencia 1478–1834 (Berkeley 1990); Dizionario storico dell' Inquisizione, a cura di A. Prosperi, III (Pisa 2010) S. 1591 f. Zahlreiche Suppliken angeklagter Spanier in reg. 34–36 des Archivs der Poenitentiaria Apostolica.

257 Tafuri 1984; Benzi 1990; Modigliani 1998 bes. S. 319 ff.; Frommel 2003 S. 13–33; Simoncini 2004 I S. 161–204. Der Rat Ferrantes: Infessura S. 79.

258 Zu Aufwertung und Umgestaltung der Piazza Navona im 15. und frühen 16. Jahrhundert jetzt die Beiträge von A. Esposito, A. Modigliani, O. Verdi, D. Esposito, M. Vaquero Piñeiro, S. Passigli, M. Boiteux in: Piazza Navona 2014; Palermo, Il patrimonio immobiliare (wie Anm. 114). Vom *campus* zur *platea*: Quellen Modigliani a.a.O. S. 489 f.

259 Zu den Palastbauten im einzelnen Magnuson 1958; Benzi 1990 S. 139–162. Zur Bulle *Etsi de cunctarum* (Bullarium Romanum, V, Torino 1860, S. 273–278) Strangio/ Vaquero Piñeiro 2004. Daneben konnte Sixtus ganze Palazzi abreißen lassen, wenn die Familie (wie die Della Valle) zur Partei der Colonna gehörte: S. Frommel, Giuliano da Sangallo (Firenze 2014), S. 297. Zur Frühgeschichte der römischen Medici-Residenz C. L. Frommel, Der römische Palastbau der Hochrenaissance I (Tübingen 1973) S. 17–19; und zuletzt I. Ait, «*Negotia* di cardinali». Giovanni de' Medici e la simulata compravendita di Palazzo Madama, in: RR 2014 S. 299–314 (1505); S. Frommel cit. S. 349 f.

260 Frommel 2009, bes. S. 110 ff.; G. Petrucci, La Via Sistina da Porta del Popolo al Vaticano ed il programma urbanistico di Sisto IV per il Borgo, in: Storia dell'Urbanistica 4 (1998), S. 35–57 (*que vulgariter dicitur ‹La Tenta›*: so in Archivio di Stato Roma, Collegio dei Notai Capitolini, vol. 58 f. 500r).

261 Via di Ripetta: Bilancia/ Polito 1973; Zanchettin 2003/04. – *Via mercatoria, via recta, via papalis*: Modigliani 1998 ad indicem. Zur *via papalis* auf ihrer mittleren Strecke S. Valtieri, Storie e architetture intorno ad un antico percorso di Roma: la ‹via papalis›. Il Tratto di via del Governo Vecchio, in: Quaderni PAU 2 (1992), S. 9–42. – Finanzierung des Ponte Sisto: U. Schwarz, Sixtus IV. und die deutschen Kurialen in Rom. Eine Episode um den Ponte Sisto, in: QFIAB 71 (1991), S. 340–395.

262 Von Porta del Popolo nach St.Peter: Beschreibung Pius', *Commentarii* VIII 2, bes. S. 479 f.; die Kirche: Santa Maria del Popolo 2009, mit zahlreichen Beiträgen.

263 Erste Bebauung von Campo Marzio: Bilancia/ Politi 1973; Zanchettin 2003/04; A. Esch, Luthers römische Nachbarschaft: das Viertel zwischen den beiden Augustinerkonventen, in: Martin Luther in Rom (im Druck). Die genannten Palazzi: C. L. Frommel, Die Ripetta vor dem Sacco di Roma und die Paläste von Ascanio Sforza, Lorenzo Cibo, Sigismondo Chigi und Antonio Baschenis, in: Reibungspunkte. Ordnung und Umbruch in Architektur und Kunst, Festschrift für Hubertus Günther, hg. von H. Hubach u. a. (Petersberg 2008), S. 73–82. Der Flußhafen: I. Ait, Il Tevere e le attività produttive a Roma nel basso Medioevo, in: La città e il fiume, a cura di C. Travaglini (CEFR 394, Rome 2008), S. 81–94.

264 Census von 1526/27: Lee 1985 bzw. 2006; danach ein fiktiver Gang durch die Stadt: A. Esch, Un giro attraverso la Roma del Rinascimento in compagnia degli ufficiali del censimento (inverno 1526/27), in: Scritti per Isa 2008, S. 339–355. – Zur jüdischen Gemeinde vor allem Esposito 1995 u. 2011.

265 D. Esposito, Vigneti e orti dentro le mura: utilizzo del suolo e strutture insediative, in: Simoncini 2004, II S. 205–228; am Beispiel eines Notars: Esch 2001b S. 205–207; Topographie der *Domus Aurea*: Lexicon topographicum urbis Romae, a cura di M. Steinby II (Roma 1995) S. 49–64. Verwechslung von Disabitato und Campagnalandschaft: A. Esch, Zur Identifizierung italienischer Veduten des

19. Jhs., in: Ars naturam adiuvans. Festschrift für M. Winner, hg. von V. v. FLEMMING/ S. SCHÜTZE (Mainz 1996), S. 645–661, hier S. 649–652.

266 Zur wirtschaftlichen Grundlage des Mäzenatentums etwa: Arte, committenza ed economia 1995; Gli aspetti economici del mecenatismo in Europa, secc. XIV-XVIII (Atti d. 27a Settimana di studi Prato 1985), a cura di S. CAVACIOCCHI (CDRom Istituto Datini 2000); Economia e arte secc. XIII-XVIII (Atti d. 33a Settimana di studi Prato 2001), a cura di S. CAVACIOCCHI (Istituto Datini 2002). In der Behandlung der Frage nach dem Verhältnis von Kunst und Wirtschaft, Künstler und Auftraggeber, Begabung und Nachfrage folge ich meinen Überlegungen in: A. ESCH, Über den Zusammenhang von Kunst und Wirtschaft in der italienischen Renaissance. Ein Forschungsbericht, in: Zeitschrift für historische Forschung 8 (1981), S. 179–222 (und: Sul rapporto fra arte ed economia nel Rinascimento italiano, in: Arte, committenza ed economia 1995, S. 3–49); ESCH 1997, jeweils mit weiteren Belegen.

267 R. S. LOPEZ, Hard times and investment in culture, in: The Renaissance. A Symposium (New York 1953). Zur irritierenden Wirkung der (bald widersprochenen) Depressions-These etwa W. K. FERGUSON, Recent trends in the economic historiography of the Renaissance, in: Studies in the Renaissance 7 (1960), S. 7–26; die verschiedenen Positionen benannt in meinem (in Anm. 266 zit.) Forschungsbericht bes. S. 180 ff. Ungleiche Verteilung: BURKE 1972 S. 34 ff. Zur Diskussion zwischen Wirtschafts- und Kunsthistoriker ESCH 2002a.

268 Die Seite der Nachfrage hat mit Recht vor allem GOLDTHWAITE 1993 hervorgehoben. Äquivalenzen (Kosten Palazzo/ Schiffe u. a.) am Genueser Beispiel: G. DORIA, Investimenti della nobiltà genovese nell'edilizia di prestigio (1530–1630), in: Studi storici 27 (1986), S. 5–55. Geburtsdaten vgl. C. GILBERT, The Archbishop on the Painters of Florence, 1450, in: The Art Bulletin 41, 1959, S. 85 f.

269 Vom Zunftstaat zur Oligarchie: G. BRUCKER, The Civic World of Early Renaissance Florence (Princeton 1977); R. FUBINI, Dalla rappresentanza sociale alla rappresentanza politica. Alcune osservazioni sull'evoluzione politico-costituzionale di Firenze nel Rinascimento, in: FUBINI 1994, S. 41–62. Der vom Catasto von 1427 gewährte Einblick: D. HERLIHY/ C. KLAPISCH-ZUBER, Les Toscans et leurs familles. Une étude du catasto florentin de 1427 (Paris 1978). Zu den mutmaßlichen Zusammenhängen Belege in den Anm. 266 zit. Beiträgen.

270 Aufträge der frühen Medici: E. H. GOMBRICH, The early Medici als patrons of art, in: Italian Renaissance Studies, ed. by E. F. JACOB (London 1960), S. 279–311; und anderer Familien: R. A. GOLDTHWAITE, Il contesto economico del palazzo fiorentino nel Rinascimento, in: Annali di architettura 2 (1990), S. 53–58; Patronage, art, and society in Renaissance Italy, ed. by. F. W. KENT/ P. SIMONS (Oxford 1987); E. MARCHAND/ A. WRIGHT, With and without the Medici: Studies in Tuscan art and patronage 1434–1530 (Aldershot 1998); Art, memory, and family in Renaissance Florence, ed. by G. CIAPPELLI/ P. LEE RUBIN (Cambridge 2000).

271 Vasari: A. CHASTEL, Vasari économiste, in: Mélanges en l'honneur de Fernand Braudel, I (Toulouse 1973), S. 145–150; Republik oder Fürstentum: BURKE 1972 S. 229 ff.; M. WARNKE, Hofkünstler. Zur Vorgeschichte des modernen Künstlers (Köln 1985), Teil I.

272 Cosimo: R. de Roover, Cosimo de' Medici come banchiere e mercante, in: ASI 123 (1965), S. 467–479; Gombrich (wie Anm. 270); D. V. Kent, Cosimo de' Medici and the Florentine Renaissance: the Patron's Oeuvre (New Haven 2000). Urbino: C. H. Clough, Federigo da Montefeltro's patronage of the arts 1468–82, in: JWCI 36 (1973), S. 129–144; A. Tönnesmann, Il palazzo ducale di Urbino. Economia e committenza, in: Arte, committenza ed economia 1995 S. 406; B. Roeck/A. Tönnesmann, Die Nase Italiens. Federico da Montefeltro Herzog von Urbino (Berlin 2005), S. 119–174.

273 Die Differenzierung der Kreise (statt allgemein von ‹römischen Kunstaufträgen› zu sprechen) ist unbedingt geboten. Ich folge hier meinen (in Anm. 266) zit. Beiträgen. Zu Martin V. s. o. S. 80, zu Nikolaus V. S. 178 f., zu Sixtus IV. S. 302 ff.

274 Bauer 1927; Favier 1966 (S. 689 Ausblick), und die weitere in Anm. 253 zit. Literatur.

275 Zur Auftragstätigkeit der genannten Päpste s. die unter den Pontifikaten zit. Literatur; im Überblick: V. Golzio/ G. Zander, L'arte in Roma nel sec. XV (Storia di Roma 28, Bologna 1968).

276 Zu Einkünften und Vermögen etwa: The Possessions of a cardinal. Politics, piety, and art 1450–1700, ed. by M. Hollingsworth/ C. M. Richardson (The Pennsylvania State University Press 2010). Zahlreiche Untersuchungen zu einzelnen Kardinälen, etwa D. Brosius, Die Pfründen des Kardinals Enea Silvio Piccolomini, in: QFIAB 54 (1974), S. 271–327; zu Kardinal Francesco Gonzaga vorbildlich Chambers 1976a u. 1992. 4000 Gulden-Grenze (seit 1458): Becker 2008. Leichenrede auf Pietro Riario: Pastor II S. 493.

277 A. D. Fraser Jenkins, Cosimo de' Medici's patronage of architecture and the theory of magnificence, in: JWCI 33 (1970), S. 162–170; P. Howard, Preaching magnificence in Renaissance Florence, in: Renaissance Quarterly 61 (2008), S. 325–369. Rechtfertigung: s. die Beiträge in Pompa Sacra 2010. Zahl der Familiaren: U. Schwarz 1993.

278 Zu den Papst- und Kardinalsgrabmälern im einzelnen die Datenbank ‹Requiem›. Die römischen Papst- und Kardinalsgrabmäler der frühen Neuzeit; Garms u. a. 1981–94; auch für die voraufgehende Zeit Borgolte 1989; Gardner 1992; Crescentini 2000; Andrea Bregno 2008. Zur Skulptur im Rom des Quattrocento zuletzt die Beiträge in: La forma del Rinascimento 2010. – Bauten: Am Beispiel des Palazzo Venezia s. o. S. 289 f. Zitat: Frommel (wie Anm. 242), S. 29. Zu den Kardinalspalästen Aurigemma 2004, Schelbert 2007.

279 L'antica basilica di San Lorenzo in Damaso. Indagini archeologiche nel Palazzo della Cancelleria (1988–1993), a cura di C. L. Frommel e M. Pentiricci, I u. II (Roma 2009); zum Areal zwischen Antike und Mittelalter Pentiricci I S. 199 ff., zum voraufgehenden Kardinalspalast Frommel I S. 420 f. Cortesi: K. Weil-Garris/ J. F. d'Amico, The Renaissance cardinal's ideal palace. A chapter from Cortesi's *De cardinalatu* (Rome 1980). Baustelle: S. Valtieri, La fabbrica del palazzo del Cardinale Raffaele Riario (La Cancelleria), in: Quaderni dell'Istituto di storia dell'architettura 27 (1982), S. 3–25; E. Bentivoglio, Nel cantiere del palazzo del Cardinale Raffaele Riario, in: ebda S. 27–34. – Palazzo Borgia (Cancelleria Vecchia): heute Palazzo Sforza Cesarini, mit Eingang damals von diesem Straßenzug (der Corso Vittorio Emanuele verunklärt auch hier die ursprüngliche

Lage; Via del Pellegrino schon damals so genannt: Esch 2014 S. 256); Orangenbäumchen Esch 2007a S. 236; Gartenpalast s. o. S. 312 f. – Ausmalung Monte Giordano (1432): Amberger 2003.

280 Baumaterialien für die Kardinäle: Esch 2007a Kap. VIII; befestigte Paläste, Waffen: ebda S. 174; Pönitentiarie-Gesuch: Esch 2014 S. 256 f.

281 Ökonomische Aspekte in Architektur-Traktaten: C. Thoenes, «L'incarico imposto dall'economia». Appunti su committenza ed economia dai trattati d'architettura, in: Arte, committenza ed economia 1995, S. 61. Ausstattung der Paläste, Folgeaufträge Goldthwaite 1993 S. 212 ff.

282 Grabplatte Martins V.: A. u. D. Esch, Die Grabplatte Martins V. und andere Importstücke in den römischen Zollregistern der Frührenaissance, in: Römisches Jahrbuch für Kunstgeschichte 17 (1978), S. 211–217, dazu die Ergänzungen in Esch 1992; Prospero Colonna: seine Mittel in Florenz s. o. S. 83; Zuschreibung an Donatello: J. Poeschke, Die Skulptur der Renaissance in Italien, I (München 1990), S. 109 f.; A. Rosenauer, Donatello (Milano 1993) S. 316 f.; Waffenkäufe: Esch 2007a S. 52.

283 Antonio Averlino detto il Filarete, Trattato di architettura, a cura di A. M. Finoli/ L. Grassi, I (Milano 1972), S. 40; vgl. Thoenes (wie Anm. 281) S. 56.

284 M. Baxandall, Painting and experience in fifteenth century Italy (Oxford 1972), bes. S. 17 ff.; F. Melis, Fattori e strutture del costo del Perseo del Cellini, in: Problemi attuali di scienza e di cultura 177 (Accademia Naz. dei Lincei 1972), S. 57–60; Tizian: R. Zapperi, Tiziano, Paolo III e i suoi nipoti (Torino 1990) S. 35. Im Urteil von Schweizer Söldnern: A. Esch, Mit Schweizer Söldnern auf dem Marsch nach Italien, in: QFIAB 70 (1990), S. 419.

285 Zur Lage Bonifaz' IX. s. o. S. 36 ff. Zur Kunsttätigkeit am Hofe Bonifaz' IX. zuletzt: Il pontificale di Bonifacio IX. Commentario a cura di A. M. Piazzoni (Città del Vaticano 2007). Überlassen eines Künstlers: Francesco II. Gonzaga den Maler Andrea Mantegna an Innozenz VIII.

286 Zum stadtrömischen, republikanischen Antikenbezug Miglio 1984 u. 2003; Casa dei Manili: Tucci 2001. – Aufträge: M. Miglio, La committenza a Roma del XV sec.: le premesse sociali, in: Arte, committenza ed economia 1995, S. 93–105. Vorbildlichkeit (Zitate): Corbo 1990 S. 50 f. (1447) u. 55 (1452).

287 Fresken von Tor de' Specchi und Identifizierung der Personen s. o. S. 102 f. Zu Antoniazzo (und der Malerei in Rom des 15. Jhs.) zuletzt die Beiträge in: Antoniazzo Romano 2013; Bruderschaft der SS. Annunziata ebda App. Nr. 46–56; Aufträge anderer Bruderschaften A. Esposito in: Arte, committenza ed economia 1995 S. 107–120.

288 Historische Quellen für kunsthistorische Fragen: A. Esch, Escursioni storico-artistiche attraverso fonti storiche. Cosa danno allo storico dell'arte i diversi generi di fonte?, in: Römisches Jahrbuch der Bibliotheca Hertziana (im Druck). Kunstimport in den römischen Zollregistern: Esch 2007a Kap. IV u. V (die genannten Lieferungen s. Kap. V unter den Daten). Michelangelos Christus: W. E. Wallace, Miscellanea curiositae Michelangelae: A steep tariff, a half dozen horses, and yards of taffeta, in: Renaissance Quarterly 47 (1994), S. 333 f.

289 Serielle Produktion schon im 15. Jahrhundert: Ergebnisse der neueren Forschung s. Esch 2002a S. 34 ff. Zur Preisbildung Kubersky-Piredda s. Anm. 291. – Wert-

schätzung flämischer Malerei: Italienische Frührenaissance und nordeuropäisches Mittelalter, hg. von J. Poeschke (München 1993); M. Rohlmann, Arte da lontano. Pittura fiamminga nella Firenze rinascimentale, in: Art Market (wie Anm. 291) S. 401–412.

290 Neri di Bicci am Zoll: Esch 2007a, S. 238–240; Spielkarten s. o. Anm. 227.

291 Zu den Anfängen eines Kunstmarkts etwa (neben zahlreichen weiteren Tagungsakten): Art markets in Europe 1400–1800, ed. by M. North/ D. Ormrod (Ashgate 1998); The art market in Italy, 15th-17th centuries, ed. by M. Fantoni/ C. Matthew/ F. Matthews-Grieco (Modena 2003); S. Kubersky-Piredda, Kunstwerke-Kunstwerte. Die Florentiner Malerei der Renaissance und der Kunstmarkt ihrer Zeit (Norderstedt, Books on Demand 2005).

292 Weltkarte: Esch 2007a S. 82; Maiolica: Spallanzani 2006; A. u. D. Esch (wie Anmerk. 235). Kunstgegenstände in römischen Nachlaß-Inventaren: Esch 2007a S. 263–265 (*pare fiorentina* S. 237 f.).

293 Catasti: Portoghesi 1971 II S. 535–590; Broise/ Maire Vigueur 1983, bes. S. 146 f. mit Abb. 140/141 (confr. S. Salvatore). – Bauboom erkennbar in Notarsakten: Beispiele Esch 2001b S. 207–209; Curcio 1986; Ait 1996b; Ait/Vaquero Piñeiro 2000.

VERZEICHNIS DER ABGEKÜRZT ZITIERTEN LITERATUR

ASI	Archivio Storico Italiano
ASR	Archivio della Società romana di storia patria
BiblDHI	Bibliothek des Deutschen Historischen Instituts in Rom
BISIME	Bullettino dell'Istituto storico italiano per il medioevo
CEFR	Collection de l'École française de Rome
DBI	Dizionario biografico degli Italiani
JWCI	Journal of the Warburg and Courtauld Institutes
Muratori	L. A. Muratori, Rerum Italicarum Scriptores. Nuova edizione
QFIAB	Quellen u. Forschungen aus italienischen Archiven u. Bibliotheken
RR	Roma nel Rinascimento (und die zugehörige Zeitschrift RR Bibliografia e note)

AIT, I., La dogana di S. Eustachio nel XV secolo, in: Aspetti della vita economica (1981), S. 81–147

AIT, I./ A. ESCH, Aspettando l'Anno Santo. Fornitura di vino e gestione di taverne nella Roma del 1475, in: QFIAB 73 (1993), S. 387–417

AIT, I., Tra scienza e mercato. Gli speziali a Roma nel tardo Medioevo (Roma 1996) [AIT 1996a]

AIT, I., Salariato e gerarchie del lavoro nell'edilizia pubblica romana del XV secolo, in: Rivista Storica del Lazio, 4/5 (1996), S. 101–130 [AIT 1996b]

AIT, I. / M. VAQUERO PIÑEIRO, Dai casali alla fabbrica di San Pietro. I Leni. Uomini d'affari del Rinascimento (Roma 2000)

Alle origini della nuova Roma. Martino V (1417–1431). Atti del convegno Roma, 2–5 marzo 1992, a cura di M. CHIABÒ/ G. D'ALESSANDRO/ P. PIACENTINI/ C. RANIERI (Nuovi Studi Storici 20, Roma 1992)

ALLEGREZZA, F., Organizzazione del potere e dinamiche familiari. Gli Orsini dal Duecento agli inizi del Quattrocento (Nuovi Studi Storici, 44, Roma 1998)

AMBERGER, A., Giordano Orsinis *Uomini Famosi* in Rom (München/Berlin 2003)

Andrea Bregno. Il senso della forma nella cultura artistica del Rinascimento, a cura di C. CRESCENTINI/ C. STRINATI (Firenze 2008)

Anonimo Romano, Cronica, edizione critica a cura di G. PORTA (Milano 1979)

ANSANI, M., «Curiales» lombardi nel secondo '400, in: Roma capitale 1994, S. 415–472

Antiquaria a Roma. Intorno a Pomponio Leto e Paolo II (RR inedita, 31 saggi, Roma 2003)

Antoniazzo Romano Pictor Urbis (1435/40–1508). Catalogo della mostra Roma, a cura di A. Cavallaro/ S. Petrocchi (Cinisello Balsamo 2013)

Arte, committenza ed economia a Roma e nelle corti del Rinascimento 1420–1530, a cura di A. Esch e C. L. Frommel (Piccola biblioteca Einaudi 630, Torino 1995)

Aspetti della vita economica e culturale a Roma nel Quattrocento. Scritti di A. Esch/ I. Ait/ G. Severino Polica/ A. Esposito Aliano/ A. M. Oliva (Roma 1981)

Aurigemma, M. G., Residenze cardinalizie tra inizio e fine del Quattrocento, in: Simoncini II 2004, S. 117–136

Avesani, R., Appunti per la storia dello «Studium Urbis» nel Quattrocento, in: Roma e lo Studium Urbis, S. 69–87

Barone, G., L'immagine di Santa Francesca Romana nei processi di canonizzazione e nella ‹Vita› in volgare, in: Una santa tutta romana 1984, S. 57–69

Barone, G., Società e religiosità femminile (750–1450), in: Donne e fede. Santità e vita religiosa in Italia, a cura di L. Scaraffia/ G. Zarri (Roma/Bari 1994), S. 61–113

Barone, G., Chierici, monaci e frati, in: Roma medievale ed. Vauchez 2001, S. 187–212

Bartolomei Romagnoli, A., Santa Francesca Romana. Edizione critica dei trattati latini di Giovanni Mattiotti (Città del Vaticano 1994)

Bartolomei Romagnoli, A., Nel segno dell'oblazione. Francesca Romana e la regola di Tor de' Specchi, in: Francesca Romana 2009, S. 87–160

Bauer, C., Studi per la storia delle finanze papali durante il pontificato di Sisto IV, in: ASR 50 (1927), S. 319–400

Bauer, S., The Censorship and Fortuna of Platina's ‹Lives of the Popes› in the Sixteenth Century (Turnhout 2006)

Becker, H.-J., Ansätze zur Kirchenreform in den päpstlichen Wahlkapitulationen der Jahre 1458 (Pius II.), 1464 (Paul II.), und 1471 (Sixtus IV.), in: Nach dem Basler Konzil (2008), S. 331–356

Bedon, A., Il Campidoglio. Storia di un monumento civile nella Roma papale (Milano 2008)

Benzi, F., Sisto IV Renovator Urbis. Architettura a Roma 1471–1484 (Roma 1990)

Bertelli, C., Appunti sugli affreschi nella Cappella Carafa alla Minerva, in: Archivum Fratrum Praedicatorum 35 (1965), S. 115–130

Bianca, C., I libri a stampa nelle biblioteche romane, in: Gutenberg e Roma 1997, S. 113–120

Bianca, C., In viaggio dentro la Curia: libri e possessori, in: Roma donne libri 2004, S. 343–360

Bianchi, L., Case e torri medioevali a Roma. Documentazione, storia e sopravvivenza di edifici medioevali nel tessuto urbano di Roma (Roma 1998)

Bilancia, F. / S. Polito, Fonti d'archivio per una storia edilizia di Roma, III: Via Ripetta, in: Controspazio nov. 1973, S. 18–47

Black, A.: Monarchy and community. Political ideas in the Later Conciliar Controversy 1430–1450 (Cambridge 1970)

Bölling, J., Das Papstzeremoniell der Renaissance (Berlin u. a. 2006)

Borello, B., Alleanze matrimoniali e mobiltà sociale e geografica. Il caso dei Pamphilj (XV-XVII secolo), in: Mélanges de l'École française de Rome. Italie et Méditerranée, 115 (2003), S. 345–366

Borgolte, M., Petrusnachfolge und Kaiserimitation. Die Grablegen der Päpste, ihre Genese und Traditionsbildung (Veröffentlichungen des Max-Planck-Instituts für Geschichte 95, Göttingen 1989)

Boriaud, J.-Y./ F. Furlan (edd.), Leonis Baptistae Alberti *Descriptio Urbis Romae* (Firenze 2005)

Borsi, S., Leon Battista Alberti e Roma (Firenze 2003)

Borsi, S., Alberti e le antichità romane. Elaborazione di un metodo archeologico, in: Das alte Rom und die neue Zeit. Varianten des Rom-Mythos zwischen Petrarca und dem Barock, hg. von M. Disselkamp/ P. Ihring/ F. Wolfzettel (Tübingen 2006), S. 45–90

Borsi, S./ F. Quinterio/ C. Vasić Vatovec, Maestri fiorentini nei cantieri romani del Quattrocento, a cura di S. Danesi Squarzina (Roma 1989)

Boschetto, L., Società e cultura a Firenze al tempo del Concilio. Eugenio IV tra curiali, mercanti e umanisti 1434–1443 (Roma 2012)

Brancia di Apricena, M., Il complesso dell' Aracoeli sul Colle Capitolino, IX-XIX sec. (Roma 2000)

Brandmüller, W., Das Konzil von Konstanz 1414–1418, I u. II (Konziliengeschichte, A. Darstellungen 11, Paderborn 1991–97)

Broise, H./ J.- C. Maire Vigueur, Strutture famigliari, spazio domestico e architettura civile a Roma alla fine del Medioevo, in: Storia dell'arte italiana Einaudi, XII (Torino 1983) S. 99–160

Brosius, D., Eine Reise an die Kurie im Jahre 1462. Der Rechenschaftsbericht des Lübecker Domherrn Albert Krummediek, in: QFIAB 58 (1978), S. 411–440

Bruschi, A., Alberti ‹storico› dell'architettura? Lo studio dell'architettura del passato nel «De re aedificatoria», in: Leon Battista Alberti teorico 2007, S. 437–450

Buchowiecki, W., Handbuch der Kirchen Roms, I-III, IV bearb. von B. Kuhn-Forte (Wien 1967–1997)

Buddensieg, T., Die Statuenstiftung Sixtus' IV. im Jahre 1471, in: Römisches Jahrbuch für Kunstgeschichte 20 (1983), S. 33–73

Bullard, M. M., Fortuna della banca medicea a Roma nel tardo Quattrocento, in: Roma capitale 1994, S. 235–251

Buonocore, M., Tra i codici epigrafici della Biblioteca Apostolica Vaticana (Faenza 2004)

Burckhardt, J., Die Kultur der Renaissance in Italien. Ein Versuch (Basel 1860; neue Ausgabe im Rahmen der kritischen Gesamtausgabe in Arbeit)

Burke, P., Culture and society in Renaissance Italy 1420–1540 (London 1972)

Caffari, Stefano, Memoria di una famiglia della Roma del Quattrocento, a cura di A. Ingletto/ S. Santi (Roma 2009)

Campanelli, M./ M. A. Pincelli, La lettura dei classici nello *Studium Urbis* tra Umanesimo e Rinascimento, in: Storia della Facoltà 2000, S. 93–195

Canfora, D., Due fonti del ‹De curialium miseriis› di Enea Silvio Piccolomini: Poggio Bracciolini e Lucrezio, in: ASI 154 (1996), S. 479–494

La canonizzazione di S. Francesca Romana. Santità, cultura e istituzioni a Roma tra medioevo ed età moderna, a cura di A. Bartolomei Romagnoli e G. Picasso (Studia Olivetana 10, Firenze 2013)

Cantatore, F., Aspetti della committenza straniera nella Roma di Sisto IV: S. Pietro in Montorio e S. Giacomo degli Spagnoli, in: Sisto IV 2000, S. 417–425

CARAVALE, M., Le entrate pontificie, in: Roma capitale 1994, S. 73–106

CAROCCI, S., Baroni di Roma: Dominazioni signorili e lignacci aristocratici nel duecento e nel primo trecento. Nuovi Studi Storici 23 (Roma 1993)

CAROCCI, S., Governo papale e città nello Stato della Chiesa. Ricerche sul Quattrocento, in: Principi e città 1996, S. 151–224.

Carteggio degli oratori sforzeschi alla corte pontificia, I 1 u. 2, Niccolò V (27 febbr. 1447–30 apr. 1452), a cura di G. BATTIONI (RR inedita, 58 carteggi, Roma 2013)

CASSANDRO, M., I banchieri pontifici del XV secolo, in: Roma capitale 1994, S. 207–234

CAVALLARO, A., Antoniazzo Romano e gli Antoniazzeschi. Una generazione di pittori nella Roma del Quattrocento (Udine 1992)

CAVALLARO, A., Musica, danza e svaghi di corte in un ciclo di figure femminili nel castello Orsini di Bracciano, in: Donne del Rinascimento 2013, S. 105–131

CELENZA, C. S., Renaissance humanism and the Papal Curia. Lapo da Castiglionchio the Younger's *De curiae commodis* (Ann Arbor 1999)

CHAMBERS, D. S., The housing problems of Cardinal Francesco Gonzaga, in: JWCI 39 (1976), S. 21–58 [Chambers 1976a]

CHAMBERS, D. S., *Studium Urbis* and *gabella studii*. The university of Rome in the fifteenth century, in: Cultural Aspects 1976, S. 68–110. [Chambers 1976b]

CHAMBERS, D. S., A Renaissance cardinal and his worldly goods: the will and inventory of Francesco Gonzaga, 1444–1483 (London 1992)

CHERUBINI, P./ A. ESPOSITO/ A. MODIGLIANI/ P. SCARCIA PIACENTINI, Il costo del libro, in: Scrittura 1983, S. 323–553

CHERUBINI, P., Iacopo Ammannati Piccolomini, Lettere (1444–1479), 3 Bde (Pubblicazioni degli Archivi di Stato, Fonti 25, Roma 1997)

CHERUBINI, P., Una fonte poco nota per la storia di Roma: i processi della curia del Campidoglio (sec. XV), in: Roma. Memoria e oblio (Roma 2001), S. 157–182

CHERUBINI, P., Scritture e scriventi a Roma nel secolo XV: gruppi sociali, presenze nazionali e livelli di alfabetizzazione, in: C. TRISTANO/ M. CALLERI/ L. MAGIONANI, I luoghi dello scrivere da Francesco Petrarca agli albori dell'età moderna, Convegno Arezzo 2003 (Spoleto 2006), S. 277–312

CHITTOLINI, G., Papato e Stati italiani, in: Lo Stato del Rinascimento 2014, S. 421–439.

CHRISTIAN, K. W., Empire without end: Antiquities collections in Renaissance Rome, c. 1350–1527 (New Haven/London 2010)

Codice topografico della Città di Roma, a cura di R. VALENTINI/ G. ZUCCHETTI, I-IV (Fonti per la storia d'Italia 81, 88, 90, 91, Roma 1940–1953)

Collezioni di antichità a Roma fra '400 e '500, a cura di A. CAVALLARO (Roma 2007)

COLLINS, A., Greater than emperor. Cola di Rienzo (ca. 1313–54) and the world of fourteenth-century Rome (Ann Arbor 2002)

Le confraternite romane. Esperienza religiosa, società, committenza artistica, a cura di L. FIORANI (Ricerche per la storia religiosa di Roma 5, Roma 1984)

Congiure e conflitti. L'affermazione della signoria pontificia su Roma nel Rinascimento: politica, economia e cultura, a cura di M. CHIABÒ/ M. GARGANO/ A. MODIGLIANI/ P. OSMOND (RR inedita, 62 saggi, Roma 2014)

CORBO, A. M., Artisti e artigiani in Roma al tempo di Martino V e di Eugenio IV (Roma 1969)

Corbo, A. M., Fonti per la storia sociale romana al tempo di Nicolò V e Callisto III (Roma 1990)

Cortonesi, A., *Ruralia.* Economie e paesaggi del Medioevo italiano (Roma 1995)

Coste, J., Scritti di topografia medievale. Problemi di metodo e ricerche nel Lazio, a cura di C. Carbonetti/ S. Carocci/ S. Passigli/ M. Venditelli (Nuovi Studi Storici 30, Roma 1996)

Crescentini, C., ‹Andreas Marmorarius Sculptor Egregius› e sua prima produzione funeraria, in: Sisto IV 2000, S. 363–383

Curcio, G., I processi di trasformazione edilizia, in: Un pontificato 1986, S. 706–732

D'Achille, P., Parole: al muro e in scena. L'italiano esposto e rappresentato (Firenze 2012)

Daniels, T., La congiura dei Pazzi: i documenti del conflitto fra Lorenzo de' Medici e Sisto IV (Firenze 2013)

Daniels, T./ A. Esch, Casi fiorentini negli atti della Penitenzieria Apostolica 1439–1484, in: ASI 172 (2014), S. 729–762

Davies, M., Two book-lists of Sweynheym and Pannartz, in: A. Ganda/E. Grignani (a cura di), Libri, tipografi, biblioteche. Ricerche storiche dedicate a Luigi Balsamo (Firenze 1997), S. 25–53

dello Mastro, Paolo, *Memoriale* (1422–1482), ed. F. Isoldi in Muratori NEd. XXIV 2 (1912), S. 83–100

dello Schiavo, Antonio di Pietro, Diario romano, ed. F. Isoldi in Muratori NEd. XXIV 5 (1917)

De Roover, R., Money, banking and credit in mediaeval Bruges. Italian merchant-bankers, Lombards and money changers (Cambridge/Mass. 1948)

De Roover, R., The rise and decline of the Medici bank (New York 1966)

De València a Roma a través dels Borja. Congrés València 2000, coords. P. Iradiel/ J. M. Cruselles (Generalitat Valenciana 2006)

De Vincentiis, A., Guerre e paci dei baroni romani (1417–1484): la prospettiva curiale, in: Congiure e conflitti 2014, S. 217–245

Del Treppo, M., Stranieri nel Regno di Napoli: le élites finanziarie e la strutturazione dello spazio economico e politico, in: Dentro la città. Stranieri e realtà urbane nell'Europa dei secoli XII-XVI, a cura di G. Rossetti (Europa mediterranea 2, Napoli 1989), S. 179–233

Dendorfer, J. / C. Märtl, Papst und Kardinalskolleg im Bannkreis der Konzilien – von der Wahl Martins V. bis zum Tod Pauls II. (1417–1471), in: Geschichte des Kardinalats 2011, S. 335–397

Di Carpegna Falconieri, T., Cola di Rienzo (Salerno 2002)

Diener, H., Die Mitglieder der päpstlichen Kanzlei des 15. Jahrhunderts und ihre Tätigkeit in den Wissenschaften und Künsten, in: QFIAB 69 (1989), S. 111–124

Donne del Rinascimento a Roma e dintorni, a cura di A. Esposito (RR inedita, 55 saggi, Roma 2013)

Dupré-Theseider, E., Roma dal comune di popolo alla signoria pontificia, 1252–1377 (Storia di Roma 11, Bologna 1952)

Economia e società a Roma tra Medioevo e Rinascimento. Studi dedicati ad Arnold Esch, a cura di A. Esposito/L. Palermo (Roma 2005)

Editori ed edizioni a Roma nel Rinascimento, a cura di P. Farenga (RR inedita, 34 saggi, Roma 2005)

Egger, H., Codex Escurialensis. Ein Skizzenbuch aus der Werkstatt Domenico Ghirlandaios, I-II (Wien 1905–06)

Das Ende des konziliaren Zeitalters (1440–1450): Versuch einer Bilanz, hg. von H. Müller (München 2012)

Ernst, G., La toscanizzazione del dialetto romanesco nel Quattro e nel Cinquecento, in: Bollettino del Atlante lessicale degli antichi volgari italiani 4 (2011), S. 45–124

Esch, A., Bankiers der Kirche im Grossen Schisma, in: QFIAB 46 (1966), S. 277–398

Esch, A., Bonifaz IX. und der Kirchenstaat (BiblDHI 29, Tübingen 1969)

Esch, A., Das Papsttum unter der Herrschaft der Neapolitaner. Die führende Gruppe Neapolitaner Familien an der Kurie während des Schismas 1378–1415, in: Festschrift für Hermann Heimpel zum 70.Geburtstag, 2 (Göttingen 1972), S.713–800 [Esch 1972a]

Esch, A., Florentiner in Rom um 1400. Namensverzeichnis der ersten Quattrocento-Generation, in: QFIAB 52 (1972), S. 476–525 [Esch 1972b]

Esch, A., Die Zeugenaussagen im Heiligsprechungsverfahren für S. Francesca Romana als Quelle zur Sozialgeschichte Roms im frühen Quattrocento, in: QFIAB 53 (1973), S. 93–151

Esch, A., La fine del libero comune di Roma nel giudizio dei mercanti fiorentini. Lettere romane degli anni 1395–98 nell'Archivio Datini, in: BISIME 86 (1976/77), S. 235–277

Esch, A., Tre sante ed il loro ambiente sociale a Roma: S. Francesca Romana, S. Brigida di Svezia, S. Caterina da Siena, in: Atti del Simposio internaz. Cateriniano-Bernardiniano (Siena 1980), a cura di D. Maffei e P. Nardi (Siena 1982), S. 89–120

Esch, A., Enea Silvio Piccolomini als Papst Pius II.: Herrschaftspraxis und Selbstdarstellung, in: Lebenslehren und Weltentwürfe im Übergang vom Mittelalter zur Neuzeit, hg. von H. Boockmann, B. Moeller, K. Stackmann (Abh. der Akad. d. Wiss. in Göttingen, Phil.-hist. Klasse III Nr. 179, 1989), S. 112–140

Esch, A., La lastra tombale di Martino V ed i registri doganali di Roma. La sua provenienza fiorentina ed il probabile ruolo del cardinale Prospero Colonna, in: Alle origini 1992, S. 625–641

Esch, A., Rom in der Renaissance. Seine Quellenlage als methodisches Problem, in: Historische Zeitschrift 261 (1995), S. 337–364

Esch, A., Antike in der Landschaft. Römische Monumente in mittelalterlichen Grenzbeschreibungen um Rom, in: Architectural Studies in Memory of R. Krautheimer, ed. by C.L. Striker (Mainz 1996), S. 61–65

Esch, A., Kunstförderung im Italien des 15. Jahrhunderts. Fragen zwischen Geschichte und Kunstgeschichte (Gerda Henkel-Vorlesung, Opladen 1997)

Esch, A., Überweisungen an die Apostolische Kammer aus den Diözesen des Reiches unter Einschaltung italienischer und deutscher Kaufleute und Bankiers. Regesten der vatikanischen Archivalien 1431–1475, in: QFIAB 78 (1998), S. 262–387

Esch, A., Il giubileo di Sisto IV (1475), in: La Storia dei Giubilei, II, a cura di M. Fagiolo e M.L. Madonna (Firenze 1998), S. 106–123

Esch, A., Rome entre le Moyen Âge et la Renaissance (Conférences annuelles de l'Institut Historique Allemand 6, Stuttgart 2000) [Esch 2000a]

Esch, A., Immagine di Roma tra realtà religiosa e dimensione politica nel Quattro e Cinquecento, in: Roma, la città del papa, a cura di L. Fiorani e A. Prosperi (Storia d'Italia, Annali 16, Roma 2000), S. 5–29 [Esch 2000b]

Esch, A./ D. Esch, Mit Kaiser Friedrich III. in Rom. Preise, Kapazität und Lage römischer Hotels 1468/69, in: Reich, Regionen und Europa in Mittelalter und Neuzeit. Festschrift für Peter Moraw, hg. von P.J. Heinig et al. (Berlin 2000), S. 443–457 [Esch 2000c]

Esch, A., L'uso dell'antico nell'ideologia papale, imperiale e comunale, in: Roma antica nel Medioevo (Atti Mendola 1998, Milano 2001), S. 3–25 [Esch 2001a]

Esch, A., Un notaio tedesco e la sua clientela nella Roma del Rinascimento, in: ASR 124 (2001), S. 175–209 [Esch 2001b]

Esch, A., Economia ed arte: la dinamica del rapporto nella prospettiva dello storico, in: Economia e arte secc. XIII-XVIII, a cura di S. Cavaciocchi (Prolusione alla 33a Settimana di studi, Prato 2000; Istituto Datini 2002) S. 21–49 [Esch 2002a]

Esch, A., Rom I: Grundzüge der Stadtgeschichte, in: Der Neue Pauly, Enzyklopädie der Antike. Rezeptions- und Wissenschaftsgeschichte, XV 2 (Stuttgart 2002), Sp. 841–863 [Esch 2002b]

Esch, A., Wiederverwendung von Antike im Mittelalter. Die Sicht des Archäologen und die Sicht des Historikers, hg. von C. Markschies u. M. Wallraff (Hans Lietzmann-Vorlesungen 7, Berlin-New York 2005)

Esch, A., Nobiltà, Comune e Papato nella prima metà del Quattrocento. Le conseguenze della fine del libero comune nel 1398, in: La nobiltà romana nel medioevo, a cura di S. Carocci (CEFR 359, Rome 2006), S. 495–513

Esch, A., Economia, cultura materiale ed arte nella Roma del Rinascimento. Studi sui registri doganali romani 1445–1485 (RR inedita, 36 saggi, Roma 2007) [Esch 2007a]

Esch, A., La prima generazione dei tipografi tedeschi a Roma (1465–1480): nuovi dati dai registri di Paolo II e Sisto IV, in: BISIME 109 (2007), S. 401- 418 [Esch 2007b]

Esch, A., Landschaften der Frührenaissance. Auf Ausflug mit Pius II. (München 2008) [Esch 2008a]

Esch, A., Leon Battista Alberti, Poggio Bracciolini, Andrea Mantegna. Zur Ikonographie antiker Mauern in der Malerei des Quattrocento, in: Leon Battista Alberti. Humanist-Architekt-Kunsttheoretiker, hg. von J. Poeschke u. C. Syndikus (Münster 2008), S. 123–164 [Esch 2008b]

Esch, A., *In captione et direptione Urbis interfuit.* Il Sacco di Roma nelle suppliche della Penitenzieria Apostolica, in: BISIME 115 (2013), S. 443–466

Esch, A., Die Lebenswelt des europäischen Spätmittelalters. Kleine Schicksale selbst erzählt in Schreiben an den Papst (München 2014)

Esch, D., Musikinstrumente in den römischen Zollregistern der Jahre 1470–1483, in: Analecta musicologica 30/1 (Laaber 1998), S. 41–68.

Esposito, A., Un'altra Roma. Minoranze nazionali e communità ebraiche tra Medioevo e Rinascimento (Roma 1995)

Esposito, A., La popolazione romana dalla fine del sec. XIV al Sacco: caratteri e forme di un'evoluzione demografica, in: Popolazione 1998, S. 37–49

Esposito, A., Uomini e donne nelle confraternite romane tra Quattro e Cinquecento. Ruoli, finalità devozionali, aspettative, in: ASR 127 (2004), S. 111–131

Esposito, A./ C. Frova, Collegi studenteschi a Roma nel Quattrocento. Gli statuti della ‹Sapienza Nardina› (Roma 2008)
Esposito, A., Il mondo della religiosità femminile romana, in: ASR 132 (2009), S. 149–172
Esposito, A., Gli ebrei aschenaziti a Roma nel primo Rinascimento, in: QFIAB 91 (2011), S. 249–276
Esposito, A., Tra legami politici e legami clientelari. Il caso esemplare del cardinale Guillaume d'Estouteville camerlengo di S.R.E. nel tardo '400, in: Die Kardinäle 2013, S. 111–123
Farenga, P., Monumenta memoriae: Pietro Riario fra mito e storia, in: Un pontificato 1986, S. 179–216
Favier, J., Les finances pontificales à l'époque du Grand Schisme d'Occident 1378–1409 (Paris 1969)
Les Fondations nationales dans la Rome pontificale (CEFR 52, Paris 1981)
La forma del Rinascimento. Donatello, Andrea Bregno, Michelangelo e la scultura a Roma nel Quattrocento. Catalogo della mostra, a cura di C. Crescentini/ C. Strinati (Roma 2010)
Forestieri e stranieri nelle città basso-medievali (Firenze 1988)
Francesca Romana. La santa, il monastero e la città a la fine del medioevo, a cura di A. Bartolomei Romagnoli (Firenze 2009)
Frenz, T., Die Kanzlei der Päpste der Hochrenaissance, 1471–1527 (BiblDHI 63, Tübingen 1986)
Frommel, C. L., Roma, in: Storia dell'architettura italiana. Il Quattrocento, a cura di F. P. Fiore (Milano 1998), S. 374–433
Frommel, C. L., Architettura alla corte papale nel Rinascimento (Milano 2003)
Frommel, C. L., Architettura e committenza da Alberti a Bramante (Ingenium 8, Firenze 2006)
Frommel, C. L., Il Tevere nel Rinascimento, in: Roma moderna e contemporanea 17 (2009), S. 91–128
Frova, C./ M. Miglio, «Studium Urbis» e «Studium Curiae» nel Trecento e nel Quattrocento: linee di politica culturale, in: Roma e lo Studium Urbis 1992, S. 26–39
Frutaz, A, P., Le piante di Roma, I-III (Roma 1962)
Fubini, R., Italia quattrocentesca. Politica e diplomazia nell'età di Lorenzo il Magnifico (Milano 1994)
Fubini, R., Storiografia dell'Umanesimo in Italia da Leonardo Bruni ad Annio da Viterbo (Roma 2003)
Gardner, J., The tomb and the tiara: curial tomb sculpture in Rome and Avignon in the later Middle Ages (Oxford 1992)
Gargano, M., Paolo II e il palazzo di Venezia: Considerazioni intorno all'architettura del Quattrocento a Roma, in: RR 2011, S. 279–302
Garms, J./ A.Sommerlechner/ W.Telesko, Die mittelalterlichen Grabmäler in Rom und in Latium vom 13.bis zum 15.Jh., I-II (Wien 1981–94)
Gatto, L., Riflettendo sulla consistenza demografica della Roma altomedievale, in: Roma medievale 1998, S. 143–159
Gauvain, A., Una storia dalla Roma del Quattrocento: Quaderni di Ansuino di Anticoli, parroco in Roma e beneficiato vaticano, 1468–1502 (Città del Vaticano 2014)

Genèse et débuts du grand schisme d'occident, éd. M. HAYEZ (Colloques internationaux du CNRS 586, Paris 1980)
GENNARO, C., Mercanti e bovattieri nella Roma della seconda metà del Trecento (da una ricerca sui registri notarili), in: BISIME 78 (1967), S. 155–203
Geschichte des Kardinalats im Mittelalter, hg. von J. DENDORFER/ R. LÜTZELSCHWAB (Päpste und Papsttum 39, Stuttgart 2011)
Geschichte der Universität in Europa, I: Mittelalter, hg. von W. RÜEGG (München 1993)
I Giubilei nella storia della Chiesa (Pontif. Comitato di scienze storiche. Atti e documenti 10, Città del Vaticano 2000)
GNOLI, U., Topografia e toponomastica di Roma medievale e moderna (Roma 1939, Nachdruck 1984)
GÖLLER, E., Die päpstliche Pönitentiarie von ihrem Ursprung bis zu ihrer Umgestaltung unter Pius V., 2 Bde (Bibl. des Kgl. Preuss. Hist. Inst. in Rom 3–4, Rom 1907)
GOLDTHWAITE, R. A., Wealth and the demand for art in Italy, 1300–1600 (Baltimore 1993)
GOLDTHWAITE, R. A., The economy of Renaissance Florence (Baltimore 2009)
GOLZIO, V./ G. ZANDER, L'arte in Roma nel secolo XV (Storia di Roma 28, Bologna 1968)
GRAFTON, A., Leon Battista Alberti, un genio universale (Roma/ Bari 2003)
GREGOROVIUS, F., Geschichte der Stadt Rom im Mittelalter, neu hg. von W. KAMPF, I-III (Darmstadt 1954–1957)
GREGOROVIUS, F., Das Archiv der Notare des Capitols in Rom und das Protocollbuch des Notars Camillus Beneimbene von 1467 bis 1505, in: Sitzungsber. der Bayer. Akad. d. Wiss., Phil.-hist. Classe 1872, 4, S. 491–518
GUALDO, G., Diplomatica pontificia e umanesimo curiale, a cura di R. COSMA (Roma 2005)
GÜLL, P., L'industrie du quotidien: production, importations et consommation de la céramique à Rome entre XIVe et XVIe siècle (Rome 2003)
Gutenberg e Roma. Le origini della stampa nella città dei papi (1467–1477), a cura di M. MIGLIO/ O. ROSSINI (Napoli 1997)
HARVEY, M., England, Rome and the Papacy 1417–1464. The study of a relationship (Manchester 1993)
HARVEY, M., The English in Rome 1362–1420. Portrait of an expatriate community (Cambridge 1999)
HELMRATH, J., Das Basler Konzil (1431–1449): Forschungsstand und Probleme (Köln/ Wien 1987)
HELMRATH, J., Wege des Humanismus (Tübingen 2013)
HERKLOTZ, I., Der Campus Lateranensis im Mittelalter (Tübingen 1985)
Hofwirtschaft. Ein ökonomischer Blick auf Hof und Residenz in Spätmittelalter und Früher Neuzeit. 10. Symposion der Residenzen-Kommission der Akad. d. Wiss. zu Göttingen, hg. von G. FOUQUET, J. HIRSCHBIEGEL u. W. PARAVICINI (Ostfildern 2008).
HOSHINO, H., Interessi economici dei lanaiuoli fiorentini nello Stato pontificio e negli Abruzzi del Quattrocento, in: Annuario dell'Istituto Giapponese di cultura 11 (1973/74), S. 7–51
HOLMES, G., How the Medici became the Pope's bankers, in: Florentine Studies. Po-

litics and Society in Renaissance Florence, ed. by N. Rubinstein (London 1968), S. 357–380
Howe, E. D., Art and Culture at the Sistine Court. Platina's Life of Sixtus IV and the Frescoes of the Hospital of Santo Spirito (Studi e Testi 422, Città del Vaticano 2005)
Hubert, E., Population et habitat à Rome aux XIIIe et XIVe siècles, in: Popolazione 1998, S. 51–61
Hülsen, C., Le chiese di Roma nel medio evo (Firenze 1927, Nachdruck Hildesheim 1975)
Iannotii Manetti De vita ac gestis Nicolai Quinti summi pontificis, a cura di A. Modigliani (Fonti per la storia dell'Italia medievale 6, Roma 2005)
Identità e rappresentazione. Le chiese nazionali a Roma, 1450–1650, a cura di A. Koller e S. Kubersky-Piredda (Roma 2015)
Infessura, Stefano, Diario della città di Roma, a cura di O. Tommasini (Fonti per la storia d'Italia 5, Roma 1890)
Italia et Germania. Liber amicorum A. Esch, hg. von H. Keller/ W. Paravicini/ W. Schieder (Tübingen 2001)
Jacks, P. J./ W. Caferro, The Spinelli of Florence. Fortunes of a Renaissance merchant family (Pennsylvania State University Press 2001)
Kajanto, I., Papal epigraphy in Renaissance Rome (Helsinki 1982)
Die Kardinäle des Mittelalters und der frühen Renaissance, hg. von J. Dendorfer/ R. Lützelschwab (Firenze 2013)
Karmon, D., The Ruin of the Eternal City: antiquity and preservation in Renaissance Rome (Oxford 2011)
Kloczowski, J., Italie et les cultures des élites ecclésiastiques de la Pologne au XVe siècle, in: Italia, Venezia e Polonia tra medio evo e età moderna, hg. von V. Branca (Firenze 1980), S. 149–164
Die Konzilien von Pisa (1409), Konstanz (1414–18) und Basel (1431–1449), hg. von J. Helmrath/ H. Müller (Vorträge und Forschungen 67, Ostfildern 2007)
Krautheimer, R., Rom. Schicksal einer Stadt, 312–1308 (München 1987)
Krüger, T. M., Die päpstlichen Wahlkapitulationen von Eugen IV. bis zu Julius II. nach vatikanischen Handschriften, in: Studi e Testi 433 (2006), S. 287–316
Kurie und Region. Festschrift für Brigide Schwarz, hg. von B. Flug/ M. Matheus/ A. Rehberg (Geschichtliche Landeskunde 59, Stuttgart 2005)
Lanciani, R., Storia degli scavi di Roma, 2 Bde (Roma 1902–1912, Nachdruck 1975)
Laurioux, B., Gastronomie, humanisme et société à Rome au milieu du XVe siècle. Autour du *De honesta voluptate* de Platina (Firenze 2006)
Lee, E., Sixtus IV. and men of letters (Rome 1978)
Lee, E., *Descriptio Urbis*. The Roman census of 1527 (Roma 1985), und erweitert in: *Habitatores in Urbe*. The population of Renaissance Rome/ La popolazione di Roma nel Rinascimento (Rome 2006)
Lee, E., Gli habitanti del rione Ponte, in: Roma capitale 1994, S. 317–343
Leon Battista Alberti, *Descriptio Urbis Romae*, ed. M. Furno/ M. Carpo (Genève 2000)
Leon Battista Alberti. Architetture e committenti. Comitato Nazionale per il VI centenario della nascita, Convegni Firenze-Rimini-Mantova 2004, a cura di A. Calzona / J. Connors/ F. P. Fiore/ C. Vasoli (Firenze 2009)

Lombardi, F., Roma. Le chiese scomparse (Roma 1996)
Lombardi, G., Inventari di biblioteche romane del Quattrocento: un panorama, in: Ders., Saggi (RR inedita, saggi 30, Roma 2003), S. 337–361
Lombardo, M. L., Camera Urbis. Dohana Ripe et Ripecte. Liber introitus 1428 (Roma 1978)
Lombardo, M. L., Le gabelle della città di Roma nel quadro dell'attività amministrativo-finanziale della Camera Urbis nel sec. XV, in: Economia e società 2005, S. 205–228
Lombardo, M. L., Il notaio romano tra sovranità pontificia e autonomia comunale, sec. XIV-XVI (Milano 2012)
Lorenzo de' Medici, Lettere X, a cura di M. M. Bullard (Firenze 2003); XVI, a cura di L. Böninger (Firenze 2012)
Lori Sanfilippo, I., La Roma dei Romani. Arti, mestieri e professioni nella Roma del Trecento (Nuovi Studi Storici 57, Roma 2001)
Lori Sanfilippo, I., Le vie della nobilitazione: percorsi di ascesa sociale (1350–1450 c.), in: La nobiltà romana 2006, S. 531–550
Lori Sanfilippo, I., *Constitutiones et Reformationes* del Collegio dei notai di Roma (1446). Contributi per una storia del notariato romano dal XIII al XV secolo (Roma 2007)
Maas, C. W., The German Community in Renaissance Rome 1378–1523 (Freiburg/Br. 1981)
Maddalo, S., *In Figura Romae.* Immagini di Roma nel libro medievale (Roma 1990)
Maddalo, S., Roma miniata, Roma affrescata, in: Storia dei Giubilei I (1997), S. 118–133
Maffei, D./P. Nardi (a cura di), Atti del simposio internaz. Cateriniano-Bernardiniano, Siena 17–18 apr. 1980 (Siena 1982)
Magister, S., Censimento delle collezioni di antichità a Roma (1471–1503), I, in: Xenia antiqua 8 (1999), S. 129–204; II (Addenda) ebda 10 (2001), S. 113–154
Magister, S., Arte e politica: la collezione di antichità del cardinale Giuliano della Rovere nei palazzi ai Santi Apostoli, in: Atti della Acc. Nazionale dei Lincei, Classe di scienze morali, Memorie ser. IX, 14 (2002), S. 385–631
Magnuson, T., Studies in Roman Quattrocento architecture (Roma 1958)
Maire Vigueur, J.-C., Les pâturages de l'Église et la douane du bétail dans la Province du Patrimonio, XIVe-XVe siècles (Roma 1981)
Maire Vigueur, J.-C., La Felice *societas* dei Balestrieri e dei Pavesati a Roma: una società popolare e i suoi ufficiali, in: Scritti per Isa 2008, S. 577–606
Maire Vigueur, J.-C., L'autre Rome. Une histoire des Romains à l'époque communale, XIIe-XIVe siècle (Paris 2010)
Maleczek, W. Die päpstlichen Legaten im 14. u. 15. Jahrhundert, in Gesandtschafts - u. Botenwesen im spätmittelalterlichen Europa, hg. v. R. C. Schwinges u. K. Wriedt (Vorträge u. Forschungen 60, Stuttgart 2003), S. 33-86
Mancini, R., Le Mura Aureliane di Roma. Atlante di un palinsesto murario (Roma 2001)
Manfredi, A., La nascita della Vaticana in età umanistica da Niccolò V a Sisto IV, in: Storia della Bibl. Ap. Vat. 2010, S. 147–236

Manuele Crisolora, Le due Rome. Confronto tra Roma e Costantinopoli, a cura di F. Niutta, trad. latina di F. Aleardi (Bologna 2001)
Märtl, C., Kardinal Jean Jouffroy († 1473). Leben und Werk (Stuttgart 1996)
Märtl, C., Alltag an der Kurie: Papst Pius II. (1458–1464) im Spiegel zeitgenössischer Berichte, in: Pius II 2003, S. 107–145
Märtl, C., Der Papst und das Geld: zum kurialen Rechnungswesen unter Pius II. (1458–1464), in: Kurie und Region 2005, S. 175–195
Marta, R., L'architettura del Rinascimento a Roma (1417–1503). Tecniche e tipologie (Roma 1995)
Matheus, M., Roma docta. Rom als Studienort in der Renaissance, in: QFIAB 90 (2010), S. 128–168
McCahill, E., Reviving the Eternal City. Rome and the Papal Court 1420–1447 (Cambridge Mass. 2013)
Melis, F., Movimento di popoli e motivi economici nel giubileo del 1400 (1970, jetzt in:) Ders., Opere sparse di F. Melis, 6 (Firenze 1984), S. 237–259
Memoria dell'antico nell'arte italiana, a cura di S. Settis, I-III (Torino 1984–86)
Meneghini, R., I Fori Imperiali nel Quattrocento attraverso la documentazione archeologica, in: Simoncini 2004, II, S. 189–204
Mercanti stranieri a Roma tra '400 e '500 (Archivi e cultura 37, 2004)
Meyer, A., Das Wiener Konkordat von 1448. Eine erfolgreiche Reform des Spätmittelalters, in: QFIAB 66 (1986), S. 108–152
Meyer, A., Regieren mit Urkunden im Spätmittelalter. Päpstliche Kanzlei und weltliche Kanzleien im Vergleich, in: Urkunden und ihre Erforschung. Zum Gedenken an H. Appelt, hg. von W. Maleczek (Wien 2014), S. 71–92
Miedema, N. R., Die römischen Kirchen im Spätmittelalter nach den *Indulgentiae ecclesiarum urbis Romae* (BiblDHI Rom 97, Tübingen 2001)
Miedema, N. R., Rompilgerführer in Spätmittelalter und früher Neuzeit. Die «Indulgentiae ecclesiarum urbis Romae». Edition und Kommentar (Tübingen 2003)
Miglio, M., Roma dopo Avignone. La rinascita politica dell'antico, in: Memoria dell'antico I 1984, S. 75–111
Miglio, M., Li *Nuptiali* di Marco Antonio Altieri, in Miglio 2016, S. 307–349.
Miglio, M., Il giubileo di Niccolò V, in: Storia dei Giubilei II 1998, S. 56–73
Miglio, M., Lorenzo Valla e l'ideologia municipale romana nel *De falso credita et ementita Constantini donatione*, in: Italia et Germania 2001, S. 225–236; jetzt auch in Miglio 2016 S. 7- 20.
Miglio, M., Saggi di stampa. Tipografi e cultura a Roma nel Quattrocento (RR inedita, 29 saggi, Roma 2002)
Miglio, M., Precedenti ed esiti dell'antiquaria romana del Quattrocento, in: Antiquaria a Roma 2003, S. VII-XLI
Miglio, M., Storie di Roma nel Quattrocentro (Nuovi Studi Storici 98, Roma 2016)
Modigliani, A., Tipografi a Roma prima della stampa. Due società per fare libri con le forme, 1466–1470 (RR inedita, 3, Roma 1989)
Modigliani, A., I Porcari. Storie di una famiglia romana tra Medioevo e Rinascimento (RR inedita, 10 saggi, Roma 1994)
Modigliani, A., Mercati, botteghe e spazi di commercio a Roma tra medioevo ed età moderna (RR inedita, 16 saggi, Roma 1998)

MODIGLIANI, A., Pio II e Roma, in: Il sogno di Pio II 2003, S. 77–108

MODIGLIANI, A., Disegni sulla città nel primo Rinascimento. Paolo II (RR inedita, 40 saggi, Roma 2009)

MODIGLIANI, A., Paolo II e i lavori a S. Pietro «... secondo li designi de papa Nicolao»: La crisi del 1468 tra la «congiura dei poeti» e la sfida di Ferrante, in: RR 2011, S. 255–278

MODIGLIANI, A., Congiurare all'antica. Stefano Porcari, Niccolò V, Roma 1453 (RR inedita, 57 saggi, Roma 2013)

MUECKE, F., *Ante oculos ponere*: Vision and Imagination in Flavio Biondo's *Roma Triumphans*, in: Papers of the British School at Rome 79 (2011), S. 275–298

MUFFEL, Nikolaus, Descrizione della città di Roma nel 1452, a cura di G. WIEDMANN (Deutscher Text und ital. Übersetzung Bologna 1999)

MÜLLER, H., Universitäten und Gelehrte auf den Konzilien von Pisa (1409), Konstanz (1414–1418) und Basel (1431–1449), in: Universität, Religion und Kirchen, hg. von R. C. SCHWINGES (Basel 2011), S. 109–144

MÜLLER, H., Ein Weg aus der Krise der spätmittelalterlichen Kirche: Reform und Erneuerung durch die Konzilien von Konstanz (1414–1418) und Basel (1431–1449)?, in: Zeitschrift für Kirchengeschichte 126 (2015), S. 197–223

MÜNTZ, E., Les arts à la Cour des Papes pendant le XVe e le XVIe siècle, I-III (Paris 1878–1882), Nachdruck Hildesheim 1983

MURRAY, J., Bruges Cradle of Capitalism (Cambridge 2004)

Nach dem Basler Konzil. Die Neuordnung der Kirche zwischen Konziliarismus und monarchischem Papat (ca. 1450–1475), hg. von J. DENDORFER/ C. MÄRTL (Berlin 2008)

NESSELRATH, A., I libri di disegni di antichità. Tentativo di una tipologia, in: Memoria dell'antico III 1986, S. 89–147

NESSELRATH, A., Der Zeichner und sein Buch. Die Darstellung der antiken Architektur im 15. und 16. Jahrhundert (Mainz/ Ruhpolding 2014)

Niccolò V nel sesto centenario della nascita (Convegno Sarzana 1998), a cura di F. BONATTI/ A. MANFREDI (Studi e Testi 397, Città del Vaticano 2000)

La nobiltà romana nel medioevo, a cura di S. CAROCCI (CEFR 359, Roma 2006)

Offices et papauté (XIVe–XVIIe s.). Charges, hommes, destins, edd. A. JAMME/ O. PONCET (CEFR 334, Rome 2005)

PAGANO, S., L'archivio dell'arciconfraternita del Gonfalone. Cenni storici ed inventario (Collectanea Archivi Vaticani 26, Città del Vaticano 1990)

PAGANO, S., Peregrinatio Sancta. Le bolle di indizione dei giubilei ordinari, 1300–2000 (Roma 2016)

PAGLIARA, P. N., Antico e Medioevo in alcune tecniche costruttive del XV e XVI secolo, in particolare a Roma, in: Annali di Architettura 10–11 (1998–99), S. 233–260

PALERMO, L., Il porto di Roma nel XIV e XV secolo. Strutture socio-economiche e statuti (Roma 1979)

PALERMO, L., L'approvigionamento granario della capitale. Strategie economiche e carriere curiali a Roma alla metà del Quattrocento, in: Roma capitale 1994, S. 145–205

PALERMO, L., L'economia, in: Roma del Rinascimento 2001, S. 49–91

PALERMO, L., I mercanti e la moneta a Roma nel primo Rinascimento, in: Economia e società 2005, S. 243–275

Palermo, L., Un conflitto mancato: l'emarginazione della *Camera Urbis* nel XV secolo, in: Congiure e conflitti 2014, S. 39–54

Pani Ermini, L., Forma Urbis: Lo spazio urbano tra VI e IX sec., in: Roma nell'alto medioevo (Settimane di studio del centro ital. di studi sull'alto medioevo 48, Spoleto 2001), S. 255–323

Papal music and musicians in late Medieval and Renaissance Rome, ed. by R. Sherr (Oxford 1998)

Papato, Stati regionali e Lunigiana nell'età di Niccolò V, a cura di E. M. Vecchi (La Spezia 2004)

Paravicini, W., Colonna und Orsini. Römische Ursprungslegenden im europäischen Adel am Ende des Mittelalters, in: Adelslandschaft Mitteldeutschland, hg. von E. Bünz u. a. (Leipzig 2016), S. 19-110 u. 459-479

Paravicini Bagliani, A., La biblioteca papale nel Duecento e nel Trecento, in: Storia della Bibl. Ap. Vat. I (2010), S. 73–108

Parlato, E., Vista da Nord: immagini di Roma dal Medioevo al Quattrocento, in: Roma. Memoria e oblio (Roma 2001), S. 199–208

Partner, P., The Papal State under Martin V: the administration and government of the temporal power in the early fifteenth century (London 1958)

Partner, P., The Pope's men. The papal civil service in the Renaissance (Oxford 1990)

Partner, P., A financial *Informatione* under Alexander VI., in: Italia et Germania 2001, S. 237–255

Passigli, S., Il territorio delle parrocchie romane durante i secoli XIV, XV e XVI, in: Popolazione e società 1998, S. 63–79

Pastor, L. von, Geschichte der Päpste seit dem Ausgang des Mittelalters, I u. II (Freiburg i. Br. [8–9]1925 u. 1926)

Pastor, L. von, Ungedruckte Akten zur Geschichte der Päpste vornehmlich im XV., XVI. und XVII. Jahrhundert, I (Freiburg 1904)

Pavan, P., Gli statuti della Società dei Raccomandati del Salvatore ad Sancta Sanctorum, in: ASR 101 (1978), S. 35–96

Pellegrini, M., Das Kardinalskolleg von Sixtus IV. bis Alexander VI. (1471–1503), in: Geschichte des Kardinalats 2011, S. 399–445

Petrone, Paolo di Lello, *La Mesticanza*, ed. F. Isoldi in Muratori NEd. XXIV 2 (1912), S. 3–63

Pfisterer, U., Lysippus und seine Freunde. Liebesgaben und Gedächtnis im Rom der Renaissance, oder: Das erste Jahrhundert der Medaille (Berlin 2008)

Piacentini, P., Platina, la Biblioteca Vaticana e i registri di Introitus et Exitus. Da una ricerca di G. Lombardi (RR inedita, 42 saggi, Roma 2009)

‹Piazza Navona, ou place Navone, la plus belle & la plus grande›. Du stade de Domitien à la place moderne. Histoire d'une évolution urbaine, a cura di J.-F. Bernard (CEFR 493, Rome 2014)

Pietschmann, K., Die Graffiti auf der Sängerkanzel der Cappella Sistina, in: Analecta Musicologica 43 (2009), S. 225–273

Pii II *Commentarii rerum memorabilium que temporibus suis contigerunt* ed. A. Van Heck (Studi e Testi 212, 213, Città del Vaticano 1984)

Pius II. ‹el più expeditivo pontifice›. Selected Studies on Aeneas Silvius Piccolomini (1405–1464), ed. by Z. von Martels/ A. Vanderjagt (Leiden-Boston 2003)

Plebani, E., Una fuga programmata. Eugenio IV e Firenze (1433–34), in: ASI 170 (2012), S. 285–310

Poesia e poetica delle rovine di Roma. Momenti e problemi, a cura di V. De Caprio (Roma 1987)

Polverini Fosi, I., I fiorentini a Roma nel Cinquecento: storia di una presenza, in: Roma capitale 1994, S. 389–414

Pompa sacra. Lusso e cultura materiale alla corte papale nel basso medioevo (1420–1527), a cura di T. Ertl (Nuovi Studi Storici 86, Roma 2010)

Pomponio Leto tra identità locale e cultura internazionale, a cura di A. Modigliani/ P. Osmond/M. Pade /J. Ramminger (RR inedita 48 saggi, Roma 2011)

Un pontificato ed una città. Sisto IV (1471–1484). Atti del convegno Roma 3–7 dic.1984, a cura di M. Miglio/ F. Niutta/ D. Quaglioni/ C. Ranieri (Città del Vaticano 1986)

Popolazione e società a Roma dal medioevo all'età contemporanea, a cura di E. Sonnino (Roma 1998)

Portoghesi, P., Roma nel Rinascimento, I-II (Milano ca. 1971)

Principi e città alla fine del Medioevo (Convegno San Miniato 1994), a cura di S. Gensini (Pisa 1996)

Il Quattrocento a Roma: la rinascita delle arti da Donatello a Perugino. Catalogo della mostra Roma 2008, a cura di M. G. Bernardini/ M. Bussagli (Milano 2008)

Rehberg, A., «Etsi prudens paterfamilias … pro pace suorum sapienter providet.» Le ripercussioni del nepotismo di Martino V a Roma e nel Lazio, in: Alle origini 1992, S. 225–282

Rehberg, A., Kirche und Macht im römischen Trecento. Die Colonna und ihre Klientel auf dem kurialen Pfründenmarkt, 1278–1378 (BiblDHI 88, Tübingen 1999) [Rehberg 1999a]

Rehberg, A., Die Kanoniker von S. Giovanni in Laterano und S. Maria Maggiore im 14. Jahrhundert: eine Prosopographie (BiblDHI 89, Tübingen 1999) [Rehberg 1999b]

Rehberg, A./ A. Modigliani, Cola di Rienzo e il comune di Roma, I, II (RR inedita, 31/1 u. 2, Roma 2004)

Rehberg, A., Il *Liber decretorum* dello scribasenato Pietro Rutili. Regesti della più antica raccolta di verbali dei consigli comunali di Roma, 1515–1526 (Roma 2010)

Rehberg, A., Religiosi stranieri a Roma: problemi e prospettive di ricerca, in: Rivista di storia della Chiesa in Italia 66 (2012), S. 4–63

Reinhard, W., Ausgewählte Abhandlungen (Berlin 1997)

Reinhardt, V., Papst Pius II. Piccolomini (München 2013)

Repertorium Poenitentiariae Germanicum, I-X, bearb. von L. Schmugge (Tübingen 1996-Berlin/Boston 2016)

Richardson, C. M., Reclaiming Rome. Cardinals in the fifteenth century (Leiden/ Boston 2009)

Roma capitale (1447–1527), a cura di S. Gensini (Pubbl. degli Archivi di Stato, Saggi 29, Pisa 1994)

Roma centro ideale della cultura dell'Antico nei secoli XV e XVI, a cura di S. Danesi Squarzina (Milano 1998)

Roma donne libri tra Medioevo e Rinascimento. In ricordo di Pino Lombardi (RR inedita, 32 saggi, Roma 2004)

Roma di fronte all'Europa al tempo di Alessandro VI (Convegno Roma 1999), a cura di M. CHIABÒ/ S. MADDALO/ M. MIGLIO/ A. M. OLIVA, I-III (Roma 2001)

La Roma di Leon Battista Alberti. Umanisti, architetti e artisti alla scoperta dell'antico nella città del Quattrocento (Catalogo della mostra Roma 2005), a cura di F. P. FIORE, con la collab. di A. NESSELRATH (Milano 2005)

Roma medievale. Aggiornamenti, a cura di P. DELOGU (Firenze 1998)

Roma medievale, a cura di A. VAUCHEZ (Storia di Roma dall' antichità a oggi 2, Roma/Bari 2001)

Rome in the Renaissance. The city and the myth, ed. by P. A. RAMSEY (Binghamton 1982)

Roma del Rinascimento, a cura di A. PINELLI (Storia di Roma dall'antichità a oggi 3, Roma/Bari 2001)

Roma e lo Studium Urbis. Spazio urbano e cultura dal Quattro al Seicento, a cura di P. CHERUBINI (Pubblicazioni degli Archivi di Stato, Saggi 22, Roma 1992)

ROMANI, M., Pellegrini e viaggiatori nell'economia di Roma dal XIV al XVII secolo (Milano 1948)

ROETTGEN, S., Wandmalerei der Frührenaissance in Italien, I/II (München 1996/1997)

ROTH, A., Studien zum frühen Repertoire der päpstlichen Kapelle unter dem Pontifikat Sixtus' IV (1471–1484), Città del Vaticano 1991

RUCELLAI, G., *Il Zibaldone quaresimale*, a cura di A. PEROSA (Studies of the Warburg Institute 24, London 1960)

SALONEN, K., Die «Skandinavier» und die «Confraternitas B. Mariae de Anima teutonicorum de Urbe», in: Santa Maria dell'Anima 2010, S. 43–61

Santa Maria dell'Anima. Zur Geschichte einer «deutschen» Stiftung in Rom, hg. von M. MATHEUS (BiblDHI 121, Berlin/New York 2010)

Santa Maria del Popolo. Storia e restauri, a cura di I. MIARELLI MARIANI/ M. RICCHIELLO (Roma 2009)

SCHELBERT, G., Der Palast von SS. Apostoli und die Kardinalsresidenzen des 15. Jahrhunderts in Rom (Norderstedt, Books on Demand, 2007)

SCHIMMELPFENNIG, B., Die Zeremonienbücher der römischen Kurie im Mittelalter, (BiblDHI 40, Tübingen 1973)

SCHIMMELPFENNIG, B., Der Ämterhandel an der römischen Kurie von Pius II. bis zum Sacco di Roma (1458–1527), in: Ämterhandel im Spätmittelalter und im 16. Jh., hg. von I. MIECK (Berlin 1984), S. 3–41

SCHMUGGE, L., Deutsche Pilger in Italien, in: Kommunikation und Mobilität im Mittelalter, hg. von S. DE RACHEWILTZ u. J. RIEDMANN (Sigmaringen 1995), S. 97–113

SCHMUGGE, L., Die Jubiläen von 1450 und 1475 im Spiegel des Archivs der Pönitentiarie, in: I Giubilei nella storia della Chiesa 2000, S. 359–375.

SCHUCHARD, Ch., Die Deutschen an der päpstlichen Kurie im späten Mittelalter 1378–1447 (BiblDHI 65,Tübingen 1987)

SCHUCHARD, Ch., Die päpstlichen Kollektoren im späten Mittelalter (BiblDHI 91, Tübingen 2000)

SCHULTE, A., Die Fugger in Rom 1495–1523 (Leipzig 1904)

SCHULZ, K., Confraternitas Campi Sancti de Urbe. Die ältesten Mitgliederverzeichnisse (1500/01–1536) und Statuten der Bruderschaft (Freiburg/Br. 2002)

SCHULZ, K./ C. SCHUCHARD, Handwerker deutscher Herkunft und ihre Bruderschaften im Rom der Renaissance. Darstellung und ausgewählte Quellen (Rom-Freiburg-Wien 2005)

Schwarz, B., Die Organisation kurialer Schreiberkollegien von ihrer Entstehung bis zur Mitte des 15. Jahrhunderts (BiblDHI 37, Tübingen 1972)

Schwarz, B., Kurienuniversität und stadtrömische Universität von ca. 1300 bis 1471 (Leiden /Boston 2013) [Schwarz 2013a]

Schwarz, B., Die Karriere L. B. Albertis in der päpstlichen Kanzlei, in: QFIAB 93 (2013), S. 49–103 [Schwarz 2013b]

Schwarz, U., Die Papstfamiliaren der ersten Stunde. Zwei Expektativenrotuli für Sixtus IV (1. Jan. 1472), in: QFIAB 73 (1993), S. 303–386

Scritti per Isa. Raccolta di studi offerti a Isa Lori Sanfilippo, a cura di A. Mazzon (Nuovi Studi Storici 76, Roma 2008)

Scrittura, biblioteche e stampa a Roma nel Quattrocento. Aspetti e problemi. Atti del seminario 1–2 giugno 1979, 1,1 a cura di C. Bianca/ P. Farenga/ G. Lombardi/ A. G. Luciani/ M. Miglio (Città del Vaticano 1980); 1, 2 Indice delle edizioni romane a stampa 1467–1500, a cura di P. Casciano et al. (1980); 2 Atti del 2o Seminario 6–8 maggio 1982, a cura di M. Miglio (1983) (Littera antiqua 1,1; 1,2; 3)

Seibt, G., Anonimo Romano. Geschichtsschreibung in Rom an der Schwelle zur Renaissance (Stuttgart 1992)

Senatore, F., «Uno mundo de carta». Forme e strutture della diplomazia sforzesca (Napoli 1998)

Sensi, M., Tor de' Specchi e il movimento religioso femminile nel Quattrocento, in: La canonizzazione 2013, S. 259–301

Settis, S., Continuità, distanza, conoscenza. Tre usi dell'antico, in: Memoria dell'antico 1984–1986, III S. 375–486

Setz, W., Lorenzo Vallas Schrift gegen die Konstantinische Schenkung (BiblDHI 44, Tübingen 1975)

Shearman, J., The Chapel of Sixtus IV: The Fresco Decoration of Sixtus IV., in: C. Pietrangeli, The Sistine Chapel: the Art, the History, and the Restoration (New York 1986), S. 22–87

Simoncini, G., Roma. Le trasformazioni urbane nel Quattrocento, I: Topografia e urbanistica da Bonifacio IX ad Alessandro VI (Firenze 2004); II (a cura di G. Simoncini): Funzioni urbane e tipologie edilizie (Firenze 2004)

Sisto IV. Le arti a Roma nel primo Rinascimento (Convegno Roma 1997), a cura di F. Benzi (Roma 2000)

Il sogno di Pio II e il viaggio da Roma a Mantova (Convegno Mantova 2000), a cura di A. Calzona/ F. P. Fiore/ A. Tenenti/ C. Vasoli (Firenze 2003)

Sohn, A., Deutsche Prokuratoren an der römischen Kurie in der Frührenaissance,1431–1474 (Köln u. a. 1997)

Sommerlechner, A., Die *ludi agonis et testatie* – Das Fest der Kommune Rom im Mittelalter, in: Römische Historische Mitteilungen 41 (1999), S. 339–370

Sommerlechner, A., Urkunden als Quellen zu Stellenwert und Verwendung antiker Reste im mittelalterlichen Rom, in: Römische Historische Mitteilungen 43 (2001), S. 311–354

Spallanzani, M., Maioliche ispano-moresche a Roma nel Rinascimento (Firenze 2006)

STARR, P. F., Rome as the centre of the universe: Papal grace and music patronage, in: Early Music History, 11, ed. by I. FENLON (Cambridge 1992), S. 223–262

Lo Stato del Rinascimento in Italia, a cura di A. GAMBERINI e I. LAZZARINI (Roma 2014)

STINGER, C. L., The Renaissance in Rome (Bloomington Ind. 1985)

Storia della Biblioteca Apostolica Vaticana, a cura di A. MANFREDI, I: Le origini della Biblioteca Vaticana tra Umanesimo e Rinascimento, 1447–1534 (Città del Vaticano 2010)

Storia della Facoltà di Lettere e Filosofia de «La Sapienza», a cura di L. CAPO/ M. R. DI SIMONE (Roma 2000)

Storia dei Giubilei I (1300–1423) a cura di G. FOSSI, II (1450–1575) a cura di M. FAGIOLO/ M. L. MADONNA (Firenze 1997–1998)

Storiografia e archivi delle confraternite romane, a cura di L. FIORANI (Ricerche per la storia religiosa 6, Roma 1985)

STRANGIO, D./ M. VAQUERO PIÑEIRO, Spazio urbano e dinamiche immobiliari a Roma nel Quattrocento, in: Simoncini II 2004, S. 3–28

STRINATI, C., Linee di tendenza nella pittura a Roma nel Quattrocento, in: Il Quattrocento a Roma 2008, S. 37–61

STROHM, R., The Rise of European Music 1380–1500 (Cambridge 1993)

TAFURI, M., «Roma instaurata». Strategie urbane e politiche pontificie nella Roma del primo Cinquecento, in: Raffaello architetto, a cura di C. L. FROMMEL/ S. RAY/ M. TAFURI (Milano 1984), S. 59–106

TEWES, G.-R., Die römische Kurie und die europäischen Länder am Vorabend der Reformation (BiblDHI 95, Tübingen 2001)

THOENES, C., S. Pietro: storia e ricerca, in: L'architettura della basilica di S. Pietro, a cura di G. SPAGNESI, in: Quaderni dell'Istituto di Storia dell'Architettura n. s. 25–30 (1995–97), S. 17–30

TOGNETTI, S., Il banco Cambini. Affari e mercati di una compagnia mercantile-bancaria nella Firenze del XV sec. (Firenze 1999)

TOGNETTI, S., Un industria di lusso al servizio del grande commercio. Il mercato dei drappi serici e della seta nella Firenze del Quattrocento (Firenze 2002)

TOMASSETTI, G. u. F., La Campagna romana, I-IV (Roma 1910–26, erweiterte Neuausgabe 1979)

TREXLER, R., Rome on the eve of the Great Schism, in: Speculum 42 (1967), S. 489–509

TRIFONE, M., Lingua e società nella Roma rinascimentale (Firenze 1999)

TUCCI, P. L., Laurentius Manlius. La riscoperta dell'antica Roma. La nuova Roma di Sisto IV (Roma 2001)

UGINET, F.-C., L'idée de «natio gallicana» et la fin de la présence savoisienne dans l'église nationale de Saint-Louis à Rome, in: Les Fondations nationales 1981, S. 83–99

Una santa tutta romana. Saggi e ricerche nel VI centenario della nascita di Francesca Bussa dei Ponziani, a cura di G. PICASSO (Monte Oliveto Maggiore 1984)

VAQUERO PIÑEIRO, M., Una realtà nazionale composita: comunità e chiese ‹spagnole› a Roma, in: Roma capitale 1994, S. 473–491.

VAQUERO PIÑEIRO, M., La renta y las casas. El patrimonio inmobiliario de Santiago de los Españoles de Roma entre los siglos XV y XVII (Roma 1999)

Vaquero Piñeiro, M., Die Rentenkaufverträge im spätmittelalterlichen und frühneuzeitlichen Italien, in: QFIAB 86 (2006), S. 252–293

Vauchez, A., La sainteté en Occident aux derniers siècles du Moyen Âge d'après les procès de canonisation et les documents hagiographiques (Rome 1988)

Verdi, O., Maestri di edifici e di strade a Roma nel sec. XV (RR inedita 14, Roma 1997)

Verdi, O., *Hic est liber sive prothocollum.* I protocolli del Collegio dei trenta notai capitolini, in: Roma moderna e contemporanea 13 (2005), S. 427–473

Verdi, O., *Pro Urbis decore et ornamento.* Il controllo dello spazio edificabile a Roma tra XV e XVI secolo, in: Congiure e conflitti 2014, S. 363–406

Vespasiano da Bisticci, Le vite, a cura di A. Greco, I/II (Firenze 1970, 1976)

I Vitelleschi. Fonti, realtà e mito. Incontro di studio Tarquinia 1996, a cura di G. Mencarelli (Tarquinia 1998)

Weiss, R., The Renaissance Discovery of Classical Antiquity (Oxford 1969)

Weissen, K., La rete commerciale tedesca delle compagnie fiorentine romanam curiam sequentes, in: ASI 169 (2011), S. 707–726

Westfall, C. W., In this most perfect paradise: Alberti, Nicholas V and the invention of conscious urban planning in Rome (The Pennsylvania State University Press 1974)

Zanchettin, V., Via di Ripetta e la genesi del Tridente. Strategie di riforma urbana tra volontà papali e istituzioni laiche, in: Röm. Jahrbuch der Bibl. Hertziana 35 (2003–2004), S. 211–286

Zimei, F. (a cura di), Antonio Zacara da Teramo e il suo tempo (Lucca 2005)

BILDNACHWEIS

Abb. 1 (S. 25): Richard Krautheimer, Rom. Schicksal einer Stadt 312–1308, München, 3. Auflage 2004.
Abb. 2 (S. 27): Manacorda, Crypta Balbi, 2001.
Abb. 3 (S. 28): A. Esch in Fried/Rader, Welt des Mittelalters.
Abb. 4 (S. 29): Richard Krautheimer, Rom. Schicksal einer Stadt 312–1308, München, 3. Auflage 2004.
Abb. 5 (S. 30): Photo Carlo Pavia.
Abb. 6 (S. 31): Meneghini/Santangeli Valenzani.
Abb. 7 (S. 37): Codex Escurialensis fol. 24v.
Abb. 8 (S. 38): Antoine Constantin, Aix-en-Provence, Musée Granet.
Abb. 9 (S. 44): Deutsches Archäologisches Institut in Rom, Neg. 60. 774.
Abb. 10 (S. 61): Public Domain.
Abb. 11 (S. 66): C. D'Onofrio, Roma dal cielo, 1982.
Abb. 12 (S. 85): Photo Scala, Florenz.
Abb. 13 (S. 96): Bartolomei Romagnoli, Francesca Romana, 2009.
Abb. 14 (S. 98): Bartolomei Romagnoli, Francesca Romana, 2009.
Abb. 15 (S. 99): St. Borsi, Roma di Sisto V. , 1986, Officina Edizioni, Roma.
Abb. 16 (S. 110): Wikimedia Commons.
Abb. 17 (S. 118): Garms, Vedute di Roma, 1995, Electa, Napoli.
Abb. 18 (S. 121): La Storia dei Giubilei, 1998, Giunti edizioni.
Abb. 19 (S. 121/122): Codex Escurialensis, fol. 7v–8r.
Abb. 20 (S. 137): Vatican Museums Rome.
Abb. 21 (S. 146): Bayerische Staatsbibliothek.
Abb. 22 (S. 159): La Storia dei Giubilei, 1998, Giunti Ed..
Abb. 23 (S. 167): akg images.
Abb. 24 (S. 180): Deutsches Archäologisches Institut Rom, Neg. Pk 24.
Abb. 25 (S. 181): Esch, Landschaften der Frührenaissance, München 2008.
Abb. 26a (S. 182): Weltchronik des Hartmann Schedel, 1493.
Abb. 26b (S. 182): Neues Testament deutsch 1523, Wolfenbüttel, Herzog August-Bibl., Bibl. 4°261.
Abb. 27 (S. 203): Bartolomei Romagnoli, Francesca Romana, 2009.
Abb. 28 (S. 213): Esch, Wege nach Rom, München 2004.
Abb. 29 (S. 214/215): Frutaz, Piante di Roma II, 1962.
Abb. 30 (S. 218): Berlin, Kupferstichkabinett.
Abb. 31 (S. 219): De Rosa/Trastulli, Roma perenne, 2004, Edizioni Studio Ottocento, Roma.
Abb. 32 (S. 220): Richard Krautheimer, Rom. Schicksal einer Stadt 312–1308, München, 3. Auflage 2004.

Abb. 33 (S. 221): Frommel, Architettura della Corte papale, 2003.
Abb. 34 (S. 226): Egger, Codex Escurialensis.
Abb. 35 (S. 227): Esch, Landschaften der Frührenaissance, München 2008.
Abb. 36 (S. 228): A. Esch in Fried/Rader, Welt des Mittelalters.
Abb. 37 (S. 229): Paris, Louvre.
Abb. 38 (S. 232): Concessione Archivio di Stato 20/2007.
Abb. 39 (S. 233): Richard Krautheimer, Rom. Schicksal einer Stadt 312–1308, München, 3. Auflage 2004.
Abb. 40 (S. 235): Michele Fabrizio Ferrarino, um 1477, Paris Bibl. Nat. Ms lat. 6128 fol. 113v..
Abb. 41 (S. 240): Schmitt in Münchner Jb. f. Kunstgeschichte (1970).
Abb. 42 (S. 249): Pfisterer, Lysippus und s. Freunde, 2008, Akademie-Verlag.
Abb. 43 (S. 254): Berlin, Kupferstichkabinett.
Abb. 44 (S. 256 links): bpk, Gemäldegalerie.
Abb. 45 (S. 256 Mitte): akg images.
Abb. 46 (S. 256 rechts): Photo Scala, Florenz.
Abb. 47 (S. 257 links): wikimedia public domain.
Abb. 48 (S. 257 Mitte): Photo Scala, Florenz.
Abb. 49 (S. 257 rechts): bpk/Skulpturensammlung.
Abb. 50 (S. 260): Foto Arnold Esch.
Abb. 51 (S. 262): Esch, Landschaften der Frührenaissance, München 2008.
Abb. 52a (S. 276): Esch, Wege nach Rom, München 2003.
Abb. 52b (S. 277): Esch, Wege nach Rom, München 2003.
Abb. 53 (S. 282): Esch, Economica, cultura materiale ed arte, 2007.
Abb. 54 (S. 286): Esch, Economica, cultura materiale ed arte, 2007.
Abb. 55 (S. 291): Frommel, Architettura e committenza, 2006.
Abb. 56 (S. 298): Photo Scala, Florenz.
Abb. 57 (S. 304): Bibl. Apost. Vaticana, Cod. Vat. Lat. 3964 fol. 5r.
Abb. 58 (S. 306): Richard Krautheimer, Rom. Schicksal einer Stadt 312–1308, München, 3. Auflage 2004.
Abb. 59 (S. 308): Frommel/Ray/Tafuri, Raffaello architetto (1984).
Abb. 60 (S. 313): Berlin, Kupferstichkabinett.
Abb. 61 (S. 316): Dresden, Kupferstichkabinett.
Abb. 62 (S. 329): Photo Tobias Daniels.
Abb. 63 (S. 330): Wikimedia Commons.
Abb. 64 (S. 331): Wikimedia Commons, Engel & Völckers.
Abb. 65 (S. 340): Broise/Maire Vigueur in Storia dell' arte italiana XII, 1983.

PERSONENREGISTER

ORTSREGISTER

AUS DEM VERLAGSPROGRAMM